E. DE LA HAUTIÈRE

COURS ÉLÉMENTAIRE

DE

PHILOSOPHIE

MORALE

GARNIER FRÈRES, ÉDITEURS

COURS ÉLÉMENTAIRE

DE

PHILOSOPHIE MORALE

OUVRAGES DU MÊME AUTEUR

Cours élémentaire de philosophie scientifique. 1 vol. relié toile. . . . . 2 fr. 50

Cours de morale pratique (*enseignement secondaire moderne, classe de quatrième*). 1 vol. cartonné. . . . . 1 fr. 50

Précis de morale pratique (*enseignement secondaire des jeunes filles*). 1 vol. relié toile. . . . . 1 fr. 50

Cours de psychologie élémentaire appliquée à l'éducation. 1 vol. relié toile. . . . . 3 fr. 50

Coulommiers. — Imp. Paul BRODARD.

COURS ÉLÉMENTAIRE

DE

PHILOSOPHIE MORALE

MORALE THÉORIQUE. PRINCIPES. NOTIONS HISTORIQUES

MORALE PRATIQUE. APPLICATIONS

PAR

E. DE LA HAUTIERE

PROFESSEUR AGRÉGÉ DE PHILOSOPHIE AU LYCÉE SAINT-LOUIS

PARIS
GARNIER FRÈRES, LIBRAIRES-ÉDITEURS
6, RUE DES SAINTS-PÈRES, 6
—
1892

AVERTISSEMENT

Le cours de Philosophie morale, que nous publions aujourd'hui, fait suite à notre *Cours élémentaire de Philosophie scientifique*. Le titre et l'objet en sont pris, comme pour ce dernier, aux nouveaux programmes de *première-sciences* de l'*Enseignement secondaire moderne* et de *Mathématiques élémentaires* de l'*Enseignement classique*. Il s'agit en somme d'un cours de morale complet; toutes les questions indiquées au cours de deuxième année des Écoles normales primaires s'y trouvent traitées, et de ce côté il sert de complément à notre *Psychologie appliquée à l'éducation*. D'un caractère moins élémentaire que notre *Morale pratique*, il ne fait pas double emploi avec elle, même dans la seconde partie : en conséquence, il fait suite encore au *Précis* qui s'adressait à des esprits plus jeunes, et il convient à la quatrième année de l'*Enseignement secondaire des jeunes filles*; une part importante a été faite dans l'ouvrage entier aux notions historiques.

Nous n'avons pas eu à modifier beaucoup l'ordre des questions des divers programmes qui s'accordent en grande partie; d'ailleurs, suivant la remarque contenue dans celui de la classe de Philosophie, l'ordre adopté officiellement n'enchaîne pas la liberté du professeur. Nous avons placé les devoirs de famille après les autres devoirs sociaux pour des raisons que l'on trouvera dans le volume. La question des sanctions et des principes de la religion naturelle a été comprise dans la morale théorique qui forme ainsi un tout par elle-même. Mais nous attachons une grande importance aux Applications de la seconde partie, pour l'intelligence plus complète des principes.

Les jeunes gens sont disposés à croire qu'ils possèdent d'intuition les vérités de la Morale, sans avoir besoin de les apprendre; en réalité, cette science est complexe et soulève dans ses diverses parties des problèmes qui exigent une étude sérieuse. Nous nous sommes efforcé, comme c'était notre devoir, d'économiser leur attention et de la stimuler; si nous avions manqué notre but, nous n'en rejetterions pas la faute sur le sujet, car il n'en est pas dans les classes de plus intéressant, et il est de ceux qu'on peut traiter sans obscurité. Mais tout professeur a le droit de dire avec Rousseau : « Je ne sais pas l'art d'être clair pour qui ne veut pas être attentif »; l'élève doit collaborer avec nous pour s'instruire.

C'est un cours et non un résumé ou un mémento que nous avons voulu publier, aussi n'avons-nous pas reculé par souci de la brièveté devant les explications qui nous semblaient nécessaires; les passages imprimés en caractères plus petits renferment des citations, et des développements de second plan.

Quoiqu'elle contienne un fonds de vérités éternelles, la science en morale comme ailleurs se renouvelle perpétuellement, les questions se transforment, des problèmes nouveaux se posent : notre ambition a été de faire connaître, sans cependant sortir des limites d'un livre encore élémentaire, les résultats auxquels la raison humaine par ses lumières naturelles est parvenue actuellement; et tout en recueillant soigneusement les vérités conquises par les anciens philosophes, nous avons tenu grand compte des contemporains et de leurs ouvrages les plus récents.

Les élèves ne peuvent pas toujours lire avec profit les livres plus complets sur des sujets spéciaux, que les auteurs n'ont pas écrits pour eux; en tout cas, ils n'en sauraient lire beaucoup : dans toutes les classes où ils ont à faire des dissertations sur la morale, un ouvrage comme celui-ci peut leur rendre des services. Tout en les aidant dans leurs travaux scolaires, nous voudrions leur inspirer le goût de compléter après le collège leur instruction morale et civique; c'est pourquoi nous avons donné en note l'indication d'un assez grand nombre de livres à consulter.

COURS ÉLÉMENTAIRE

DE

PHILOSOPHIE MORALE

CHAPITRE PREMIER

INTRODUCTION

OBJET, IMPORTANCE ET MÉTHODE DE LA MORALE

I. Définition de la morale. — Moralistes littérateurs et moralistes philosophes. — Caractère théorique et pratique de la morale. — Division. — La morale avant les philosophes.
II. Importance de la science morale. — Discussion. — Insuffisance du sens commun. — La diversité des opinions en morale. — Explication. — Possibilité de la science morale.
III. La méthode de la morale. — Rôle de la raison; insuffisance et nécessité de l'expérience. — Rapports de la morale et de la psychologie. — Déduction des devoirs particuliers. Dangers de l'utopie.

I. Définition de la Morale. Moralistes littérateurs et moralistes philosophes. — La Morale fait partie des sciences philosophiques; depuis l'antiquité, un des objets essentiels de la philosophie a été de donner aux hommes des règles de conduite : Socrate et Aristote, aussi bien que J.-J. Rousseau et Kant, furent des moralistes. Cette expression de moraliste (du latin *mores*, mœurs) a, il est vrai, deux sens;

on désigne par là, en littérature, des observateurs de la nature humaine qui ont décrit les mœurs des hommes et leurs caractères : tels La Rochefoucauld ou La Bruyère ; mais le moraliste est aussi celui qui cherche à déterminer la règle des mœurs, qui se propose de découvrir ce que les mœurs doivent être et non plus seulement ce qu'elles sont. L'observation des caractères fait partie des procédés de la méthode psychologique ; la peinture des caractères avec leurs qualités, leurs défauts, leurs travers, est l'œuvre du poète dramatique ou du moraliste littérateur ; la science du caractère, c'est-à-dire l'étude des lois suivant lesquelles il se forme, fait partie de la psychologie et on lui a donné le nom d'éthologie, de *ethos*, mœurs, en grec ; l'étude des mœurs telles qu'elles devraient être, des conditions auxquelles elles doivent se conformer pour être bonnes est la Morale proprement dite. On l'appelle parfois d'un terme plus savant en apparence, l'Éthique ; l'étymologie est grecque au lieu d'être latine, mais le sens est le même. Son objet étant non ce qui est, mais ce qui doit être, la morale peut se définir la science du devoir ; comme le devoir est de faire le bien, comme on agit bien quand on fait son devoir, on dit encore qu'elle est la science du bien.

Caractère théorique et pratique de la Morale. Division. — C'est une science pratique ; elle est à la fois science et art comme la logique : en effet, les lois qu'elle détermine ne sont pas seulement un objet de connaissance pour l'entendement, elles sont des règles pour la volonté ; les vérités qu'elle renferme sont les conditions auxquelles nous devons nous conformer pour bien agir et remplir notre destinée. On divise d'ordinaire la morale en deux parties : la morale théorique ou générale, et la morale pratique ou particulière, et on a coutume de voir, dans la première, une science, et dans la seconde un art. Cependant il faut remarquer que la morale dite pratique traite d'une manière générale encore des devoirs, c'est-à-dire des applications du devoir dans les conditions où tous les hommes peuvent se trouver ; tout en formulant des préceptes, elle conserve les caractères de la science. La morale contiendra néanmoins une partie exclusivement pratique si à la détermination des devoirs on joint, comme le voulait Bacon, des instructions sur la manière d'y conformer sa conduite et de réformer son caractère; c'est ce que Franklin appelle l'art de la vertu, sorte de pédagogie morale qui traite de l'éducation de l'individu par lui-même. Quant à la morale dite théorique et générale, c'est la science des principes d'où se déduisent et par lesquels s'expliquent les vérités et les prescriptions de la morale individuelle, sociale et religieuse. C'est à elle que convient l'expression de philosophie morale, c'est grâce à elle que la morale pratique a un caractère philosophique et scientifique.

La morale avant les philosophes. — On peut concevoir un ensemble de règles pour la direction de la vie subsistant sans être rattachées à des principes, acceptées de confiance, objet de foi et non de savoir : dans l'éducation de l'enfant, on est obligé de formuler d'abord des préceptes, en faisant appel à son cœur plus qu'à sa raison ; et dans l'enfance de l'humanité les devoirs ont été connus empiriquement, comme des vérités d'expérience avant d'être expliqués, ou encore, ils ont pris la forme d'oracles énonçant les volontés de puissances supérieures devant lesquelles on s'inclinait avec une religieuse soumission sans songer à pénétrer le mystère de leur origine.

Les sentences des premiers poètes et des sages de la Grèce nous révèlent le caractère des conceptions morales primitives. « Un étranger, un suppliant est pour toi un frère, car il est envoyé par Jupiter » (Homère). — « La paresse est haïe des dieux » (Hésiode). — « L'univers est plein de dieux ; il faut s'y comporter avec décence, comme dans un temple sacré » (Thalès). — « Rien de trop. » — « Connais-toi toi-même », étaient des maximes inscrites sur les murs des temples ; les suivantes se lisaient à côté de l'indication de la route, sur des bornes que surmontait la tête de Mercure : « Voyageur, chemine en pensant à la justice. » — « Honore l'espérance, marche à ton but sans crainte. » Enfin, au culte des morts, des ancêtres, à la religion du foyer domestique se rattachaient une série d'obligations morales concernant la famille et la patrie elle-même.

Mais l'homme est fait pour se conduire par raison et non pas seulement par tradition, par sentiment ou par instinct ; un moment est venu où il a raisonné ses croyances, où il a discuté le code moral qui régissait ses actes, où il a voulu comprendre. Alors les règles furent rattachées à des principes ; on chercha à établir entre elles un étroit et systématique enchaînement : la science morale a été fondée.

II. Importance de la science morale. — Cette science a son histoire, elle commence avec Socrate ;

tous les grands philosophes de l'antiquité et des temps modernes l'ont cultivée. Son influence est grande sur le développement de la civilisation ; ses théories font partie du patrimoine intellectuel de l'humanité, les vérités dont elle s'occupe sont celles qui nous touchent de plus près ; aussi elle a sa place aujourd'hui dans l'éducation. La réflexion sur les principes de la morale ne peut que fortifier le respect naturel pour le devoir, donner plus de délicatesse à la conscience, et la prémunir contre les mauvaises raisons au moyen desquelles on cherche d'ordinaire à justifier à ses propres yeux, comme aux yeux des autres, une mauvaise action.

La critique des théories développe l'indépendance du jugement, initie l'élève à l'art de discuter, de peser les raisons, d'apprécier la vérité autrement que par la mesure et le calcul ; et enfin en lui faisant comprendre ce qu'il peut y avoir de fondé dans les opinions même les plus différentes des siennes, elle le dispose à la tolérance.

Discussion. — Il existe à l'égard de la Morale un préjugé qui s'étend d'ailleurs à la plupart des sciences dont l'objet n'est pas le monde physique. On croit, sur les choses de l'âme, en savoir toujours assez, comme on s'imagine pouvoir résoudre sans préparation les questions sociales et économiques : c'est affaire de bon sens, semble-t-il, et chacun pense en être suffisamment pourvu. Il y a plus, on oppose à l'occasion la simplicité sainte des âmes naïves au savoir des hommes qui, à force de disserter sur les principes, oublient de les appliquer ; volontiers on répète le mot de Pascal : « la vraie morale se moque de la Morale. »

Certes, mieux vaut être bienfaisant en suivant les inspirations de son cœur que de savoir pourquoi on doit l'être tout en restant égoïste; les belles dissertations de Sénèque sur la force d'âme ne justifient pas la faiblesse qu'il a montrée en écrivant pour Néron l'apologie du meurtre d'Agrippine; et J.-J. Rousseau serait d'autant plus coupable d'avoir abandonné ses enfants dans un hôpital, si le fait est vrai, qu'il a parlé avec plus d'éloquence des vertus domestiques. Mais tout le monde est d'accord sur ce point. Le grand moraliste Épictète se plaint de ces théoriciens du devoir qui mentent sans scrupule, mais sont toujours prêts à prouver par de solides raisons qu'il ne faut pas mentir. La vérité est qu'on peut connaître son devoir et n'avoir pas la force de le pratiquer; c'est exagérer la puissance du savoir que de soutenir avec Socrate ou avec Descartes, « qu'il suffit de bien juger pour bien faire, et de juger le mieux qu'on puisse pour faire aussi tout son mieux, c'est-à-dire pour acquérir toutes les vertus ». La vertu ne se transmet pas comme la vérité, par la seule force de l'enseignement; il n'est pas vrai que notre volonté ne se porte à suivre ni à fuir aucune chose que selon que notre entendement la lui représente bonne ou mauvaise. Souvent, au contraire, nous pouvons dire avec le personnage dont parle Ovide : « Je vois le bien, je l'approuve, et c'est le mal que je fais. »

Il ne s'ensuit pas que la science du devoir soit nuisible ou inutile. La connaissance du bien n'est pas suffisante mais elle est nécessaire pour pratiquer la vertu.

Insuffisance du sens commun. — Il ne faut pas

croire que le sens commun, à la façon d'un instinct moral infaillible, dirige sûrement les hommes sous la seule condition qu'ils se laissent docilement conduire. Il y a des erreurs communément adoptées, en morale comme ailleurs ; la voix de la conscience est souvent muette quand elle devrait parler, et si elle se fait entendre, ses prescriptions sont loin d'être toujours conformes à l'éternelle justice.

C'est pourquoi le sens commun d'une époque ou d'un pays diffère sur bien des points du sens commun d'une autre époque ou d'un autre pays ; l'opinion publique condamne et flétrit aujourd'hui des actions qui, dans d'autres temps, ne choquaient personne, et il s'en faut de beaucoup que, de nos jours, l'accord complet soit réalisé entre les hommes sur les devoirs et les droits. Il existe des questions douteuses, des cas de conscience diversement résolus par les uns et par les autres. Même à l'intérieur d'une nation civilisée comme la nôtre, il en est jusque dans la partie de la population en apparence la plus éclairée, qui considèrent la vengeance comme légitime, et la tolérance comme coupable, et les grandes conceptions morales qui depuis un siècle ont inspiré les réformes des législateurs, sont encore discutées. Combien plus sont profondes les contradictions, quand on franchit les bornes des États ! Les mœurs des sauvages de l'Afrique centrale ou de l'Australie nous font horreur, et parmi les coutumes de races plus cultivées, Arabes, Hindous ou Chinois, beaucoup excitent notre indignation. Avec le progrès des études ethnographiques, il n'est plus possible de s'attacher à cette chimère de l'homme de la nature, innocent et heureux, dont

J.-J. Rousseau opposait les vertus aux vices des sociétés civilisées. Non, la nature n'a pas mis en nous la science infuse des devoirs; elle a fait l'homme capable de s'instruire, mais elle ne commence pas par lui tout apprendre; la réflexion et l'effort sont nécessaires pour atteindre la vérité en morale comme ailleurs; nous possédons en naissant les germes de la science, et non la science elle-même. L'homme doit conquérir par sa pensée l'idéal, avant que sa volonté puisse tenter de le réaliser. Il y a des découvertes dans le domaine de la moralité comme il y en a dans les Mathématiques et dans la Physique, et les idées fécondes qui déterminent les progrès de la civilisation à travers les âges ont été l'œuvre de sublimes inventeurs avant de passer dans la législation, dans les mœurs, dans le sens commun enfin, qu'elles commençaient par contredire. « Un jour, la vertu découvrira qu'il faut pardonner à ses ennemis; un autre jour, qu'il ne faut pas opprimer la conscience des hommes; un autre jour, que l'innocence de l'enfant doit être respectée, ou encore qu'il faut savoir défendre ses droits, etc. Chacune de ces découvertes ne se fait pas sans péril, et la sagesse traditionnelle se révolte contre ces divinateurs d'un monde meilleur [1]. »

Le sens commun n'est pas la mesure du juste et de l'injuste, il renferme des préjugés mêlés à des vérités certaines, et ces vérités mêmes sont incomplètes; la philosophie morale fait la critique des opinions courantes, pour y discerner le vrai du faux et s'attache, en outre, à accroître le nombre des

---

1. P. Janet, *La Morale,* liv. II, chap. II.

vérités morales, en étendant toujours plus loin les interprétations du devoir.

La diversité des opinions en morale. Explication. Possibilité de la science morale. — Mais pour qu'une science soit possible il faut qu'il y ait des notions communes universellement reconnues, évidentes par elles-mêmes, qui lui servent de principes. Ces données indispensables existent-elles ici? Les idées morales varient d'une époque à l'autre, d'un pays à l'autre : mais alors, comment bâtir sur le sable mouvant, comment s'appuyer sur des notions individuelles pour édifier une morale universelle? Le jugement de chacun paraît être la mesure de la vérité; toutes les manières de voir seront également légitimes comme on dit parfois que tous les goûts sont dans la nature, et il ne faut pas songer à établir une règle commune.

L'objection n'est pas nouvelle; elle se rencontre chez les sceptiques de l'antiquité, et elle se retrouve chez plusieurs philosophes modernes, tels que Montaigne, Pascal et certains matérialistes contemporains. « Si l'homme connaissait la justice... on la verrait plantée dans tous les États du monde et dans tous les temps, au lieu qu'on ne voit presque rien de juste ou d'injuste qui ne change de qualité en changeant de climat. Trois degrés d'élévation du pôle renversent toute la jurisprudence... Plaisante justice qu'une rivière borne! Vérité en deçà des Pyrénées, erreur au delà [1]! » De nos jours on a dépeint d'après les récits des explorateurs sous des couleurs fort sombres les coutumes des peuples

---

1. Pascal, *Pensées*.

sauvages : le cannibalisme, le parricide, l'infanticide, l'esclavage et autres pratiques abominables en formeraient le fond, de telle sorte que la moralité toute relative chez l'homme civilisé serait nulle chez celui qui ne l'est pas.

C'est ne voir qu'un côté des choses; il y a des voyageurs moins pessimistes qui ont observé l'âme des Africains, des Australiens ou des Indiens d'Amérique et ne l'ont point trouvée si noire; on peut en retournant la médaille montrer chez eux des exemples de toutes les vertus, et il s'en faut que les crimes qu'on leur reproche soient universellement répandus [1]. D'autre part, la diversité des opinions morales de l'humanité dans le temps est moindre qu'on ne l'imagine. Non seulement les moralistes latins et les moralistes grecs sont encore le plus souvent des guides excellents pour la conscience moderne, mais dans l'antiquité la plus reculée on voit que les grandes civilisations de l'Orient, celles de la Chine, de la Perse, de l'Inde reposent sur des idées morales dont les analogies profondes avec celles des nations plus jeunes de l'Occident prouvent d'une manière éclatante l'unité morale de l'espèce humaine. Confucius exige du sage : la tempérance, la dignité et surtout l'humanité. « Que l'homme supérieur regarde tous les hommes comme ses frères. » Zoroastre prescrit la lutte de la volonté libre contre les passions mauvaises, il proclame l'égalité des hommes : « Je vous adresse ma prière,

---

[1]. On peut consulter *La Morale* de P. Janet, liv. III, chap. IV, où sont rapportés des témoignages de Mungo-Park, de Livingstone, etc.

ô Dieu, qui faites que le pauvre est égal au grand ». Les lois de Manou recommandent les plus hautes vertus : la pureté, la résignation, l'action même de rendre le bien pour le mal et condamnent non seulement la violence, le vol, mais l'envie, la calomnie, l'empressement à divulguer le mal.

Dès lors cette question se pose : S'il n'y a pas de vérité morale absolue, d'où vient l'accord qui existe entre les sages appartenant aux époques et aux pays les plus divers et qui n'ont pu se concerter? De même qu'on admet des principes de géométrie certains qui font que les théorèmes de la Chine ou de l'Inde ne diffèrent pas de ceux des mathématiciens occidentaux, il faut reconnaître qu'il y a aussi dans toute âme humaine des principes communs de moralité. Quant au désaccord qui existe entre les consciences, aux divergences, aux contradictions si nombreuses d'ailleurs et si regrettables, il est possible d'en rendre compte sans tomber dans le scepticisme. Non seulement la diversité des opinions humaines en morale a été exagérée, mais elle s'explique par des causes multiples. D'abord on ne doit pas confondre les mœurs d'un peuple et ses opinions morales; de ce qu'un homme agit mal il ne s'en suit pas qu'il ignore ce qui est bien; il se réserve de faire en sa faveur une exception à la règle, prêt d'ailleurs à l'appliquer sévèrement à ceux qui l'imiteraient; ou bien, sous l'influence de la passion il l'oublie momentanément. Un homme en colère éclate en imprécations contre un objet inanimé qu'il ne vient pas à bout d'ajuster à sa fantaisie : il n'ignore pas pour cela qu'un morceau de bois ne saurait l'entendre; un autre frappe une personne qui l'a heurté par mégarde : il sait pourtant que c'est injuste et qu'on ne doit pas abuser de sa force. Chez les peuples où l'on s'enivre le plus, on ne doute pas que la tempérance soit une vertu; telle nation commet à la guerre des atrocités et sous l'influence des préjugés patriotiques ne songe même pas à s'en repentir, qui ne ménage pas son indignation à l'égard d'une nation voisine ayant suivi son exemple. « Écoutez, dit Herbert Spencer, ce qui se dit aux colonies anglaises sur l'épouvantable traitement infligé aux révoltés de la Jamaïque et de l'Inde; vous verrez que généralement on le tient pour justifié par la nécessité. Écoutez maintenant ce qui se dit lorsque le coupable est un autre peuple; la même personne déclarera, d'un ton indigné, qu'aucune raison de nécessité ne saurait justifier la chose [1]. »

Il y a plus, la passion peut oblitérer la conscience au point de donner au crime les couleurs d'une action honnête ou héroïque. Des désirs inavouables de vengeance, la fureur sanguinaire, la passion de l'autorité et de la domination non seulement chez des individus pris isolément, mais chez tous les membres d'un parti nombreux, ou dans la foule des fidèles d'une religion ont obscurci la lumière naturelle au point d'armer les bras pour les plus horribles attentats sous le prétexte d'un devoir à accomplir envers l'État ou envers Dieu. Leibniz a pu dire : « Si la géométrie s'opposait autant à nos passions et à nos intérêts présents que la morale, nous ne la contesterions et ne la violerions guère

---

1. *Introduction à la science sociale*, chap. IX.

moins, malgré toutes les démonstrations d'Euclide et d'Archimède... »

Enfin, il y a une dernière cause essentielle et décisive de la diversité des opinions en morale, c'est l'inégalité du développement des intelligences humaines. Les principes destinés à diriger la conduite existent chez tous les hommes, mais tous n'ont pas assez de raison pour les bien appliquer; personne même ne peut apercevoir nettement toutes les conséquences qu'ils comportent. La loi morale n'est ignorée nulle part, mais nulle part aussi elle n'est parfaitement comprise. Il est des esprits qui la connaissent mieux, d'autres moins bien; on s'explique ainsi que leurs convictions diffèrent. Les opinions des modernes en astronomie diffèrent aussi de celles des anciens: on ne prétend pas pour cela que le ciel n'est pas soumis à des lois. Pourquoi vouloir que la volonté n'ait pas sa loi, si les hommes plongés dans les ténèbres de la barbarie ou incomplètement civilisés l'ont mal connue, et si nous la concevons autrement qu'eux? Ce qui doit au contraire nous donner confiance, c'est que, à mesure que les peuples s'éclairent et atteignent un même niveau de civilisation, les vérités communes deviennent plus nombreuses, de telle sorte que si une grande réforme détruisant une injustice séculaire et proclamant un droit nécessaire vient à être adoptée et passe dans le code d'une nation, son triomphe s'étend rapidement chez les autres partout où la raison est assez cultivée pour permettre de la comprendre.

En somme l'homme est un être moral comme il est un être raisonnable; il existe en nous des principes de moralité qui sont universels à un double point de vue : chez tous se fait naturellement la distinction entre un usage légitime et un usage illégitime de la volonté, entre le bien et le mal. Les applications de ces principes, les manières de concevoir le bien et le mal sont, il est vrai, très diverses suivant les pays et suivant les temps; mais les progrès de la civilisation prouvent que la réflexion tend à substituer l'unité à la diversité primitive, et à établir l'universalité non plus seulement des principes mais des conceptions mêmes tirées de ces principes. On peut espérer un avenir où la loi morale inscrite dans toutes les consciences inspirerait à tous les mêmes jugements, où le même idéal de vertu attirerait toutes les volontés. C'est assez pour que la science morale repose sur des fondements solides et pour que son œuvre ne soit pas stérile.

III. La méthode de la morale. Rôle de la raison; insuffisance et nécessité de l'expérience. — D'après la nature même de l'objet de cette science il est possible de déterminer sa méthode. Il ne s'agit pas de découvrir la loi des mœurs humaines comme on connait les lois des sociétés animales, celles des fourmis ou des abeilles, en les observant; l'expérience à elle seule apprend ce qui est, non ce qui doit être. Elle montre par exemple que les hommes en général sont portés à chercher la fortune ou le plaisir, par conséquent que ce sont là des choses désirées, ou *désirables* en ce sens qu'elles peuvent être désirées, mais non pas qu'il est obligatoire de les rechercher, et qu'il faut tout sacrifier à leur poursuite. L'histoire offre une ample collection de faits et d'événements qu'elle explique par leurs causes prochaines, mais il s'en faut bien que les moyens qui ont amené le succès puissent toujours être pris comme des règles de conduite; sans aller jusqu'à dire avec un penseur contemporain « qu'en général dans l'histoire l'homme est puni de ce qu'il fait de bien et récompensé de ce qu'il fait de mal [1] », il est certain que la victoire n'est pas toujours le signe du bon droit. Les propositions de la morale n'expriment pas les faits, ne résument pas les observations; ses vérités ne sont pas des copies de la réalité, ce sont des modèles de la conduite, et alors même que personne au monde ne s'y serait jamais conformé elles ne perdraient rien de leur certitude. Il en est d'elles comme de ces rapports idéaux de la géométrie que l'observation de l'étendue sensible ne permettrait jamais d'établir dans leur rigueur, qu'elle ne présente jamais exactement tels que la raison les conçoit. La méthode de la morale est avant tout rationnelle comme celle de la géométrie; c'est ainsi que les Stoïciens et que Kant l'ont conçue; vouloir traiter la morale expérimentalement comme une science physique, ainsi que l'a fait Stuart Mill avec tous les empiristes [2], c'est méconnaître le but poursuivi ou se rendre incapable d'y parvenir. Quelle expérience par exemple eût jamais permis d'inscrire dans la déclaration des droits de l'homme le principe de l'égalité des personnes humaines? Ce que l'observation montre toujours et partout, c'est l'inégalité, inégalité des forces physiques, inégalité des

1. Renan, *Histoire du peuple d'Israël*, Ier vol., chap. xvi.
2. Les philosophes *empiristes* sont ceux qui prétendent que toutes nos connaissances proviennent de l'expérience (en grec, *empeïria*).

talents, inégalité des fortunes. Pour proclamer que les hommes sont égaux en droit, il a fallu s'élever par la pensée dans un monde idéal, jeter un sublime défi à la réalité, opposer la raison à la nature et à l'histoire.

Cependant l'expérience a son rôle aussi en morale, et tout n'est pas faux dans cette dernière opinion. D'abord les données fondamentales de la morale, à savoir : la distinction du bien et du mal, les notions du devoir, du droit, de la responsabilité morale, du mérite et du démérite, bien que provenant de la raison, bien que nécessaires et universelles, ne se manifestent à nous qu'à propos des jugements particuliers que nous portons sur telle ou telle action déterminée ; ce sont les principes de ces jugements qui ne s'expliquent que par elles, mais ces principes d'abord sont à l'état latent : on n'en lit pas la formule par une intuition rationnelle immédiate comme le texte d'une loi divine inscrite au fond des âmes; semblables à la lumière qui ne frappe nos regards que si elle a été réfléchie par les corps qu'elle éclaire ils nous apparaissent seulement dans les occasions que l'expérience fournit de les appliquer. C'est à la réflexion de les dégager, et pour cela il faut bien connaître le milieu qui les reflète, c'est-à-dire les pensées et les sentiments de l'homme. Les passions les obscurcissent, les préjugés les dénaturent; il faut en s'appuyant sur des faits de conscience connus de tous, amener chacun à les reconnaître tels qu'ils sont dans toute leur pureté; cela n'est possible qu'avec une grande expérience du cœur humain. Celui-ci se fait illusion sur sa propre responsabilité, mais il juge avec une précision étonnante de celle d'autrui! cet autre connaît parfaitement son droit, mais il n'a pas une aperception aussi nette de celui des autres : il importe de savoir cela, de pénétrer les causes de l'erreur pour établir les principes tels qu'ils sont en eux-mêmes.

Rapports de la morale et de la psychologie. — Reste à en tirer les conséquences : comment le faire si on ne connaît pas bien la nature humaine? La psychologie est indispensable au moraliste et c'est avec un sentiment profond du rôle de l'expérience que le fondateur de la science morale avait adopté la maxime : connais-toi toi-même. Il faut voir l'homme tel qu'il est pour savoir ce qu'il doit être; si l'étude de la réalité ne suffit pas pour concevoir le type idéal de la nature humaine, au moins est-elle aussi indispensable au moraliste qu'elle peut l'être à l'artiste qui aspire à donner aux formes défectueuses du modèle vivant toute la beauté qu'elles comportent. Il s'agit de déterminer quel est le meilleur usage que nous puissions faire de nos facultés; pour cela évidemment il faut les connaître et connaître aussi le pouvoir dont nous disposons et les obstacles que nous rencontrons dans l'accomplissement de notre destinée. On risque de rebuter l'homme et de le décourager en lui présentant un faux idéal incompatible avec sa nature ou en lui demandant plus qu'il ne peut; on donne au contraire des excuses à tous ses vicessi on exagère sa faiblesse. Suivant la parole fameuse de Pascal, l'homme n'est « ni ange ni bête »; il participe de l'un et de l'autre. Le malheur est que faute de tenir compte de sa nature complexe certains moralistes, les mystiques, les partisans des doctrines ascétiques l'ont traité comme un pur esprit; d'autres, au contraire, les apologistes de la passion brutale et de la vie sensuelle, l'ont abandonné comme l'animal à ses appétits.

Il s'agit là d'une erreur sur notre destination, sur le but de la vie. On se trompe encore, faute d'avoir bien observé, sur les moyens dont nous disposons pour accomplir la loi. Il y a des moralistes qui ont rabaissé l'homme à l'excès déclarant que sa nature est foncièrement mauvaise et corrompue; la conséquence est qu'ils risquent de lui retirer non seulement l'orgueil qu'ils combattent mais la fierté légitime, le sentiment de sa dignité, la confiance dans sa libre volonté et jusqu'à l'envie de se perfectionner. Le pécheur prend son parti de son abaissement; il croit assez faire en le proclamant, et attend sans faire aucun effort pour modifier sa vie un secours surnaturel qui l'arrache à ses vices. D'autres, aussi faussement optimistes en cela que les premiers se montrent pessimistes, exaltent la bonté des inclinations, persuadant de s'y abandonner ils inspirent une sécurité funeste et ainsi empêchent encore l'effort méritoire; ou bien faisant du libre arbitre un pouvoir indéfectible dont l'intervention suffit à calmer aussitôt les passions déchaînées, à supprimer les vices, à rétablir l'ordre dans l'âme la plus pervertie, ils accréditent l'opinion dangereuse qu'on peut s'exposer à toutes les tentations sans y succomber ou, quand on en juge le moment venu, se purifier à son gré de toutes les souillures.

Déduction des devoirs particuliers. Dangers de l'utopie. — Enfin la morale règle les relations qui peuvent s'établir d'homme à homme au sein d'une société, ou même celles qui existent entre les sociétés diverses dont se compose l'humanité; il est de toute évidence que pour déduire les devoirs particuliers de la formule générale du devoir, il faut bien connaître ces relations. Sans doute la morale pratique n'a pas pour mission de prévoir toutes les circonstances où un homme peut se trouver engagé et de fournir la solution de toutes les difficultés auxquelles l'accomplissement du devoir donne naissance dans les occasions particulières. Cela n'est ni possible, ni désirable. La morale pratique elle-même a un caractère scientifique et il n'y a de science que du général; ce serait une grave erreur que de prétendre en faire une casuistique, c'est-à-dire que de vouloir y traiter l'interminable série des cas de conscience; c'est à chacun de décider d'après les inspirations de sa conscience dans les cas particuliers; et l'effort pour discerner alors le vrai du faux est une partie du mérite; la volonté ne doit pas abdiquer une fois pour toutes dans un acte de soumission aux décisions cataloguées d'une autorité extérieure : elle conserve son indépendance, son autonomie. Mais il ne suffit pas non plus d'énoncer la loi dans sa plus grande généralité; il faut encore en déduire les principaux articles et déterminer par exemple les devoirs du citoyen envers son pays. Comment le faire, comment rendre compte des obligations du patriotisme sans une considération attentive des bienfaits que l'individu tient de l'État? Il ne suffit pas de prescrire la justice et la bienfaisance, il faut aussi connaître le milieu où on est appelé à pratiquer ces vertus, savoir quelles résistances il oppose à la réalisation de l'idéal. L'oubli des données de l'expérience a fait traiter parfois les philosophes de rêveurs par les politiques; les utopies pour être généreuses n'en sont pas moins dangereuses : les âmes qu'elles ont séduites d'abord, heurtées et froissées par les obstacles qu'on ne leur avait pas fait prévoir, abandonnent souvent avec l'illusion la vérité solide; et la naïveté trop confiante fait place en elles au doute ou à la négation.

Il est nécessaire de déterminer d'abord rationnellement les devoirs des membres d'une société parfaite; mais il faut aussi compter avec la réalité et faire des vertus une théorie compatible avec l'existence d'une société imparfaite.

Théoriquement, la fraternité universelle est une vérité, et si l'humanité formait une grande famille où chacun travaille pour tous et tous pour chacun ce serait le triomphe de la moralité : mais que les citoyens d'un pays en viennent actuellement à professer une bienveillance égale pour tous, dédaigneux du patriotisme considéré encore comme trop égoïste; ils seront vite la proie des peuples violents pour qui la guerre n'a pas cessé d'être une industrie et l'étranger un ennemi naturel. Dans l'intérieur même d'une nation, supposez un jeune homme entrant dans la vie résolu d'en user avec tous comme il a vu faire envers lui jusque-là dans sa famille; sans défiance et sans défense, il sera vite la victime des gens sans scrupule et sans foi, et désabusé il en viendra peut-être jusqu'à s'écrier que la vertu n'est qu'un mot. « Car l'homme est ainsi fait qu'il lâche tout, comme on dit, quand le but proposé à ses efforts est trop manifestement au-dessus de son atteinte [1]. » Le plus souvent les formules sublimes

---

1. Renouvier, *Science de la morale*, chap. LIII, *Établissement*

telles que celle-ci : « il faut rendre le bien pour le mal », faute d'une interprétation convenable restent stériles, l'instinct de conservation personnelle détourne tout d'abord de les appliquer. « Nous rendons hommage à ces préceptes du bout des lèvres, bien que nous n'en tenions aucun compte dans nos affaires et que nous les contredisions implicitement dans les diverses opinions que nous émettons; et nous pensons qu'on est obligé de les admettre bien qu'il soit impossible de s'y conformer [1]. »

En somme, à quelque point de vue qu'on se place, il convient de faire une large part dans la morale à l'expérience et pour que cette science soit efficace il faut qu'elle soit destinée non à une créature raisonnable quelconque, mais à l'homme réel tel qu'il apparaît à l'observateur, avec sa nature moyenne qu'on ne doit imaginer ni pire ni meilleure qu'elle n'est.

d'un droit de guerre en général. Le problème du droit de *guerre* est de savoir « comment la relation de justice étant troublée entre les hommes, se modifient les devoirs et les droits de celui qui voudrait demeurer juste pendant que la justice n'est pas en général observée par autrui, mais de qui pourtant il ne dépend point de conserver la pureté d'un rapport dont sa volonté ne forme qu'un terme ». *Guerre* est pris ici dans le sens de lutte d'homme à homme par opposition à la paix d'une société idéale.

1. H. Spencer, *Introduction à la science sociale*, chap. VIII. Le philosophe anglais et le philosophe français quoique appartenant à deux écoles bien différentes s'accordent à signaler l'insuffisance d'une morale trop idéaliste.

CHAPITRE II

LA CONSCIENCE. LES FAITS MORAUX

I. L'activité et l'ordre dans l'univers; les lois.
II. Les faits moraux; distinction. — La conscience psychologique et la conscience morale. — Analyse de la conscience morale : jugements et sentiments. — Sentiments à l'égard d'autrui; le respect.
III. Les attributions de la conscience. — Les théories sur la conscience : le sens moral. — Rapports de la conscience et de la raison.
IV. L'origine des notions morales; discussion de l'empirisme. — Influence de l'éducation sur la conscience; innéité des principes. — Explication évolutionniste de la conscience; discussion. — Les progrès de la conscience; l'hérédité psychologique et la solidarité morale.

I. L'activité et l'ordre dans l'univers; les lois. — Tout être dans l'univers est doué d'activité, a la puissance de produire une action, depuis la pierre qui est un agrégat d'atomes unis entre eux par la force de cohésion, ou la plante qui perce le sol pour émerger à la lumière, jusqu'à l'homme qui possède l'activité volontaire. Toute force de la nature s'exerce d'une manière ordonnée et conformément à des lois : cela apparaît pour la matière inanimée, dont les mouvements sont réglés et produisent l'admirable harmonie du monde physique, aussi bien dans les révolutions périodiques des astres que dans les formes géométriques des cristaux ou dans les ondulations rythmées des sons et de la lumière. Avec la vie l'ordre se montre plus manifeste encore; chaque plante a sa nature propre et semble faire effort pour réaliser un type déterminé. L'activité chez les végétaux est spontanée et n'est plus comme dans le minéral une simple réaction et la répercussion du mouvement reçu, elle reste inconsciente et fatale. Dans l'animal une énergie plus abondante se déploie en effets plus variés ; non seulement son activité est spontanée, mais elle est sentie de lui : elle est toujours visiblement orientée vers un but qui est la conservation de l'individu ou de l'espèce, et l'instinct est le principal ressort de cette activité, fatale encore. « Les lois, dit Montesquieu, sont les rapports nécessaires qui dérivent de la nature des choses. Tous les êtres ont leurs lois. » L'homme a les siennes. Il est soumis comme les êtres inférieurs à des lois physiques et physiologiques : toutefois il n'est plus conduit comme l'animal par un instinct irrésistible ; la loi supérieure de son activité est en rapport avec sa nature propre qui est d'être raisonnable et libre ; c'est la loi morale. Il la connaît, tandis que l'animal ne se rend pas compte de son instinct ; il dépend de lui de s'y conformer ou non : l'ordre n'est pas réalisé en lui sans lui, il faut qu'il y consente et qu'il y coopère. Comme il ne fait pas toujours ce qu'il devrait faire, comme ses actions sont souvent en désaccord avec sa vraie nature, des philosophes ont cru que cette loi idéale, et qui ne contraint pas, n'existait pas. Il ne suffit pas de démontrer à priori que l'homme ne peut constituer une exception dans le monde et seul de tous les êtres n'avoir pas une loi en rapport avec sa nature ; il faut montrer qu'elle se révèle clairement par l'action qu'elle exerce sur l'âme, il faut faire voir que parmi les faits de la vie intérieure, c'est-à-dire parmi nos sentiments, nos pensées, nos volontés, il en est qui ne peuvent s'expliquer si on n'admet pas qu'un tel principe d'action soit en nous.

II. Les faits moraux; distinction. La conscience psychologique et la conscience morale. — On appelle fréquemment faits moraux ou faits de l'ordre moral tous les phénomènes de la vie psychologique, dans le sens où on oppose le moral au physique comme l'âme au corps. A ce point de vue, nos joies, nos peines, nos pensées, quelles qu'elles soient, sont des faits moraux par opposition aux phénomènes matériels tels que celui de la digestion ou de la respiration. Mais on doit réserver ce nom aux faits qui intéressent la moralité et que dans la langue courante on rapporte à la conscience morale, tels que l'idée du devoir ou le sentiment du remords. L'expression même de conscience a besoin d'être éclaircie; à vrai dire la conscience est le pouvoir que nous avons de nous connaître en tant qu'être sensible intelligent et libre, de connaître l'âme; pour cette raison, les sentiments, les pensées, les résolutions sont appelés des faits de conscience; on oppose la conscience aux sens qui perçoivent les faits matériels, étendus, occupant un lieu dans l'espace et on l'appelle parfois encore sens intime. Mais très souvent le mot conscience seul et sans qu'on y joigne l'épithète de morale est pris dans un sens moins large, et sert à désigner notre aptitude à discerner le bien moral de son contraire, et à éprouver à ce sujet des émotions particulières. Un synonyme usité de la conscience ainsi entendue, c'est : sens moral. On dit ainsi qu'un homme a de la conscience ou en est dénué, qu'il a ou n'a pas de sens moral.

La conscience nous dirige, la conscience approuve, absout ou condamne nos propres actions ou celles d'autrui; la conscience a ses scrupules, ses tourments et ses joies; on fait son examen de conscience. Dans cette expression : la liberté de conscience, le mot désigne particulièrement les croyances religieuses; mais il y a un lien étroit entre les croyances morales d'un homme et ses croyances religieuses, et c'est un devoir sacré pour un homme que d'honorer Dieu suivant sa conscience ou de ne pas professer une foi qu'il n'a pas.

Les faits moraux qui constituent le contenu de la conscience ainsi comprise sont encore nombreux et complexes et il convient d'en faire l'analyse.

Analyse de la conscience morale; jugements et sentiments. — On peut les ramener d'abord à deux groupes, les faits d'ordre intellectuel et les faits sensibles. Les faits d'ordre intellectuel sont des idées et des jugements; les idées ou notions morales proprement dites sont les idées du bien et du mal son contraire (l'honnête, le juste sont des formes du bien), les idées de la loi morale et du devoir, celles de la vertu et du vice, du mérite et du démérite et de la responsabilité morale. Mais ces idées n'apparaissent pas primitivement isolées comme les mots dans un dictionnaire; elles font partie de certains jugements d'où par abstraction on a pu les isoler pour les généraliser. Ces jugements ont pour objet notre propre conduite ou celle d'autrui; elle est jugée bonne ou mauvaise, on l'approuve ou on la désapprouve, on en apprécie le mérite ou le démérite, on l'estime digne de récompense ou de châtiment.

Les jugements moraux sont accompagnés d'émotions comme le sont les jugements esthétiques, c'est-à-dire ceux que nous portons sur la beauté des choses ; ils ne nous laissent pas froids et insensibles comme les propositions mathématiques. De là tout un ensemble de sentiments moraux qui sont la conséquence des jugements et qui ont aussi une influence sur eux. Ces sentiments diffèrent et ont des noms distincts selon qu'ils se rapportent à notre propre conduite ou à la conduite de nos semblables ; dans les deux cas ils s'opposent deux à deux comme les jugements eux-mêmes.

Avant de prendre une résolution, surtout si l'action que nous jugeons ordonnée ou interdite est grave, nous éprouvons un attrait ou au contraire une répulsion d'une nature particulière ; nous avons en quelque sorte un avant-goût de notre dignité accrue ou de notre déchéance, de l'honneur ou de la honte qui en résulteront pour nous ; et ce sentiment de la noblesse que nous pouvons acquérir nous encourage à braver les obstacles, nous soutient au milieu des difficultés, comme celui de la flétrissure que nous allons nous infliger nous fait hésiter et reculer, ou tout au moins tient en échec un temps plus ou moins long la passion mauvaise [1].

Il n'est pas besoin d'être un héros ou un criminel pour éprouver de pareils sentiments. Un écolier a de ces émotions lorsqu'il songe à renoncer à quelque objet désiré pour vider sa modeste bourse

---

1. Shakespeare a dépeint admirablement les hésitations de Macbeth avant de commettre son crime : « J'ai eu le courage, répond-il à sa femme qui l'excite, de faire tout ce qui sied à un homme ; *qui ose davantage n'en est pas un* ».

entre les mains d'un malheureux, ou lorsqu'il s'abstient d'accuser un camarade pour se disculper. Mais naturellement ils sont portés à un plus haut degré à mesure que grandit l'importance de l'acte. « Je n'ai ni fortune, ni naissance, ni influence pour me recommander ; cependant s'il m'est donné de vivre, je compte bien n'être pas moins utile à l'humanité et à mes amis que si j'étais né avec tous ces avantages. » Quel noble orgueil anime ces lignes écrites par l'illustre chimiste Davy au moment où il entrait dans la vie avec la résolution de bien faire. Le même sentiment d'allégresse à la pensée de grands devoirs à remplir se trouve dans les Mémoires de Marmontel lorsqu'il raconte comment, le jour de sa sortie du collège, frappé par la mort de son père, il fit à sa mère le serment d'être désormais le soutien de sa famille. « Jamais, dit-il, je ne me suis senti si supérieur à moi-même. »

L'acte une fois accompli, les sentiments éprouvés sont la satisfaction intérieure ou bien le remords. On dit ainsi que l'on est récompensé ou puni par sa conscience : les plaisirs et les souffrances de la conscience ne se confondent point avec les autres émotions. Il y a chez l'homme qui fait son devoir un sentiment de légitime fierté à la pensée de son mérite, de sa valeur propre, et qui l'emporte sur la joie que peuvent lui procurer d'autres avantages, car les autres avantages, la santé, la beauté, les dons de l'intelligence, la richesse, la noblesse, il les tient de la naissance, de la fortune, ou si sa volonté y est pour quelque chose elle n'en a pas tout le mérite ; s'agit-il au contraire d'un acte de probité délicate ou mieux encore de dévouement, tout l'honneur lui en revient; sa valeur, il se l'est donnée à lui-même, c'est le bien le plus personnel. Quant au remords, ce n'est pas un chagrin de même espèce que la douleur si grande qu'elle soit occasionnée par un accident ou l'action fatale des lois naturelles; ce n'est pas le regret qu'on éprouve d'avoir manqué d'habileté dans une affaire, ce n'est pas une blessure d'amour-propre comme celle qui résulte d'une infériorité constatée dans un concours où le talent doit se joindre au travail, c'est le sentiment d'une déchéance, d'un avilissement, d'une dégradation volontaire. La crainte du châtiment s'y joint, châtiment dans la vie actuelle ou dans la vie future, mais ne le constitue pas; c'est bien plutôt un mépris de soi, une horreur pour sa propre laideur morale, un désespoir d'avoir imprimé à son être une tache indélébile, quand on aurait pu au contraire l'anoblir ou maintenir intacte sa dignité native. La crainte elle-même d'un châtiment inévitable pour celui à qui l'impunité semble matériellement assurée ici-bas a un caractère moral; elle résulte de la conviction que le crime doit être puni. Au remords se joint dans bien des cas le repentir; c'est lorsque la torture morale au lieu d'être simplement subie est acceptée comme une sorte d'expiation et accompagnée d'un désir de réparation, d'une intention de ne plus faire le mal à l'avenir. Il y a certainement autre chose dans le repentir que ce qu'y voit La Rochefoucauld lorsqu'il dit : « Le repentir n'est pas tant un regret du mal que nous avons fait qu'une crainte de celui qui peut nous en arriver. »

Sentiments à l'égard d'autrui; le respect. — Les

jugements moraux que nous portons sur autrui suscitent en nous des émotions d'une nature spéciale également. C'est l'estime et l'admiration respectueuse si l'action est honnête ou héroïque; c'est le mépris, l'indignation, l'exécration si elle est mauvaise, odieuse, ou criminelle. Ces sentiments nous les éprouvons non seulement lorsque nous avons souffert de l'injustice ou profité du bienfait, mais aussi à l'occasion des actes dont nous avons été simplement les témoins, ou même de ceux qu'on nous raconte, fussent-ils passés depuis longtemps, fussent-ils imaginaires. Nous ne pouvons lire l'histoire sans que les actes d'héroïsme ou de cruauté nous passionnent, et les personnages du roman ou du drame, infâmes et vertueux, nous causent des transports d'indignation ou d'enthousiasme. Les âmes les moins généreuses, celles que la réalité n'émeut guère, celles dont les scrupules sont vaincus facilement par l'intérêt, éprouvent des émotions morales devant une peinture saisissante du crime ou du dévouement. Ces émotions comme toutes les autres et plus encore que toutes les autres sont communicatives, contagieuses, et dans un théâtre par exemple la conscience morale parle plus haut dans chacun par ce fait même qu'il sympathise avec ses semblables. Il y a dans une foule une conscience collective dont les sentiments ont une intensité qu'on ne rencontrerait pas dans chacun des éléments qui la composent s'il était resté isolé. L'indignation pour l'injustice et pour le crime sont autre chose que la crainte des maux qui en peuvent résulter pour nous. « Que me font à moi, disait J.-J. Rousseau, les crimes de Catilina, ai-je peur d'être sa victime?

Pourquoi donc ai-je de lui la même horreur que s'il était mon contemporain? Nous ne haïssons pas seulement les méchants parce qu'ils nous nuisent, mais parce qu'ils sont méchants. » Sans doute l'indignation soulevée par l'injustice est particulièrement vive lorsque nous en sommes victime nous-même; nous avons pu l'éprouver pour la première fois à propos d'un mal subi par nous, mais elle s'étend aux actes mêmes dont nous ne saurions souffrir. Rousseau a dépeint avec éloquence l'émotion dont il fut saisi un jour que par erreur son oncle l'avait puni pour une faute qu'il n'avait pas commise.

« La douleur du corps, quoique vive, m'était peu sensible, je ne sentais que l'indignation, la rage, le désespoir... Ce premier sentiment de la violence et de l'injustice est resté si profondément gravé dans mon âme que toutes les idées qui s'y rapportent me rendent ma première émotion; et ce sentiment relatif à moi dans son origine, a pris une telle consistance en lui-même et s'est tellement détaché de tout intérêt personnel, que mon cœur s'enflamme au spectacle ou au récit de toute action injuste, quel qu'en soit l'objet et en quelque lieu qu'elle se commette, comme si l'effet en retombait sur moi. »

La sympathie et l'admiration pour l'homme de bien ont un caractère particulier; elles sont d'une autre nature que les sentiments que nous éprouvons pour une personne qui peut nous être utile ou dont les qualités physiques ou intellectuelles nous séduisent. Il s'y mêle toujours le respect.

« Le respect, dit Kant dans un passage célèbre[1], s'adresse toujours aux personnes, jamais aux choses... Un homme

---

1. *Critique de la raison pratique*, liv. I, chap. III.

même peut être un objet d'amour, de crainte ou d'admiration ; son humeur agréable, sa force, la puissance qu'il doit à sa situation peuvent m'inspirer ces sentiments, sans que j'éprouve intérieurement de respect pour sa personne. Je m'incline devant un grand, disait Fontenelle, mais mon esprit ne s'incline pas. Et moi j'ajouterai : devant l'humble bourgeois, en qui je vois l'honnêteté du caractère portée à un degré que je ne trouve pas en moi-même, mon esprit s'incline, que je le veuille ou non, et si haut que je porte la tête pour lui faire remarquer la supériorité de mon rang... Le respect est un tribut que nous ne pouvons refuser au mérite, que nous le voulions ou non ; nous pouvons bien ne pas le laisser paraître au dehors, mais nous ne saurions nous empêcher de l'éprouver intérieurement. »

III. Les attributions de la conscience. — On donne parfois le nom de sentiment moral à l'ensemble des sentiments dont nous venons de parler et aux inclinations de l'âme qui leur donnent naissance suivant qu'elles sont satisfaites ou contrariées. Mais le plus souvent ils sont attribués à la conscience comme les jugements moraux eux-mêmes. En somme la conscience est conçue avec une fonction législatrice puisqu'elle défend ou ordonne, une fonction judiciaire puisqu'elle approuve, absout ou condamne, une fonction rémunératrice ou pénale puisqu'elle fait souffrir les méchants et procure aux bons les plus grandes jouissances.

Sous ces divers points de vue, l'étude de la conscience d'une part fait connaître la nature de l'agent moral, de l'homme considéré comme soumis à la loi morale, et d'autre part sert à déterminer la nature de la loi elle-même.

Les théories sur la conscience : le sens moral. — On a dit que la conscience est un sens spécial dont l'homme est doué, le sens moral, ou encore un « instinct divin », guide assuré et infaillible selon Rousseau ; on a même prétendu déterminer dans le cerveau l'organe de ce sens. Effectivement il existe des analogies entre les sens et la conscience morale : il semble que celle-ci discerne le bien et le mal par une intuition immédiate sans raisonnement, comme la vue discerne les couleurs. Ce ne sont pas toujours les plus instruits qui connaissent le mieux leurs devoirs, et il y a au contraire des âmes simples qui n'ont guère de science mais beaucoup de conscience. En outre l'émotion plus ou moins vive qui accompagne le jugement moral a contribué à faire rapporter à la sensibilité les faits moraux ; elle a paru la condition de nos jugements sur le bien et sur le mal comme la sensation est celle de la perception des objets extérieurs.

Quand un homme paraît insensible à l'attrait de l'honnête, à l'horreur du crime, lorsqu'il n'est pas arrêté par la considération de l'honneur ou de la pudeur, ou de la pitié pour la souffrance d'autrui, on dit qu'il n'a pas ou qu'il n'a plus de sens moral ; il est par rapport à ces choses dans la même situation qu'un aveugle à l'égard des couleurs. Mais il ne faut pas être dupe des analogies et des métaphores : un sens comme la vue ou l'ouïe a un organe déterminé ; les nerfs qui le desservent reçoivent du dehors des impressions qui transmises aux centres cérébraux provoquent une sensation ; par les sens nous sommes en relation avec la matière, avec le monde extérieur. Par la conscience nous sommes en relation avec l'idéal ; mais l'idéal, le Bien que Platon appelait le soleil du monde intelligible, n'agit pas mécaniquement par des vibrations sur je ne sais quelle rétine spéciale : il nous attire, dit-on ; soit, mais rien de commun entre cette attraction et celle dont Newton a donné les lois. Je lis dans la pièce de Corneille le mot sublime du vieil Horace : « *qu'il mourût !* » et mon âme est ébranlée, et ma conscience tressaille, et une admiration faite de respect et d'amour la remplit. Il y a eu certes une sensation, celle des lettres noires ; mais l'émotion morale vient de l'idée, et les mêmes caractères tracés dans une histoire où l'on me raconte de Louis XIV *qu'il mourut* en 1715 m'auraient laissé froid. Un travail cérébral se produit, il est vrai, quand je pense et que je sens les choses morales, puisque l'âme et le corps sont intimement unis ; mais il en est de même quand je fais un raisonnement mathématique, et on ne parle pas sinon par métaphore d'un sens de l'arithmétique ou de la géométrie. Quand bien même on serait parvenu à localiser le phénomène matériel qui s'accomplit dans l'être sous le coup de l'émotion morale ; quand on aurait déterminé la portion de substance grise ou blanche dont l'atrophie produit cette impuissance totale à discerner le juste de l'injuste que des aliénistes appellent l'idiotie morale, il n'y aurait pas lieu d'assimiler l'intuition morale et l'intuition des propriétés physiques. Lorsque je perçois la lumière, le son, le chaud, le froid, la saveur ou l'odeur, la sensation précède l'acte intellectuel ; le jugement porte sur l'objet qui possède ces qualités ; au contraire la notion du bien et du mal, le jugement sur le mérite et le démérite précèdent les émotions que l'action morale me fait éprouver. On a associé au prétendu sens moral ou *tact spirituel*, un instinct qui nous pousse au bien et nous éloigne du mal; pure métaphore également! L'instinct proprement dit à la suite de la sensation que cause à un animal l'odeur d'une plante, fatalement, sûrement le pousse vers l'objet s'il est utile à son alimentation, ou l'en éloigne s'il est nuisible. Notre conscience n'a point la sûreté ni la fatalité de l'instinct; non seulement on ne fuit pas toujours le mal que l'on voit, mais on ne le voit pas toujours, et nous sommes exposés à nous attacher à l'apparence du bien que nous prenons à tort pour le bien réel. La conscience ignore parfois, elle se trompe souvent, elle hésite; elle n'est point le guide infaillible, elle a besoin d'une éducation et c'est là une des raisons d'être de la science morale.

Rapports de la conscience et de la raison. — La conscience morale n'est point un sens; en tant qu'elle conçoit le bien et juge la valeur des actes, c'est la raison humaine considérée dans une de ses applications spéciales; en tant qu'elle nous fait éprouver les émotions décrites c'est le cœur humain considéré dans ses inclinations les plus hautes. Il est dans notre nature de concevoir le bien et de l'aimer, parce que nous sommes des êtres raisonnables doués d'aspirations généreuses. « Le rapport de l'ordre et de la raison est extrême, dit Bossuet. L'ordre ne peut être mis dans les choses que par la raison, ni être entendu que par elle; il est ami de la raison, et son propre objet. » Kant a donné le nom de *raison pratique* à cette faculté qui nous fait mettre l'ordre dans notre conduite; mais elle n'est pas comme il le croit d'une autre essence que la faculté qui met l'ordre dans nos pensées par la science. L'être intelligent dans toute la force du terme, capable non seulement de sentir mais de penser, non seulement de connaitre mais de comprendre, devait être aussi l'être moral.

IV. L'origine des notions morales; discussion de l'empirisme. — Il y a à l'endroit de la raison une question psychologique de la plus haute importance pour la morale elle-même : les vérités de la raison, ses principes, qu'ils dirigent la pensée ou l'action, sont-ils primitifs, ont-ils une valeur absolue, ou au contraire sont-ils acquis par l'expérience? Sont-ils des produits de l'habitude, de l'éducation et en dernière analyse de la sensation, par conséquent relatifs et sujets à varier comme ces causes selon les temps, les lieux, les circonstances et les individus? Deux systèmes contraires depuis l'antiquité jusqu'à nos jours se sont partagé les esprits, l'un qu'on appelle actuellement le rationalisme (toute idée de controverse religieuse étant écartée de ce mot) ou encore l'idéalisme, qui admet des principes antérieurs et supérieurs à l'expérience, l'autre qui est l'empirisme ou le sensualisme.

D'après les représentants de cette dernière doctrine, tels que Locke et Condillac, l'esprit est quand nous naissons comme une de ces tablettes de cire dont se servaient les anciens pour écrire, sur laquelle le stylet n'aurait encore tracé aucun caractère, une *table rase* suivant l'expression consacrée, ou si l'on veut comme une feuille de papier blanc. Peu à peu les objets qui frappent les sens déposent leur empreinte sur la tablette; mais « l'intelligence ne renferme rien qui n'ait passé par les sens »; toutes les idées nous viennent du dehors. Il n'y a point d'inclinations primitives, pas plus que de principes innés de la connaissance. Nous ne sommes suivant le mot de Condillac que ce que nous avons acquis; notre nature est un produit de l'habitude, notre conscience morale comme le reste. C'est par l'éducation et la coutume que l'enfant apprend à discerner le bien du mal, à aimer l'un et à haïr l'autre. Le bien pour lui c'est ce qui est ordonné, le mal ce qui est défendu par les parents ou par le maître; et il commence par faire l'action bonne à cause de la récompense et à s'abstenir de l'action contraire par crainte du châtiment; puis une fois l'habitude formée, il prend plaisir à refaire ce qu'il a déjà fait sans avoir besoin de penser aux conséquences; le caractère agréable ou odieux des suites de l'obéissance ou de la désobéissance s'attache par association d'idées à l'acte lui-même. Ainsi voit-on qu'après avoir aimé l'or pour les avantages qu'il procure, l'homme, et c'est le cas de l'avare, peut arriver à l'aimer pour lui-même; une personne dans une situation modeste s'est habituée à l'économie par crainte de la misère, et il arrive souvent que même lorsque la fortune lui est venue son horreur de certaines dépenses subsiste bien qu'elles ne puissent plus l'exposer à aucune conséquence funeste; l'obligation morale suivant le philosophe anglais Stuart Mill s'expliquerait de même façon.

Influence de l'éducation sur la conscience; innéité des principes. — Certes, l'influence de l'éducation est grande sur l'âme tendre et malléable de l'enfant, et l'action de la coutume sur les jugements et les sentiments moraux des hommes en général est considérable. Un enfant élevé par des parents vicieux ou criminels, qui a perpétuellement sous les yeux de mauvais exemples, a chance de mal tourner et ne possède pas ordinairement une conscience aussi droite que l'enfant qui a grandi dans une famille honorable appliquée à lui inspirer l'amour du devoir. Le sauvage qui a toujours vu pratiquer autour de lui le cannibalisme, l'esclavage, la vengeance, n'a point pour la vie et la liberté humaines le même respect que le citoyen d'une nation civilisée. La diversité des opinions en morale s'explique en partie par ces causes puissantes. Mais faut-il en faire les causes uniques de la moralité? Cette explication ne nous mènerait pas bien loin; car il resterait à rechercher où l'éducateur a pris ces règles qu'il enseigne à l'enfant, et quelle est l'origine de la coutume elle-même. On a répondu que ces règles ont été enseignées aux premiers hommes par l'expérience de ce qui leur est utile et nuisible, ou bien qu'elles ont été instituées par d'anciens législateurs au nom de l'utilité sociale et revêtues d'un caractère sacré; transmises de génération en génération, leur origine aurait été oubliée et elles paraîtraient aujourd'hui dictées par la nature elle-même. Pour qu'une pareille théorie fût admissible, il faudrait que les sociétés primitives auxquelles nous devrions cet héritage d'idées morales sur lesquelles nous vivons pussent servir de modèles aux sociétés actuelles. Or, il s'en faut de beaucoup : bien que l'imagination aime à se représenter les âges lointains comme le berceau de toutes les vertus, ce bon vieux temps dont on parle était en réalité bien pire que le nôtre. Les sacrifices humains, le massacre des prisonniers, l'infanticide et tant d'autres pratiques barbares ont existé à l'état de coutumes autorisées et même sacrées chez les populations antiques de la Grèce et de l'Inde, c'est-à-dire parmi les races mêmes réputées entre les meilleures. Le progrès s'est fait parce que certains hommes s'inspirant de leur conscience ont rompu avec la coutume et ont répudié les enseignements de leurs maîtres. L'initiative que les sages ont eue appartient en réalité à chacun de nous, au moins à des degrés divers.

L'âme de l'enfant n'est pas une substance inerte qui reçoit passivement toute espèce de forme ou d'empreinte; elle est malléable, mais jusqu'à un certain degré seulement; elle a sa nature, ses attributs propres. L'expérience n'agit pas sur elle comme le statuaire du fabuliste sur le bloc de marbre qui devient indifféremment « dieu, table ou cuvette ». Elle est faite dès la naissance pour comprendre le bien et pour l'aimer. L'éducation n'a rien à créer; elle l'aide à appliquer les principes qui sont en elle, elle favorise le développement de bons sentiments dont le germe préexiste. Quand les parents parlent à l'enfant du devoir, ce mot trouve un écho en lui; il reconnaît la chose dont on l'entretient, car elle ne lui était point réellement étrangère. Souvent même la nature triomphe des obstacles qu'elle rencontre dans un milieu mauvais, et l'on voit des âmes bien nées conserver la pureté du cœur et la rectitude de la conscience dans une famille corrompue ou dans une société perverse.

Explication évolutionniste de la conscience; discussion. — L'empirisme contemporain principalement avec Charles Darwin et Herbert Spencer a tenté une autre explication de la conscience et est revenu, mais avec une théorie originale, à la conception abandonnée du sens moral. Ce prétendu sens et l'instinct qui l'accompagnerait, au lieu d'être primitifs comme le croyaient les philosophes écossais du XVIIIe siècle, auraient été acquis par la suite des générations depuis qu'il y a des hommes et même des animaux sur la terre [1]; le résultat des expériences de chaque individu se transmettant des parents aux enfants avec le cerveau, peu à peu les inclinations égoïstes et les instincts personnels se seraient modifiés et auraient donné naissance à l'amour de la justice et à l'instinct du sacrifice, de même que l'églantier par une longue évolution a pu se transformer au point de produire les belles roses de nos jardins ou que la vigne sauvage est devenue le cep du Bordelais et la treille de nos serres. Pour une collection d'hommes, peuplade ou nation, unissant leurs efforts afin de vaincre les obstacles de la nature et de résister à leurs ennemis, il y a d'autres conditions pour triompher que la force physique et la ruse ou l'adresse; la moralité elle aussi est un moyen de défense, un avantage dans le combat pour l'existence. Un peuple corrompu est en décadence, il est destiné à disparaître s'il ne se régénère par des mœurs meilleures. Une tribu sauvage si dégradée qu'on l'imagine ne pourrait pas vivre sans la pratique de certaines vertus, le courage, l'esprit de sacrifice aux intérêts communs (au moins dans les occasions critiques), quelque fidélité aux engagements réciproques; et

---

1. Sur l'hypothèse évolutionniste en général on peut consulter nos éléments de *Philosophie scientifique*, chap. XI.

parmi les populations en lutte pour la conquête du sol le plus favorable, celles qui portent au plus haut degré les qualités morales de ce genre, qui ne se laissent pas amollir, qui savent obéir au règlement des chefs, ont chance de l'emporter sur celles qui ne songent qu'au plaisir présent, qui par lâcheté se dérobent aux obligations de la vie en commun, et où règnent le désordre et la trahison. Dès lors les êtres réfractaires à toute moralité devaient disparaître, et la nature par un choix inconscient, aussi efficace que le choix réfléchi des horticulteurs propageant les meilleures graines, par une *sélection* qui résulte de ses lois générales, a conservé, perfectionné, perpétué les représentants de l'espèce humaine les mieux doués au point de vue moral comme au point de vue physique. L'habitude de bien agir au moins relativement, s'est fixée, est devenue organique, a fini par constituer un instinct sous forme d'un accroissement et d'un agencement spécial d'une certaine partie de la substance cérébrale. Cet organe moral est loin d'être parfait encore, même chez les meilleurs d'entre nous, mais le passé nous est garant de l'avenir; il fera, il ne cessera pas de faire de nouveaux progrès dans la race humaine et on nous fait pressentir dans un âge d'or lointain, où notre organisme sera parfaitement adapté au milieu social, l'apaisement de toute haine, l'extinction de toute passion mauvaise, une ère indéfinie de concorde et de justice.

Les progrès de la conscience; l'hérédité psychologique et la solidarité morale. — La critique que nous avons faite du sens moral est valable, qu'il soit considéré comme réellement primitif ou comme acquis par l'humanité. Mais la théorie évolutionniste renferme ici des vérités dont il convient de faire son profit. La conscience de l'homme civilisé de nos jours est certainement supérieure à la conscience de l'homme primitif tel que les découvertes de l'archéologie préhistorique nous autorisent à le concevoir. L'homme qui luttait avec la hache de silex taillé contre l'ours des cavernes avait sans doute ce qu'il fallait de moralité pour rendre possible une certaine société et sa victoire dans le combat pour la vie, « mais que de violences contre les personnes, que d'injustices, que d'actes cruellement égoïstes ne devait-il pas commettre sous l'empire du besoin! Combien il est probable que la plupart des devoirs n'étaient pas même soupçonnés, que la plupart des droits n'étaient ni respectés ni reconnus!... Un nombre immense d'êtres humains ont aujourd'hui des idées et des sentiments qui faisaient défaut à nos ancêtres quoiqu'ils eussent les dispositions voulues pour y parvenir [1]. »

Par conséquent il y a eu réellement développement, évolution de la conscience morale dans l'humanité. D'autre part la répression des penchants brutaux et sanguinaires, l'éclosion des sentiments délicats et tendres que l'on observe de bonne heure chez les âmes bien nées et qui sont la base des plus hautes vertus, n'ont pu se produire sans qu'il y ait eu dans le cerveau des modifications organiques qui grâce aux lois de l'hérédité se sont consolidées et accumulées. Suivant le mot de Bossuet, « l'âme et le corps ne font ensemble qu'un tout naturel »; et

---

[1]. H. Marion, *La solidarité morale*, Conclusion.

il n'est pas besoin d'être matérialiste pour croire que la moralité étant liée à la vie physique on doit tenir compte de ses conditions matérielles. Les observations sur les aliénés ont prouvé que certaines lésions nerveuses entraînent l'abolition de la conscience, la folie ou l'idiotie morale. L'enfant d'un sauvage, d'un Canaque ou d'un Papou soumis à la même éducation qu'un Européen n'atteindra pas au même développement intellectuel et ne saurait devenir un grand savant; son cerveau est trop faible et ne pourrait suffire au travail de la pensée; à mettre les choses au mieux il faudrait plusieurs générations soumises à une culture persévérante pour que la substance nerveuse se développât assez et acquit les qualités d'un bon instrument de l'intelligence. Il en va de même pour la connaissance et la pratique des vertus les plus hautes. Les missionnaires qui cherchent à évangéliser certaines peuplades grossières et féroces ne peuvent arriver à leur faire comprendre et sentir les vertus chrétiennes comme ils le font eux-mêmes; et quel que soit le zèle des propagateurs de la foi, sous l'influence des prédications les plus éloquentes l'apparition d'un saint Vincent de Paul chez les Dahoméens actuels serait aussi impossible que celle d'un Newton.

La croyance à l'hérédité morale n'est pas d'ailleurs spéciale à une école, elle existe à l'état d'opinion populaire; on connaît le proverbe : « bon sang ne peut mentir ». Corneille fait dire par un de ses héros à son fils : « Je reconnais mon sang à ce noble courroux ». Dans l'institution de la noblesse on trouve cette idée que le courage, le culte de l'honneur, la loyauté sont transmissibles par hérédité comme une grande taille ou une santé robuste. Mais l'expérience lui donne de fréquents démentis ; La Fontaine l'a dit,

« On ne suit pas toujours ses aïeux ni son père. »

Il n'est pas rare que l'infamie des enfants contraste tristement avec le mérite des parents; une famille qui a produit des individus remarquables par leurs talents et leurs vertus finit plus d'une fois par ressembler à un arbre, longtemps vigoureux, dont la sève est épuisée, et qui ne porte plus que des branches sans vitalité, rapidement pourries. Au proverbe « tel père, tels fils » on oppose cet autre « à père avare, fils prodigue ». Il faut se garder d'exagérer l'hérédité des qualités et des défauts comme ces antiques législateurs de l'Inde, qui, pour justifier le régime des castes émettaient des sentences aussi absolues que celle-ci : « Un homme d'une naissance abjecte prend le mauvais naturel de son père, ou celui de sa mère, ou de tous les deux à la fois; jamais il ne peut cacher son origine ». Sans sacrifier l'individu à la race, la liberté à l'hérédité, on peut dire avec un philosophe contemporain cité plus haut : « Je suis moralement solidaire de mes parents, qui l'étaient des leurs, et mes enfants le seront de moi... J'hérite non pas de vices déterminés ni de vertus toutes faites, mais de dispositions profondes, matière première de ma moralité future dont ma liberté devra faire mes vices et mes vertus. » Le rôle de l'hérédité psychologique, dans la vie humaine, est bien moindre que dans la vie animale. Chez les animaux, les habitudes, notamment celles qui sont acquises sous la direction de l'homme, se fixent très rapidement et rejoignent le domaine de l'instinct : « bon chien chasse de race ». Mais l'enfant, dans une famille où l'on sait écrire depuis plusieurs générations, ne naît pas avec l'aptitude de tracer des lettres sans avoir appris, au moment où ses doigts pourront tenir une plume, ni même à parler par un instinct acquis, la langue que ses ancêtres parlent depuis des siècles. Les modifications organiques ne sauraient rendre compte davantage à elles seules des sentiments, ni des jugements moraux. La conscience appartient à l'homme, parce que par nature il est raisonnable. S'il ne la devait qu'à des habitudes héréditaires provenant de l'influence du milieu, elle perdrait son autorité ; ses jugements seraient des préjugés et non des vérités. D'après cette hypothèse, si les hommes, pour prendre un exemple de Darwin lui-même, se fussent produits dans les conditions d'existence des abeilles, « les femmes non mariées, à l'instar des abeilles ouvrières, auraient considéré comme un devoir sacré de tuer leurs frères, et les mères eussent cherché à détruire leurs filles fécondes sans que personne y trouvât à redire ». Ce que l'habitude a fait, l'habitude peut le défaire ; ainsi le respect de la vie humaine pourrait se perdre à l'avenir, par exemple dans une société dont les membres seraient devenus trop nombreux. Bien plus, dès aujourd'hui, les hommes qui seraient convaincus qu'il n'y a rien d'absolu dans la moralité, et qu'en écoutant la voix du devoir ils cèdent à un préjugé séculaire, en viendraient vite à supprimer, par la réflexion, cette illusion gênante de l'obligation ; ils se persuaderaient aisément qu'il est plus convenable de raisonner et de calculer avec prudence les conséquences des actes pour l'individu, que de céder inconsidérément à l'instinct patriotique et d'affronter la mort au profit de la société. En définitive, le système qui prétend faire la « genèse » de la conscience, loin de rendre compte des vérités morales, aboutit à les détruire [1].

1. On peut consulter Guyau, *La morale anglaise contemporaine*, liv. III, chap. iv.

CHAPITRE III

LA LIBERTÉ MORALE

I. La question du libre arbitre. — Divers sens du mot liberté.
II. Le Fatalisme; ses dangers. — Le Déterminisme. — Influence des motifs et du caractère sur les résolutions. — Influence du physique sur le moral; les mouvements réflexes. — Le déterminisme matérialiste et la science.
III. La volonté distincte du jugement et du désir. — Les preuves de la liberté. — Rôle de la volonté dans la formation du caractère.
IV. Degrés et limites de la liberté. — La liberté idéale. — Habitude et solidarité morale. — Éducation de la volonté.

I. La question du libre arbitre. — Les faits de la conscience morale témoignent que l'homme est soumis à la loi du devoir; ils ne prouvent pas moins qu'il dépend de lui de se conformer à cette loi ou de lui désobéir, en d'autres termes qu'il est libre. La liberté! Il semble qu'il n'y ait pas lieu de la démontrer, chacun ne sait-il pas qu'il est libre comme il sait qu'il existe ou qu'il pense? Certes, cette conscience de la liberté suffirait pratiquement, si nous n'étions jamais exposés à la suspecter et à mettre en doute le pouvoir qu'elle atteste; mais il s'en faut de beaucoup que cette vérité soit universellement acceptée; il y a bien des penseurs qui la nient, et leur doctrine se rencontre non seulement dans des livres savants mais dans des romans, des revues, des journaux : il est nécessaire, au début de la morale, d'instituer en quelque sorte un débat contradictoire sur la question, d'apprécier les arguments pour et contre, et de convertir la croyance du sens commun en conviction raisonnée.

Divers sens du mot liberté. — Il faut d'abord bien poser le problème : le mot liberté a plusieurs sens, ce qui est une source de confusion. On doit distinguer la liberté physique, la liberté civile et politique, enfin la liberté morale ou libre arbitre. La liberté physique ou liberté d'action est le pouvoir d'agir sans contrainte matérielle; nous en sommes privés si nos mouvements sont entravés ou nécessités par une force extérieure à l'âme, nous la reconnaissons chez l'animal comme chez l'homme; le loup dans la forêt est libre, par opposition au chien qui est à l'attache [1]. Un homme n'est pas libre, lorsqu'il est emprisonné, chargé de chaînes; il n'a pas non plus sa liberté d'action lorsque la contrainte, sans venir du dehors, comme il arrive si un bras vigoureux l'arrête ou le pousse, a pour cause un état particulier de l'organisme, une maladie du système nerveux, c'est le cas du paralytique qui ne peut pas se mouvoir ou de l'épileptique qui ne peut pas ne pas faire certains mouvements.

La liberté civile et politique consiste dans la jouissance des *droits de l'homme et du citoyen*; ces droits s'appellent encore des libertés : liberté individuelle, liberté du travail, liberté de conscience, etc. Elle fait totalement défaut à l'esclave; et les habitants d'un pays conquis ou despotiquement gouverné, en sont plus ou moins privés.

La liberté morale est autre chose, car elle peut

---

1. Voir La Fontaine, *Le chien et le loup* et *Le cheval s'étant voulu venger du cerf.*

subsister chez le prisonnier, chez l'esclave, chez le sujet d'un monarque absolu; c'est le pouvoir tout intérieur non pas d'agir, mais de vouloir. Le libre arbitre, c'est le libre choix; on peut le définir : le pouvoir de choisir entre deux partis contraires et particulièrement entre le bien et le mal. L'homme qui prend une décision, qui se détermine à une action coupable ou vertueuse, est libre, s'il a la faculté de vouloir ce qu'il ne veut pas et de ne pas vouloir ce qu'il veut; c'est ainsi qu'il est l'auteur de ses résolutions, le maître de sa conduite, qu'il se gouverne vraiment lui-même. On confond souvent dans le langage, le pouvoir de faire, et la faculté de vouloir. On dit : je suis libre, car je peux me lever ou demeurer assis, sortir ou rester chez moi; la question n'est pas là; d'abord, pour prendre un cas extrême, on peut être cloué soudain sur sa chaise par une attaque de rhumatisme ou de paralysie, et n'avoir pas cette liberté d'action dont on se flattait; ensuite, il s'agit de savoir si on peut *vouloir* sortir, faire une promenade quand l'idée d'un travail à finir est un motif de rester chez soi, quand le désir de réussir à un examen fait échec au désir de nous distraire. Supposez que nous soyons retenus, dans toute la force du terme, par l'ambition du succès, ou au contraire que nous ne puissions pas résister aux séductions du beau temps et au besoin de prendre l'air, le choix ne sera pas libre, nous ne serons pas maîtres de nous. Dès lors nous ne serons pas réellement responsables de nos actions; un homme n'aura pas plus de mérite à avoir des mœurs honnêtes que des traits réguliers, ou de démérite à mener une vie irrégulière qu'à être bossu. On voit pourquoi il est si important d'éclaircir cette question de la liberté; la responsabilité en dépend, et avec elle toute la morale.

II. Le Fatalisme; ses dangers. — Le mot de fatalisme est souvent employé pour désigner toute doctrine contraire à la liberté humaine; dans un sens plus précis, c'est la doctrine du *fatum*, la croyance au destin telle qu'elle a existé dans la religion des anciens Grecs, telle qu'on la rencontre chez les peuples orientaux et chez les musulmans.

Tous les événements de la vie humaine, comme tous les phénomènes de la nature, seraient fixés d'avance par une immuable nécessité, et on croyait que les devins pouvaient les prédire avec certitude comme nous admettons aujourd'hui qu'un astronome peut prédire une éclipse. Le *fatum*, d'après l'étymologie, c'est la chose dite, dite d'une manière irrévocable; « c'était écrit! » selon la formule plus connue. « Ce qui doit arriver arrivera », et arrivera quoi qu'on fasse pour l'empêcher. En vain Œdipe, averti par l'oracle, fait tous ses efforts pour éviter d'être parricide, les moyens qu'il emploie pour se soustraire à l'arrêt fatal n'aboutissent qu'à en assurer l'exécution. Si, au contraire, un événement ne doit pas avoir lieu, nos actes, quels qu'ils soient, ne sauraient l'amener. « On peut tomber du haut d'une montagne, dit un livre hindou, se plonger dans la mer, se jeter dans le feu, jouer avec des serpents : on ne meurt pas avant son heure. »

D'ailleurs l'ordre immuable des choses a été considéré, soit comme le résultat d'une aveugle nécessité, ce qui est la forme inférieure du fatalisme, soit comme la manifestation d'une puissance infinie, souverainement sage et souverainement bonne, c'est-à-dire d'une Providence. Les Stoïciens disaient que Dieu conduit celui qui accepte ses ordres de bon gré, et entraîne de force qui leur résiste. Il y a enfin certaines doctrines exclusives sur la *grâce* et la *prédestination* qui, par crainte de porter atteinte aux attributs de Dieu, ont refusé à l'homme tout pouvoir efficace et ont soutenu que, dès sa naissance, et quoi qu'il pût faire pendant sa vie, il était réservé à la damnation ou au salut éternel.

Contrairement aux apparences, le fatalisme tel que nous venons de l'exposer n'est pas, à proprement parler, une négation de la liberté morale, il ne supprime pas l'indépendance de notre volonté, il lui refuse seulement toute influence sur les événements extérieurs; théoriquement, le for intérieur subsiste comme un domaine inviolable où s'exerce notre choix; et en définitive, toute la puissance du destin n'a pu faire qu'Œdipe fût réellement coupable; il n'a pas voulu tuer son père, il a voulu, au contraire, ne pas commettre ce meurtre, et dans la légende antique, nous ne voyons que des victimes et pas un criminel. Selon le stoïcien Epictète, si l'homme ne peut rien changer aux événements, il est maître au moins de ses désirs, de ses pensées; ses actions extérieures ne dépendent pas de lui, mais ses intentions en dépendent.

Toutefois, si l'on est bien persuadé que notre activité est absolument stérile et impuissante, on sera détourné de faire aucun effort, de prendre aucune résolution, et la liberté intérieure ne pouvant se manifester au dehors et donner le témoignage de soi, abdiquera découragée. A quoi bon le travail, à quoi bon la lutte, si l'on sait d'avance qu'on ne peut rien changer à la marche des choses? Le fatalisme est une doctrine éminemment dangereuse au point de vue pratique; c'est le *sophisme paresseux*.

« Pourquoi se donner tant de peine, si Dieu veut qu'il en soit ainsi, la chose arrivera quand même et s'il ne le veut pas, ce n'est pas ce que je pourrai faire qui changera rien. » Il n'est pas rare d'entendre des raisonnements de ce genre, même en Occident, de la part de gens qui affectent une fausse résignation et qui au fond ne cessent d'accuser le sort quand ils devraient s'accuser eux-mêmes. On rencontre parfois dans les classes de mauvais élèves qui tiennent ce langage : « Moi, d'abord, je suis fataliste; ce n'est pas quelques devoirs de plus ou de moins qui me feront recevoir; si je suis refusé, c'est que je devais l'être. »

L'échec arrive naturellement et n'est pas toujours accueilli avec la résignation convenable pour un sort mérité. Ce sont des plaintes sur la sévérité des examinateurs, sur la mauvaise chance; on cite le nom d'un candidat plus heureux (d'ordinaire plus travailleur), et on l'envie quand il eût fallu l'imiter.

La fatalité est un excuse commode pour l'inertie et l'incapacité; on devrait s'en prendre à soi-même, on rejette l'événement sur la destinée : les individus sans courage, rebutés par les difficultés, au lieu de travailler à les vaincre, disent qu'ils sont nés sous une mauvaise étoile et se croisent les bras à la façon de ces populations orientales qui ne font rien pour conjurer une épidémie ou résister au despotisme. Cependant l'histoire nous apprend que le fatalisme dans certains cas a donné à ses adeptes une force invincible; ainsi après Mahomet les Arabes se sont lancés à la conquête du monde affrontant sans peur les périls et la mort à la pensée qu'ils étaient les instruments de la divinité. « Quand tu lançais un trait, dit le Coran, ce n'est pas toi qui le lançais, c'est Dieu. » La pensée en effet que le terme de la vie est fixé et que nul ne meurt qu'à son heure [1] doit donner de l'assurance dans le danger, et le fanatisme religieux communique aux âmes une véritable insensibilité aussi bien pour leurs propres souffrances que pour les souffrances d'autrui. Mais là encore on voit le danger du fatalisme : les passions déchaînées aiment à se donner à elles-mêmes le prétexte d'une mission divine à accomplir. On ne fait jamais le mal si pleinement que lorsqu'on croit accomplir les ordres d'une volonté supérieure. Attila se plaisait à prendre le nom de Fléau de Dieu, et des conquérants plus récents ont essayé de justifier leurs attentats en se donnant comme les instruments de la vengeance divine. Le bon usage de la liberté consiste autant à résister aux impulsions mauvaises qu'à prendre l'initiative des actes méritoires ; la doctrine de la fatalité peut être invoquée comme excuse aussi bien à la violence qu'à l'inaction.

Le fatalisme tel que nous venons de le considérer est moins une théorie philosophique qu'un préjugé et une superstition ; il ne résiste pas à un examen rationnel et chaque progrès de la science est une arme nouvelle contre lui. De plus en plus on comprend que les événements dépendent de causes déterminées, et que ceux-là seuls peuvent se produire dont les conditions ont été réalisées ; dès

---

[1] « L'homme ne meurt que par la volonté de Dieu, d'après le livre qui fixe le terme de sa vie. »

lors, tous ceux qui ont quelque culture scientifique doivent considérer comme absurdes des propositions telles que cet article du Coran : « Quand vous seriez restés dans vos maisons, ceux dont le trépas était écrit là-haut seraient venus succomber au même endroit » ; l'intervention d'un pouvoir capricieux et arbitraire venant à tout moment rompre l'enchaînement des phénomènes naturels et suspendre l'action des lois de la nature ne peut trouver créance auprès de quiconque s'est élevé à une conception, si incomplète qu'elle soit, de l'ordre universel.

Le Déterminisme. — Mais les partisans du libre arbitre se trouvent aux prises actuellement surtout avec une nouvelle sorte de fatalisme, diamétralement opposée au fatalisme antique ou musulman et qu'on appelle le déterminisme. Le déterminisme loin d'être en antagonisme avec la science s'appuie sur elle et prétend en être la conséquence légitime ; il constitue une négation bien plus profonde, bien plus radicale de la liberté morale que le fatalisme proprement dit, il n'est pas moins destructeur de la moralité véritable.

Les sciences de la nature reposent sur l'idée de la liaison nécessaire ou de l'enchaînement indissoluble des causes et des effets. « Tout fait a une cause », c'est là le principe du raisonnement inductif qui découvre les lois des choses ; cela veut dire qu'aucun phénomène n'a lieu sans qu'il ait sa raison dans une condition ou un ensemble de conditions déterminantes nécessaires et suffisantes pour qu'il soit. Étendez cette conception aux actions, non seulement aux actions mais aux résolutions humaines, et vous avez le déterminisme. On peut donc le définir :

le système d'après lequel les résolutions de l'homme sont le résultat nécessaire des lois de la nature en général et des lois de sa nature propre en particulier. Point de place d'après cette théorie pour l'indétermination; point de pouvoir qui contient les contraires, l'idée d'un tel pouvoir ou du libre arbitre est une illusion; une seule résolution était possible, celle que l'on a prise. Vous dites : je puis ce que je veux, je suis libre, je sortirai au lieu de rester chez moi, je mènerai une vie de plaisirs au lieu de rester attaché à un travail régulier. Oui, mais vous ne pouvez pas le vouloir étant donnés votre caractère et les circonstances dans lesquelles vous vous trouvez. Pour me prouver que je me trompe, vous vous levez en effet, vous abandonnez votre travail et vous allez vous promener malgré la pluie, malgré la promesse que vous aviez faite de terminer l'ouvrage auquel vous étiez appliqué; votre volonté en apparence arbitraire a été déterminée par le désir de me contredire.

Influence des motifs et du caractère sur les résolutions. — La volonté dans la délibération est comparée à une balance qui oscille et qui finit par pencher du côté du plateau le plus chargé; les motifs de prendre tel ou tel parti font l'office des poids et l'on suit toujours le motif le plus fort. Mais, dira-t-on, entre deux motifs différents, l'intérêt et l'honneur par exemple, on ne peut pas affirmer que l'un pèsera plus que l'autre comme lorsqu'il s'agit d'un kilogramme comparé à un hectogramme. Non, sans doute, il n'y a pas de motif qui en lui-même soit plus fort qu'un autre; il l'est relativement au caractère de l'homme qui le conçoit. Pour un égoïste, l'idée de l'utile l'emporte sur toute autre ; au contraire, l'idée d'un devoir à remplir décide une âme généreuse. On prévoit qu'une demande de secours sera repoussée par un avare, accueillie par un homme compatissant ; chacun, en définitive, agit dans une occasion donnée conformément à son caractère, à ses passions, à son tempérament. Nos actes ne sont pas plus libres que ceux d'un automate qui fait certains mouvements ou émet certains sons quand on presse un ressort ; seulement ici l'automate a conscience de ses actes, c'est, comme on l'a dit, un automate spirituel. L'homme n'est plus que le témoin de ses actions, il n'en est pas l'auteur.

« Bien comprise, dit Stuart Mill, la doctrine de la nécessité philosophique se réduit à ceci : qu'étant donnés les motifs présents à l'esprit ; étant donnés pareillement le caractère et la disposition actuelle d'un individu, on peut en inférer infailliblement la manière dont il agira ; et que, si nous connaissions à fond la personne et en même temps toutes les influences auxquelles elle est soumise, nous pourrions prévoir sa conduite avec autant de certitude qu'un événement physique. Les volitions humaines suivent en fait des antécédents moraux déterminés avec la même uniformité que les effets physiques suivent leurs causes physiques. »

« Que les faits soient physiques ou moraux, a-t-on dit encore, il n'importe, ils ont toujours des causes ; il y en a pour l'ambition, pour le courage, pour la véracité, comme pour la digestion, pour le mouvement musculaire, pour la chaleur animale. Le vice et la vertu sont des produits comme le vitriol et le sucre. » (Taine.)

Influence du physique sur le moral ; les mouvements réflexes. — La doctrine que nous venons d'exposer est appelée plus particulièrement le déterminisme psychologique, elle se complète par le déterminisme physique ou fatalisme matérialiste. Le type de toute action humaine serait le mouvement réflexe. Le mouvement réflexe est le résultat d'une réaction toute machinale des nerfs moteurs à la suite d'une excitation des nerfs sensitifs : tels sont l'éternuement, la toux, la constriction de la pupille sous l'influence d'une action lumineuse soudaine. La conscience fait défaut dans ces mouvements et en tout cas leur est inutile. Un objet excite-t-il le désir d'un enfant, la colère d'un homme emporté, le mouvement par lequel l'un ou l'autre étend le bras pour prendre ou pour frapper est encore la réponse immédiate des nerfs moteurs à l'impression transmise au centre nerveux, et la conscience d'une tendance, la connaissance d'un but à atteindre n'en modifie pas la fatalité. Il y a des cas enfin où la réaction de l'organisme est différée, un temps plus ou moins long s'écoule entre l'affront subi et la vengeance; on appelle cela une action volontaire mais ce n'est au fond qu'un réflexe cérébral compliqué, le mouvement est encore une conséquence nécessaire de l'impression extérieure; l'excitation externe s'est transformée en douleur, en désir de vengeance, en idées, et finalement celles-ci se transforment en coups rendus à l'ennemi. L'homme est une partie de la nature et comme tout le reste il est soumis à ses lois, il n'est point indépendant et autonome comme il se l'imagine; il ne constitue point « un empire dans un empire ».

« Le principe de la conservation de l'énergie signifie que la force ne se produit et ne se détruit pas plus que la matière. L'état du monde entier y compris celui d'un cerveau quelconque est à chaque instant le résultat mécanique absolu de son état précédent et la cause mécanique absolue de son état dans l'instant suivant; on ne saurait admettre que deux événements ni deux pensées soient également possibles dans un temps donné, les molécules cérébrales ne peuvent se disposer que d'une seule manière... » (Dubois-Reymond, *Les sept énigmes du monde*.)

Le monde dans cette théorie est conçu comme une vaste machine dont l'homme n'est qu'un rouage; l'homme a la pensée, mais le mécanisme subsisterait le même quand il ne l'aurait pas. La conscience est comme une lumière qui éclaire le drame de notre vie, mais qui n'y contribue pas : les phénomènes spirituels se réduisent aux faits matériels, la pensée au mouvement, le caractère au tempérament et à la constitution cérébrale. « Qu'on s'imagine que tous les atomes qui constituaient César à un instant donné, au Rubicon par exemple, soient, à l'aide d'un artifice mécanique, mis chacun à sa place et que la vitesse requise leur soit imprimée dans la direction convenable : alors César serait rétabli corps et âme. » Or le corps lui-même n'est qu'un produit du milieu; l'homme, a-t-on dit, « est ce qu'il mange », ou, plus généralement, ce qu'il absorbe, air, lumière, chaleur. « L'homme est la résultante de ses aïeux, de sa nourrice, du lieu, du moment, de l'air et du temps, du son, de la lumière, de son régime et de ses vêtements : sa volonté est la conséquence nécessaire de toutes ces causes. » (Moleschott, philosophe allemand matérialiste.)

Depuis le mouvement le plus simple du nouveau-né jusqu'à la production d'un chef-d'œuvre de l'art et de la poésie, depuis l'acte de l'héroïsme le plus sublime jusqu'au plus criminel attentat il n'y a que des transformations de mouvements, que la restitution par la machine humaine des impressions reçues conformément aux lois générales de la mécanique.

« Ce serait une étrange contradiction, une singulière absurdité que tous les astres, tous les éléments, tous les végétaux, tous les animaux obéissent sans relâche, irrésistiblement aux lois du Grand Être et que l'homme seul pût se conduire par lui-même. » Cette pensée de Voltaire [1] est au fond de tout déterminisme ; mais elle n'est nullement indiscutable ; l'absurdité serait que l'homme n'eût pas de loi, mais il n'y a aucune contradiction à admettre que parmi les êtres qui composent l'univers il en est un qui a ce privilège de conformer librement sa volonté à l'ordre comme seul il a le privilège de le connaître. Sans doute l'homme fait partie de la nature et, à ce titre, il en subit nécessairement les lois, celles qui règlent tous les phénomènes de sa vie physique ; mais il appartient aussi à un autre monde, monde intelligible et non sensible, qui n'est pas moins réel que l'univers matériel, et qui lui est supérieur.

Le déterminisme matérialiste et la science. — Il faut bien se garder de croire que le déterminisme matérialiste soit la conséquence légitime de la science. Les auteurs de la doctrine que nous avons rapportée ont l'air de parler au nom de l'expérience et de s'appuyer sur les données certaines des sciences positives lorsqu'en réalité ils font des hypothèses et abandonnent le terrain solide de la réalité pour construire un système qui peut séduire les esprits par sa simplicité, mais qui doit être abandonné comme une œuvre fragile de l'imagination si les faits, des faits certains et dont on ne peut douter, bien qu'ils ne soient pas tangibles ou visibles, sont en désaccord avec lui.

Entre le mouvement des molécules matérielles et

---

[1]. Voir Joyau, *Essai sur la liberté morale* (1888).

le fait de conscience le plus élémentaire ou la plus obscure sensation il y a une différence telle que la transformation de l'un dans l'autre est inintelligible de l'aveu des plus grands physiciens de notre temps :

« Je crois, dit le savant anglais Tyndall, que tous les grands penseurs qui ont étudié ce sujet sont prêts à admettre l'hypothèse suivante : que tout acte de conscience, que ce soit dans le domaine des sens, de la pensée ou de l'émotion, correspond à un certain état moléculaire défini du cerveau, que ce rapport du physique à la conscience existe invariablement... Mais je ne crois pas que l'esprit humain restant constitué tel qu'il est aujourd'hui puisse aller au delà. Je ne crois pas que le matérialisme ait le droit de dire que le groupement de ces molécules et leurs mouvements expliquent tout. » — Dubois-Reymond traçant les limites de la science expérimentale voit également dans l'*origine de la sensation* une des énigmes du monde : « Quand nous pourrions déterminer tous les mouvements moléculaires qui se produisent dans le cerveau comme nous déterminons ceux des planètes, cela ne nous apprendrait quoi que ce soit sur ce que nous voudrions savoir. »

En face de tous les progrès de la science moderne la parole de Pascal reste vraie : « De tous les corps ensemble, on ne saurait en faire réussir une petite pensée : cela est impossible, et d'un autre ordre ». Il faut donc maintenir la distinction faite par le sens commun entre le physique et le moral, distinguer en nous l'âme et le corps tout en reconnaissant leur intime union. Il y a action continuelle du physique sur le moral, mais le moral aussi agit sur le physique; la vie humaine est inintelligible si on refuse de l'admettre. Pour nous amener à adopter cette étrange hypothèse que si la réflexion, si la délibération, la résolution faisaient défaut, les mouvements et les actes des hommes resteraient ce qu'ils sont, il faudrait des preuves bien convaincantes, et elles n'existent pas. Les faits qui prouvent l'influence de l'âme sur le corps ne sont ni moins nombreux ni moins importants que ceux qui montrent l'influence du corps sur l'âme. Le moral trop souvent est subordonné au physique, l'âme subit la tyrannie des sens et se trouve comme asservie par l'organisme, mais il n'est pas rare non plus que la volonté se serve du corps comme d'un instrument pour atteindre une fin supérieure à la conservation de la vie physique, elle triomphe des résistances d'organes malades et débiles, et le contraint à affronter les blessures et la mort. La santé, la vigueur du corps est favorable à la volonté, mais la volonté, l'énergie morale a aussi une heureuse action sur la santé; un malade qui se laisse envahir par la peur et qui s'abandonne lui-même est perdu, et sans aller jusqu'à dire avec Gœthe que l'homme peut ordonner à la nature d'éliminer de son être les éléments étrangers cause de souffrance et de maladie, on peut affirmer que dans une épidémie le courage est une arme contre le fléau.

Il n'y a pas d'argument décisif à tirer contre la liberté de l'influence du tempérament, ni de celle du milieu physique sur nos actions. On a prétendu que l'histoire d'un peuple résulte nécessairement du climat sous lequel il vit : ainsi la chaleur engendre la mollesse et le froid l'énergie. Il n'y a rien là d'absolu, les Romains de la décadence vivaient sous le même ciel que leurs glorieux ancêtres, que les Décius et les Caton ; les Carthaginois n'habitaient pas un pays froid, et on a vu les Arabes s'élancer des déserts brûlants à la conquête du monde. D'ailleurs, les choses matérielles n'influent sur la conduite de l'homme qu'indirectement par l'intermédiaire du caractère, des passions et des motifs qui sollicitent l'esprit au moment de la résolution.

III. La volonté distincte du jugement et du désir.
— La véritable difficulté dans cette question du libre arbitre, c'est de savoir si le choix que nous faisons parmi les motifs qui se présentent à nous est déterminé par notre constitution psychologique, s'il dépend de nous, étant ce que nous sommes, de résister ou de ne pas résister à une tentation. Les adversaires du libre arbitre disent : la volonté se décide toujours pour ce qui semble le plus grand bien ; notre jugement sur le bien dépend des goûts de chacun, de ses inclinations, de son caractère : c'est pourquoi des individus différents agissent différemment dans les mêmes circonstances, chacun a obéi à sa nature, aucun n'était libre de prendre un parti contraire.

L'expérience dément cette assertion : on ne fait pas toujours ce que l'on juge le meilleur, que de fois ne nous arrive-t-il pas de commettre une faute sachant que c'est une faute ! Même si nous cherchons à nous faire illusion, nous n'y parvenons pas, et notre jugement sur le bien subsiste indépendant de notre goût personnel, contraire à notre désir. Notre volonté n'a pas été alors déterminée par la raison ; est-elle pour cela fatalement entraînée par la passion ? Non, car souvent aussi, heureusement, nous résistons à un désir jugé coupable, et par un effort plus ou moins énergique, nous nous déterminons à l'acte le plus pénible mais le plus honorable. Encore dans ce cas, la volonté n'a pas choisi le plus grand bien, si on place le bien non plus dans ce que la raison approuve, mais dans ce qui agrée davantage à la sensibilité.

Les preuves de la liberté. — Ce pouvoir de réprimer ainsi une passion pour donner satisfaction à la raison, ou au contraire de désobéir à la raison pour satisfaire la passion est vraiment la liberté morale; suivant l'usage que nous en faisons, nous méritons ou nous déméritons. Si on le nie, tous ces jugements et ces sentiments moraux que nous avons analysés précédemment sont incompréhensibles. Ajoutons que l'idée même que nous avons du libre arbitre est inexplicable dans l'hypothèse déterministe; c'est une illusion de la conscience, a-t-on dit : mais cette illusion, il faut en rendre compte! On répond : elle provient de l'ignorance où nous sommes des raisons qui nous font agir. S'il en était ainsi, on ne comprendrait pas que nous ayons surtout le *sentiment vif interne* de notre liberté quand nous avons agi en pleine connaissance de cause, avec réflexion, après délibération et qu'au contraire dans le cas d'une résolution soudaine, irréfléchie, nous soyons plutôt disposés à dire que nous n'avons pas été maîtres de nous, qu'une cause plus forte que notre volonté nous a poussés.

La conscience même de notre liberté peut donc être donnée suivant la tradition classique comme une preuve de son existence.

Toutefois cette conscience bien qu'elle se trouve

chez tous, n'est pas toujours également claire dans chacun de nous. Le déterminisme, de même que le fatalisme, n'existe pas seulement à l'état de doctrine, il existe aussi à l'état de préjugé et de sophisme. On entend souvent répéter des phrases comme celle-ci : « Je n'ai pas pu m'en empêcher » ; — « c'est plus fort que moi » ; — « on ne refait pas son caractère ». Le danger du système philosophique c'est qu'il donne quelque chose de spécieux à ce sophisme inspiré par la lâcheté morale et fournit des prétextes pour persévérer dans le mal ; s'il est impossible de se corriger, à quoi bon le tenter ? Mais l'excuse ne tient pas devant ce raisonnement de Kant :

> Supposez que quelqu'un prétende ne pouvoir résister à sa passion, lorsque l'occasion se présente ; est-ce que si l'on avait dressé un gibet devant la maison où il trouve cette occasion, pour l'y attacher immédiatement après qu'il aurait satisfait son désir, il lui serait encore impossible d'y résister ? Il n'est pas difficile de deviner ce qu'il répondrait. Mais si son prince lui ordonnait, sous peine de mort, de porter un faux témoignage contre un honnête homme qu'il voudrait perdre au moyen d'un prétexte spécieux, regarderait-il comme possible de vaincre en pareil cas son amour de la vie, si grand qu'il pût être ? S'il le ferait ou non, c'est ce qu'il n'osera peut-être pas décider, mais que cela lui soit possible, c'est ce dont il conviendra sans hésiter [1].

En réalité, on peut agir contrairement à son caractère, on peut faire violence à ses penchants et c'est ce qu'on appelle se maîtriser, se vaincre soi-même. L'homme irascible écoute, bien qu'avec

---

1. *Critique de la raison pratique*; trad. Barni.

peine, les explications qu'on lui donne, et contenant son premier mouvement qui était de se venger tend la main à son adversaire. Celui-ci surmonte sa timidité, affronte l'opinion publique, accomplit un acte d'énergie; celui-là fléchit son orgueil, s'humilie et fait dire à ceux qui le connaissent qu'il n'est plus le même, qu'il a dû bien lui en coûter pour en venir là. Tous ces faits d'expérience journalière, toutes les expressions qui servent à les exprimer sont inconciliables avec l'idée de la fatalité du tempérament ou de la passion.

Rôle de la volonté dans la formation du caractère. — Non seulement la volonté est capable de tenir en échec ainsi le naturel et les habitudes, mais elle peut les modifier; on se refait soi-même, on se réforme, on s'amende, on se convertit. Sans aller chercher les exemples des conversions fameuses, chacun sait par lui-même qu'on peut se corriger d'un défaut avec plus ou moins de temps ou de peine. Le caractère n'est pas seulement le produit de la nature, des circonstances, du milieu physique ou moral, de l'éducation donnée par autrui, il est aussi l'œuvre de notre volonté qui a son rôle, un rôle considérable dans la formation des habitudes, il y a une éducation de soi-même par soi-même. Beaucoup de déterministes négligent « le facteur personnel » quand ils analysent les causes du caractère. Stuart Mill au contraire l'a reconnu : « Nous pouvons, dit-il, améliorer notre caractère si nous le voulons. » .

Cette concession suffit pour conjurer les effets funestes du fatalisme psychologique et pour le réfuter. Par cela même que nous sommes certains de le pouvoir, nous sommes capables de le vouloir. Supposez l'homme convaincu de son impuissance, il ne fera aucun effort pour se modifier lui-même pas plus que pour modifier le cours des événements, il n'essayera pas de lutter, il s'abandonnera à ses passions et à la destinée, renonçant à gouverner sa vie ; sa croyance même à la nécessité le privera de sa liberté. Au contraire, la nature a mis en nous avec l'idée du devoir cette autre idée qui en est inséparable, l'idée que nous pouvons le réaliser ; cela suffit pour faire de nous des êtres libres réellement ; on peut parce qu'on croit pouvoir ; l'idée même de la liberté nous affranchit.

IV. Degrés et limites de la liberté. — Cependant, si la foi dans la victoire est pour le soldat une source d'énergie, la confiance exagérée dans ses forces peut l'exposer à de terribles dangers ; pour la même raison s'il est indispensable de défendre contre la négation et le doute la croyance au libre arbitre et de l'affermir dans les âmes, il n'importe pas moins de comprendre quelles sont ses conditions d'exercice, ses degrés et ses limites. On a vu parfois dans la liberté un pouvoir de se déterminer sans motif, affranchi de toute condition intellectuelle ou sensible, indéfectible, toujours égal à lui-même, tout entier en chacun de nous comme en Dieu ; et cette conception n'a pas peu contribué à fortifier le déterminisme.

Le libre arbitre tel que nous le comprenons n'est pas ce prétendu pouvoir d'agir sans motif qu'on a appelé la liberté d'indifférence et dont on ne peut citer que des exemples insignifiants et contestables (prendre une pièce de monnaie plutôt qu'une autre

4.

pour payer une somme, partir du pied droit ou du pied gauche, etc.); nous ne voulons jamais sans quelque raison, et la faculté à laquelle nous tenons, c'est celle de choisir entre des motifs que nous apprécions, que nous pesons dans la délibération, particulièrement lorsque la moralité est en jeu. Il semble que les motifs soient un obstacle à la liberté, mais c'est comme si l'on croyait que la résistance de l'air est un obstacle au vol de l'oiseau, elle en est la condition au contraire; ou, pour prendre une autre comparaison, il nous faut des sentiments, des mobiles pour nous pousser à l'acte, des idées pour nous diriger comme il faut au pilote le vent et la vapeur, comme il lui faut les étoiles, il n'en tient pas moins le gouvernail, et le but vers lequel il se dirige est celui qu'il a choisi. Si nos sentiments sont trop faibles ou trop violents, si notre raison s'obscurcit et se couvre de nuages, la manœuvre est difficile, notre pouvoir faiblit, parfois même nous ne nous conduisons plus, nous sommes entraînés; mais nous pouvons toujours nous ressaisir nous-mêmes.

Le choix est d'autant plus libre qu'il est plus éclairé, il l'est d'autant moins que les passions aveugles exercent plus d'empire sur la conduite. Au début de la vie, l'enfant est dominé par les instincts et les appétits, la liberté n'apparaît qu'avec le discernement du bien et du mal, et comme ce discernement ne fait entièrement défaut à personne quand un certain âge a été atteint (hors le cas de l'idiotisme et de l'aliénation mentale), elle existe chez tous à quelque degré. Mais l'usage de la liberté coûte toujours un effort, l'idéal ne se réalise pas de lui-même dans la conduite, et les sentiments inférieurs ne sont contenus qu'avec quelque peine; comme toute puissance, la volonté se fortifie par l'exercice, s'affaiblit par l'inaction; on prend l'habitude de se maîtriser, de se gouverner, d'agir d'une manière raisonnable, ou, au contraire, de suivre en quelque sorte la ligne de moindre résistance bien que l'on sache que sa direction est mauvaise. D'un homme incapable de se contraindre on dit qu'il ne se possède pas, qu'il est l'esclave de ses passions, celui au contraire qui sait se dominer est vraiment libre.

La liberté idéale. — Dans ce sens, les Stoïciens disaient que le sage seul est libre, que la liberté c'est l'obéissance à la loi divine. Quoi donc! n'est-on libre que quand on fait le bien, ne l'est-on plus lorsqu'on fait le mal, le crime ne serait-il pas alors excusé? Non, mais la liberté morale peut être considérée à deux points de vue; telle que nous l'avons étudiée d'abord, elle est le pouvoir de choisir le bien ou de consentir au mal : c'est le libre arbitre; à présent, elle nous apparaît comme l'état d'une âme qui a conquis son indépendance à l'égard des passions et par conséquent des choses qui en sont l'objet : c'est la volonté, sortie victorieuse de la lutte et assez forte pour faire toujours ce que la raison approuve; on peut l'appeler la liberté idéale. La liberté ainsi conçue est le but dont nous devons nous rapprocher, le libre arbitre est le moyen dont nous disposons pour l'atteindre; mais ce moyen peut nous servir à accroître notre dépendance à l'égard des choses; c'est ce qui arrive pour l'avare qui se fait l'esclave de son or, pour l'ambitieux qui subit les caprices d'un prince ou de la multitude; leur servitude est volontaire. On peut concevoir pour la volonté humaine au point de vue moral deux limites extrêmes : une liberté absolue où elle accomplirait toujours le bien infailliblement comme Dieu même; un esclavage complet où elle ferait nécessairement le mal sans qu'aucun retour vers le bien lui fût possible; la puissance initiale qui sert à nous affranchir grandit et se développe par la lutte, chaque victoire rend plus faciles les victoires suivantes jusqu'au triomphe final; par l'habitude de céder, au contraire, de se soumettre, elle diminue à mesure que les ennemis qu'elle aurait à combattre deviennent plus forts, jusqu'à ce que toute lutte soit impossible. Ces limites ne sont jamais atteintes, il n'y a pas d'homme impeccable, supérieur à toute tentation, à l'abri de toute chute; il n'y a pas d'homme incorrigible non plus et qui ne puisse opposer quelque résistance à une passion dominante.

Habitude et solidarité morale. — Éducation de la volonté. — La doctrine de la liberté ainsi comprise échappe au reproche qu'on lui a fait de donner à l'homme une telle confiance en sa puissance qu'il ne craindra pas de s'abandonner pour un temps à tous les vices, de s'exposer à toutes les tentations, sûr qu'il est de se ressaisir soudain et de se convertir quand il lui plaira par une décision de sa volonté souveraine.

Il y a une *solidarité morale* entre nos actes, une liaison des causes et des effets dans les phénomènes psychologiques, qui limite la liberté sans l'anéantir : « Ce que l'on fera demain dépend toujours un peu de ce que l'on a fait hier. Chaque fois que le caractère s'affirme, il se forme; en montrant ce que l'a fait le passé, il prépare et détermine ce qu'il sera dans la suite. Loin qu'on puisse toujours en attendre tout indistinctement, il se lie de plus en plus par l'emploi qu'il fait de son initiative [1]. »

La conclusion qui se dégage est donc une leçon de vigilance et non un encouragement à l'inertie. Il faut surveiller les débuts de l'habitude avec le plus grand soin, ne pas laisser se former les chaînes que notre volonté ensuite aurait trop de peine à soulever. « On pourrait dire que la liberté, condition de toute vertu, est elle-même la première vertu à acquérir, puis à sauvegarder; que le devoir par excellence est de conserver la liberté qu'on a et de l'accroître. »

[1] H. Marion, *de la Solidarité morale*.

CHAPITRE IV

LA RESPONSABILITÉ MORALE

I. Principes de la responsabilité. — Degrés de la responsabilité. — La conscience ignorante. — L'intention; la bonne volonté. — La fin et les moyens. — La conscience égarée. — Les sophismes de justification; les directions d'intention.
II. L'irresponsabilité de l'animal; celle du fou. — Le cas de l'ivresse. — Le sommeil, le somnambulisme, la suggestion hypnotique. — L'excuse de la passion. — La responsabilité de l'enfant. — La contrainte.
III. Caractère personnel de la responsabilité. — Préjugés contraires. — La solidarité dans le mal et dans le bien. — Responsabilité collective; cause principale et cause subalterne.
IV. La responsabilité morale et la responsabilité légale. Distinction et rapports.

I. **Principes de la responsabilité.** — A l'idée de la liberté et à l'idée du devoir est indissolublement unie l'idée de la responsabilité. La responsabilité morale est la nécessité où nous sommes de rendre compte de nos actes ou plus précisément de nos résolutions et d'en éprouver les conséquences bonnes ou mauvaises. Dire qu'un homme est responsable, c'est dire que ses résolutions et les actes qui en résultent lui sont *imputables*, doivent être mises sur son compte et non sur le compte de la fatalité, de la divinité, de la nature, de la société, ou d'une cause quelconque autre que lui-même. Par cela même que nous sommes réellement les auteurs d'une bonne action ou d'une mauvaise action, que l'initiative nous en appartient, nous en avons le mérite ou le démérite. L'analyse de la conscience nous a montré l'idée de la responsabilité, présente dans tous nos jugements moraux ; il reste à déterminer ses conditions, ses limites, ses conséquences et à faire voir les rapports et les différences qui existent entre elle et la responsabilité légale.

Le devoir et la liberté sont les conditions essentielles, les principes de la responsabilité. Si toutes nos actions étaient indifférentes, si aucune n'était défendue ou prescrite par la conscience, nous ne saurions être l'objet de l'approbation ou du blâme, les conséquences pourraient en être nuisibles, mais elles n'entraîneraient ni satisfaction morale ni remords. D'autre part si nous concevions un idéal de la conduite, mais s'il ne dépendait pas plus de nous de le réaliser ou de nous en approcher que de conformer les traits de notre visage à un type idéal de beauté, la perfection ou l'imperfection de nos mœurs ne pourrait pas davantage nous être imputée à vertu ou à crime. Les déterministes en niant la liberté s'accordent aussi à supprimer le mérite ou le démérite. On ne doit pas suivant eux savoir meilleur gré à l'honnête homme de rendre des services qu'au cerisier de produire de bons fruits, ni en vouloir à l'assassin plus qu'au chardon qui vous pique avec les épines que la nature a mises en lui [1].

Degrés de la responsabilité. La conscience ignorante. — La responsabilité reposant sur le devoir varie selon la connaissance que nous avons du devoir au moment où nous prenons une résolution. Toutes les causes qui détruisent ou affaiblissent la notion

---

1. G. Renard, *L'homme est-il libre?*

du devoir suppriment ou atténuent la responsabilité.

La conscience est-elle ignorante ou égarée, l'homme qui n'ayant pas l'idée d'un certain devoir ou s'étant mépris sur sa nature a sans le vouloir enfreint la loi morale est moralement irresponsable. Caton pas plus que ses contemporains n'avait la notion du respect dû à la liberté humaine chez tous, on ne peut lui reprocher d'avoir eu des esclaves. Si Brutus a cru de son devoir de frapper César, on ne peut pas le mépriser comme un assassin. La responsabilité grandit à mesure que la conscience est plus éclairée, l'enfant dans la première période de sa vie n'en a aucune, c'est ce qu'on appelle l'âge d'innocence, il est alors exempt de démérite, mais il l'est aussi de mérite. Les hommes civilisés conçoivent un plus grand nombre de devoirs que les sauvages, ils sont par suite exposés à un plus grand nombre de fautes. Mais on ne peut en conclure que l'ignorance de l'enfant ou du sauvage soit préférable aux lumières de l'adulte dont la raison est cultivée, car elle entraîne l'incapacité pour la vertu comme pour le vice, elle rapproche l'homme de la bête. Il est facile de voir aussi qu'un homme comprenant que sa responsabilité va grandir s'il s'instruit de ses devoirs serait inexcusable de repousser tout enseignement moral, il ressemblerait à un officier qui, soupçonnant qu'une mission dangereuse est enfermée pour lui dans un message, refuserait de l'ouvrir. L'ignorance n'excuse que si elle est involontaire.

La responsabilité dépend non seulement du développement de la conscience dans une âme, mais du degré de réflexion qui accompagne la résolution. Si l'on s'est déterminé soudain sans bien se rendre compte du caractère de l'acte et de ses conséquences, la responsabilité est moindre que si l'on a agi en toute connaissance de cause après délibération. Un meurtre accompli avec préméditation est plus coupable que s'il a été exécuté à peine conçu. Évidemment encore il ne s'ensuit pas qu'on puisse trouver une excuse dans l'irréflexion si, prévoyant qu'on pourrait être arrêté par des scrupules de conscience, on s'est empressé de prendre un parti sans délibérer.

L'intention ; la bonne volonté. — C'est l'intention, dit-on, souvent qui engendre le mérite ou le démérite, cela est vrai ; un acte même mauvais en soi accompli sans intention de mal faire ou en croyant bien faire n'est pas coupable : mais il convient ici de préciser, d'éviter toute équivoque, car on a abusé des excuses tirées de l'intention. Pour qu'un acte provoque le blâme ou l'éloge, il faut d'abord qu'il ait été réellement l'objet de la résolution, qu'il ait été accompli volontairement, qu'il ait été fait *exprès*. Consulté par un ami, vous lui donnez après mûre réflexion et en toute sincérité un avis qui entraîne sa ruine, on ne peut vous en faire un crime, car ce n'est pas sa ruine que vous vouliez, mais son intérêt. Au contraire, un fourbe donne un conseil qui, dans son esprit, doit perdre celui qui va le suivre ; l'événement déjoue ses prévisions, et au contraire l'homme dont il voulait faire sa victime est sauvé ; non seulement il ne mérite aucune reconnaissance, mais il encourt un jugement aussi sévère que si son intention mauvaise eût abouti. On est responsable de ce que l'on s'est efforcé de faire, non de ce que l'on a fait réellement. D'autre part, il est nécessaire que le rapport de la résolution avec le devoir ait été compris. Non seulement il faut que l'événement dont vous êtes la cause ait été accompli volontairement, mais il faut que vous l'ayez voulu par devoir pour que votre action soit méritoire, ou que vous ayez compris son immoralité pour qu'elle soit coupable. En d'autres termes, ce qui a une valeur morale c'est, suivant l'expression de Kant, la *bonne volonté*.

« La bonne volonté ne tire pas sa bonté de ses effets et de ses résultats,... mais seulement du vouloir, c'est-à-dire d'elle-même. Quand un sort contraire ou l'avarice d'une nature marâtre priveraient cette volonté de tous les moyens d'exécuter ses desseins, quand ses efforts n'aboutiraient à rien et quand il ne resterait que la bonne volonté toute seule (et je n'entends point par là un simple souhait, mais l'emploi de tous les moyens qui sont en notre pouvoir), elle brillerait encore de son propre éclat comme une pierre précieuse, car elle tire d'elle-même toute sa valeur [1]. »

Kant, on le voit, fait une réserve importante : la bonne volonté qui constitue le mérite n'est pas un simple souhait ; or il arrive qu'on prend le mot intention et même l'expression de bonne volonté pour désigner l'état d'une âme qui aime le bien, qui y tend par ses aspirations mais qui n'a pas l'énergie suffisante pour le faire, qui n'aboutit pas à une résolution véritable accompagnée d'effort. C'est ce qui explique qu'à cette proposition : l'intention est réputée pour le fait, on oppose cette autre : l'intention ne suffit pas; ou ce proverbe : l'enfer est

---

1. Kant, *Fondement de la métaphysique des mœurs*, trad. Barni.

pavé de bonnes intentions. D'un élève qui reconnaît la nécessité de travailler, avoue ses torts, accepte les conseils de bonne grâce, on dit : « il n'a pas mauvaise volonté »; c'est trop peu si l'on est obligé d'ajouter : « mais il manque d'énergie et de persévérance ».

La foi qui n'agit pas, est-ce une foi sincère ?

La volonté vraiment bonne doit être distinguée du désir ou des velléités d'une âme qui remet sans cesse au lendemain pour bien faire.

La fin et les moyens. La conscience égarée. Les sophismes de justification; les directions d'intention. — La morale de l'intention donne lieu à une autre critique et à une autre difficulté. Un but de quelque importance ne peut être atteint d'ordinaire que par une série d'actes volontaires. On a résolu par exemple d'aider un homme à sortir de la misère, on réfléchit aux moyens et on choisit celui-ci ou celui-là; le libre arbitre intervient dans la résolution première et ensuite dans les divers actes nécessaires pour l'exécuter. Il est clair que le choix des moyens n'est pas indifférent : sous le prétexte que celui qui veut la fin veut les moyens, un homme ne serait pas justifié, pour atteindre un but excellent en lui-même, d'employer des moyens malhonnêtes, ainsi de dérober de l'argent pour secourir un pauvre digne d'intérêt; il serait responsable de son vol et ne pourrait alléguer l'excuse de sa bonne intention.

A vrai dire, un pareil cas ne se présente guère que dans certains romans où l'on propose à l'admiration du lecteur un malfaiteur bienfaisant qui prend aux riches pour donner aux pauvres. Dans la réalité, celui qui a le cœur assez bon pour vouloir soulager l'infortune d'autrui est juste autant que charitable, il ne prend pas pour donner. Cependant il y a des occasions où le devoir est moins évident, où un homme dans une bonne intention est amené à faire le mal; absolument parlant, son action est coupable, car il ne faut pas faire le mal pour que le bien en sorte, commettre un assassinat politique par exemple pour servir son pays; mais moralement, s'il a agi dans la conviction qu'il faisait bien, que le meurtre était légitime, non seulement sans être guidé par l'intérêt ou par un sentiment de vengeance personnelle, mais en sacrifiant ses intérêts les plus chers et sa vie même à une idée fausse du devoir, il est irresponsable devant la justice éternelle bien que la justice des hommes ait pu le condamner. Il y a là une de ces erreurs de la conscience qui excusent, lorsqu'il a été impossible de se prémunir contre elles. Mais de pareils exemples tels que celui de Brutus ou de Charlotte Corday sont rares. Le plus souvent, dans le cas où l'excuse est alléguée pour un crime en faveur de l'intention, voici ce qui se passe dans la conscience : au lieu de concevoir d'abord un but honorable à atteindre, on pense à l'action mauvaise et on est poussé à l'accomplir par l'intérêt ou quelque passion égoïste; puis, pour calmer les scrupules de la conscience, pour se donner le change à soi-même, on cherche une excuse dans les conséquences de la résolution prise; on raisonne après coup pour se disculper, et ce sophisme inspiré par la passion a été bien nommé le sophisme de justification. Un homme sans honneur se livre à des intrigues, flatte le pouvoir, trahit ses convictions et son parti; pour couvrir sa honte il allègue l'obligation d'assurer l'avenir de ses enfants. Un politique, poussé par l'ambition, se parjure, viole la loi, porte une main sacrilège sur les libertés de ses concitoyens, et il donne pour raison qu'il a voulu sauver son pays, le persuade à quelques-uns, parvient même à le croire lui-même. Oh! alors, l'intention ne supprime pas la responsabilité, car c'est une intention seconde qui a sa source dans une volonté mauvaise; l'hypocrisie s'est jointe au crime, et l'erreur elle-même, s'il y a erreur, est née de la perversité. On comprend que Pascal dans *les Provinciales* ait flétri les *directions d'intention*. Aux yeux de certains casuistes [1] relâchés qu'il a combattus il suffisait pour qu'un acte coupable fût excusé que l'auteur n'eût pas voulu faire le mal pour le mal. Si un valet volait son maître par méchanceté et pour lui nuire, il était criminel, mais s'il dirigeait autrement son intention, et pensait non au mal qu'il faisait à un autre mais au bien qu'il se faisait à lui-même, en se disant : « Quelques profits ne sont-ils pas dus à un pauvre valet! » il devenait innocent. Avec de pareils raisonnements on finirait par tout absoudre.

En résumé, il faut qu'une action soit accomplie *avec intention* pour entraîner la responsabilité; l'*intention* de faire le bien, si elle reste à l'état de projet et de velléité, n'engendre pas le mérite, et le pré-

---

1. Le casuiste est celui qui traite des cas de conscience; ce mot est pris en mauvaise part à cause de l'abus qui a été fait de la casuistique, soit dans l'antiquité, soit dans les temps modernes.

texte d'une *bonne intention* ne justifie pas une mauvaise action.

II. L'irresponsabilité de l'animal; celle du fou. — Comme la responsabilité dépend non seulement des conditions intellectuelles, mais encore des degrés de la liberté, là où fait défaut la liberté il n'y a point de place pour le mérite ou le démérite. On ne doit pas savoir gré à un animal herbivore de sa douceur, ni en vouloir à un carnivore de sa férocité. Le mouton est inoffensif sans mérite et le tigre sanguinaire sans crime, on n'imagine pas d'ailleurs chez l'un la satisfaction du devoir accompli ni chez l'autre le remords. Si les hommes étaient dénués comme l'animal du libre arbitre il faudrait s'abstenir de toute admiration et de toute indignation à leur égard et dire avec le Philinte de Molière :

> Oui, je vois ces défauts dont votre âme murmure
> Comme vices unis à l'humaine nature;
> Et mon esprit enfin n'est pas plus offensé
> De voir un homme fourbe, injuste, intéressé,
> Que de voir des vautours affamés de carnage,
> Des singes malfaisants et des loups pleins de rage.
> (*Le Misanthrope.*)

Au contraire, plus un homme nous paraît maître de lui-même, plus nous lui attribuons de responsabilité.

Toutes les causes qui portent atteinte à la liberté déterminent plus ou moins complètement l'irresponsabilité. Tel est le cas de la folie. D'une part, la folie atteint la raison et l'empêche dans certains cas de discerner le bien du mal; les aliénistes ont appelé idiotie morale le défaut absolu de conscience ou comme on dit de sens moral, qu'il résulte d'une organisation primitive incomplète ou d'une maladie telle que la paralysie générale ; en outre, les hallucinations, dans le délire des persécutions par exemple, arment le bras du malheureux qui se croit en état de légitime défense. D'autre part, la folie paralyse la volonté elle-même. Il y a des maladies mentales qu'on a appelées les maladies de la volonté ; elles affectent deux formes extrêmes : tantôt il se produit une incapacité absolue de se déterminer à l'action, « bien que le malade en ait le désir et que son jugement sain par une sage délibération lui en fasse voir l'opportunité ; souvent même la nécessité [1] » ; tantôt, c'est une impulsion irrésistible à telle ou telle action reconnue cependant déraisonnable ou criminelle : telle est la monomanie du meurtre, du vol, de l'incendie, du suicide.

Une dame prise parfois d'impulsions homicides, demandait à être maintenue à l'aide d'une camisole de force et annonçait ensuite le moment où tout danger était passé et où elle pouvait reprendre la liberté de ses mouvements. — Un mélancolique tourmenté d'idées de suicide, se leva la nuit, alla frapper à la porte de son frère et lui cria : « Venez vite, le suicide me poursuit, bientôt je ne résisterai plus. »

Ces cas heureusement sont rares ; l'excuse est tellement facile à invoquer en absence de toute autre que les avocats ont pu en abuser devant les tribunaux, mais enfin ils existent et il ne faut pas confondre le fou dangereux qui doit être enfermé et soigné, avec le criminel que l'on condamne. Il

1. Ribot, *Les maladies de la volonté.*

est possible que la responsabilité ne soit pas toujours entièrement détruite dans la folie ; le fou qui tue par vengeance est peut-être plus coupable que celui qui frappe en croyant se défendre : mais on ne peut apprécier ce qui reste de raison et de liberté à un homme dans le trouble des facultés mentales; ce n'est pas le mépris ni l'indignation qu'il excitera en nous, c'est la pitié.

Toutefois notre conscience peut juger un homme coupable de sa folie même; c'est lorsqu'il l'a provoquée par ses désordres et ses excès. Dans ses *Confessions* un fumeur d'opium parle des remords amers que faisait naître en lui l'abandon de ses devoirs; sa volonté paralysée eût été incapable de les remplir, mais cette impuissance résultait de sa funeste habitude.

Nous n'éprouvons pas la même compassion pour l'homme qu'un vice ignoble a conduit au délire alcoolique et pour celui qui a perdu la raison, victime de l'hérédité physiologique ou d'un accident.

Le cas de l'ivresse. — L'ivresse produit un délire momentané d'où peuvent résulter les pires actions. Elles ne sont pas imputables à leur auteur au même titre que celles qui ont été commises en pleine connaissance de cause et en toute liberté; mais il n'en est pas non plus innocent. Il est coupable de s'être mis dans un état dégradant et de s'être transformé lui-même en une brute malfaisante. Parfois un criminel s'enivre pour faire taire la voix importune de la conscience et se donner une énergie factice; cette précaution prise contre un retour de la volonté au bien augmente la responsabilité au lieu de l'atténuer.

Le sommeil. Le somnambulisme. La suggestion hypnotique. — On a pu dire que le rêve est la folie d'un homme qui dort; il y a en effet des analogies entre ces deux états, et pendant le sommeil, l'exercice de la volonté est suspendu. Si dans un cauchemar on s'est figuré qu'on faisait volontairement quelque méchante action, on n'en a pas de remords au réveil, car on sait qu'on a été dupe d'une illusion. Toutefois il arrive qu'un songe est la conséquence des pensées sur lesquelles s'est portée la réflexion de l'homme éveillé; il y aurait alors une responsabilité indirecte. Un citoyen de Syracuse ayant raconté qu'il avait eu un songe où il assassinait le tyran, Denys le fit mettre à mort en disant : « S'il n'y avait pas pensé le jour, il n'en rêverait pas la nuit ». C'était une abominable cruauté assurément, mais le raisonnement ne manquait pas tout à fait de logique.

Un crime peut non seulement être imaginé, mais encore accompli pendant le sommeil : c'est lorsqu'un état pathologique du système nerveux détermine ce rêve en action qu'on appelle somnambulisme. On distingue deux cas, ou bien le somnambulisme est naturel, c'est-à-dire que la crise se produit d'elle-même; ou bien il est *artificiel*, provoqué, c'est ce qu'on a appelé encore l'hypnotisme. Sous cette forme il a donné lieu, dans ces derniers temps, à des débats d'une haute gravité concernant la responsabilité. Un patient est endormi au moyen de certains procédés, les passes, la fixation d'un point brillant, etc.; il devient alors, surtout s'il s'est prêté plusieurs fois à l'expérience, comme une chose entre les mains de l'expérimentateur, il n'a plus de volonté propre, il exécute comme un mécanisme docile la volonté d'autrui, ou, selon le terme consacré, la *suggestion* qu'on lui impose. Les actes de cet être endormi, dépourvu de toute initiative, sont par suite soustraits à l'imputation. Même certaines expériences tendraient à prouver que la suggestion peut subsister encore au réveil de l'hypnotique et produire son effet à la façon de l'impulsion des monomanes : on a vu des individus lutter avec angoisse contre l'idée mauvaise qui révoltait leur sens moral sans parvenir toujours à triompher d'elle. Si de tels faits viennent à être établis, il est clair que l'auteur seul de la suggestion et non celui qui la subit est responsable de l'acte qu'elle détermine; mais aussi c'est un devoir pour chacun, en dehors de certaines maladies nerveuses graves traitées par des médecins spéciaux, de ne pas se soumettre par curiosité malsaine à des expériences qui énervent ou détruisent la volonté et vous mettent sous la dépendance absolue d'autrui. Un individu aliénant ainsi sa liberté deviendrait responsable de l'état de passivité auquel il a consenti comme on l'est de l'état d'ivresse.

L'excuse de la passion. — On voit généralement dans la passion, et plus particulièrement dans la colère, une cause qui atténue la responsabilité. La colère n'est-elle pas, comme on dit, une courte folie? Certes, une passion violente trouble la raison et diminue la liberté : il s'ensuit qu'un assassinat accompli avec réflexion, prémédité, longuement préparé, est plus coupable qu'un meurtre commis dans un accès de passion subite alors que son auteur, suivant les locutions usitées, ne savait plus ce qu'il faisait, n'était plus maître de lui. Mais il ne faut pas donner plus d'importance qu'il ne convient à ce genre d'excuse, et avoir une indulgence excessive pour les crimes passionnels. D'abord, la volonté n'est pas abolie dans la passion, elle doit réagir et lutter : est-elle vaincue, la passion est-elle la plus forte ; la faute en est encore à celui qui, par une longue habitude de céder aux penchants mauvais, a laissé prendre par eux sur son âme un si grand empire ; il est responsable, non seulement du présent, mais du passé. « La responsabilité remonte au delà de l'acte coupable et porte sur toute la série des capitulations, des lâchetés antérieures qui ont permis à la passion de s'installer en maîtresse dans une âme devenue complice volontaire de son asservissement [1]. »

La responsabilité de l'enfant. — Chez l'enfant, la responsabilité, nulle d'abord, commence lorsque apparaissent la raison et la volonté sans qu'on puisse déterminer d'époque précise ; mais de très bonne heure, il y a quelque mérite et quelque démérite dans sa conduite. Il est capable, à quatre ou cinq ans par exemple, de petits sacrifices dont il est fier, il abandonne un jouet, une friandise, à son frère ou à sa sœur ; il se donne de la peine, faisant une commission, portant un objet, pour en éviter à ses parents ; il obéit pour leur faire plaisir et parce qu'il conçoit au moins confusément que cela est dans l'ordre, et non pas seulement pour échapper à une punition ou obtenir une récompense. S'il ment, au contraire, s'il désobéit, il peut avoir déjà

---

1. L. Carrau, *La conscience psychologique et morale.*

quelque honte, quelque repentir indépendant de la crainte d'être grondé ; il sent qu'il aurait pu être plus sage [1]. Mais il ne faut rien exagérer et ne pas s'indigner d'un acte, en apparence méchant, cruel même d'un enfant de cinq ou dix ans, comme s'il avait pour auteur une grande personne. Il n'a pas toujours l'idée que ce qu'il fait est mal, il n'en prévoit pas comme nous les conséquences, et enfin, de même qu'il est trop faible pour un grand effort musculaire ou intellectuel et qu'il ne peut pas porter longtemps un fardeau ou soutenir son attention, un effort moral un peu considérable pour résister à un mauvais désir lui est impossible. Ainsi, on a raison de réprimander un enfant jaloux, mais il ne faut pas trop lui en vouloir tout en cherchant à le corriger ; il y a là une disposition mauvaise de son naturel, bien difficile à vaincre encore pour sa volonté chancelante. Notre Code pénal, avec beaucoup de justice, ne tient pas seulement compte de l'âge pour les délits et les crimes de certains mineurs, mais du développement intellectuel. L'article 66 est ainsi conçu : « Lorsque l'accusé aura moins de seize ans, s'il est décidé qu'il a agi *sans discernement*, il sera acquitté ; mais il sera, selon les circonstances, remis à ses parents, ou conduit dans une maison de correction.... »

Bien que la folie soit rare chez l'enfant, il en existe cependant des cas bien constatés ; et quand la volonté de commettre non pas seulement une faute

---

1. On peut lire des traits intéressants de la moralité de l'enfant dans *l'Education morale dès le berceau*, ou encore dans *l'Enfant de trois à sept ans*, chap. XII, de Bernard Perez.

mais un crime apparaît à l'âge de sept ou huit ans, c'est plutôt l'indice d'une impulsion maladive que d'une résolution coupable. Son cas relève d'un traitement, et non de punitions proprement dites; il peut être dangereux, il n'est pas responsable : telle cette petite fille de sept ans dont parle M. Compayré dans une étude sur la *Folie chez l'enfant,* qui avait essayé à plusieurs reprises de tuer son jeune frère; ou cette autre de huit ans qui, pour avoir les vêtements de sa grand'mère, répétait souvent qu'elle la tuerait.

La contrainte. — Lorsqu'une personne subit une contrainte physique, par exemple si tenant un couteau à la main on la pousse violemment sur une autre personne qu'elle blesse, son irresponsabilité est évidente. Il n'en est pas de même dans le cas de contrainte morale : on vous menace de la ruine, de la prison, de supplice pour vous faire commettre une mauvaise action, le devoir vous commande de préférer la souffrance et la mort à l'infamie et si vous ne le faites pas, vous êtes méprisable. Régulus savait que les plus cruelles tortures l'attendaient à Carthage, il y retourna cependant pour rester fidèle à son serment. Vespasien voulant empêcher le sénateur Helvidius Priscus de voter selon sa conscience le menaça de mort : « Quand vous ai-je dit, répondit celui-ci, que je fusse immortel? Nous ferons tous deux ce qui dépend de nous : vous me ferez mourir, et moi je souffrirai la mort sans trembler. » Ce sont des héros; mais qui agit autrement est coupable : toutefois, comme un pareil courage est fort difficile, la contrainte morale atténue la responsabilité.

III. Caractère personnel de la responsabilité. Préjugés contraires. — Puisque la responsabilité repose sur la liberté, il est évident que chacun n'est responsable que de ses propres résolutions et qu'on ne saurait nous imputer ce qu'un autre a voulu. Toutefois cette vérité a été et est encore souvent méconnue : en effet, il y a opposition ici entre les lois de la nature et la loi morale, entre le réel et l'idéal. En fait, il arrive fréquemment que les conséquences funestes de la faute d'un homme rejaillissent sur sa famille; un père s'abandonne à une vie de désordres, sa femme et ses enfants sont ruinés; il commet un crime, les siens sont déshonorés; et pourtant ils sont innocents! Les descendants d'un alcoolique héritent d'un sang vicié, d'une tare organique; ils sont prédisposés à l'épilepsie, à la folie. On connaît l'ancien proverbe juif : « Les pères ont mangé des raisins verts, et les dents des enfants en sont agacées ». De même les enfants bénéficient du mérite de leurs parents : sans s'être donné d'autre peine « que de naître », ils ont la santé, la fortune, la noblesse, parce que ceux-ci ont été tempérants, travailleurs et économes, braves et utiles à l'État. La conscience humaine s'y est trompée d'abord, elle a cru que le mérite et le démérite étaient héréditaires comme les récompenses ou les châtiments.

Crésus, d'après Hérodote, précipité du trône et réduit en esclavage lorsqu'il eut appris par l'oracle de Delphes qu'il était puni pour l'usurpation criminelle de son cinquième prédécesseur, trouva que ses malheurs étaient mérités et que le sort était juste. Eschyle dit expressément que le châtiment des crimes d'Atrée et de Thyeste se poursuit sur Agamemnon, et après Agamemnon, sur Oreste [1]. Chez certains sauvages chaque membre de la tribu se croit souillé par la faute d'un seul à l'égard de la divinité. En Chine, dit-on, la loi, dans le cas de lèse-majesté ou d'assassinat d'un prince, rend les enfants solidaires du crime de leur père et les condamne à mort. Ce sont là, semble-t-il, des préjugés barbares, et cependant Bossuet, malgré sa ferme raison, a tenté de les justifier dans des pages qu'on voudrait pouvoir retrancher de son beau traité philosophique de la *Connaissance de Dieu et de soi-même* : « Punir les pères dans leurs enfants, c'est les punir dans leur bien le plus réel, c'est les punir dans une partie d'eux-mêmes, que la nature leur a rendue plus chère que leurs propres membres, et même que leur propre vie : en sorte qu'il n'est pas moins juste de punir un homme dans ses enfants que de le punir dans ses membres et dans sa famille.... Les lois civiles ont imité cette loi primordiale, etc. » Si la conception d'une responsabilité héréditaire et collective a inspiré certains législateurs, elle a disparu heureusement aujourd'hui des codes chez les peuples civilisés. En admettant qu'on eût le droit de faire souffrir un coupable en le privant d'un bien plus précieux que la vie, le juge s'égalerait à lui qui, pour atteindre ce but, frapperait un innocent. « Je ne sais quoi, dit encore Bossuet, est imprimé dans le cœur de l'homme pour lui faire reconnaître une justice qui punit les pères criminels sur leurs enfants, comme étant une por-

---

[1]. Lévy-Bruhl, *l'Idée de responsabilité*, chap. IV.

tion de leur être. » Entraîné par un aveugle instinct de vengeance, le sauvage ou même l'homme civilisé obéira à un pareil sentiment, mais la raison le condamne ; elle proteste contre cette fatalité de la nature qui fait peser sur de pauvres êtres sans reproche la faute d'un père ou d'un aïeul, et c'est pour elle une des formes les plus tristes du mal sur cette terre.

Elle sait que le fils a sa personnalité à lui distincte de celle de ses parents, et qu'il ne doit répondre devant la loi morale que de ce qu'il a voulu lui-même librement. Aussi, de plus en plus, la société par ses institutions, cherche à améliorer le sort des « déshérités », de ceux qui ont hérité du mal ; à substituer le règne de la justice au régime naturel. C'est de la pitié et non de la haine qu'on éprouve pour les enfants de parents coupables, la charité leur vient en aide et ils sont jugés ensuite par ce qu'ils ont fait. Inversement, on n'attribue plus les mêmes privilèges aux enfants bien nés ; tout en reconnaissant l'avantage qu'il y a à sortir d'une famille honnête et les chances favorables d'une bonne éducation pour l'avenir d'un enfant, on ne le juge pas seulement sur le mérite de ses aïeux, et si on lui fait crédit on veut qu'en fin de compte il paye de sa personne.

Il nous semble, dit un philosophe contemporain [1], que Bentham exprime l'opinion qui tend à prévaloir, quand il dit aux Américains : « Gardez-vous d'admettre jamais une noblesse héréditaire. Le patrimoine du mérite deviendrait bientôt celui de la naissance. Donnez des qualifica-

---

1. Ribot, *l'Hérédité*. IV⁰ partie, chap. IV.

tions, élevez des statues, conférez des titres; mais que ces distinctions soient personnelles. Conservez toute la force, toute la pureté de l'honneur! »

La solidarité dans le mal et dans le bien. Responsabilité collective; cause principale et cause subalterne. — La responsabilité est personnelle, voilà qui est bien établi; cependant il est certain aussi qu'un homme peut avoir sa part de responsabilité dans les actions d'autrui. En Chine, la noblesse remonte au lieu de descendre comme dans les autres pays, et le titre conféré par le souverain à un de ses sujets anoblit les ascendants sans s'étendre aux descendants; cette coutume n'est pas dénuée de justice; car souvent l'éducation, les exemples reçus dans la famille ont contribué à faire un homme de bien ce qu'il est, le père et la mère ont leur part dans le mérite du fils.

Au début de ses *Pensées* qu'on a bien appelées l'*Examen de conscience d'un empereur romain*, Marc-Aurèle rappelle avec une pieuse modestie les exemples ou leçons de vertu qu'il a reçues de ses parents et de ses maîtres. « De mon aïeul Vérus : mœurs honnêtes, jamais de colère. — Imiter ma mère, m'abstenir comme elle non seulement de faire le mal, mais même d'en concevoir la pensée, etc. »

Au contraire, une éducation défectueuse, les mauvais exemples ont prédisposé souvent le malfaiteur à une vie de désordres et de crimes. Aussi dit-on avec raison des parents et encore des maîtres qu'ils ont charge d'âmes. D'une manière plus générale, il existe entre tous les membres d'une société une solidarité morale; il se produit une véritable contagion du mal, et heureusement aussi du bien, de telle sorte que celui qui a donné le mauvais exemple est, dans une certaine mesure, responsable des actes pervers qu'il a provoqués chez les autres; dans une bataille, un soldat qui fuit le premier n'est pas seulement coupable de sa propre lâcheté, il porte en partie la responsabilité de la fuite de ceux que son exemple a entraînés. Au contraire, celui-là mérite doublement qui par son attitude donne du cœur aux autres.

La responsabilité est plus directement engagée encore lorsque à l'exemple se joignent les conseils : on est disposé à une certaine indulgence pour les natures faibles qui ont subi l'ascendant d'autrui, mais la faute dont on les décharge en partie retombe plus lourdement sur les meneurs; c'est ce qui a lieu dans une émeute, ou, pour prendre un exemple moins tragique, dans une classe d'élèves indisciplinés.

Si un homme n'osant agir par lui-même paie un misérable pour lui faire accomplir sa vengeance, bien que n'ayant pas plongé ses mains dans le sang, il est pleinement responsable de l'assassinat; il l'est même plus que l'individu acheté à prix d'or, qui n'est qu'une cause *subalterne*, quand il est, lui, l'auteur principal du crime auquel il a joint la corruption d'autrui et la lâcheté.

Il y a plus : pouvant empêcher le mal, vous ne l'avez pas fait, par exemple vous n'avez pas porté secours à la victime d'un meurtre, ou connaissant l'intention de l'agresseur, vous n'avez rien fait pour l'arrêter, vous n'êtes pas alors innocent du sang versé et, quoique la loi civile ne vous atteigne pas, vous êtes coupable devant le tribunal de la conscience.

IV. La responsabilité morale et la responsabilité légale. Distinction et rapports. — Il y a un étroit rapport entre la responsabilité morale et la responsabilité légale. Nous voulons que l'homme frappé par la rigueur des lois ait eu réellement une volonté mauvaise, ait désobéi du même coup au code de son pays et aux prescriptions de la conscience. On donne le nom de justice aux institutions pénales d'un État et aux magistrats chargés de les appliquer; c'est le nom même de la vertu qui consiste à respecter le droit naturel, à ne pas vouloir le mal d'autrui. La condamnation d'un innocent peut être le résultat d'une erreur de la justice, elle ne saurait être son but; un magistrat injuste nous paraît indigne de ses fonctions; et une loi injuste n'a pas le caractère sacré de la loi, ce n'est plus qu'un décret tyrannique. De tout temps, les législateurs se sont donnés comme les interprètes de la volonté des dieux ou tout au moins de la conscience morale. Aussi une confusion s'est établie entre la responsabilité morale et la responsabilité légale. Il est arrivé, d'une part, qu'on a fait des lois écrites le fondement de la moralité, et d'autre part qu'on leur a donné pour but de contraindre les hommes à respecter la loi morale dans toute son étendue. Dans le premier cas, on restreint en des limites beaucoup trop étroites la responsabilité morale, dans le second cas on étend à l'excès la responsabilité légale.

Il y a des hommes qui dans leur désir d'être quittes au meilleur marché possible avec le devoir cherchent à se persuader que l'honnêteté consiste à respecter la loi de leur pays, et qui semblent tout fiers de n'avoir jamais eu maille à partir avec les juges. Certes, on devrait se féliciter si tous les membres d'une nation s'abstenaient des faits qualifiés crimes ou délits par la loi; au point de vue social, ce serait un progrès tel si les prisons devenaient inutiles qu'on ne peut voir dans cette conception qu'une utopie; il faut reconnaître que lorsque tant d'autres ne peuvent pas même rester honnêtes dans les limites du Code, un homme qui a subi la pauvreté sans toucher au bien d'autrui, qui a traversé l'existence sans commettre de fraudes, de violences, de diffamations, sans se mettre enfin dans le cas de redouter les gendarmes, n'est pas sans mérite et a droit à quelque estime. Cependant on pourrait dire que s'il ne s'est abstenu du mal que par crainte des conséquences, il n'y a pas de moralité véritable dans sa conduite, la bonne volonté seule ayant un prix absolu. D'autre part nos lois laissent sans punition bien des actes que réprouve la conscience et passent sous silence bien des vices. L'ingratitude est coupable et pourtant elle ne donne pas lieu à des poursuites, ni l'égoïsme, ni l'intempérance. Vous pouvez laisser mourir de misère votre bienfaiteur, ne jamais venir en aide aux malheureux, vous enivrer du matin au soir (pourvu qu'aucun désordre public n'en résulte) et la police vous laissera tranquille.

La responsabilité morale a plus d'étendue que la responsabilité légale : tout acte condamné par la loi l'est aussi par la conscience, si la loi est bien faite; mais un acte peut être condamné par la conscience sans qu'il le soit par la loi, non seulement sans qu'il le soit, mais sans qu'il puisse l'être ou sans qu'il doive l'être. Des philosophes, même parmi les plus grands, Platon par exemple, ont pensé que les législateurs devaient imposer la vertu par la contrainte ; c'est là une conception chimérique et qui a conduit les gouvernements aux pires abus de pouvoir. Le mérite résulte essentiellement de l'intention et d'un libre élan de la volonté vers le bien ; la force ne peut produire qu'un ordre extérieur, elle n'a de prise que sur les actes, l'intention lui échappe. Des lois somptuaires contre le luxe du vêtement ou de la table ne rendent pas au fond les hommes plus tempérants, et quelle tyrannie si la police, pénétrant au foyer domestique, s'immisce continuellement dans la vie privée des citoyens pour la surveiller[1] ! Les lois contre l'impiété ne peuvent engendrer que l'hypocrisie à l'égard de la divinité, l'Inquisition avec tous ses excès en a été la conséquence. Seuls les attentats contre le droit d'autrui relèvent de la justice des hommes.

1. On peut donner comme exemple les lois établies par Calvin à Genève : « Il aspirait, dit Guizot, à régler la vie privée tout entière selon la loi morale et par la puissance publique, pénétrant dans les maisons, dans les familles, dans les âmes... » Il y avait des règlements contre la femme qui se coiffait avec coquetterie, le bourgeois qui jouait aux cartes, etc. — En France, une étrange loi somptuaire du xiiie siècle défendait à tout sujet du roi de donner dans un dîner plus d'un potage au lard et deux mets, et à toute bourgeoise de porter comme les dames nobles des bijoux en or, des pierres précieuses ou de l'hermine.

CHAPITRE V

LA PERSONNALITÉ MORALE. LA LOI MORALE. LES FINS DE LA VIE HUMAINE

I. La personne et la chose. — Le corps et l'âme.
II. Distinction de la loi morale et des lois de la nature. — L'obligation; l'autonomie de la volonté. — Le Devoir; son caractère absolu. — L'universalité de la loi morale; le critérium de Kant.
III. Distinction de la loi naturelle et des lois humaines.
IV. Les motifs de nos actions; les fins de la vie humaine — Motifs égoïstes et motifs désintéressés. (La Rochefoucauld.) — Le bonheur et le bien. — Classification des doctrines morales.

I. La personne et la chose. — Quand on veut d'un seul mot caractériser l'homme au point de vue moral, on dit que c'est une personne, et ainsi on l'oppose aux choses qui sont dénuées de moralité. Est une chose le bloc de marbre inconscient et brut qui deviendra sans préférence « dieu, table ou cuvette. ». Est une chose l'arbre de nos forêts qui vit mais se développe fatalement, qui n'a point d'orgueil, sinon dans les fables, point d'âme ailleurs que dans l'imagination des poètes pour souffrir des coups de la cognée et qui offre indifféremment aux oiseaux l'asile de ses branches pendant qu'il enlève aux plantes plus faibles leur part de soleil et de terre nourricière. Est une chose enfin l'animal qui vit, qui se meut et qui éprouve des sensations, mais qui est bienfaisant sans mérite, malfaisant sans crime, et comme une marionnette animée joue sans réflexion dans le grand drame de la Nature un rôle auquel il ne peut rien changer. Le tigre n'a point de remords : il cède, en déchirant sa proie, à l'instinct de son espèce, il n'est pas plus coupable que le bœuf n'est vertueux en traçant son sillon sous l'aiguillon du maître. Mais l'homme est une personne, il le sait, car il se sent responsable de ses actes, il se connaît car il possède la réflexion, il peut se diriger car il est libre et il a la raison qui lui montre la règle de ses actions et le but de sa vie. La personnalité morale implique ces trois caractères intimement unis : la conscience de soi, la volonté libre, l'intelligence raisonnable. Etre capable de dire moi, s'appartenir à soi-même, se conduire par soi-même, voilà ce qui constitue une personne. C'est par là que l'homme a un prix infini par rapport au reste des êtres. Un objet précieux ou charmant dénué de pensée, une perle, une fleur, n'a de valeur que par rapport à l'être qui le contemple et qui l'apprécie; imaginez-le seul au monde ou dans un milieu composé exclusivement d'êtres inconscients comme lui, il serait littéralement comme s'il n'était pas, puisque son existence serait ignorée de lui-même, et qu'il n'y aurait personne pour la connaître; l'éclat des couleurs, les parfums, l'harmonie des sons ou des formes n'ont de beauté qu'autant qu'un être sensible et intelligent a pu en éprouver l'impression et s'en faire l'idée. Chez l'animal, il y a une vie mentale, ce qui le met bien au-dessus des êtres inconscients; doué de mouvement, il se dégage du milieu environnant; il a enfin quelque sentiment confus de son individualité. Mais il n'a pas la faculté de rentrer en lui-même, de se rendre compte de l'unité et de l'identité de son être au milieu des sensations multiples et changeantes; il ne peut se ressaisir dans son passé, prévoir son avenir, concevoir l'enchaînement des faits qui constituent son existence, il est dominé par ses instincts, conduit par ses appétits : il n'agit pas véritablement mais il subit l'action des choses qui l'attirent ou le repoussent sans pouvoir se rendre maître ni de lui-même ni de la nature avec laquelle il se confond en définitive. Tout autre est l'homme : loin d'être perdu dans l'océan des choses comme une goutte d'eau au milieu des flots, il affirme son existence distincte en disant : moi. Il se pose dans son indépendance en s'opposant à tout ce qui n'est pas lui. Son âme est un petit monde dans le grand.

Non seulement il domine, en le pensant, l'univers physique dont il comprend l'harmonie inconnue des êtres qui concourent à la produire, mais doué d'une énergie vraiment créatrice, il peut réaliser au dedans de lui-même un ordre plus sublime que cet ordre extérieur qui fait la beauté de la nature.

Le corps et l'âme. — On conçoit toute l'importance de la distinction faite communément dans l'homme entre le corps et l'âme, la chair et l'esprit. Par le corps, nous faisons partie de l'univers physique, nous sommes soumis à ses lois, nous sommes sous sa dépendance et notre être se réduit à bien peu de chose : « par l'espace, dit Pascal, l'univers me comprend et m'engloutit comme un point ». Mais il ajoute « par la pensée, je le comprends »; et il attribue une valeur incomparable au « roseau pensant ». — « Tous les corps, le firmament, les étoiles, la terre et ses royaumes ne valent pas le moindre des esprits; car il connaît tout cela, et soi;

et les corps, rien. » L'âme humaine, par sa raison, conçoit encore un idéal de perfection et peut librement y conformer sa conduite ; voilà surtout ce qui fait la distance infinie des personnes aux choses.

« Deux choses, dit Kant, remplissent le cœur d'une admiration et d'une vénération toujours nouvelles, toujours croissantes à mesure que la réflexion s'y attache plus souvent et plus fortement : le ciel étoilé au-dessus de nous et la loi morale en nous.... Le premier de ces spectacles, celui d'une foule innombrable de mondes, anéantit pour ainsi dire mon importance en tant que créature animale qui doit rendre la matière dont elle est faite à la planète (simple point elle-même dans l'univers), après avoir été un instant, et on ne sait comment, animée de force vitale. Le second, au contraire, élève à l'infini ma valeur comme être intelligent ; car dans ma personnalité, la loi morale me révèle une vie indépendante de l'animalité et même de tout le monde sensible.[1] »

II. Distinction de la loi morale et des lois de la nature. — L'objet essentiel de la morale est d'établir le principe d'après lequel les actions doivent être jugées bonnes ou mauvaises ou, en d'autres termes, le but assigné à notre vie. Mais pour cela, il convient de distinguer nettement la loi morale de toute autre loi et de déterminer d'après la nature même de l'être auquel elle s'adresse les caractères pouvant servir à la reconnaître.

Le mot *loi* a servi à désigner d'abord les règles s'imposant à notre conduite au nom d'une autorité extérieure, celle des hommes ou de Dieu. Comme la conscience, en dehors des lois civiles ou politiques et des lois religieuses, nous commande ou nous interdit certaines actions de sa propre autorité, on

---

1. *Critique de la raison pratique.* Conclusion.

a également donné le nom de loi à ses prescriptions, et pour distinguer cette juridiction intérieure de toute autre, on s'est servi de l'expression de loi morale. C'est ainsi que l'on distingue une action morale, conforme aux commandements de la conscience, d'une action légale, conforme à une loi écrite dans les codes; on dit encore la loi naturelle par opposition à la loi élaborée et édictée par les hommes, comme on oppose les œuvres de la nature à celles du génie humain. La loi, qu'elle vienne d'une autorité extérieure ou de la conscience, a un caractère impératif; elle est une règle à laquelle la volonté doit se conformer; son but est d'établir l'ordre soit dans les sociétés humaines, soit dans la conduite. Mais nous voyons de l'ordre dans le monde, les phénomènes s'y produisent d'une manière régulière, ils nous apparaissent comme les effets de forces qui n'agissent point d'une façon incohérente et capricieuse, mais qui se conforment à un plan tracé d'avance, à une véritable législation. Aussi par analogie on a donné le nom de lois aux rapports invariables qui existent entre les phénomènes soumis à notre observation; pas plus que la loi morale, elles ne sont l'œuvre de l'homme qui se borne à les découvrir et à les formuler; on les appelle les lois de la nature. Mais il y a une profonde différence entre ces lois et la loi naturelle ou loi morale; elles indiquent ce qui est, leur formule est la généralisation d'un fait; elles ne prescrivent pas ce qui doit être; et si l'on s'élève jusqu'à la conception d'une volonté souveraine qui les a établies, on n'imagine pas pour cela que les choses puissent s'y soustraire; les exceptions apparentes aux lois contenues dans nos livres de sciences prouvent seulement les bornes de notre savoir, car dans des conditions identiques les mêmes phénomènes se reproduisent toujours nécessairement.

L'obligation, l'autonomie de la volonté. — Les prescriptions de la loi morale non plus que celles des lois civiles ne passent pas toujours dans l'ordre des faits, les actions dont elles sont la règle sont souvent en désaccord avec elles, et pourtant ces prescriptions sont dites à juste titre nécessaires par opposition à tel ou tel article du code qui paraît pouvoir être modifié; en effet elles s'imposent à la raison comme des vérités absolues : le contraire d'une loi physique que nous savons réalisée dans les faits peut être conçu comme possible, le contraire d'une règle donnée par la conscience, règle journellement violée, ne peut l'être. Il y a des ingrats, par exemple, mais nous ne pouvons concevoir que l'ingratitude devienne légitime et la reconnaissance criminelle. La loi morale a une nécessité idéale; elle est en rapport avec la nature du sujet auquel elle s'adresse. Ce sujet, la personne humaine, est raisonnable, la loi qui s'adresse à lui doit lui apparaître comme raisonnable, et par conséquent le contraire de cette loi comme absurde; il est libre, la nécessité de la loi ne saurait être une nécessité physique, une contrainte; pour éviter toute équivoque, on dit qu'elle est obligatoire. L'obligation c'est le caractère propre et original de cette loi qui commande avec une autorité absolue, mais à laquelle la volonté reste libre d'obéir ou de désobéir. La nécessité idéale de la loi n'est pas niée ni méconnue par celui qui la viole; pour celui qui l'exécute c'est une nécessité consentie; la personne accepte la loi qu'elle n'a point faite, qui lui est innée, elle y reconnaît son bien, la fait sienne, se l'impose à elle-même refrénant volontairement le désir coupable, et ainsi reste libre et maîtresse d'elle-même en obéissant. Voilà comment Kant a pu dire que la loi morale est l'*autonomie* de la volonté. (L'autonomie désigne ordinairement l'indépendance d'une nation qui se gouverne par ses propres lois.)

Le Devoir. Son caractère absolu. — Chacune des prescriptions de la loi, chacun des articles de ce code intérieur est un devoir; on appelle souvent la loi morale la loi du devoir, et même plus simplement on dit le devoir pour la loi. Bien que les deux mots puissent être pris souvent l'un pour l'autre, ils ne sont pas tout à fait synonymes. La loi morale est la loi de la personne conçue indépendamment même de l'idée qu'elle en peut avoir comme la condition de son bien propre, le devoir c'est la loi apparaissant à la conscience comme obligatoire, particulièrement lorsqu'elle est en contradiction avec la passion. Kant se sert d'une expression énergique pour le caractériser, il l'appelle « l'impératif catégorique » et il le définit « la nécessité d'obéir à la loi par respect pour la loi ».

L'expression d'impératif catégorique s'oppose à celle d'impératif hypothétique ou conditionnel. Un médecin ordonne à un malade de suivre un certain régime *s'il veut guérir*, c'est là une prescription conditionnelle, et le malade ne s'y conformera pas s'il aime mieux mourir que de changer ses habitudes. Le devoir commande sans conditions et dans ce sens la loi morale est *absolue*. Cela est reconnu par la conscience : « fais ce que dois, advienne que pourra », nous dit-elle. Il n'en saurait être autrement, car s'il y avait une condition à laquelle le devoir serait subordonné, c'est cette condition qui deviendrait la loi ; et si l'on pouvait à son gré s'affranchir de cette condition, il n'y aurait plus de loi. Admettons que l'on dise : « travaille si tu veux t'enrichir » ; ou bien la loi suprême est de s'enrichir, ou bien on peut légitimement vouloir ne pas s'enrichir et la règle perd son autorité, ce n'est plus qu'un simple conseil qu'on accepte sans mérite ou qu'on repousse sans crime.

L'universalité de la loi morale; le critérium de Kant. — On exprime encore le caractère absolu de la loi morale en disant qu'elle est universelle et immuable. En effet, du moment que le devoir est sans conditions, il n'est pas relatif aux individus ni aux époques. Il commande sans restriction, il n'admet aucune exception. Il n'est pas sévère pour ceux-ci, indulgent pour ceux-là ; il est le même pour tous et reste le même pour chacun. Si dans des circonstances données un homme doit rendre un dépôt qui lui est confié, dans les mêmes circonstances un autre homme, quel qu'il soit, le devra aussi, et cela demain ou dans vingt siècles comme aujourd'hui. Les circonstances peuvent changer, ce qui expose à l'illusion d'un devoir qui change : je ne rendrai pas le dépôt si c'est une arme dont celui qui me l'a confiée veut se servir pour commettre un crime, mais personne ne devra le rendre dans ce cas ni ne l'a jamais dû. Les devoirs se déterminent d'une manière particulière, selon les cas : un vieillard malade n'est pas tenu de servir son pays de la même façon qu'un jeune homme bien portant; mais l'un et l'autre sont obligés de régler leur conduite d'après un certain idéal, et leur responsabilité est la même s'ils ne s'efforcent pas de le faire.

La loi morale est diversement comprise selon les temps et selon les lieux ; mais en elle-même elle n'est pas diverse, cela serait contradictoire avec la notion que nous en avons. N'est-elle pas la loi des êtres raisonnables et libres? L'idéal de la personnalité reste en soi le même malgré la différence des individus dans lesquels ces attributs subsistent.

Kant a bien mis en lumière ce caractère d'universalité de la loi morale ; il y a vu le critérium, c'est-à-dire le signe distinctif et certain du devoir. « Agis toujours, dit-il, d'après une règle telle que tu puisses vouloir qu'elle soit une loi universelle. » Un homme, par exemple, qui est infidèle à une promesse, qui viole son serment, ne peut pas vouloir que tous agissent ainsi, car toute promesse deviendrait impossible, personne n'ajouterait plus foi aux serments et on s'en rirait comme de vaines protestations. Au contraire celui qui rend le dépôt qui lui a été confié ; qui secourt un de ses semblables en danger, peut vouloir que tous fassent de même dans les mêmes circonstances. En réalité, celui-là même qui viole la loi n'a garde de nier l'obligation d'une conduite contraire à la sienne, il a pris seulement la liberté de faire en sa faveur une exception à la règle, et l'individu possesseur d'une fortune mal acquise criera aussi fort que tout autre « au voleur ! » si quelqu'un veut la lui dérober.

III. Distinction de la loi naturelle et des lois humaines. — Par les caractères que nous avons analysés, la loi morale, la loi non écrite suivant l'expression de Socrate, se distingue nettement des lois civiles écrites dans les codes auxquelles des philosophes de l'école empirique ont prétendu la ramener. Les lois établies par les hommes varient selon les pays et selon les temps, elles peuvent être changées ou abrogées ; elles n'ont rien d'absolu : le magistrat ne s'inquiète pas de savoir si celui qui leur obéit s'abstient de mal faire par respect pour la loi ou par crainte du châtiment ; il suffit que matériellement elles soient exécutées. Le décret d'un législateur peut être injuste, comme celui auquel refusa de se conformer l'Antigone de Sophocle donnant la sépulture à son frère plutôt que d'enfreindre « la loi divine, loi immuable qui ne date ni d'aujourd'hui ni d'hier, mais qui règne de toute éternité ». Si parmi les institutions humaines la conscience fait une distinction approuvant les unes, condamnant les autres, c'est au nom d'un modèle idéal de justice ; si un progrès a été possible, c'est grâce à ce modèle auquel les politiques ont cherché à conformer leurs codes. Lorsqu'ils ne l'ont pas fait, leurs institutions, appuyées sur la force, qu'elles eussent leur origine dans la volonté d'un tyran ou dans les décisions collectives d'une assemblée délibérante, n'ont pas duré et surtout n'ont pas eu le caractère de moralité qui légitime la contrainte. « Eh quoi, si les résolutions du peuple, dit Cicéron [1], si les édits d'un sénat, étaient le fondement du droit, le vol, l'assassinat, le faux en écritures seraient donc de droit le jour où les suffrages

---

[1]. *Les Lois*, liv. Ier, chap. XVI.

de la multitude auraient approuvé de tels actes ! »
Non, et comme l'affirmait dans un magnifique mouvement d'éloquence notre grand poète, Victor Hugo, « la vérité morale n'est pas plus à la merci d'un vote que la vérité algébrique... Il n'est pas donné à un scrutin de faire que le faux soit le vrai et que l'injuste soit le juste; on ne met pas la conscience humaine aux voix. »

En vain soutiendrait-on que les lois civiles issues du pacte social sont justes par cela même; il faudrait reconnaître encore que le droit naturel exige que les contrats soient respectés, et on montrerait aisément qu'ils ne doivent l'être qu'autant qu'ils ne sont pas contraires à cette justice primordiale qui en interdit la violation.

Les lois seraient précaires et impuissantes sans les mœurs; violées par les justiciables, elles ne seraient qu'un instrument d'arbitraire entre les mains des juges. Chacun se croirait le droit de substituer aux décrets des anciens législateurs des décrets nouveaux. Dans une comédie du poète grec Aristophane, un fils instruit par les sophistes prouve à son père qu'il a le droit de le battre malgré la défense de la loi : « N'était-il pas homme comme nous, celui qui porta le premier cette loi ? Il s'est fait croire alors, et moi je n'aurais pas le droit d'établir pour l'avenir une loi nouvelle qui permettrait aux enfants de frapper les pères à leur tour ? Mais regarde les coqs et les autres animaux comme ils se battent avec leurs pères; et cependant quelle différence y a-t-il entre eux et nous si ce n'est qu'ils ne rédigent pas de décrets ? »
Il y a entre les animaux et nous cette différence essentielle que nous possédons la raison, et par elle

nous concevons un modèle immuable de législation.

A tous les philosophes ou jurisconsultes qui nient l'existence d'une loi morale antérieure et supérieure aux lois civiles, il faut opposer les fortes paroles de Montesquieu : « Avant qu'il y eût des lois faites, il y avait des rapports de justice possibles. Dire qu'il n'y a rien de juste ni d'injuste que ce qu'ordonnent ou défendent les lois positives, c'est dire qu'avant qu'on eût tracé de cercle tous les rayons n'étaient pas égaux [1]. »

IV. Les motifs de nos actions ; les fins de la vie humaine. — La loi morale est la loi de la volonté libre ; c'est parmi les motifs du vouloir qu'il convient de la chercher : nous avons les moyens de la reconnaître, car nous savons quels sont ses caractères et à quels jugements ou sentiments elle donne lieu.

Le motif implique l'idée d'une fin à atteindre, fin ayant ici le sens de but ; on veut pour arriver à ses fins : or, l'idée de fin renferme elle-même l'idée de bien ; la réalisation d'un projet apparaît toujours comme un bien à celui qui le forme ; en définitive la raison de tout acte volontaire c'est l'idée du bien. Le crime même est commis en vue d'un bien, l'argent de la victime que le coupable veut dérober par exemple, ou le plaisir de la vengeance. Qui veut la fin veut les moyens ; un acte peut sembler un mal en lui-même, mais relativement à la fin qu'il permet d'atteindre son auteur voit en lui un bien.

On se soumet à la douleur d'une opération chirurgicale en vue d'un bien, la santé ; on se livre à un travail pénible en vue d'un bien, l'argent gagné ;

---

1. *L'esprit des Lois*, liv. Ier, chap. I.

celui-ci n'est encore qu'un moyen pour nous procurer un autre bien, par exemple les choses nécessaires à la vie. Il y a des cas où l'idée qui dirige notre activité n'est que l'idée d'une fin provisoire qui n'est un bien que relativement à une fin définitive. Si on veut classer les motifs de nos actions, il faut le faire d'après les fins dernières auxquelles ils se rapportent; on n'ira pas dire que la recherche de la douleur est un motif d'action parce qu'un homme va se faire couper un doigt menacé de la gangrène, ni que la mort a paru un bien, absolument parlant, à celui qui s'y est exposé pour sauver son honneur. Ce sont les choses qui semblent bonnes en elles-mêmes qui sont réellement les fins de nos actions et les motifs de notre conduite. Beaucoup de résolutions nous sont dictées par le désir de conserver notre vie, cependant la vie elle-même n'est pas une fin dernière pour la volonté; que nous importerait la vie purement végétative comme chez la plante, si nous vivions sans en avoir conscience? La vie est précieuse comme moyen d'atteindre certains biens que l'on considère comme les fins dernières de la vie. Le plaisir est au contraire souvent considéré comme la fin d'un acte de volonté et non pas comme un moyen, on y voit son bien; et si au lieu de considérer les plaisirs isolément on pense à tous ceux qu'on peut se procurer dans le cours de l'existence, c'est l'idée du bonheur qui apparaît comme une fin dernière de la vie.

Motifs égoïstes et motifs désintéressés. (La Rochefoucauld.) — Le bonheur est désiré de tous; mais est-ce la chose uniquement désirée, est-ce l'unique fin de la vie, toutes nos actions se rapportent-elles à la poursuite du bonheur? On l'a soutenu, et des philosophes parmi lesquels le plus fameux est La Rochefoucauld, ont prétendu que toutes nos résolutions sont égoïstes [1]. Alors même qu'il serait avéré que nous n'agissons jamais que par intérêt, cela ne prouverait pas qu'il doit en être ainsi, et le moraliste aurait encore à se demander s'il ne peut exister une autre fin de notre activité tout aussi conforme ou même plus conforme à notre nature; cette fin, dans ce cas, serait méconnue par les hommes; les *Maximes* de La Rochefoucauld elles-mêmes semblent l'indiquer; car elles sont écrites d'un ton amer et satirique où l'on sent l'indignation de l'auteur contre un ordre de faits en opposition avec l'idéal. Toutefois, il serait étrange que le genre humain tout entier se fût constamment trompé sur un fait d'expérience intime; aussi bien n'en est-il pas ainsi, La Rochefoucauld n'a vu qu'un côté de la réalité, il n'a pas tenu compte des faits en opposition avec son système. Où est le motif intéressé chez la mère qui passe les nuits au chevet de son enfant atteint d'une maladie contagieuse; elle expose sa propre vie, elle la donnerait de grand cœur pour le sauver! L'acte d'un d'Assas peut-il s'expliquer par la préoccupation du bonheur personnel? Sans être un héros, chacun, s'il y réfléchit, peut s'apercevoir que quelle que soit la part de l'égoïsme dans sa vie, bien des actions encore lui

[1]. D'après La Rochefoucauld l'amour de la justice n'est que la crainte de souffrir l'injustice. La libéralité n'est que la vanité de donner. Le courage des héros s'explique par le désir d'être loués; la reconnaissance naît d'un calcul. « Les vertus se perdent dans l'intérêt comme les fleuves dans la mer. »

sont inspirées par un mobile désintéressé; on cède sans calcul à un sentiment de pitié, d'honnêteté, de justice. Il est vrai qu'on trouve une vive satisfaction à secourir le malheureux qui souffre, à défendre le faible contre la violence; mais cette satisfaction, comme celle qu'éprouve la mère dont le fils est hors de danger, n'était pas la fin poursuivie, la raison des résolutions prises, elle en est seulement la conséquence; c'est un bien auquel on ne songeait pas et qui s'ajoute à celui qui a été voulu.

En définitive, l'observation intérieure nous montre qu'il existe deux grandes classes de motifs pour nos actions : les uns sont égoïstes, les autres désintéressés. Les motifs égoïstes se rapportent à l'idée du bonheur qui apparaît comme une fin de la vie humaine et comme un bien; les motifs désintéressés sont de différentes sortes, c'est l'idée du bonheur d'autrui, c'est encore l'idée d'un certain ordre plein de convenance et de beauté à réaliser dans notre vie ou dans le monde, un idéal d'honnêteté, de justice, une certaine perfection qui attire par elle-même et sans qu'on songe aux jouissances qu'elle peut donner; en tout cas nous voyons toujours là un bien, qu'il faut distinguer du plaisir et du bonheur personnel, un objet auquel nous pouvons consacrer notre existence, une fin de notre vie.

Le bonheur et le bien. — Il y a plus; le mot *bien*, au sens fort du mot, au sens absolu, est plus spécialement employé dans ce dernier cas; un homme prend une détermination dictée par l'intérêt, on dit qu'il agit en vue de *son* bien; l'idée d'*un* bien à se procurer est la cause de sa conduite; un homme se montre juste, bienfaisant, on dit qu'il agit *bien*, que c'est *le* bien qui inspire ses actes, on l'appelle un homme *de bien*. Ces deux motifs et ces deux fins de la vie humaine paraissent souvent en opposition, on a à choisir entre son propre bien et le bien, entre l'honnête et l'utile ou l'agréable. Le conflit n'est cependant pas nécessaire, et souvent aussi le parti le plus conforme à notre dignité est en même temps celui qui s'accorde le mieux avec notre intérêt, et une même action peut être faite pour les deux raisons à la fois. Un marchand probe, un magistrat intègre auront plus d'une fois cette conviction que le succès dans leur carrière dépend de leur vertu même. Il y a plus, le désaccord entre le bien de l'individu et le bien impersonnel nous apparaît comme anormal et provisoire; nous souhaitons le bonheur pour l'homme de bien, notre conscience s'indigne s'il est en proie à la souffrance, elle exige qu'il soit heureux.

Classification des doctrines morales. — Les philosophes de l'antiquité se posaient le problème moral sous cette forme : Qu'est-ce que le souverain bien, le bien par excellence, celui qui l'emporte sur tous les autres? Et la solution communément adoptée a été que le souverain bien consiste dans l'harmonie de la vertu et du bonheur. Mais les uns disaient : cherchez le bonheur, sachez comprendre comment il s'obtient et vous serez honnêtes. Les autres, au contraire, soutenaient qu'il faut être honnête, s'efforcer de réaliser le bien, et qu'ainsi on trouve son bien et on est heureux. D'après ce point de vue, les doctrines morales peuvent être partagées en deux groupes, d'une part celles qui placent le principe de la loi morale dans l'égoïsme et donnent pour but à l'activité humaine la recherche du bonheur, d'autre part celles qui le placent dans le désintéressement et font du bonheur la conséquence et non la cause du bien moral.

Parmi les partisans de la morale égoïste, les uns ont vu dans la passion un guide, et prescrit de la suivre ; leur système s'appelle la morale du plaisir ; les autres attribuent à l'intelligence la direction de la conduite au profit même de la sensibilité sujette à s'égarer ; leur système prend le nom de morale de l'intérêt.

La morale du désintéressement comprend également deux groupes de doctrines : d'un côté celles qui prescrivent de se laisser conduire par le cœur, dans la haute acception du mot, c'est la morale du sentiment, et de l'autre celles qui font de la raison le souverain juge du bien et du mal. La raison est prise dans ce dernier cas dans toute la force du terme comme un principe de connaissance antérieur et supérieur à l'expérience, et quand on classe les systèmes de morale, on oppose parfois la morale rationnelle aux morales expérimentales, c'est-à-dire d'une part aux morales du plaisir et de l'intérêt et d'autre part à la morale du sentiment. En demeurant à un point de vue abstrait et en traitant de la méthode de la morale, nous avons vu déjà que l'expérience est insuffisante à rendre compte du devoir ; mais il convient de confirmer ces vues en exposant et en critiquant les diverses doctrines expérimentales ; si elles sont fausses, si elles ne sont pas toute la vérité, elles peuvent contenir une part de vérité que nous nous attacherons à dégager de manière à tempérer un système exclusivement rationnel.

CHAPITRE VI

ÉTUDE CRITIQUE DES SYSTÈMES DE MORALE. LA MORALE ÉGOÏSTE

I. Le plaisir et la passion. — Doctrine des sophistes sur la loi naturelle; la passion et la force. — Aristippe de Cyrène; le plaisir présent. — Ch. Fourier; l'attraction passionnelle.
II. Critique de la morale du plaisir. Elle est en désaccord avec la conscience. — Elle n'est pas conforme à la nature. — Elle est contraire au bonheur comme au bien.
III. L'utile et l'agréable. — La morale de l'intérêt. — Epicure; sa conception du bonheur. — Règles de conduite; vertus épicuriennes. — L'égoïsme dans la doctrine de Hobbes.
IV. Morale de l'intérêt général; Bentham. — L'arithmétique du plaisir. — L'utilitarisme de Stuart Mill; la qualité du plaisir.

I. Le plaisir et la passion. — La morale égoïste, sous sa forme la plus simple, est la morale du plaisir ou passionnelle, que d'un mot grec qui signifie plaisir on désigne parfois sous le nom d'*hédonisme*. Cette doctrine, à vrai dire, est moins une morale qu'une négation de la morale au sens que l'on attache communément à ce mot; c'est une théorie du bien où le plaisir est considéré comme le but de la vie, et où la seule règle proposée aux mœurs est de n'en point avoir, c'est-à-dire de suivre docilement l'instinct naturel qui nous porte vers ce qui est agréable, de donner satisfaction autant qu'on le peut au désir, à la passion du moment. Les hommes sont en général fort disposés à résoudre ainsi le problème moral, et ils agissent fréquemment comme s'ils n'avaient à s'imposer aucune contrainte; volontiers pour faire taire leur conscience qui proteste, ils cherchent à justifier leur conduite par des maximes générales formulées un peu au hasard. Au fond ce sont plus ou moins confusément entrevus les mêmes arguments que ceux sur lesquels s'appuient les philosophes d'ailleurs peu nombreux qui ont fait l'apologie de la volupté et de la passion.

Dans l'antiquité nous rencontrons cette doctrine chez certains sophistes combattus par Socrate et chez un disciple infidèle de ce dernier, Aristippe.

Doctrine des sophistes sur la loi naturelle; la passion et la force. — Les sophistes prétendent retrouver la loi naturelle effacée par la convention; le sage doit se délivrer des préjugés qui pèsent sur la conscience des hommes et suivre la nature et non les lois ou l'opinion publique. Un ami de Gorgias, dans le dialogue de Platon qui porte ce nom, fait à Socrate cette profession de foi :

Je vais te dire avec toute liberté ce que c'est que le beau et le juste dans l'ordre de la nature. Pour bien vivre : il faut laisser prendre à ses passions tout l'accroissement possible et ne point les réprimer. Lorsqu'elles sont ainsi parvenues à leur comble, il faut être en état de les satisfaire par son courage et son habileté, et de remplir chaque désir à mesure qu'il naît; c'est ce que la plupart des hommes ne sauraient faire... Aussi nous prenons, dès la jeunesse, les meilleurs et les plus forts d'entre nous; nous les formons et les domptons comme des lionceaux par des enchantements et des prestiges, leur faisant entendre qu'il faut s'en tenir à l'égalité et qu'en cela consistent le beau et le juste. Mais qu'il paraisse un homme d'un grand caractère; qu'il secoue toutes ces entraves, déchire nos écritures, dissipe nos prestiges et nos enchantements et foule aux pieds nos lois toutes contraires à la nature; qu'il s'élève au-dessus de tous et de notre esclave devienne notre maître; alors on verra briller la justice naturelle... Pour ceux qui ont eu le bonheur de naître d'une famille de rois, ou que la nature a faits capables de devenir chefs ou tyrans, y aurait-il rien de plus honteux et de plus mauvais que la tempérance? Ils peuvent jouir de tous les biens de la vie sans que personne les en empêche, et ils se donneraient pour maîtres les lois, les discours et la censure du vulgaire!... La mollesse, l'intempérance, la licence, pourvu qu'on puisse impunément s'y livrer, voilà la vertu et la félicité [1]!

Aristippe de Cyrène; le plaisir présent. — Aristippe est né à Cyrène, colonie grecque d'Afrique, vers 435 avant l'ère chrétienne; il fit école, et les *cyrénaïques* préparèrent les voies à la doctrine épicurienne. Lui aussi il soutient qu'il faut suivre la nature; or la nature nous pousse à fuir la douleur et à chercher le plaisir; le seul bien, c'est le plaisir. Le plaisir consiste dans le mouvement agréable et doux de la sensation présente. On ne doit pas sacrifier le présent à l'avenir, car l'avenir ne nous appartient pas; il faut se hâter de goûter la jouissance aussitôt qu'elle s'offre et ne pas remettre au lendemain.

> Rions, chantons, dit cette troupe impie;
> De fleurs en fleurs, de plaisirs en plaisirs
>   Promenons nos désirs.
> Sur l'avenir insensé qui se fie.
> De nos ans passagers le nombre est incertain :
> Hâtons-nous aujourd'hui de jouir de la vie;
>   Qui sait si nous serons demain?

Racine, dans ces vers d'un chœur d'*Athalie*, exprime bien les maximes des sectateurs du plaisir à outrance.

---

1. Le *Gorgias. Discours de Calliclès*, trad. Schwalbé.

Ch. Fourier; l'attraction passionnelle. — De nos jours, un philosophe qui se proposait de réformer la société et dont les conceptions morales furent adoptées et propagées par certains romanciers au milieu de ce siècle, Ch. Fourier (1772-1837), émit une doctrine analogue aux précédentes. Il entend lui aussi supprimer toute contrainte dans la vie humaine, et glorifiant la passion, il combat l'idée du devoir comme un préjugé funeste. Une organisation sociale contraire aux lois que Dieu avait primitivement établies serait la cause de tous nos maux, il faut se conformer à l'ordre naturel. Les animaux obéissent à un code divin révélé par l'instinct, par l'attrait; c'est ainsi que l'industrie, supplice des salariés, fait les délices des castors, des abeilles, des fourmis. « L'*attraction* est dans les mains de Dieu une baguette enchantée qui lui fait obtenir par amorce de plaisir et d'amour ce que l'homme ne sait obtenir que par violence. » Les passions sont toutes essentiellement bonnes, il faut les suivre; en même temps qu'elles nous révèlent le bien, elles nous y poussent par l'attrait du plaisir. Les maux qu'on leur attribue aujourd'hui sont dus à notre civilisation factice; au lieu de les réprimer il faut les *harmoniser*. Fourier se compare à Newton, il a découvert dans les lois de l'*attraction passionnelle* la cause de l'ordre dans le monde moral. Si les hommes sont convenablement groupés par *phalanges*, les passions sensuelles, les passions affectueuses, l'émulation, etc., se feront équilibre et, par leur jeu naturel, assureront la prospérité sociale et le bonheur des individus. Les péchés capitaux sont réhabilités; la gourmandise est révérée comme le principe de toute industrie et de tout progrès, car l'art culinaire est lié aux sciences de culture, de chimie, de médecine, d'économie sociale... Tous dans la société nouvelle imaginée par le réformateur, dans le *phalanstère*, devaient être entraînés au travail par un charme invincible, et trouver plus de bonheur à s'y livrer qu'à ne rien faire et à se divertir. Les tribunaux et les prisons n'avaient plus de raison d'être, il n'existait plus de malfaiteurs; personne ne songeait à s'insurger contre une société où tous les désirs reçoivent satisfaction. Dans l'éducation, toute discipline est supprimée, le travail est rendu *attrayant*; on utilise et on développe tous les instincts de l'enfant, loin de les réprimer; même le goût de la destruction ou la malpropreté ne doivent point être combattus, ceux qui ont de tels penchants seront employés à la poursuite des reptiles et des animaux dangereux ou au curage des égouts, pendant que les autres, d'une nature plus délicate, s'appliqueront à la culture des fleurs, aux arts, aux lettres, à tout ce qui fait le *charme social*.

II. Critique de la morale du plaisir. Elle est en désaccord avec la conscience. — En somme, les défenseurs de la morale du plaisir, quels qu'ils soient, rejettent l'obligation morale ou le devoir, se flattent de mettre leur doctrine d'accord avec la nature, et prétendent enseigner l'art du bonheur.

Il y a lieu de leur opposer les jugements et les sentiments de la conscience qui jamais n'a placé la vertu dans la satisfaction donnée aux passions, qui jamais n'a confondu l'homme de plaisir et l'homme de bien. Personne ne se fait un mérite de céder à tous les entraînements de la passion et n'éprouve du remords pour avoir résisté aux tentations. Les sages, les héros qu'on admire, ce ne sont pas ces personnages dont l'histoire a conservé les noms, qui ont employé leur pouvoir ou leurs richesses à assouvir leurs passions, les Sardanapale, les Lucullus, les Vitellius ou les Louis XV; ce sont ceux qui ont vécu avec modération sur le trône comme Marc-Aurèle, qui sont restés des modèles de justice comme Aristide, qui, loin de chercher le plaisir à tout prix, ont bravé les supplices, comme Régulus ou comme Socrate, plutôt que de trahir la foi jurée, que de renier la vérité; ce sont tous ces martyrs volontaires qui, maîtrisant l'instinct de conservation si naturel et si puissant, ont affronté la douleur et la mort pour sauver leur honneur, par dévouement à leur famille ou à l'humanité, pour défendre leur patrie ou pour servir leur Dieu.

Les hommes mêmes qui n'ont pas le courage de suivre de tels exemples les honorent dans leur cœur, et ce n'est que du bout des lèvres que quelques fanfarons de vices à propos des grands noms respectés prononcent les mots de naïfs et de dupes.

Il faudrait qu'un système fût étayé sur de bien solides raisons pour ébranler nos convictions les plus chères et prévaloir contre la conscience du genre humain; ces apôtres de la volupté qui se donnent comme les interprètes fidèles de la nature, ont-ils donc vraiment compris la nature?

Elle n'est pas conforme à la nature. — La loi qui entraîne l'homme à la poursuite du plaisir est, disent-ils, une loi universelle; la preuve en est dans l'instinct de l'animal : la preuve est mauvaise, car le but de l'instinct n'est pas le plaisir, c'est la conservation de l'individu ou de l'espèce. Quand un appétit, comme la soif, est satisfait, le plaisir s'en suit, c'est là une conséquence, ce n'est pas le but; mais quand la poule se précipite instinctivement sur un ennemi pour défendre ses poussins menacés, on ne peut dire qu'elle cède à l'attrait du plaisir. Lorsque l'homme au contraire poursuit le plaisir il agit souvent contre l'instinct de conservation, il boit sans soif, mange au delà de ses besoins et compromet sa santé. La passion en nous n'est nullement l'équivalent de l'instinct chez l'animal; se laisser guider par elle, ce n'est pas accomplir sa destinée d'homme, ce n'est pas agir conformément à la nature de l'homme. Quand il serait vrai que l'animal cède toujours à l'attrait du plaisir, serait-ce une preuve que nous devons faire de même et le prendre pour modèle? Nous sommes des êtres sensibles, mais nous sommes aussi doués de raison et de volonté; si nous nous laissons aller à toutes les impulsions de la sensibilité, la raison se trouble, la volonté s'énerve; nous perdons peu à peu les qualités qui nous distinguent et font notre nature propre pour descendre au rang de la brute. Il y a plus, la poursuite effrénée du plaisir sous l'instigation aveugle de la passion du moment épuise rapidement les forces du corps et précipite l'organisme même à sa ruine. Singulière loi pour l'homme que celle qui aboutirait à sa déchéance et à sa destruction, qui tarirait en lui à la fois les sources de la vie spirituelle et de la vie physique!

Elle est contraire au bonheur comme au bien. — L'art du bonheur n'est pas plus que celui de la vertu renfermé dans la morale du plaisir. Non seulement celui qui s'abandonne à ces funestes maximes n'est pas un homme de bien, mais ce n'est pas un homme heureux. Socrate le démontrait déjà au sophiste ancien : un tel homme, disait-il en parlant du tyran dissolu prêt à toutes les violences pour assouvir ses passions, ressemble fort à ces victimes de la vengeance divine qui, selon la fable, sont condamnées à remplir aux enfers un tonneau percé avec de l'eau puisée dans un crible; ses désirs sont insatiables et ses efforts pour les satisfaire sont vains. Le roi des rois lui-même, au sein des richesses, au faîte de la puissance, n'est pas heureux si son âme n'est pas bien réglée.

Aristippe, voulant se soustraire aux conséquences de sa doctrine, disait qu'il faut rester maître de soi-même en poursuivant la volupté, savoir goûter les plaisirs et s'en passer, jouir de la fortune et la dédaigner. C'est là un précepte inapplicable pour celui qui se fait une loi de céder à ses passions : il ne réprime pas à son gré les désirs déchaînés, et il devient nécessairement l'esclave de ses vices; tel individu par exemple adonné à la passion de l'opium, non seulement souffre s'il est privé de sa substance favorite, mais ne peut sans danger pour sa vie y renoncer soudainement. La seule indépendance à laquelle conduise l'égoïsme, c'est l'indépendance à l'égard des devoirs les plus sacrés, celle que recommandait un disciple d'Aristippe professant qu'on ne doit s'attacher à aucun pays et que la patrie se trouve partout où on est bien.

C'est chez les adeptes de la morale du plaisir qu'on rencontre les plaintes les plus amères contre l'existence. Un des derniers philosophes de l'école cyrénaïque, Hégésias, qui professait à Alexandrie au commencement du IIIe siècle (av. J.-C.), avait composé un livre intitulé : *le Désespéré*, dont le héros se laissait mourir de faim, et il faisait dans son cours l'apologie du suicide avec une si sombre éloquence que plusieurs de ses auditeurs se tuèrent ; le roi Ptolémée dut fermer son école. Ce pessimisme n'était point chez lui une inconséquence : si le but de la vie est le bonheur dans la volupté, il est inaccessible ; celui dont le corps est affligé de maladies, qui trouve plus de douleurs que de plaisirs en ce monde, fait bien de chercher un refuge dans la mort. Et pour tous, que de déceptions ! Le plaisir est mêlé de douleurs, et suivant l'expression du poète épicurien Lucrèce, « de la source des voluptés quelque chose d'amer s'élève qui nous prend à la gorge au milieu même des fleurs ». Que de fois la fortune déconcerte nos projets et nos espérances ! Comment prévenir enfin la satiété et le dégoût ?

Hégésias était pessimiste ; Fourier s'est montré optimiste à l'excès en se flattant d'assurer le bonheur du genre humain par ses combinaisons sociales ; sa conception du phalanstère où l'industrie devait satisfaire tous les appétits est une pure utopie : une tentative pour appliquer ses idées échoua complètement et ne pouvait pas réussir. Rien de plus chimérique que de vouloir faire de tout travail un exercice attrayant, que de prétendre supprimer toute discipline dans la vie et dans l'éducation. L'enfant à qui l'on passe toutes ses fantaisies est dans toute la force du terme un enfant « gâté », corrompu ; il devient un homme mauvais et malheureux. C'est une illusion étrange de croire qu'on puisse faire de l'ordre avec du désordre et qu'en émancipant les passions, en les encourageant, on puisse réaliser la paix dans l'âme et dans la société. La gourmandise, sur laquelle Fourier compte par-dessus tout pour faire accepter avec joie les travaux agricoles, n'a point une telle vertu et s'accompagne bien plutôt de la paresse; l'ambition ne se satisfait point aussi aisément qu'il le pense; et si enfin les hommes supportent patiemment bien des fatigues pour arriver au but de leurs dési· ·.st qu'ils acceptent, faute de pouvoir faire autrement, certaines douleurs en vue d'un bien plus grand. Dès lors ce n'est plus la passion qui gouverne leur conduite, mais le calcul : l'intelligence reconnaît qu'il y a des désirs funestes que la volonté doit réprimer et des plaisirs dangereux auxquels il faut savoir renoncer par intérêt. Au nom de l'égoïsme même, la doctrine utilitaire condamne la morale du plaisir. Malgré les révoltes de l'instinct, le frémissement de la chair, l'homme le moins désintéressé, le plus soucieux de son propre bien saura supporter une opération chirurgicale qui doit écarter la gangrène et sauver sa vie. D'une manière générale la plus vulgaire prudence nous détermine à résister souvent aux impulsions sensibles en vue d'un bien plus grand que la jouissance actuelle. Pour réfuter la morale du plaisir, il n'est pas nécessaire de prétendre avec les stoïciens que la douleur n'est pas un mal, encore moins qu'elle est un bien; on peut, avec Malebranche, reconnaître « que le plaisir est toujours un bien, et la douleur toujours un mal »; il suffit d'ajouter, avec le même philosophe, « qu'il n'est pas toujours avantageux de jouir du plaisir et qu'il est quelquefois avantageux de souffrir la douleur [1] ».

---

1. *Recherche de la vérité*, liv. IV, chap. x.

Au nom même de l'égoïsme, il faut s'élever au moins de la morale du plaisir à la morale de l'intérêt bien entendu.

III. L'utile et l'agréable. La morale de l'intérêt.
— Le système de la morale de l'intérêt bien entendu, ou, comme on dit plus souvent, de la morale de l'intérêt, est encore appelé la doctrine utilitaire et, d'un seul mot, l'utilitarisme. Il compte dans l'histoire de la philosophie de nombreux représentants dont les principaux sont Epicure dans l'antiquité, Hobbes, Bentham et Stuart Mill dans les temps modernes. Les conceptions de ces philosophes présentent d'importantes différences, mais elles s'accordent sur les points essentiels. Les uns et les autres consacrent l'égoïsme, l'amour de soi, comme le mobile légitime de toutes nos actions, mais ils veulent le « régulariser ». Aux impulsions aveugles de la passion ils substituent les calculs prudents de l'intelligence ; ils prescrivent de préférer l'utile à l'agréable. Pour eux, comme pour Aristippe, le souverain bien, le but de la vie est le plaisir ; mais au lieu de ne tenir compte que de l'instant présent, ils considèrent le cours entier de la vie humaine, et prétendent donner les moyens de la rendre heureuse dans son ensemble. Le souverain bien pour eux, ce n'est pas la volupté immédiate vers laquelle pousse le désir, c'est la satisfaction la plus complète possible de toutes nos inclinations, et on donne le nom de bonheur à la totalité des jouissances qui en résultent. Si tous nos désirs pouvaient être satisfaits, il n'y aurait qu'à se laisser aller au gré des passions, mais il n'en est pas ainsi : le bonheur absolu n'est pas compatible avec les lois de notre existence ; le mal est nécessai-

rement mélangé au bien, la douleur au plaisir ; dès lors la sagesse pour l'homme consiste à user de sa raison afin de s'approcher le plus près possible de l'idéal qu'il n'atteindra pas. Le livre de la vie doit être tenu comme le registre d'un commerçant : l'actif est représenté par les plaisirs que nous pouvons nous procurer, le passif par les douleurs que nous avons dû subir ; celui-là aura bien vécu, qui aura fait en sorte que la somme des plaisirs atteigne le maximum que son existence comportait et que la somme des douleurs soit réduite au minimum, qui aura « maximisé » le plaisir et « minimisé » la douleur, selon l'énergique expression de Bentham. La loi de notre conduite, c'est d'agir en vue d'obtenir ce résultat, le calculateur le plus habile sera l'homme le plus honnête, et les vertus sont les divers moyens pour arriver au but proposé, tandis que les vices nous en éloignent.

La science du devoir ainsi comprise est, comme on l'a dit, l'arithmétique du plaisir, et il est facile de voir que la doctrine utilitaire est bien supérieure à la doctrine passionnelle : elle peut donner des règles tandis que l'autre était l'absence même de toute règle, elle cherche à mettre de l'ordre dans la vie, à discipliner les passions et aboutit, au nom de l'intérêt bien entendu, à recommander la vertu au lieu de faire l'apologie du vice.

Mais il y a diverses manières de comprendre ce bonheur dont l'humanité est capable et les moyens d'y parvenir, de là les formes particulières de l'utilitarisme : examinons les principales pour arriver à une intelligence plus complète du système et nous mettre en état de mieux l'apprécier ; commençons par l'épicurisme.

Epicure. Sa conception du bonheur. — Ce nom d'épicurien éveille l'idée d'un homme de plaisir, vivant dans les festins et dans les fêtes, tel que Couture a peint les Romains de la décadence ; on cite à l'occasion la parole du poète ancien : « c'est un pourceau du troupeau d'Epicure ». Pour comprendre notre philosophe, il faut écarter l'acception usuelle du mot, car on a pu dire que dans ce sens personne peut-être ne fut moins épicurien qu'Epicure ; c'est d'Aristippe et non de lui que relève le débauché vulgaire. Le principe de sa philosophie est, il est vrai, que le plaisir est le bien premier et naturel, le motif de toutes nos actions ; mais ensuite il distingue deux sortes de plaisir ; le plaisir troublé, rapide et passager, plaisir en mouvement, suivant son expression, et d'autre part le plaisir calme et durable, plaisir en repos. Le premier est celui qui résulte de la satisfaction des passions ; c'est au second qu'il faut s'attacher. En quoi consiste-t-il ? Dans l'absence de la douleur, dans l'exemption de toute souffrance physique et de toute inquiétude morale. Le bon état du corps et la paix de l'âme, voilà le souverain bien. Il ne faut pas courir de plaisirs en plaisirs, ni chercher le bonheur dans des fêtes continuelles. Les désirs sont répartis par le philosophe en trois groupes : les désirs naturels et nécessaires ; les désirs naturels et non nécessaires ; les désirs enfin qui ne sont ni naturels ni nécessaires. Les premiers sont la faim et la soif, il faut les satisfaire ; mais peu de chose suffit, et le bonheur est à la portée de tout le monde, « avec du pain d'orge et un peu d'eau, le sage le dispute en félicité avec Jupiter ». Les seconds consistent dans la recherche des mets délicats et variés ou bien encore dans le désir de fonder une famille. On peut les satisfaire, selon les circonstances; mais en général il est plus prudent de s'abstenir, ainsi le sage évitera de s'engager dans les liens du mariage de peur d'y compromettre sa tranquillité, et par ses affections de donner trop de prises à la douleur. Quant aux autres désirs, ce sont les besoins d'opinion, on ne doit pas y céder, telle est la passion des richesses ou celle des honneurs : elles sont dans l'humanité la source des querelles, des meurtres, des dissensions et des guerres; dans l'âme elles luttent entre elles et produisent des troubles sans fin, d'autant plus avides et insatiables qu'on fait plus d'efforts pour les satisfaire. « On n'est jamais riche si l'on vit selon l'opinion, tandis qu'on n'est jamais pauvre si l'on vit selon la nature. »

Règles de conduite; vertus épicuriennes. — Les règles de la conduite peuvent se résumer ainsi : prendre le plaisir qui n'est pas acheté par une douleur plus grande; fuir la douleur qui ne doit point avoir pour conséquence un plaisir plus grand. La prudence ou sagesse est la première de toutes les vertus et l'origine de toutes les autres; c'est elle qui choisit entre les plaisirs, qui calcule et prévoit les conséquences de l'acte présent, qui pèse ce qui est utile et ce qui est nuisible, elle est la science d'être heureux.

La tempérance est la vertu qui nous fait mépriser les séductions dangereuses de la volupté actuelle et qui réprimant les passions funestes sacrifie l'agréable à l'utile. Le courage est la force d'endurer un mal présent en vue d'un bien à venir, et aussi de se donner volontairement la mort si la vie ne présente plus que des peines supérieures aux jouissances qu'on peut espérer. La justice, c'est la prudence en tant qu'elle nous détourne de nuire aux autres par la peur du dommage qui pourrait en résulter pour nous. Aucune de ces vertus n'a de valeur par elle-même, leur importance tient à ce qu'elles sont des instruments de notre bonheur; « toutes prises ensemble si on les sépare du plaisir ne valent pas un jeton de cuivre ».

Epicure a pratiqué toutes ces vertus. Par la sagesse il a ordonné sa vie, et s'est affranchi de toute inquiétude vaine, de la crainte de la mort, et des terreurs superstitieuses qui pesaient de son temps sur les âmes. Sa frugalité était extrême, une obole par jour (trois sous environ) lui suffisait pour vivre. Il supporta la douleur avec un courage parfait; le stoïcien Sénèque a dit de lui : « C'était un héros déguisé en femme ». Il prétendait même que le sage peut être heureux jusque sur le bûcher et rester impassible au milieu des tortures; il n'a qu'à détourner son esprit de la douleur présente pour le fixer sur le souvenir des plaisirs passés. Pendant ses maladies et jusqu'à la dernière qui fut très douloureuse, il conserva la sérénité de son âme, se consolant à la pensée des joies que sa philosophie lui avait causées. « Je ne parlais jamais à personne, dit-il, de ce que je souffrais dans mon misérable corps…. En appelant des médecins je ne contribuais point par ma faiblesse à leur faire prendre des airs importants, comme si la vie qu'ils tâchaient de me conserver était pour moi un grand bien. En ce temps-là même je vivais tranquille et heureux. » Non seulement il fut juste mais il fut bienfaisant; il eut de nombreux amis qui l'adoraient. Il prétend rester en cela d'accord avec sa doctrine égoïste. « L'amitié, dit-il, est contractée pour l'utilité qu'on en espère.... Entre toutes les choses que la sagesse nous fournit pour vivre heureusement, il n'y en a pas de plus considérable et de plus précieuse qu'un véritable ami [1]. » Le sage doit même donner sa vie pour l'amitié s'il juge qu'il souffrirait plus de la mort de son ami que de la sienne. L'intérêt serait donc le principe du dévouement lui-même et le sacrifice pourrait être engendré par l'égoïsme.

L'égoïsme dans la doctrine de Hobbes. — Dans les temps modernes, le philosophe anglais Hobbes (1588-1679) a repris la doctrine morale d'Épicure, et, sans rien changer aux principes, lui a donné certains développements intéressants. Le bien, suivant lui, c'est ce que l'on désire; le mal est l'objet de notre aversion : tous nos désirs rentrent dans l'amour de soi; la mère elle-même n'aime pas ses enfants avec désintéressement. Le souverain bien, le bonheur ne peut pas être atteint, mais on peut s'en rapprocher par un progrès continuel. La passion ne tend qu'au bien apparent et rencontre souvent le mal réel; notre intérêt est de nous conduire d'après la raison qui cherche le bien véritable en regardant au loin dans l'avenir. La passion livrée à elle-même divise les hommes, les met aux prises; l'homme est un loup pour l'homme, l'état de nature est l'état de guerre,

---

[1]. Denis, *Histoire des théories morales dans l'antiquité*.

état funeste au bonheur et qui a pour conséquence une vie courte, misérable, remplie d'inquiétudes. La prudence prescrit l'état de paix qui est la condition essentielle pour jouir des biens de la vie, et tout ce qui peut contribuer à maintenir la paix est bon ; à ce point de vue la modération, l'équité, la bienveillance sont des vertus. Mais tous les hommes ne se gouvernent pas suivant les règles de l'intérêt bien entendu, ils sont souvent disposés à sacrifier l'utilité à la passion du moment. Le seul moyen efficace d'assurer la paix dans la société, c'est de renoncer à cette indépendance primitive où chacun avait droit sur toutes choses et sur tous, et d'attribuer une puissance absolue à un souverain qui fait régner l'ordre parmi ses sujets et leur procure la sécurité pour prix de leur liberté. La philosophie de Hobbes aboutit à l'apologie du despotisme.

IV. Morale de l'intérêt général. Bentham. — La morale de l'intérêt chez Epicure et chez Hobbes est appelée souvent, pour plus de précision, morale de l'intérêt personnel ; à la doctrine de Bentham et à celle de Stuart Mill on donne le nom de morale de l'intérêt général. La règle fondamentale de Bentham [1] peut s'énoncer ainsi : agis de telle manière que ta conduite contribue le plus possible au bonheur du plus grand nombre. Voilà, ce semble, une formule en contradiction avec l'égoïsme, et le désintéressement ne parlerait pas autrement ; pourtant le principe de ce nouvel utilitaire est le même que celui des philosophes précédents. Le bien, c'est tout plai-

---

1. Jérémie Bentham (1748-1832) est un jurisconsulte anglais très célèbre.

sir ou toute cause de plaisir; le mal, c'est toute douleur ou toute cause de douleur; et le motif égoïste est en fait le seul qui dirige la conduite humaine, c'est aussi le seul qui soit légitime. Mais, loin que, selon le préjugé commun, l'intérêt de chacun soit opposé à l'intérêt de tous, il y a entre le bonheur de l'individu et celui de l'espèce humaine, ou même de toute créature sensible, un accord nécessaire. Travailler au bonheur des autres, c'est travailler à son propre bonheur; et c'est en définitive par intérêt personnel que l'on doit régler ses actes sur l'intérêt général. Comment cela? — L'homme est un être sociable : comme tel il reçoit des récompenses et subit des peines qui sont la sanction de la règle qu'il a suivie. Il est sensible à l'honneur et à la honte, à l'estime et au mépris public. Il est exposé à la vengeance de ses semblables s'il leur fait du mal; il se fait aimer s'il leur fait du bien et s'assure en retour leurs services; il s'expose aux châtiments des tribunaux s'il enfreint la justice; il redoute les peines de la vie future s'il désobéit aux préceptes de la religion. D'autre part, l'économie politique fait voir que les intérêts des hommes sont solidaires et que le sort de l'individu s'améliore lorsque s'accroît le bien-être public. Enfin l'homme est doué de sympathie, il souffre des souffrances des créatures sensibles, jouit de leur bonheur; s'il leur fait du bien, ce bien se réfléchit en elles comme dans un miroir et revient à son auteur, il s'aime en elles et leur bonheur devient le sien. Jamais aucun sacrifice n'est définitif, il serait absurde alors; il est compensé et largement rémunéré dans la suite par ses conséquences. Ainsi l'amour de soi sert de base à toutes les vertus. Un acte vertueux est celui qui coûte un effort pour produire un excédent de bonheur. Il y a deux vertus principales : la prudence qui a pour objet notre propre bonheur sans aucune considération du bonheur d'autrui (la tempérance s'y rattache), et la bienveillance, vertu sociale, laquelle est négative ou positive, selon qu'elle s'abstient d'infliger des peines ou qu'elle tend à procurer des plaisirs aux autres.

L'arithmétique du plaisir. — Bentham se flatte de donner aux hommes « un thermomètre moral », ou une méthode arithmétique pour mesurer les plaisirs et choisir en connaissance de cause parmi les diverses actions possibles celles qui contribueront le plus à augmenter le bonheur. Il distingue dans le plaisir sept caractères qui peuvent servir à déterminer la volonté; ce sont, au point de vue de la valeur immédiate : l'*intensité*, la *durée*, la *certitude* (il est plus ou moins dans notre pouvoir), la *proximité* (il est plus ou moins rapproché); au point de vue des conséquences, la *fécondité* et la *pureté* (un plaisir est fécond quand il en engendre d'autres, il est impur lorsqu'il est mêlé de douleurs); enfin l'*étendue* est la propriété qu'a un plaisir d'être partagé par autrui et ainsi de se multiplier par la sympathie. Si, tout compte fait, le profit l'emporte sur la perte, l'action est bonne; au contraire, l'individu vicieux est un homme qui a mal calculé. Soit l'ivrogne, il n'a considéré que la valeur immédiate de son plaisir, mais il ne fait pas entrer en ligne de compte : le préjudice porté à sa santé, à son avoir, à sa réputation; la douleur des siens qui le trouble lui-même; la crainte des châtiments de la vie future... Au contraire, le philanthrope avec quelques légers sacrifices s'assure des jouissances pures et indéfiniment fécondes.

« Il est si facile, il est si doux d'être bienfaisant. Un empereur romain avait promis une récompense à celui qui inventerait un nouveau plaisir; voici un plaisir inépuisable, aux formes infinies, toujours grandissant à mesure qu'on le goûte, à portée de tous et que bien peu connaissent, il mérite mille fois la récompense promise, c'est le plaisir de faire du bien [1]. »

Bentham conformait sa vie à sa doctrine.

Il s'occupait continuellement à calculer le nombre des plaisirs, à peser leur valeur, à estimer leurs résultats ; et la grande affaire de son existence était de procurer à chacun des membres de la famille humaine la plus grande quantité possible de félicité, soit par l'allégement des souffrances, soit par l'accroissement des jouissances [2].

L'utilitarisme de Stuart Mill; la qualité du plaisir. — Dans notre siècle, Stuart Mill (1806-1873) a perfectionné encore la morale de l'intérêt général. Ses principes sont les mêmes que ceux du philosophe bienfaisant par égoïsme, mais il s'attache à compléter la démonstration difficile de la thèse d'après laquelle le dévouement à autrui, l'*altruisme* peut sortir de l'amour de soi. Les législateurs par une bonne organisation sociale devront autant que possible mettre les intérêts de chacun en harmonie avec ceux de tous; la politique vient en aide à la morale. Ce n'est pas tout, il faut que l'éducation pétrisse l'âme de l'enfant de telle sorte qu'il se forme en elle une association d'idées indissoluble

1. Voir Carrau, *la Morale utilitaire*.
2. Guyau, *la Morale anglaise contemporaine*.

entre le bonheur particulier et le bonheur général :
ainsi la pensée ne lui viendra même pas de chercher son bien propre dans une conduite opposée au bien de tous; l'idée que l'homme aura de lui-même deviendra de plus en plus l'idée d'un être qui nécessairement doit s'occuper d'autrui. La vertu pratiquée d'abord comme un moyen pour arriver au bien, devient un bien par elle-même et une source de précieuses jouissances.

Dans le calcul utilitaire de son prédécesseur, Mill ajoute un élément nouveau et capital, la qualité du plaisir; jusqu'à lui on n'avait tenu compte que de la quantité.

Les écrivains utilitaires ont placé la supériorité des plaisirs de l'esprit sur ceux du corps, surtout dans la durée, la sûreté, etc.; c'est-à-dire dans des avantages accessoires plutôt que dans leur nature intrinsèque. Ils ont parfaitement prouvé tout cela, mais ils auraient pu prendre pied sur un terrain plus élevé et avec autant d'assurance. Le principe d'utilité est compatible avec ce fait : quelques « espèces de plaisirs » sont plus désirables, ont plus de *valeur* que d'autres [1].

Or quels sont les plaisirs les meilleurs? Ce sont ceux qu'engendre l'exercice des facultés et qui nous élèvent au-dessus de l'animal. Mieux vaut être un Socrate mécontent qu'un pourceau satisfait. Dans ce cas, les souffrances de l'homme sont ces misères de grand seigneur dont parle Pascal [2]; un fou ou une brute ne les éprouvera jamais. Mais qui voudrait être fou ou transformé en bête, même avec la certitude

1. St. Mill, *l'Utilitarisme*, trad. Le Monnier. Cet ouvrage est très court et fort intéressant.
2. *Pensées*, article 1 (3). Édit. Havet.

de goûter tous les plaisirs des sens? Le bonheur se compose avant tout des jouissances de l'esprit et de celles du cœur.

Un esprit cultivé trouve des sources d'intérêt inépuisables dans tout ce qui l'entoure. Les choses de la nature, de l'art, les inventions de la poésie, les événements de l'histoire, le passé de l'humanité, son avenir, tout peut l'intéresser... Pour ceux qui n'ont pas d'affections privées ou publiques, le mouvement de la vie a moins d'attraits, et dans beaucoup de cas diminue encore de valeur quand approche la mort qui met un terme à tous les intérêts égoïstes. Au contraire, ceux qui doivent laisser derrière eux des affections personnelles, ceux qui ont cultivé l'amitié, ou l'amour plus général des hommes, conservent jusqu'à la mort l'intérêt qu'ils prenaient à la vie dans toute la vigueur de leur jeunesse et de leur santé [1].

La doctrine utilitaire ainsi comprise ne diffère guère, au point de vue pratique, des doctrines les plus désintéressées, et nous avons là un exemple remarquable du progrès qui peut s'accomplir dans les conceptions philosophiques et des transformations heureuses dont les systèmes sont susceptibles avec le temps. Dans l'antiquité, Sénèque disait déjà :

Ce n'est point par les conseils d'Epicure que les voluptueux s'adonnent à la débauche, ils cachent leurs dérèglements au sein de la philosophie... Aussi je cite volontiers les paroles d'Épicure afin de leur prouver qu'en quelque école qu'ils se réfugient, partout il leur faut vivre honnêtement.

Ces paroles s'appliqueraient également bien à l'égoïste vulgaire qui prétendrait justifier sa conduite en invoquant le nom de certains philosophes illustres de notre époque.

1. *L'Utilitarisme*, chap. II.

CHAPITRE VII

EXAMEN DE LA MORALE DE L'INTÉRÊT

I. L'honnête peut-il être ramené à l'utile ? — La doctrine est démentie par la conscience. — Insuffisance du principe de l'intérêt. — Il est variable. — Il est obscur. — L'absence d'obligation.
II. Le désintéressement de la vertu. — Inconséquence des utilitaires. L'harmonie des intérêts ; optimisme excessif de Bentham. — Les conclusions de Stuart Mill dépassent l'expérience.
III. Dangers de la morale de l'intérêt. — Rôle de l'intérêt en morale.

I. L'honnête peut-il être ramené à l'utile ? — Les philosophes utilitaires ont fini par se former un idéal très élevé de la vie humaine ; il convient cependant d'examiner si logiquement la réduction de l'honnête à l'utile est possible, et si les conséquences qu'ils ont tirées de leur principe en découlent légitimement. Il ne suffit pas en morale de donner de bonnes règles de conduite, il faut les appuyer sur des principes certains et sur une autorité décisive.

On a souvent remarqué que les préceptes pratiques des épicuriens étaient à peu près les mêmes que ceux des stoïciens : Montesquieu a pu cependant, avec quelque raison, attribuer aux premiers une grande part dans la corruption du monde antique et célébrer les fortes doctrines des seconds comme un dernier effort de la nature humaine pour échapper à la décadence des institutions et des mœurs [1].

[1]. Beaussire, *les Principes de la morale*.

En morale comme en tout ordre de questions un système est une hypothèse qui doit satisfaire à certaines conditions déterminées. Par l'expérience, en analysant la conscience, nous avons constaté certains faits : le principe de l'intérêt qu'on prétend tirer de l'expérience en rend-il compte? D'autre part, les caractères essentiels de la loi d'un être intelligent et libre ont été reconnus rationnellement : se rencontrent-ils dans ce principe?

La doctrine est démentie par la conscience. — Pour le premier point, il est facile d'apercevoir que la conscience répugne à identifier l'utile et l'honnête, et surtout à mesurer la valeur morale d'une action d'après son utilité. Cicéron réfutant Épicure a pu dire que l'honnête est ce qui est estimable, abstraction faite de toute utilité [1]. Quel est en effet à nos yeux l'homme de bien? est-ce celui qui ménageant sa santé et ses forces, ne fait rien qu'en vue de la fortune et du succès, ou n'est-ce pas ce médecin qui a risqué sa vie dans une épidémie, ce magistrat incorruptible qui a brisé sa carrière plutôt que de prévariquer, ce soldat qui a bravé la mort au lieu de chercher son salut dans la fuite? Dira-t-on que ce sont là encore des égoïstes qui poursuivaient la célébrité? Alors, les éloges mêmes qu'ils reçoivent sont inexplicables : nous les donnons en effet au désintéressement; si nous soupçonnons un calcul dans notre héros, peut-être admirons-nous encore son audace, mais nous n'avons plus de respect pour sa vertu. Quelle désillusion si un marin après un sauvetage qui nous a émus, venait nous dire

---

[1]. *Des vrais biens et des vrais maux*, liv. II, chap. xiv.

qu'il a simplement voulu gagner la prime ou la médaille ! Pourtant dans l'hypothèse que nous examinons, rien de plus conforme à la loi, c'est l'homme qui se dévoue sans calcul qu'on devrait mépriser au contraire ; il faudrait s'associer aux paroles de Bentham : « Le désintéressement sans espoir de retour peut se trouver chez les hommes légers et insouciants ; mais montrez-moi l'homme qui rejette plus d'éléments de félicité qu'il n'en crée pour soi, et je vous montrerai un sot et un prodigue ». C'est la vérité la plus vulgaire qu'eût exprimée la boutade de Fontenelle : « Voilà un homme qui a mal calculé ! » au passage d'un condamné conduit au supplice. Contrairement au vers célèbre, ce qui ferait la honte ce serait l'échafaud et non pas le crime. Un traître, un voleur, un assassin impuni, n'encourrait aucun blâme ; jouissant en paix du fruit de ses forfaits, il mériterait plutôt l'admiration. Mais il éprouverait les tourments du remords ? Non, puisqu'il a réussi ; le calcul ayant été bon, le remords n'aurait pas de raison d'être.

Il redoute du moins la justice divine, les peines d'une autre vie ? Pourquoi ? S'il a désobéi aux lois artificielles de la société, sa conduite est conforme à l'ordre divin, il est sorti de la légalité pour rentrer dans le droit.

Mais enfin il a peur de la police, il craint que ses attentats ne finissent par être découverts et punis ?

Supposez, dit Kant, qu'un de vos amis croie se justifier auprès de vous d'avoir porté un faux témoignage, en alléguant le devoir, sacré à ses yeux, du bonheur personnel, en énumérant tous les avantages qu'il s'est procurés par ce moyen, enfin en vous indiquant les précautions qu'il emploie pour échapper au danger d'être découvert, même par votre fait, car il ne vous révèle ce secret que parce qu'il pourra le nier en tout temps; — et qu'il prétende en même temps s'être acquitté d'un vrai devoir d'humanité : ou vous lui ririez au nez, ou vous vous éloigneriez de lui avec horreur ; et cependant si on ne fonde ses principes que sur l'avantage personnel, il n'y a pas la moindre chose à objecter.

S'agit-il des jugements que nous portons sur notre propre conduite, ils ne sont pas moins incompatibles avec la doctrine de l'intérêt. Pour avoir commis une maladresse au jeu et perdu une grosse somme vous aurez du regret, mais votre conscience ne vous reprochera rien, sinon d'avoir joué. Mais vous seriez déshonoré à vos propres yeux, vous éprouveriez des remords cuisants si vous aviez gagné en trichant. Il n'y a pas besoin d'être un modèle de vertu pour dire ici avec Platon : « Mieux vaut subir l'injustice que de la commettre ». Mieux vaut être dupe qu'escroc. Cependant s'il n'y avait d'autre règle que l'intérêt, on ne s'expliquerait pas qu'un homme sensé aimât mieux vider sa bourse au profit des autres que de la remplir à leurs dépens. L'égoïsme se reconnaît si peu lui-même une vertu, qu'il se dissimule le plus qu'il peut : « L'intérêt, dit La Rochefoucauld, joue toutes sortes de personnages, même celui de désintéressé ». On peut ajouter que, dans ce cas, suivant le mot du même moraliste, « l'hypocrisie est un hommage que le vice rend à la vertu ».

Incontestablement la conscience répugne à reconnaître dans l'intérêt la source de l'honnête; elle se refuse à ne voir dans saint Vincent de Paul et dans

d'Assas que des égoïstes raffinés. Serait-ce la conséquence d'illusions invétérées, ses jugements ne sont-ils que des préjugés? Il faudrait faire la preuve.
— L'intérêt présente-t-il donc les caractères de la loi?

Insuffisance du principe de l'intérêt. Il est variable. — L'intérêt est le sentiment qui nous pousse à chercher le bonheur; l'idée de l'utile c'est l'idée de tout ce qui peut y contribuer. L'aspiration au bonheur est dans toutes les âmes, l'idée de l'utile se présente à tous; en ce sens il y a là un principe universel. C'est une loi psychologique que tous les hommes désirent d'être heureux. Mais le bonheur, c'est la somme des plaisirs qu'un homme peut se procurer dans la vie, il ne diffère pas en essence du plaisir, le plaisir est l'étoffe dont il est fait. Or le plaisir dépend des goûts de chacun, et les goûts varient suivant les hommes et dans un même homme suivant les différents moments de la vie. C'est là une vérité reconnue par tous les moralistes :

> Les principes du plaisir ne sont pas fermes et stables; ils sont divers en tous les hommes, et variables dans chaque particulier avec une telle diversité qu'il n'y a point d'homme plus différent d'un autre que de soi-même dans les divers temps. Un homme a d'autres plaisirs qu'une femme; un riche et un pauvre en ont de différents; un prince, un homme de guerre, un marchand, un bourgeois, un paysan, les vieux, les jeunes, les sains, les malades, tous varient; les moindres accidents les changent. (Pascal.) — La paix de la campagne, des livres, un ami, voilà les besoins du poète; l'amateur de courses préfère de beaucoup des relations nombreuses et brillantes et une loge à l'Opéra. L'ambition du négociant et celle de l'artiste sont loin d'être les mêmes; comparez les châteaux

en Espagne du laboureur avec ceux du philosophe, et vous les trouverez d'architecture fort différente... L'individu n'est pas même constant à lui-même : l'écolier gourmand peut devenir un mystique plein du mépris des choses terrestres, etc. (Herbert Spencer.)

Dès lors l'utile, pas plus que l'agréable, ne peut donner à tous la même règle de conduite, ni une règle fixe pour chacun. L'individu est seul juge de son plaisir, il le prend où il le trouve; ce qui est bon pour l'un est mauvais pour l'autre, et le bien d'aujourd'hui sera le mal de demain.

Il est obscur. — La règle de l'intérêt n'est pas plus claire qu'universelle. Il n'est pas commode de supputer toutes les conséquences de nos actes au point de vue de notre bonheur personnel, bien moins encore si l'on considère le bonheur général. Bentham a cru donner une méthode infaillible pour calculer les chances de bien vivre; il ne faut pas être dupe de l'appareil scientifique de sa démonstration; la question ne comporte pas la rigueur des mathématiques. Tout calcul suppose une commune mesure entre les éléments sur lesquels il opère, et il faudrait pour qu'elle existât dans l'arithmétique utilitaire que les plaisirs fussent de même nature. Il n'en est pas ainsi : comment dire de combien le plaisir de la musique l'emporte sur celui d'un bon repas? La fixité des éléments sur lesquels il opère est nécessaire encore au calcul, or le plaisir et la douleur varient à tout instant selon que le désir qui demande satisfaction est plus ou moins vif ou languissant : tel jour rien ne vaudra pour moi le charme d'une belle promenade; tel autre, je donnerai la préférence à la lecture d'un ouvrage intéressant.

Comment apprécier la certitude de la jouissance? on croit aisément ce que l'on désire, et l'homme passionné se méprendra sans cesse sur les chances de posséder son objet. D'ailleurs celui-ci affronte volontiers les chances d'un gros gain, cet autre plus timide dira qu'un tiens vaut mieux que deux tu l'auras.

Il y a des plaisirs faibles, mais durables, d'autres vifs mais passagers; les résultats de la comparaison diffèrent encore suivant les goûts : les uns préféreront par exemple dépenser en une fois telle somme d'argent pour entendre un chanteur éminent plutôt que d'aller plusieurs fois au théâtre écouter des acteurs agréables encore, mais d'un mérite ordinaire. Certains plaisirs sont mélangés de douleur, mais il y a des hommes avides d'émotions, qui les mettent au-dessus de ces voluptés tranquilles dont Épicure faisait son idéal.

L'absence d'obligation. — L'obligation est le caractère par excellence de la loi morale qu'on appelle encore pour cela loi du devoir; il fait totalement défaut au principe de l'intérêt. L'obligation est le caractère d'une loi que l'on peut enfreindre, mais à laquelle on doit se conformer. Or le désir du bonheur existe nécessairement en nous, mais loin que nous devions toujours y conformer nos actes, souvent nous nous sentons obligés de sacrifier notre propre bien à celui d'autrui. Pour prendre les expressions de Kant, la prudence *conseille* seulement, la moralité *ordonne*. Ce n'est pas un *impératif catégorique* ou absolu que l'intérêt; c'est un *impératif hypothétique* ou conditionnel. Rends service à tes semblables si tu veux être secouru à ton tour, voilà une règle de prudence; mais je puis répondre : je ne demande pas à être secouru plus tard et je m'abstiens.

On est obligé d'être un honnête homme, on ne l'est pas d'être un habile homme, car il ne dépend pas de nous de prévoir avec sagacité toutes les conséquences de nos actes : que de commerçants s'appliquent de toutes leurs forces à faire fortune et se ruinent pour avoir mal calculé! Chacun peut être un honnête homme, il suffit pour cela d'obéir sincèrement à sa conscience, quand bien même on se méprendrait sur la nature du devoir; mais le bonheur ne dépend pas seulement de nous-mêmes, il tient encore à des conditions dont nous ne disposons pas. Allez dire d'être heureux au malade atteint d'une affection incurable, à la mère frappée d'un deuil irrémédiable; autant ordonner au paralytique de courir. Vous leur direz de se résigner, en d'autres termes d'étouffer leur désir de bonheur, ce qui n'est pas un conseil d'une application facile, jamais au contraire un homme n'est forcé de se priver de vertu.

II. Le désintéressement de la vertu. — Mais les partisans de la doctrine utilitaire prétendent que les conséquences prouvent la légitimité de leur principe; car les vertus, ils les recommandent toutes au nom de l'intérêt bien entendu. Quand bien même leurs déductions seraient légitimes, ils sont dupes des apparences et des mots lorsqu'ils croient pouvoir attribuer la tempérance, la justice, la bienfaisance au sage tel qu'ils le conçoivent. La volupté étant placée sur le trône, comme le dit un ancien, les vertus ne sont plus que ses esclaves et perdent leur dignité. La moralité véritable consiste dans la volonté d'obéir à la loi par respect pour la loi : un homme n'est pas tempérant s'il ne s'abstient des excès de table que par peur de l'obésité ou de la goutte; pas plus qu'il n'est vraiment juste si la crainte des tribunaux l'empêche seule de nuire à autrui, pas plus qu'il n'est charitable si c'est l'espoir d'être payé de retour qui le détermine à rendre service. Sa conduite est régulière, mais l'âme même de la moralité en est absente, elle n'est pas plus la vertu qu'une statue de plâtre n'est un être vivant.

Inconséquence des utilitaires. — D'autre part, la morale pratique des philosophes tels qu'Epicure, Bentham ou Stuart Mill atteste plutôt la bonté de leur caractère que la rigueur de leur raisonnement. Un homme sans énergie, timide, d'un faible tempérament, un vieillard dont l'âge a éteint les passions pourra mettre son bonheur dans les joies tranquilles du sage, mais supposez un homme d'une nature vive et ardente, aux passions fortes, au corps vigoureux, tel que fut l'épicurien Antoine chez les Romains, vous ne pourrez, en partant de ce principe que le plaisir est le souverain bien, lui persuader d'imiter les mœurs d'Épicure; il entendra prendre son bien où il le trouve, dans une vie active où il pourra dépenser ses forces et non dans l'apathie qu'on lui vante; il aimera mieux entrer en lutte contre les hommes et les choses que contre lui-même, et rejetant les incommodes vertus du maître il sera bien plus dans la logique du système que s'il eût agi comme lui.

L'harmonie des intérêts; optimisme excessif de Bentham. — Bentham a cru pouvoir fonder sur l'égoïsme non seulement les vertus individuelles comme la tempérance, mais encore les vertus sociales, la justice et la bienfaisance; pour cela il nie résolument que l'intérêt, s'il est bien compris, divise les hommes, il affirme que l'opposition des intérêts n'est qu'apparente et qu'en réalité il y a entre eux harmonie ; d'où cette conséquence que le meilleur moyen pour l'individu d'atteindre le bonheur c'est d'agir en vue du bien public. Mais il n'a pas prouvé cette thèse paradoxale. Il invoque l'économie politique et les travaux de son compatriote Adam Smith, l'auteur du *Traité de la richesse des nations*. La science économique a en effet combattu cet ancien préjugé que le bien de l'un fait nécessairement le mal de l'autre ou réciproquement ; elle a fait voir les services que les hommes se rendent tout en poursuivant chacun leur intérêt propre ; elle a démontré que chacun est intéressé à la prospérité de tous [1], mais elle n'a nullement établi qu'il n'y ait jamais antagonisme et conflit entre les intérêts. Une bonne récolte est favorable à la fois au producteur et au consommateur, soit ; mais il n'en reste pas moins que l'intérêt du producteur est de vendre le plus cher possible et celui du consommateur d'acheter au meilleur marché ; cette bonne récolte a favorisé les divers agriculteurs d'une même région, mais ils n'en sont pas moins concurrents et rivaux quand il s'agit de la vente. L'administrateur d'une société financière trahit pour de l'argent les intérêts qui lui sont confiés et conclut une mauvaise affaire ; il perd comme actionnaire, mais il a calculé que le gain résultant de ses malversations l'emportait sur cette perte ;

---

1. On pourra lire à ce sujet les *Harmonies économiques* de Frédéric Bastiat.

ainsi raisonne le comptable qui s'enfuit avec la caisse quoique intéressé dans les bénéfices, le contrebandier qui fraude l'État dont la prospérité lui importe pourtant comme à chacun des membres qui le composent. Si on s'en tient au point de vue de l'intérêt, il sera difficile de leur prouver qu'ils ont tort; il le sera bien plus encore de persuader au soldat qu'il doit se faire tuer à son poste parce qu'il est intéressé au salut de sa patrie.

L'harmonie des intérêts existe en gros pour ainsi dire, si l'on ne tient compte que des résultats d'ensemble; mais c'est un singulier optimisme de prétendre que dans tous les cas l'intérêt particulier coïncide avec l'intérêt général. A la longue l'expérience a pu faire voir que l'intérêt des maîtres était d'accord avec celui de leurs victimes pour l'abolition de l'esclavage, mais sur le moment la ruine apparaissait imminente à beaucoup de propriétaires destinés à mourir avant de recueillir les bienfaits de la mesure. Si le dévouement véritable, sans arrière-pensée, n'avait devancé le calcul égoïste, si l'amour spontané de l'humanité et le sentiment de la justice n'avaient suppléé aux raisonnements incertains de l'intérêt, les faibles et les opprimés en seraient encore à attendre tant de réformes bienfaisantes dont notre siècle est justement fier. On discute parmi les philosophes utilitaires contemporains la question de savoir si l'assistance donnée aux infirmes et aux indigents n'est pas plus nuisible qu'utile à l'humanité. Heureusement que saint Vincent de Paul, et tous les hommes de cœur qui ont joint leurs dévouements obscurs à celui des héros de la bienfaisance, avaient résolu le problème avant eux!

Les conclusions de Stuart Mill dépassent l'expérience. — Stuart Mill a porté la morale utilitaire à son plus haut point de perfection et il va jusqu'à adopter le divin précepte : aimez votre prochain comme vous-même ; mais il introduit alors dans sa doctrine des éléments qu'elle ne pouvait lui donner et alors qu'il croit tirer de ses principes des conséquences légitimes il a cessé de s'appuyer sur l'expérience seule et d'être utilitaire. Il est bien vrai qu'il y a des plaisirs meilleurs que d'autres, plus nobles, plus dignes de l'homme : ceux qui résultent de l'exercice des facultés les plus élevées, les plaisirs de l'intelligence et du cœur ; mais à quoi reconnait-on cette supériorité de certaines jouissances et comment la démontrer ? La plupart des hommes donnent la préférence aux plaisirs des sens sur ceux de l'esprit, et leur idéal est loin d'être celui de Descartes déclarant qu'il avait éprouvé de si extrêmes contentements dans la pratique de sa méthode pour la découverte de la vérité qu'il n'en imaginait pas de plus doux en cette vie. Selon Stuart Mill ce n'est pas à l'expérience de la foule qu'il faut s'en référer mais à celle des hommes qui ont goûté les deux sortes de plaisirs, ceux-là seuls sont compétents. Alors il faudrait faire d'abord l'apprentissage du vice pour apprécier la vertu : et les résultats de cette expérience ne seraient ni les mêmes pour tous ni valables pour tous ; de ce que celui-ci dont l'âme est tendre et sympathique a trouvé une jouissance exquise à faire le bonheur des siens, à soulager les souffrances d'autrui, il ne s'ensuit pas que cet autre chez qui domine l'avarice ou l'ambition sentira de même.

En définitive il est vrai qu'il y a des plaisirs nobles et des plaisirs vulgaires ou grossiers, des penchants élevés et des penchants inférieurs; mais pour en juger ainsi, il faut se servir d'un principe que la sensation, que l'expérience du plaisir et de la douleur ne donne pas, il faut avoir recours à la raison et abandonner la doctrine empirique et utilitaire. Le plaisir le plus délicat, l'élément le plus précieux du bonheur, est, on peut l'admettre avec Stuart Mill, celui que l'on trouve dans la vertu, mais il ne se produit qu'à la condition qu'on ne l'ait pas cherché. Par suite, l'intérêt ne peut être pris pour la loi de notre conduite, l'égoïsme n'est pas l'unique cause de nos actions et il ne doit pas en être le mobile prépondérant. C'est ce que Stuart Mill a reconnu lui-même :

> Je pensais maintenant, dit-il, dans ses *Mémoires*[1], que le seul moyen d'atteindre le bonheur était de n'en pas faire le but direct de l'existence. Ceux-là seulement sont heureux qui ont l'esprit tendu vers quelque autre objet que leur propre bonheur, par exemple vers le bonheur d'autrui, vers l'amélioration de la condition de l'humanité, même vers quelque acte, quelque recherche qu'ils poursuivent non comme un moyen mais comme une fin idéale. Aspirant ainsi à une autre chose, ils trouvent le bonheur chemin faisant,... ils respirent le bonheur avec l'air sans le remarquer, sans y penser, sans demander à l'imagination de se le figurer par anticipation, et aussi sans le mettre en fuite par une fatale manie de le mettre en question.

Le sage Épicure lui-même a donné par sa vie un démenti à sa doctrine; s'il a trouvé le bonheur ce n'est pas dans l'inertie mais dans l'activité, ce n'est

---

1. Chap. v, trad. Cazelles.

pas en rapportant tout à soi mais en s'oubliant lui-même pour autrui. Il prêche sa philosophie avec l'ardeur d'un apôtre, voulant affranchir les âmes du joug de la superstition et de la crainte de la mort ; malgré de nombreuses maladies il composa près de trois cents volumes. Dans une famine on le vit partager avec ses disciples son pain et les fruits de son jardin, et au moment de mourir sa dernière pensée fut pour l'amitié. « Pour me donner une marque d'attachement, écrivait-il à un de ses disciples, prends soin des enfants de Métrodore ! »

III. Dangers de la morale de l'intérêt. — Au contraire les conséquences auxquelles aboutit logiquement la morale de l'intérêt sont dangereuses pour l'humanité. Un égoïste moins délicat qu'Epicure lui laissera sa sobriété, son amour de la science, son dévouement à l'amitié, mais il lui prendra son aversion pour les devoirs domestiques et son mépris pour les devoirs patriotiques.

Il agira au sein même de la société comme ces hommes sauvages que Hobbes nous a montrés dans un état de guerre perpétuel ; il sacrifiera le droit d'autrui auquel il ne croit pas à son intérêt personnel toutes les fois au moins qu'il pensera pouvoir le faire sans redouter les lois ; la violence des combats primitifs aura fait place à des luttes d'un autre genre où l'on s'efforcera de vaincre par la ruse, le mensonge et la fraude ; ainsi font tant de criminels dont les uns sont frappés par les tribunaux alors qu'ils croyaient avoir pris toutes leurs précautions pour leur échapper, dont les autres plus habiles ou plus heureux triomphent insolemment des victimes qu'ils ont faites en invoquant la nécessité pour l'individu faible et mal armé de disparaître devant le fort. S'il redoute la lutte, le disciple de Hobbes acceptera toutes les hontes de la servitude sacrifiant la liberté à la sécurité.

C'est, il est vrai, une étrange façon de sauvegarder son bonheur et sa vie que de s'en remettre à la volonté arbitraire d'un maître, mais lorsque l'homme n'est pas retenu par l'idée supérieure de la dignité personnelle il tombe facilement dans cette erreur, comme le prouvent l'exemple des Romains du Bas-Empire et celui de tant d'hommes qui à toutes les époques sont disposés à accepter le despotisme quand on leur promet « le pain et les jeux du cirque ». C'est en vain que les utilitaires ont cru éviter ces conséquences en proposant la règle de l'intérêt général; comme cette règle est obscure, chacun est porté à l'interpréter conformément à son intérêt particulier et on a pu voir les pires institutions comme l'esclavage, les plus injustes privilèges comme le régime des castes, défendus par des considérations tirées de l'utilité publique. Toutes les fois qu'une réforme porte atteinte aux intérêts d'une corporation, on est sûr d'entendre dire à la plupart de ses membres que la société est en danger ou que l'État est perdu. Supposons même le désintéressement de ceux qui l'appliquent, la règle encore est dangereuse.

Le principe de l'intérêt général, dit Victor Cousin, enfantera, j'en conviens, de grands dévouements, mais il enfantera aussi de grands crimes. N'est-ce pas au nom de ce principe que les fanatiques de toute sorte, fanatiques de liberté, fanatiques de philosophie, se faisant fort de connaître les intérêts éternels de l'humanité, se sont portés à des actes abominables, mêlés souvent à un désintéressement sublime [1]?

Rôle de l'intérêt en morale. — L'amour de soi n'est pas en nous l'inclination unique, il n'est pas non plus la règle suprême de nos actes ; mais il ne faudrait pas en conclure qu'en lui-même ce soit un sentiment mauvais et le condamner absolument comme l'ont fait certains philosophes. On ne doit pas le confondre avec l'égoïsme, au sens que d'ordinaire on attache à ce mot. L'égoïsme à proprement parler n'existe que chez celui qui sacrifie une inclination supérieure, telle que l'amour de la famille ou de la patrie, à l'intérêt personnel qui lui doit être subordonné. Dans bien des cas au contraire l'intérêt s'accorde avec le devoir sans d'ailleurs jamais se confondre avec lui ; en outre on peut considérer comme un devoir d'éviter toute douleur inutile, de prendre soin de ses intérêts, d'être prudent, quand l'obligation d'agir autrement n'existe pas.

On connaît le mot de Pascal : « le Moi est haïssable. » Les mystiques pensent avec lui qu'il faut l'anéantir, en ce sens que nous devrions éteindre en nous tout attachement à notre être propre, oublier notre personnalité pour nous fondre et nous absorber en Dieu par l'*amour pur*. C'est là une conception chimérique, le renoncement absolu est contraire à notre nature ; si un homme se donne la mort, c'est pour échapper à la douleur ; s'il fait le sacrifice de sa vie pour autrui, il ne peut sacrifier le plaisir qui sans être le but est du moins la conséquence nécessaire de son dévouement ; s'il aspire à se

---

1. *Du Vrai, du Beau et du Bien*. XIIIe leçon.

perdre en Dieu par l'extase, c'est qu'il a l'espoir d'y vivre d'une vie plus large et plus pleine. Dans notre siècle un philosophe allemand, Schopenhauer, fameux par son système pessimiste, a soutenu que l'attachement à notre personnalité est la source de tout mal, que la volonté de persévérer dans l'être est foncièrement mauvaise; et sa doctrine désespérée ne détruirait pas seulement l'égoïsme, elle enlèverait à l'âme le désir et le courage de se perfectionner, elle est funeste à la morale.

Il n'est ni possible ni désirable de supprimer le mobile de l'intérêt personnel; parfois il est ou paraît en opposition avec le devoir, mais souvent aussi les conseils qu'il nous donne s'accordent avec les prescriptions de la loi morale et nous aident à leur obéir; il est le ressort énergique de notre activité lorsqu'elle lutte contre la nature et même contre certaines passions dangereuses. Il est vrai qu'une conduite régulière perd de sa valeur morale dans la mesure où elle a été accomplie par intérêt, mais la pratique du bien, quel qu'en soit d'abord le motif, réagit d'une manière heureuse sur l'âme; celui qui s'habitue à l'ordre à cause de son utilité, finit par l'aimer pour lui-même; si un enfant s'accoutume au travail par espoir d'une récompense, il en vient à mépriser l'oisiveté comme contraire à la véritable destination de ses facultés; et un jeune homme qui s'abstient des excès par souci de sa santé estime bientôt la tempérance comme conforme à la dignité personnelle; dans la lutte contre la passion brutale, en sentant sa liberté grandir il comprend tout ce qu'il y a de mérite et de noblesse à se posséder soi-même.

CHAPITRE VIII

LA MORALE DU SENTIMENT.

I. Doctrines sentimentales. Les inspirations du cœur. — Distinction de la morale du sentiment et des autres systèmes. — La morale de la sympathie. — La pitié; le pessimisme.
II. Examen et critique. — Insuffisance du sentiment comme principe unique de la morale. — Défauts particuliers de la règle de la sympathie. — Le spectateur impartial.
III. Conséquences dangereuses de la morale du sentiment. — Le faux mysticisme. — Vrai rôle du sentiment en morale.

I. Doctrines sentimentales. Les inspirations du cœur. — Puisque l'égoïsme instinctif ou raisonné ne peut servir de base à la morale, n'est-ce pas dans les sentiments opposés, dans les mobiles désintéressés qu'il faut chercher la loi de notre volonté? C'est ce qu'il a semblé à bon nombre de philosophes dont les principaux, Adam Smith en Angleterre, Jean-Jacques Rousseau en France, Jacobi en Allemagne, appartiennent au siècle dernier. Leur doctrine s'appelle la doctrine sentimentale ou la morale du sentiment; mais les principes sur lesquels elle repose sont comme ceux de la morale utilitaire mis en pratique par bien des hommes en dehors de toute théorie philosophique, et elle présente sous forme réfléchie une des grandes conceptions de l'âme humaine sur le bien et le mal. En effet c'est une opinion fort répandue, et à laquelle les femmes et les poètes s'attachent volontiers, que pour bien agir il faut suivre les inspirations du cœur. Le premier mouvement, celui que provoquent la pitié pour le malheur, la répulsion pour ce qui est vil et bas, celui qui a pour cause l'enthousiasme pour les nobles choses, n'est-il pas le bon? Le raisonnement, le froid calcul ne peut qu'entraver l'essor naturel de l'âme vers le bien. Les grandes pensées viennent du cœur, a dit Vauvenargues; les grandes pensées, c'est-à-dire celles qui engendrent les belles actions! Ce n'est pas seulement la bienfaisance qui a sa source dans l'amour, la justice elle-même serait « un cri du cœur ». Homme sensible et homme de bien furent synonymes dans notre littérature pendant la seconde partie du XVIIIe siècle, et le plus grand éloge que l'on pût faire d'une personne c'était de lui attribuer la sensibilité, la *sensibilité expansive*, comme on disait alors. Enfin l'histoire de la pensée humaine nous montre qu'à toutes les époques le système qui subordonne la raison au cœur, soit pour la découverte de la vérité, soit pour la pratique du bien, a trouvé de nombreux défenseurs : c'est ce qu'on appelle d'une manière générale le mysticisme; on peut distinguer le mysticisme philosophique, celui par exemple qui fut professé par l'école d'Alexandrie dans l'antiquité, et le mysticisme religieux, celui de l'auteur de l'*Imitation de Jésus-Christ* ou de Fénelon.

Distinction des doctrines sentimentales et des autres systèmes. — La doctrine du sentiment a revêtu bien des formes, mais elle a toujours pour caractères essentiels d'attribuer la direction de notre vie morale à une inclination naturelle, à un instinct supérieur appelé souvent sens moral et de commander le désintéressement. Par là elle se distingue de la morale utilitaire fondée sur le calcul et sur l'intérêt, de la morale du plaisir fondée sur la passion égoïste et de la morale rationnelle qui fait de sa législation une œuvre réfléchie de l'intelligence humaine, construisant la théorie de la vertu comme toute théorie scientifique. « Trop souvent, dit Rousseau, la raison nous trompe, nous n'avons que trop acquis le droit de la récuser; mais la conscience ne nous trompe jamais, elle est le vrai guide de l'âme. » Par conscience il entend le sentiment; c'est suivant son expression un *instinct divin* ou la *voix de la nature*.

« Celui qui vit le premier meurtre barbare, dit Smith, celui qui entendit les soupirs et les plaintes du mourant, n'eut pas besoin pour concevoir toute l'atrocité d'une pareille action de faire la réflexion qu'il y avait une règle sacrée qui défendait d'ôter la vie à un innocent. La détestation de ce crime dut naître subitement et avant qu'il eût le temps de se former là-dessus une règle générale. »

De même, d'après un autre moraliste de la même école, Hume [1], parmi les actions humaines, il en est un certain nombre qui provoquent tout d'abord notre estime et notre applaudissement. Le bien se révèle par son seul attrait; comme le beau, il est directement senti. Enfin, selon Jacobi, la moralité n'a d'autre règle que le sentiment de l'homme de bien.

La morale de la sympathie. — L'instinct moral est conçu en même temps comme un instinct social. La vertu consiste à aimer ses semblables, à vouloir leur bonheur, à agir de manière à nous

---

1. David Hume, philosophe et historien célèbre, né à Edimbourg en 1711, mort en 1776.

concilier leur sympathie. « Ce que la gravitation est pour les systèmes sidéraux, la bienveillance l'est pour les systèmes sociaux ; c'est elle qui en assure la cohésion et y maintient l'harmonie. » Ainsi s'exprime Hutcheson, philosophe écossais, qui a précédé Adam Smith et dont le système propre s'appelle la *Morale de la bienveillance*. On donne le nom de *Morale de la sympathie* à celui de Smith ; il l'a développé d'une manière très ingénieuse. La moralité est également pour lui la garantie de l'existence du corps social ; toute vertu dérive de l'amour, la justice même n'est qu'un moindre degré de la bienfaisance. Que chacun agisse de manière que ses semblables sympathisent avec lui, ainsi se produira dans le monde une belle harmonie où il faut voir le souverain bien et le but de la vie. Ce terme de sympathie a d'ailleurs, chez Adam Smith, un sens plus large que celui de bienveillance ou de pitié ; c'est, conformément à l'étymologie, la tendance de l'homme à partager les sentiments d'autrui, à craindre avec ceux qui ont peur, à pleurer avec ceux qui souffrent, à s'indigner avec ceux qui sont en colère. Cependant, toute passion ne serait pas apte également à se communiquer ainsi : les affections douces auraient avant tout ce privilège, tandis que la malveillance, la fureur d'une âme criminelle susciterait l'antipathie. De là, cette règle pour discerner le bien du mal : est bonne toute action qui provoque la sympathie ; on approuvera les sentiments d'autrui quand on les partagera ; en somme, nos jugements moraux expriment le degré de sympathie ou d'antipathie que les actions des hommes nous font éprouver.

La pitié; le pessimisme. — Au XIXᵉ siècle la morale du sentiment a pris une nouvelle forme dans la philosophie pessimiste. Schopenhauer part de cette idée que la source du mal moral c'est l'attachement à notre propre personnalité, l'égoïsme; il suit de là que le sentiment contraire, l'amour d'autrui est le principe de toute vertu; mais, selon lui, la vie est mauvaise, et renferme plus de douleurs que de joies, aussi donne-t-il à la bienveillance le nom de pitié. « La pitié est cette participation immédiate, sans arrière-pensée d'abord aux douleurs d'autrui, puis, et par suite, à la cessation ou à la suppression de ces maux, car c'est le dernier fond de tout bien-être et de tout bonheur [1]. »

Ce sentiment empêche d'infliger la souffrance non seulement aux hommes, mais à toute créature sensible, ainsi s'explique la justice; il pousse en outre à soulager leurs maux et engendre la charité. L'auteur allemand, à l'appui de sa thèse sentimentale, cite ce passage de J.-J. Rousseau relatif à l'éducation morale :

> Pour exciter et nourrir la sensibilité naissante, pour la guider ou la suivre dans sa pente naturelle, qu'avons-nous donc à faire, si ce n'est d'offrir au jeune homme des objets sur lesquels puisse agir la force expansive de son cœur, qui le dilatent, qui l'étendent sur les autres êtres, qui le fassent partout retrouver hors de lui; d'écarter avec soin ceux qui le resserrent, le concentrent et tendent le ressort du moi humain [2].

---

[1]. *Le Fondement de la morale.* Schopenhauer, né à Dantzig en 1788, est mort en 1860.
[2]. *Émile*, liv. IV.

II. Examen et critique. — Il y a dans la morale du sentiment, quelle que soit la doctrine que l'on considère, beaucoup d'élévation et une inspiration généreuse. On a dirigé contre elle cependant de graves objections [1], d'où il résulte que non seulement il n'est pas possible logiquement de s'y reposer, mais qu'il y aurait même danger à le faire.

Tout d'abord la théorie renferme une erreur de psychologie; l'expression de sens moral, nous le savons, est inexacte [2]; le sentiment naît du jugement loin d'être le fait primitif et la cause des arrêts de notre conscience. On n'approuve pas une action parce qu'on éprouve de l'admiration ou de la sympathie pour elle, mais on éprouve un tel sentiment parce que la raison avant a donné son approbation.

De même l'indignation contre le criminel vient de l'idée qu'il a manqué au devoir, et si la conscience est ignorante et obscurcie par les préjugés, ce sentiment qu'on prétend naturel et primitif ne se produit pas. Il n'est pas exact non plus qu'on ne soit disposé à partager que les sentiments honnêtes et généreux; les passions mauvaises, elles aussi, sont terriblement contagieuses, on le voit bien à la rapidité avec laquelle se propage dans une foule la fureur sanguinaire, et en général à l'influence des mauvais exemples.

Insuffisance du sentiment comme principe unique de la morale. — Le sentiment ne présente pas les

---

[1]. On peut consulter notamment les leçons consacrées par Jouffroy dans le cours de *Droit naturel* à Hutcheson et à Adam Smith, le chap. XIII de l'ouvrage de V. Cousin sur *le Vrai, le Beau et le Bien*, *la Philosophie en Écosse* d'Espinas.

[2]. Voir le chap. II.

caractères inhérents à la loi morale. Comment y trouver une règle universelle, c'est-à-dire qui soit la même pour tous? « Il s'en faut de beaucoup, dit Victor Cousin, que tous les hommes soient faits pour goûter avec la même délicatesse les plaisirs du cœur. Il y a des natures grossières et des natures d'élite. » C'est ce que reconnaît expressément un des partisans de la morale du sentiment, Hemsterhuys [1] : « La perfection de l'organe moral diffère dans tous les individus, et par conséquent deux individus ont proprement des devoirs différents... Celui qui a l'organe moral le moins sensible, a naturellement le moins de devoirs à remplir. » De pareilles conséquences condamnent le principe.

Bien plus, le critérium du sentiment pour discerner le bien du mal n'est point invariable dans un même individu. Tel fut plein d'enthousiasme pour les nobles causes dans sa jeunesse qui n'a plus dans l'âge mûr ou dans la vieillesse qu'une âme froide et sans élan. N'a-t-il donc plus le devoir de soulager les malheureux ou de défendre les opprimés? Souvent la compassion d'un homme à jeun sera moins vive que s'il est rassasié, en aura-t-il moins le devoir d'être bienfaisant? Les mystiques mêmes reconnaissent qu'il y a pour l'âme des moments de langueur, de sécheresse dont ils se plaignent.

L'état de l'atmosphère, la santé, la maladie, émoussent ou avivent notre sensibilité morale. La solitude, en livrant l'homme à lui-même, laisse au remords toute son énergie : la présence de la mort la redouble; mais le

---

[1]. Philosophe hollandais du xviiie siècle.

monde, le bruit, l'entraînement, l'habitude, sans pouvoir l'étouffer, l'étourdissent en quelque sorte. L'esprit souffle à son heure. On n'est pas tous les jours en veine d'enthousiasme... Est-ce dans ces perpétuelles fluctuations du sentiment qu'il est possible d'asseoir une législation égale pour tous? (Cousin.)

Enfin, pourquoi donc tel sentiment plutôt que tel autre serait-il la règle de notre volonté, d'où lui viendrait son caractère obligatoire? Il y a dans notre cœur des penchants désintéressés; ces penchants ont une grande influence sur notre conduite, et les moralistes dont nous examinons le système ont eu le mérite de le proclamer bien haut contre ceux qui calomniant la nature humaine ont ramené tous les sentiments à l'amour de soi; mais enfin l'intérêt existe aussi, c'est un mobile permanent et vivace qui entre en conflit dans la délibération avec les inclinations généreuses. Pourquoi ces dernières doivent-elles être préférées, pour quelle raison faut-il leur immoler les autres? Est-ce parce qu'elles sont plus fortes? mais alors on ne concevrait pas la peine que coûte le sacrifice, et l'effort nécessaire pour réprimer les passions mauvaises; le sentiment de la conservation personnelle ou du bien-être a souvent, au contraire, plus d'intensité que l'amour d'autrui ou que le sentiment de l'honneur. On dira: non, c'est leur noblesse qui confère l'autorité à certains sentiments même plus faibles que les autres, c'est parce qu'ils sont meilleurs qu'on doit leur obéir. Mais pour juger de la noblesse et de la supériorité d'un sentiment il faut un principe, qui n'est pas le sentiment lui-même, il faut la raison : dès lors le fondement du devoir n'est plus dans le cœur, mais dans l'intelligence qui établit une hiérarchie entre nos sentiments et apprécie leur valeur.

Défauts particuliers de la règle de la sympathie. Le spectateur impartial. — A la doctrine d'Adam Smith on peut faire encore des critiques particulières : se régler sur la sympathie qu'excitent nos actions n'est-ce pas mettre l'opinion d'autrui au-dessus de la conscience, ce qui est le fait des hommes vains et ambitieux qui cherchent plutôt à plaire qu'à bien faire, n'est-ce pas ériger en loi le respect humain? Sans doute il ne faut pas braver systématiquement l'opinion publique, ni mépriser son verdict en toute occasion : souvent la crainte du blâme est pour le vice un frein salutaire, et le désir de l'approbation un stimulant utile pour la vertu; il y a des cas cependant où il est criminel d'épouser les passions de la foule, où l'héroïsme consiste à encourir ses colères pour être en paix avec soi-même. Jamais aucun progrès dans la moralité n'eût été possible si des réformateurs tels que Socrate n'avaient osé avoir seuls raison contre tous et en combattant les préjugés ne s'étaient exposés à l'antipathie, aux railleries et aux persécutions de ceux qui les entouraient. La difficulté n'a pas échappé à Smith, et pour éviter les conséquences choquantes que comporte le principe de la sympathie, il a mis à sa doctrine une restriction. Ce n'est pas suivant lui sur les sentiments du premier venu qu'il convient de se régler pour juger du bien et du mal, on doit se supposer au moment où on agit en présence d'une personne « remplie de candeur et d'équité » qui serait un *spectateur impartial*. Le précepte assurément est bon, mais personnifier la loi dans un homme idéal exempt de passions, c'est faire reposer le devoir sur la raison et non plus sur le sentiment. Les Stoïciens recommandaient de choisir dans l'histoire un personnage célèbre par ses vertus, Socrate ou Caton, et d'agir comme si l'on était sous ses yeux en se demandant ce qu'il penserait de nous ou ce qu'il eût fait lui-même à notre place, mais ils étaient les théoriciens de la morale rationnelle, et leur héros de prédilection était celui qui, plus que tout autre, avait su se conformer à la raison.

III. Conséquences dangereuses de la morale du sentiment. — Lorsque la doctrine sentimentale reste fidèle à elle-même, elle entraîne malgré son élévation des conséquences dangereuses qu'il importe de signaler pour confirmer notre critique et montrer l'utilité pratique de cette discussion. L'égoïsme est la source la plus féconde des actes mauvais et criminels, mais ce n'est pas la seule; on peut en dehors de tout intérêt se rendre coupable encore de bien des fautes et commettre de graves attentats contre la morale. Ce sont des sentiments pervertis, mais généreux dans leur origine qui ont armé le bras de tant de fanatiques en politique, en religion. Sans aller jusqu'à ces crimes dont le souvenir nous épouvante, la bienveillance ou la sympathie est perpétuellement la cause d'une foule d'injustices; le juge dans son tribunal doit se prémunir contre elle aussi bien que contre l'intérêt personnel; elle engendre la faveur dans la distribution des places, et tel personnage au pouvoir commettra au profit d'un ami une injustice dont il eût été incapable pour lui-même.

La pitié est mauvaise conseillère lorsqu'elle amène la mollesse dans la répression du crime ; la sécurité des honnêtes gens eût été gravement compromise si les idées de certains réformateurs appartenant à l'école sentimentale de Saint-Simon [1] eussent passé dans la législation, car ils étaient moins préoccupés de protéger les droits que d'adoucir le sort des malfaiteurs et des assassins. D'une manière générale la morale du sentiment conduit à sacrifier dans les devoirs sociaux la justice à la charité [2].

Au point de vue de la morale individuelle, ses principes sont insuffisants pour rendre compte des devoirs envers nous-mêmes. L'intempérance n'est pas condamnée comme contraire à la dignité personnelle, mais seulement comme rendant incapable de servir l'humanité ; le courage n'est obligatoire que parce qu'il permet de défendre les innocents ; de sorte que l'homme isolé n'aurait plus de devoirs, et, selon Adam Smith, il n'aurait plus même l'idée du bien et du mal puisque c'est seulement d'après les sentiments d'autrui qu'il en peut juger.

---

1. Philosophe socialiste, 1760-1825.
2. Le chef de l'école positiviste, Auguste Comte, qui fut dans sa jeunesse disciple de Saint-Simon, adopta aussi à la fin de sa vie une morale sentimentale, reposant sur l'amour d'autrui ou, comme il dit, sur l'*altruisme*. Sa maxime était qu'il faut aimer notre prochain plus que nous-même, et dans son mysticisme il voulut fonder la religion de l'Humanité dont il se considérait comme le grand prêtre. En politique il aboutit comme les Saint-Simoniens à l'absolutisme : il veut le bien des hommes mais il n'a pas le respect de leur liberté et de leurs droits. Ajoutons que beaucoup de positivistes tels que Littré ne se sont attachés qu'à la partie scientifique de la doctrine et n'ont pas adopté la conception politique du maître.

Diderot qui personnifiait l'homme sensible en honneur au xviiiᵉ siècle avec son enthousiasme, sa fougue et ses écarts en a fait lui-même la critique ; il montre avec vivacité les dangers de cette imagination exaltée, de cette délicatesse des nerfs « qui incline à compatir, à frissonner, à admirer, à craindre, à se troubler, à pleurer, à s'évanouir, à fuir, à crier, à perdre la raison, à exagérer, à mépriser à l'excès et au hasard, à n'avoir aucune idée précise du vrai, du bon et du beau, à être injuste, à être fou ».

Le faux mysticisme. — La morale religieuse est également compromise si on ne lui donne comme fondement que l'amour de Dieu, selon la maxime : « aime, et fais ce que tu voudras » ; c'est ce que Bossuet a montré dans sa controverse avec Fénelon à propos du quiétisme. Au point de vue même de la religion naturelle, on ne peut admettre que l'âme dans cette vie puisse arriver par l'exaltation de l'amour à perdre sa personnalité, à sortir d'elle-même, ce qui est proprement l'*extase*, pour s'identifier avec son créateur. Certains mystiques ont tiré de leur doctrine des conséquences dangereuses pour la conduite de la vie. Le mot de *quiétisme* indique que le repos de l'âme absorbée dans la prière ou dans la muette contemplation de la nature divine est considéré comme l'état de perfection. De là le dédain de la vie active, le mépris du travail, l'oubli des soins du corps que l'on traite en ennemi au lieu de voir en lui un instrument qu'il faut maintenir en bon état ; parfois même, l'indifférence à l'égard des vices contraires à la dignité individuelle sous prétexte que par le pur amour l'âme s'élève trop haut pour être atteinte par aucune souillure.

Vrai rôle du sentiment en morale. — S'il était

nécessaire de signaler les dangers de la morale du sentiment, il n'en faut pas conclure qu'elle soit entièrement fausse; elle contient au contraire une part importante de vérité, méconnue par certains moralistes et qu'il importe de mettre en lumière.

Le cœur n'est pas un guide sûr dans la vie, ce rôle appartient à la raison; mais tout sentiment désintéressé est une force morale, que ce soit l'amour du prochain et la pitié pour la souffrance, le sentiment de l'honneur, le sentiment du beau, du bien, ou l'amour de Dieu; tout élan généreux de l'âme vient en aide à la volonté dans la lutte contre les penchants inférieurs et les passions mauvaises. Il y a des philosophes rigoristes tels que Kant qui ont craint de compromettre la majesté de la loi morale en faisant du bien un objet d'attrait et en attribuant un rôle au sentiment dans la vertu. Ces qualités naturelles qu'on a appelées les vertus du tempérament n'auraient pas plus de valeur morale que la douceur de l'agneau ou la fidélité du chien; le mérite n'existerait que chez l'homme qui, né avec de mauvais instincts, saurait les maîtriser par un effort énergique de la volonté pour agir conformément à la raison. Cette doctrine est spécieuse; on est porté à mettre ces parvenus de la moralité au-dessus des privilégiés de la nature qui n'ont eu qu'à s'abandonner à d'heureuses tendances pour bien faire. Il y a plus de difficultés et de mérite à conquérir une fortune qu'à la conserver quand on l'a reçue par héritage : oui, mais le trésor ici ne renferme-t-il pas les bons sentiments développés par l'effort même pour bien agir? Un homme qui ferait l'aumône parce que c'est le devoir, mais resterait sans compassion intérieure pour les misérables, qui respecterait la propriété et l'honneur d'autrui tout en conservant l'envie dans son cœur, n'aurait pas atteint la moralité véritable. « Quand je donnerais tout mon bien aux pauvres, a dit saint Paul, quand je livrerais mon corps pour être brûlé, si je n'ai pas la charité, tout cela ne me sert de rien. »

Mais en réalité la pratique du bien ne peut être longtemps séparée de l'amour du bien : il se produit peu à peu dans l'âme une réaction de l'acte sur le sentiment, on prend goût à l'ordre en le réalisant, le cœur s'éprend de justice, de bienfaisance, de pureté en même temps que la volonté s'habitue à la discipline du devoir. C'est une partie de l'idéal humain qu'un cœur généreux, et il ne faudrait pas objecter qu'il ne dépend pas de nous d'aimer ou de n'aimer pas notre prochain, car on peut le vouloir, et faire ce qui est propre à développer la bienveillance dont le germe ne fait défaut à personne. On cherchera loin de le fuir le spectacle de la misère et de la souffrance, et la compassion touchera notre cœur; on fera du bien et ainsi grandira en nous l'amour du prochain. Kant lui-même fait cette remarque : « S'il est écrit, tu dois aimer ton prochain comme toi-même, cela ne veut pas dire : tu dois l'aimer d'abord et par le moyen de cet amour lui faire du bien; mais cela veut dire : fais du bien aux autres hommes, et ce bien que tu auras fait produira en toi l'amour de l'humanité. » Le sentiment que développe la pratique du bien, en même temps qu'il est un élément de perfection, est une force qui permet de faire son devoir à l'avenir plus sûrement et plus complètement.

CHAPITRE IX

LA MORALE RATIONNELLE. LE DEVOIR PUR ET LE BIEN

I. La raison et le devoir pur. — Subordination du sentiment à l'idée. — Explication des formules de Kant.
II. La vraie nature de l'homme. — Le Bien. — L'idéal de la vie humaine. — La personnalité et le bien impersonnels. — L'artiste, le savant, le héros.
III. Rapports entre l'idée du bien et l'idée du devoir; le bien naturel et le bien moral. — Les rapports de quantité et les rapports de perfection (Malebranche). — L'idée de fin, l'idée d'ordre et l'idée du bien (Jouffroy).

I. La raison et le devoir pur. — Le problème moral n'a été résolu ni par les doctrines égoïstes ni par les doctrines sentimentales, et comme l'étude de la conscience nous l'avait montré d'abord, ce n'est pas à l'expérience, c'est à la raison, à la faculté de l'idéal qu'il faut demander la loi suprême de notre volonté, le principe permettant d'orienter notre vie vers sa véritable destination. La morale rationnelle a été professée par d'illustres philosophes dans l'antiquité et chez les modernes; c'est en les prenant comme guides que nous pouvons arriver à une théorie satisfaisante.

Il y a des vérités que nous connaissons non parce que l'expérience nous les a apprises, mais parce qu'il est dans la nature de notre intelligence de les concevoir *a priori*; elle les tire d'elle-même au lieu de les dégager par abstraction des faits observés; Descartes les appelait idées innées, non pas évidemment qu'elles soient présentes dans la conscience de l'enfant qui vient de naître, mais à cause de la faculté qu'il possède de juger d'après ces principes quand son intelligence se développera ; on les désigne plutôt sous le nom de vérités premières. Elles sont universelles, c'est-à-dire qu'elles sont communes à tous les hommes ; elles sont nécessaires, c'est-à-dire qu'on ne peut pas faire autrement que d'y conformer ses pensées. Elles constituent la raison même qui est essentielle à l'homme. On a distingué la raison spéculative et la raison pratique. En effet, parmi ces vérités, les unes dirigent l'esprit dans ses efforts pour connaître le monde et s'élever à la science, tel est le principe de causalité : « Tout fait a une cause, et les mêmes causes produisent les mêmes effets » ; les autres sont les conditions suprêmes de la moralité et permettent d'établir l'ordre dans la conduite comme les premières servent à mettre l'ordre dans la pensée ; elles sont impliquées dans tous les jugements de la conscience, et par elles-mêmes, en dehors du plaisir, de la douleur et de l'inclination, elles sont des raisons d'agir, et des raisons d'agir fixes et invariables, car elles ne changent pas en tant qu'on les considère dans leur plus haute généralité et qu'elles se traduisent dans des formules comme celles-ci : « Le bien est obligatoire, le bien est méritoire ».

Subordination du sentiment à l'idée. — Le système utilitaire peut sembler fondé sur la raison par opposition à celui qui donne pour règle la passion ; mais, à vrai dire, la raison s'y trouve subordonnée au sentiment, et quand nous agissons d'après l'idée de l'utile c'est, en définitive, un plaisir à venir qui est le mobile de notre conduite : dans la morale rationnelle, c'est l'idée qui, par elle-même et quelles que puissent être les conséquences pour la sensibilité, provoque la volonté. L'idée est, il est vrai, accompagnée d'un sentiment, car il y a un attrait dans la conception idéale du juste et de l'honnête, mais ce sentiment peut être beaucoup moins vif que la tentation contraire, et la volonté se raidissant dans un effort énergique n'en agit pas moins pour réaliser l'idée ; alors vraiment elle est raisonnable, c'est l'idée pure du devoir qui a suscité sa détermination ; l'action juste, bien que moins séduisante que l'autre, a été accomplie parce qu'elle était obligatoire. Selon les Stoïciens et selon Kant, s'il n'y avait eu aucun attrait dans la justice, l'action accomplie par pur devoir, uniquement par raison, eût été alors absolument vertueuse ; mais ils reconnaissent que de telles actions dans la vie actuelle, il n'y en a point. Ajoutons qu'il ne peut y en avoir : tout homme apporte en naissant, au moins à quelque degré, l'amour de la justice ; ce sentiment et tout autre de même nature en opposition avec l'égoïsme, est comme une grâce qui ne fait défaut à personne bien qu'inégalement répartie ; loin d'être un obstacle à l'accomplissement du devoir, il en est la condition, c'est un soutien pour la volonté. Il ne faut pas raisonner comme si le plaisir procuré par l'acte désintéressé avait été cherché, car alors l'acte eût été égoïste, et la joie qui s'attache au sacrifice eût perdu sa raison d'être ; il suffit pour que l'acte soit conforme au devoir et raisonnable que le motif du vouloir ait été de respecter la loi ; la facilité plus ou moins grande avec laquelle il a été accompli n'en altère pas la pureté.

Explication des formules de Kant. — L'individu n'est pas la mesure du bien moral comme il l'est de l'agrément procuré par un objet : celui-ci peut trouver mauvais un fruit que celui-là déclare excellent, chacun juge dans ce cas d'après la sensibilité qui varie de l'un à l'autre ; au contraire, si le motif d'une action est réellement bon chez moi, il le sera aussi chez tout homme ; il y a alors une commune mesure, la raison, dont les principes sont les mêmes chez tous. C'est pourquoi Kant considère que le signe caractéristique de la bonté morale dans un motif d'action c'est de valoir également pour tout être raisonnable ; et il donne du devoir cette fameuse formule : « Agis toujours de telle sorte que la maxime de ta volonté puisse revêtir la forme d'un principe de législation universelle ». Par exemple le motif égoïste qui fait qu'un homme emprunte de l'argent en promettant de le rendre, bien que convaincu de l'impossibilité de tenir sa parole, ne pourrait être universalisé. La généralité d'une semblable loi rendrait toute promesse impossible, et le but poursuivi ne pourrait être atteint. Au contraire, celui qui vient en aide aux autres peut vouloir que son intention se retrouve chez tous. Cette règle de Kant donne la forme du devoir, c'est-à-dire permet de le reconnaître à ce caractère rationnel de l'universalité ; elle n'en indique pas le contenu, elle n'énonce pas le texte de la loi. La volonté des hommes est bonne lorsqu'ils ont l'intention d'agir par respect pour la loi, mais que doivent-ils vouloir ainsi tous ? Ils doivent vouloir, selon Kant, que leur volonté soit raisonnable ; la bonne volonté doit se vouloir elle-même. La bonne volonté a une valeur supérieure à tout, elle doit être recherchée pour elle-même, elle est une fin et non pas un moyen pour atteindre quelque objet qui ne soit pas elle-même. Comme telle, elle est éminemment respectable, elle est inviolable en tout homme, elle élève l'homme bien au-dessus des animaux ou des plantes, elle constitue sa personnalité et lui confère le droit que la chose ne possède point. Ces idées sont résumées dans cette formule : « Agis de telle sorte que tu traites toujours l'humanité comme une fin, soit dans ta personne, soit dans la personne d'autrui, et que tu ne t'en serves jamais comme d'un moyen ».

II. La vraie nature de l'homme. Le Bien. — Cette règle un peu obscure dans la forme est excellente au fond; et si on l'interprète librement, c'est à elle qu'aboutissent les plus grands philosophes rationalistes. L'humanité ici c'est l'ensemble des caractères qui font l'homme ce qu'il est, qui constituent son essence propre, sa vraie nature. La vraie nature d'un être, selon le principe d'Aristote, doit être cherchée non dans ce qu'il a de commun avec les êtres inférieurs à lui, mais dans ce qui l'élève au-dessus d'eux. Les fonctions de la vie végétative se trouvent dans la plante et dans l'animal comme chez nous; l'animal possède comme nous le mouvement, la sensation, les appétits : mais la raison, mais la liberté, et il faut ajouter le cœur, dans la haute acception du mot, nous appartiennent en propre; c'est par là que nous sommes des hommes. Nous nous conformerons à notre nature, nous remplirons notre destination en plaçant le bien dans le développement le plus complet possible de ces attributs supérieurs, de telle sorte que l'homme de bien sera l'homme le plus raisonnable, le plus libre, le plus généreux, ce qui revient à dire que ce sera l'homme le plus homme, l'homme par excellence [1]. Cette vérité, en dehors de toute théorie savante, est, on peut dire, reconnue par le sens commun. On flétrit l'homme qui dégrade ses plus hautes facultés par des vices grossiers en disant qu'il *s'abrutit*; le défaut d'intelligence s'appelle la *bêtise*; manquer de cœur ou manquer d'*humanité* c'est tout un; le mépris pour l'individu d'une volonté faible, sans caractère, s'exprime ainsi : ce n'est pas un *homme*. Dire de quelqu'un : c'est un *homme!* c'est, au contraire, en faire un bel éloge.

L'idéal de la vie humaine. — Parmi les philosophes il en est qui ont placé l'idéal de la vie humaine plus particulièrement dans le développement de l'intelligence et dans la science : ainsi Aristote, pour qui la plus haute vertu était la contemplation désintéressée de la vérité; ainsi Descartes [2]. Un disciple de Kant, Fichte, met surtout le bien dans la liberté. « Etre libre, reste libre! » Les Stoïciens et, dans une certaine mesure, Kant ont méconnu le caractère de haute moralité des sentiments géné-

---

1. L'écrivain latin Pline le Jeune faisait des Athéniens cet éloge : « Ce sont les hommes les plus hommes »; c'est-à-dire qu'il admirait en eux le type le plus accompli de l'humanité.
2. On lit dans la préface des *Principes de la philosophie* : « Il n'y a point d'âme tant soit peu noble qui demeure si fort attachée aux objets des sens qu'elle ne s'en détourne quelquefois pour souhaiter quelque autre plus grand bien nonobstant qu'elle ignore souvent en quoi il consiste... Or ce souverain bien, considéré par la raison sans la lumière de la foi, n'est autre chose que la connaissance de la vérité par ses premières causes, c'est-à-dire la sagesse, dont la philosophie est l'étude. »

reux, tandis que d'autres, surtout les mystiques, sacrifiaient au cœur la raison et la liberté. Il ne faut pas mutiler notre nature, le bien c'est le développement le plus complet possible de la personnalité humaine tout entière. Nous savons ce qu'il faut entendre par personnalité, c'est ce qui distingue l'homme des choses, et cette expression est moins ambiguë que celle d'humanité. Toutefois des explications sont nécessaires encore.

La personnalité et les biens impersonnels. — Le mot de personnalité se prend parfois en mauvaise part; recommander aux hommes de développer leur personnalité, n'est-ce pas ériger l'égoïsme en principe? On dit d'un homme qui rapporte tout à lui qu'il est personnel, on lui reproche une personnalité envahissante.

C'est en effet un attribut essentiel de la personnalité que la faculté de se posséder et de se connaître soi-même, par conséquent de dire : moi. L'égoïste (du latin *ego*, moi) ne vit que pour soi, se fait le centre de tout et dirait volontiers : l'univers c'est moi! La confusion est possible. Cependant il s'en faut de beaucoup que le développement de la personnalité se mesure à l'égoïsme. « La plus haute intensité de la vie, dit un philosophe contemporain, M. Guyau, a pour corrélatif nécessaire sa plus large expansion... La vie la plus riche se trouve être aussi la plus portée à se prodiguer, à se sacrifier dans une certaine mesure, à se partager aux autres. » Combien est restreint l'horizon de celui qui se concentre en lui-même, jugeant des choses non parce qu'elles sont en elles-mêmes, mais d'après ce qu'elles sont à son égard! c'est, comme on dit, un esprit étroit, un petit esprit, et suivant l'expression usitée encore, il n'a pas de cœur : ce n'est pas vraiment aimer que de n'aimer que soi, car dans la haute acception du mot, « aimer c'est trouver son bonheur dans le bonheur d'autrui » (Leibniz).

A-t-il au moins une liberté plus grande? Non, puisque l'acte qui exprime la plus complète possession de soi-même, puisque le sacrifice volontaire, le don de soi, lui est impossible. Ce n'est pas chez un tel homme qu'on est habitué à admirer la personnalité. La personnalité la plus haute, le type le plus complet de l'humanité, c'est chez l'homme de génie et chez le héros qu'on le trouve.

L'artiste, le savant, le héros. — La beauté qui resplendit dans le chef-d'œuvre où l'artiste s'est mis tout entier est celle d'une âme qui, dans son effort pour atteindre l'idéal, s'est perfectionnée elle-même en s'oubliant. Si l'on devient meilleur en admirant ce tableau, ce poème, c'est qu'alors on entre en communion de pensées et de sentiments avec une personnalité puissante, dont c'est le triomphe de façonner ainsi les autres à sa propre image.

Le savant de génie néglige les intérêts qui préoccupent le plus l'égoïste, pour se consacrer à la vérité[1]; et combien il s'élève ainsi au-dessus du vulgaire! Il

---

1. Voici une anecdote caractéristique rapportée par M. Ferraz dans une étude sur Ampère : « Un jour qu'il était malade à Lyon et que son ami Bredin était venu lui faire visite, il s'aperçut que celui-ci détournait la conversation des sujets scientifiques et lui en demanda la raison : « C'est, répondit-il, que les sujets scientifiques vous passionnent trop et je veux ménager votre santé. — Ma santé! s'écria-t-il, il doit bien être question de ma santé! *Il ne doit être question entre nous que de ce qui est éternel.* »

participe à la grandeur de la pensée créatrice en découvrant les lois de la nature, son esprit s'accroît de toutes les vérités qu'il acquiert, et en se perfectionnant ainsi lui-même il aide encore ses semblables à développer leur personnalité; car les richesses qu'il a conquises ne sont point comme les biens matériels qu'on perd en les donnant, il les communique aux autres sans cesser d'en rester possesseur; elles ne peuvent être détruites, car elles s'ajoutent au capital intellectuel que les générations se transmettent d'âge en âge en l'augmentant continuellement; les idées vraies subsistent quand leur auteur a disparu et par elles il continue à occuper sa place sur la terre et à exercer son action féconde dans l'humanité : non seulement elles valent par elles-mêmes, mais elles suscitent des découvertes nouvelles; Descartes prépare Newton qui a rendu possible la *Mécanique céleste* de Laplace. Enfin ce n'est pas seulement dans le domaine de l'esprit que s'exerce l'action d'une haute personnalité scientifique; son empreinte se grave profondément dans le monde matériel, la connaissance des causes et des lois engendre l'industrie, les forces de la nature devant lesquelles tremblait l'humanité naissante sont à notre discrétion et la face de la terre est renouvelée.

L'action la plus radicalement morale, l'action héroïque est celle aussi où la personnalité humaine s'élève le plus haut, où elle mérite le mieux la qualification de *sublime*. Quelle plus belle victoire sur la nécessité physique, quel acte plus complet de liberté que le dévouement porté jusqu'au sacrifice de la vie?

Celui qui va à la mort pour la patrie, dit le pessimiste Schopenhauer lui-même, ne borne plus son être dans des limites étroites; il l'étend cet être, y embrasse tous ceux de son pays en qui il va continuer de vivre, et même les générations futures pour qui il fait ce qu'il fait. Ainsi la mort pour lui n'est que comme le clignement des yeux qui n'interrompt pas la vision.

L'homme de dévouement ne contribue pas seulement au bonheur des autres, mais il aide à leur perfectionnement. Son âme est comme un ardent foyer dont la flamme échauffe d'autres âmes; l'exemple agit puissamment pour le bien; saint Vincent de Paul a fait mieux que de sauver les enfants qu'il a pu recueillir, il a fait que d'autres l'ont imité; son nom seul aujourd'hui encore suscite des dévouements et, sous l'influence persistante et féconde de sa pensée sublime, la misère des êtres secourus diminuait, pendant que grandissait le mérite des bienfaiteurs.

Tout soupçon d'égoïsme doit être écarté de la doctrine qui repose sur le principe de la dignité et de la perfectibilité de la personne humaine. Nul ne peut se perfectionner sans contribuer au bien d'autrui.

III. Rapports entre l'idée du bien et l'idée du devoir; le bien naturel et le bien moral. — Un débat existe entre les philosophes rationalistes sur les rapports du bien et du devoir; tous admettent, il est vrai, que l'idée du bien et l'idée du devoir sont inséparables, que l'homme de bien est l'homme du devoir; mais, est-ce le bien qui repose sur le devoir, ou le devoir qui repose sur le bien? D'après Kant, l'idée primitive et fondamentale en morale c'est celle du devoir et le bien consiste à agir par devoir.

On ne peut contester que la volonté soit bonne quand elle obéit au devoir; mais où se trouve la raison de l'obligation, n'est-ce pas dans le bien? Le devoir n'est pas un ordre arbitraire, tyrannique; son autorité vient de ce que la fin est bonne. Nous devons cultiver notre intelligence parce que la science est un bien; nous devons affranchir notre volonté de l'esclavage des passions parce qu'une âme forte, bien ordonnée, maîtresse d'elle-même, est supérieure à une âme où les appétits inférieurs dominent, tandis que l'intelligence et la volonté ne sont que des moyens appliqués à les satisfaire. La difficulté peut être résolue en démêlant les diverses acceptions du mot bien. On distinguera avec Leibniz le bien naturel de l'âme et le bien moral. Le bien moral c'est, selon l'expression de Kant, la bonne volonté; et la volonté est bonne quand elle se détermine par devoir. Mais le devoir ordonne de ne pas avilir et, au contraire, de perfectionner ce qui naturellement est bon en nous et de subordonner dans nos actions la partie inférieure à la partie supérieure de notre nature. « Le bien naturel de l'âme, dit Leibniz, lorsque la volonté s'y applique, devient le bien moral. » Un petit enfant par exemple a manifesté de bonne heure de la douceur, de la franchise : ce sont là des qualités naturelles, elles deviendront des qualités vraiment morales lorsque, ayant compris qu'il est bien et par suite obligatoire d'obéir à ses parents, de dire la vérité, il fera avec réflexion et librement ce qu'il était déjà disposé à faire spontanément. De même les dons de l'intelligence sont un bien naturel, et la volonté qui les cultive par le travail est bonne moralement. Il y a des choses dans la nature que nous appelons bonnes, parce qu'elles nous sont utiles, parce qu'elles contribuent à la conservation de notre être et à notre bien-être, par exemple un champ fertile, une mine de charbon, de fer ou d'or; ce sont là des biens relativement à nous, à l'usage que nous en faisons, c'est ce qu'on appelle souvent les biens extérieurs; mais nous jugeons aussi que certaines choses sont bonnes, meilleures que d'autres, abstraction faite de leur utilité et des jouissances qu'elles peuvent nous procurer, nous établissons entre les êtres une hiérarchie qui n'est point fondée sur notre intérêt, mais sur la raison; nous concevons que certains possèdent une excellence, une perfection intrinsèque que d'autres n'ont pas, ou n'ont pas au même degré. Ainsi un animal, même un animal nuisible comme le tigre, nous paraît supérieur à un arbre qui n'a point une organisation aussi parfaite, qui ne sent pas, qui est incapable de mouvement; de même le végétal est supérieur au minéral le plus précieux pour nous, qui n'a point la vie.

Les rapports de quantité et les rapports de perfection (Malebranche). — Notre entendement est apte à discerner entre les choses non seulement des rapports de grandeur ou de quantité, mais aussi des rapports de perfection ou de qualité, et on exprime cela en disant que l'idée du bien est une des idées essentielles de la raison humaine. « Celui qui voit ces rapports de perfection voit des vérités qui doivent régler son estime », selon le principe posé par Malebranche; en d'autres termes, l'idée du bien est obligatoire. Si on méconnaît ces rapports de perfection entre les êtres et la supériorité de l'homme sur l'animal, si on traite un homme comme une chose, ce qui était le cas des possesseurs d'esclaves, on tombe dans « l'erreur et le dérèglement ».

A la lumière de cette idée du bien nous jugeons encore que les attributs de la personnalité sont plus estimables en nous que ceux de l'animalité, et par conséquent que nous devons traiter le corps comme un instrument de l'âme et non pas subordonner la raison, la volonté, le cœur aux sens et aux appétits brutaux.

L'idée de fin, l'idée d'ordre et l'idée du bien (Jouffroy). — Un moraliste de notre siècle, Jouffroy, a ramené l'idée du bien à l'idée de fin, dans ce sens que tout être ayant un but à atteindre, une fin à réaliser, le bien pour chacun consiste dans l'accomplissement de sa destinée. D'autre part, « l'ordre est le mouvement régulier de toute chose vers le but à atteindre ». L'homme contribue autant qu'il est en lui à l'ordre universel, et réalise le bien dans le monde pour sa part en obéissant librement à la loi qui lui est propre, tandis que les autres êtres sont nécessairement soumis à des lois fatales. Certes, la notion du bien est étroitement liée avec l'idée de loi, avec l'idée d'ordre, avec l'idée de la fin ou de la destination des êtres. Mais en ce qui concerne la vie humaine, chaque système de morale conçoit d'une manière différente sa destination; on s'accorde, il est vrai, pour dire que la fin d'un être est en rapport avec sa nature, qu'en agissant conformément à sa nature il atteindra le bien, mais on ne s'entend pas sur la signification du mot nature, et les doctrines les plus différentes comme celles des Épicuriens et des Stoïciens ont pu proposer la même formule : suivre la nature. Les premiers ont placé la nature de l'homme dans l'appétit, dans la passion, dans la sensibilité; les seconds, dans la raison.

Tous les éléments de notre nature n'ont pas la même valeur, ne sont pas en quelque sorte au même rang, il y a entre eux une hiérarchie. « L'homme, a-t-on dit, contient en lui deux univers : l'univers physique dans lequel il plonge par ses racines, et l'univers moral qui l'attire sans cesse. » Nous jugeons que l'intelligence est supérieure aux sens, le sentiment à l'appétit, la volonté à l'instinct; mais, pour établir cette hiérarchie entre nos inclinations ou entre nos facultés naturelles il faut un principe, c'est celui que des philosophes appellent le principe de perfection, c'est en d'autres termes l'idée du bien. L'idée du bien est obligatoire et c'est pour cela que, malgré l'instinct de conservation, malgré le penchant qui nous porte vers le plaisir, nous devons souffrir et affronter la mort elle-même plutôt que de sacrifier ce qui fait la dignité de la nature humaine, ce qui donne du prix à la vie, plutôt par exemple que de trahir un serment, de renier notre foi, plutôt que de nous laisser asservir.

CHAPITRE X

LA MORALE RATIONNELLE DANS L'ANTIQUITÉ

I. L'idée du bien chez Socrate. — Platon; son idéalisme. — Conception de la vertu et du bonheur; l'imitation de Dieu.
II. Aristote. — La suprématie du bien dans l'univers et de la raison dans l'homme. — Le bonheur. — Les vertus.
III. Les principaux Stoïciens. — Conception rationnelle de l'univers. — La vie conforme à la nature. — Les vrais biens et les vrais maux. — L'insensibilité stoïcienne. — La résignation stoïcienne; ses dangers. — Les devoirs et les vertus. — La solidarité humaine. — Conclusion.

I. L'idée du bien chez Socrate. — La morale a eu dans l'antiquité d'illustres représentants; il importe de rappeler brièvement quelle fut leur doctrine, pour éclairer et fortifier l'exposition des principes de la moralité. Au début même de la science morale, on trouve chez Socrate (470-399) cette conception que l'idée du bien doit être le principe suprême en ce sens qu'elle nous sert à mettre les choses par la pensée à leur véritable rang et par suite à régler nos actions. Ce n'est pas à l'étude du monde extérieur qu'il faut demander notre loi, mais à la conscience; cette loi est naturelle, et par là il entend qu'elle ne dérive pas des conventions des hommes, mais de la raison qui est notre vraie nature; elle est divine, car c'est Dieu qui l'a mise en nous. Quiconque agit contrairement à la raison se dégrade et n'est qu'un vil esclave; celui, au contraire, qui s'y conforme, l'homme sage, juste, tempérant, courageux, est vraiment homme, et travaille à la fois à sa perfection et à son bonheur; il ne faut pas confondre ce bonheur dont on est soi-même l'artisan avec celui qui dépend de la fortune et qui tient au pouvoir, aux honneurs, à la richesse. La vie n'a de valeur que par le devoir, on doit la sacrifier plutôt que de désobéir à sa conscience. Cette doctrine, Socrate la pratiqua pendant toute son existence, donnant l'exemple de toutes les vertus qu'il prêchait, et il la consacra par sa mort. Injustement accusé, il s'adressait ainsi à ses juges :

Ce serait une étrange conduite de ma part, Athéniens, si, après avoir gardé, comme un brave soldat au péril de ma vie, les postes où nos généraux m'avaient placé, à Potidée, à Amphipolis, à Delium, maintenant que la divinité m'ordonne, telle est ma conviction, de passer mes jours à philosopher, j'allais avoir peur de la mort ou de quoi que ce soit et abandonner mon poste... Même si en ce moment vous me proposiez de m'acquitter en me tenant ce langage : « Socrate, nous te renvoyons absous, mais à la condition que tu renonceras désormais à tes discussions et à la philosophie, sinon tu mourras ; » moi je vous répondrais : « Athéniens, je vous honore et je vous aime, mais j'obéirai plutôt à la divinité qu'à vous, et tant que je le pourrai, je ne cesserai de philosopher, de faire des exhortations et des remontrances à tous ceux que je rencontrerai, et de leur tenir mon langage ordinaire... Maintenant donc, croyez mes accusateurs ou ne les croyez pas; renvoyez-moi absous ou condamnez-moi, jamais je ne pourrai agir autrement, dussé-je souffrir mille morts [1]. »

Platon (428-347); son idéalisme. — L'influence de Socrate s'exerça à des degrés divers chez les philosophes qui suivirent, mais c'est chez son disciple

---

1. Extraits de l'*Apologie de Socrate* (Platon).

Platon que sa noble doctrine porta ses plus beaux fruits; Platon est par excellence le philosophe de l'idéal. Pour lui, l'idée conçue par la raison est plus vraie que la réalité matérielle qui agit sur les sens; le monde que nous voyons n'a qu'une existence d'emprunt, les objets qui le composent ne sont que des ombres, c'est au monde intelligible qu'appartient l'existence proprement dite; les types idéaux étant exempts des défauts, des imperfections que présentent les corps éphémères répandus dans l'espace, ont seuls pour la raison une valeur véritable, car la perfection est la raison d'être; une chose dénuée de toute qualité n'aurait aucune raison d'exister, serait totalement inintelligible, plus elle a de qualités, mieux son existence se conçoit; la perfection souveraine, l'idée du Bien, a une raison absolue d'exister, elle est Dieu lui-même.

Conception de la vertu et du bonheur; l'imitation de Dieu. — Le mal pour l'âme consiste dans l'erreur et dans le vice, il provient de son union avec le corps : plus elle vivra de la vie sensuelle, plus elle s'enfoncera dans le mal; plus au contraire elle s'attachera à l'idéal, s'appliquant à la contemplation du bien, plus elle s'élèvera en perfection; elle doit s'efforcer de ressembler à Dieu autant que possible.

Or le Bien renferme la Vérité, l'Ordre, la Beauté; l'homme doit cultiver son intelligence par la science, ainsi il se délivrera de l'erreur et par suite du vice (Platon croyait que la science est non seulement la condition nécessaire, mais la condition suffisante de la vertu); connaissant l'ordre, il voudra le réaliser en lui-même, et son âme deviendra belle par l'harmonieux développement de ses facultés. Il y a trois parties dans l'âme : la partie *inférieure* est l'*appétit concupiscible*, source des passions mauvaises, qui nous attire en bas vers la terre, qui nous mettrait au niveau de la brute si nous nous abandonnions à lui; il le compare à une hydre malfaisante ; au-dessus est le cœur (*appétit irascible*), principe de la colère et des mouvements généreux comparé à son tour à un lion; dans la tête siège la raison qui, éclairée par l'idée du bien, doit se servir du lion pour dompter l'hydre. La vertu propre de la raison, c'est la sagesse, la science; celle du cœur est le courage, celle enfin qui se rapporte à la passion brutale est la tempérance; la subordination de la faculté inférieure aux deux autres et la suprématie de la raison constituent l'ordre ou, dans le langage platonicien, la justice individuelle. L'homme le meilleur pour lui-même sera aussi le meilleur pour les autres, par là encore il imitera Dieu qui est l'auteur de tout ce qu'il y a de bien dans le monde, il ne fera de mal à personne, pas même à celui qui, dans son ignorance du vrai bien, aura été injuste envers lui. En réalité, il ne dépend pas du méchant de nuire à l'homme de bien. L'âme juste trouve dans sa vertu la santé, la force et la beauté; le mal véritable, c'est le vice qui est la maladie de l'âme. Mieux vaut subir l'injustice que de la commettre : « Si on me vole, si on me fait esclave, si on me perce mon mur, si enfin on commet quelque attentat sur ma personne ou sur mes biens, la chose est plus mauvaise et plus honteuse pour celui qui m'outrage que pour moi qui suis outragé ». La situation de l'homme de bien, fût-il accablé d'infortunes, calomnié, dépouillé de tout hormis de la justice, fouetté, torturé, mis en croix, est moins misérable encore que celle du méchant jouissant d'une estime usurpée, comblé d'honneurs et de richesses. Le malheur le plus grand c'est lorsque la partie divine de notre nature est assujettie à la partie brutale et féroce ; l'âme alors ressemble à un État opprimé par un tyran insatiable et cruel. Le méchant, s'il lui restait quelque lueur de raison, loin de fuir le châtiment, devrait le rechercher comme le malade menacé de la gangrène s'offre au fer du chirurgien ; la douleur seule peut guérir l'âme vicieuse pendant qu'il en est temps encore. Quant à ceux qui ont commis les derniers crimes et qui, pour cette raison, sont incurables, la justice divine les attend et leur infligera les tourments les plus grands aux enfers afin qu'ils servent d'exemples aux autres. Au contraire, les souffrances du juste sur la terre sont passagères ; sous le gouvernement de la Providence, le triomphe de l'ordre est assuré et le bonheur est réservé à son âme immortelle quand elle sera affranchie des liens du corps [1].

A côté des vérités sublimes, la morale de Platon contient des erreurs graves, sa politique renferme des utopies dangereuses ; mais la critique les écarte et les principes subsistent dans leur admirable pureté : nul philosophe jamais n'a parlé du bien avec plus d'enthousiasme, nul n'a imprimé aux âmes un plus vif élan vers l'idéal.

II. Aristote (384-322) [2]. La suprématie du bien dans l'univers et de la raison dans l'homme. — On

---

[1]. On peut lire sur la morale de Platon son dialogue intitulé *Gorgias* ou encore l'*Apologie*, le *Criton*, le *Phédon*, la *République*.
[2]. Le plus important ouvrage de morale d'Aristote est la

oppose souvent Aristote à Platon dont il fut le disciple indépendant, et en effet sa philosophie diffère sur certains points essentiels de celle de son maître. Néanmoins il est comme lui un représentant de la doctrine rationaliste ou idéaliste en morale. Il a moins d'enthousiasme, il est moins poète, moins sublime, mais il est plus précis dans l'analyse du bien, et c'est un guide plus sûr en ce qui concerne les vertus sociales.

Aristote, comme Socrate et Platon, trouve dans l'idée du bien l'explication la plus haute de l'univers, la raison suprême des choses. « Au bien par excellence, à la perfection divine sont suspendus le ciel et toute la nature. » En effet partout apparaît le mouvement, le changement, le devenir ; or le mouvement manifeste une tendance des êtres à atteindre un but, et ce but est un certain état de perfection dont ils sont capables : ainsi le gland se développe pour devenir chêne, l'œuf pour devenir oiseau, et la nature entière semble faire un immense et continuel effort pour s'élever de l'inférieur au supérieur. Il y a comme une attraction de l'idéal sur le réel dont il suscite les énergies latentes, l'amenant au plus haut degré d'excellence qu'il comporte. Cette aspiration vers le bien existe à l'état inconscient chez les êtres inférieurs à nous, mais l'homme s'en rend compte, il a la raison, le pouvoir de comprendre, de délibérer, de choisir, il n'est pas seulement mû par l'appétit ou l'instinct comme l'animal,

---

Morale à Nicomaque selon la traduction ordinaire, et plus exactement la *Morale de Nicomaque*, car elle a dû être publiée après la mort du philosophe, dit M. Ollé-Laprune, par son fils Nicomaque.

sa fin ne se réalise pas par le seul jeu des forces naturelles, la tendance vers le bien chez lui est volonté. Il lui appartient de reconnaître quelle est sa destinée, il est libre d'organiser sa vie de manière à l'accomplir. Le bien pour chaque être est en rapport avec sa nature, il consiste dans la pleine réalisation de l'activité qui lui est propre. Qu'est-ce qui constitue la vraie nature de l'homme, c'est la raison ; car c'est par elle qu'il s'élève au-dessus des animaux avec lesquels il a en commun l'âme végétative et l'âme sensitive; l'acte propre de l'homme c'est la pensée raisonnable. Vivre conformément à la raison et par la raison, tel est notre idéal; il y a en nous une partie irraisonnable, l'appétit, la passion qui doit être soumise à la direction suprême de l'intelligence ; quant à la partie raisonnable, elle sera comme elle doit être, si elle parvient par la science et la philosophie, à la contemplation de la vérité.

Le bonheur. — Le plaisir s'ajoute à l'acte et le complète, et le plaisir le meilleur accompagne l'activité la plus excellente; le bonheur ne fait donc qu'un avec la perfection et on peut dire que le souverain bien est le bonheur auquel l'expérience nous montre que tous les hommes aspirent. On donne pour cette raison à la morale d'Aristote le nom d'*Eudémonisme* (du grec *eudaimonia*, bonheur); mais on ajoute que c'est un eudémonisme rationnel. Il faut en effet se garder de confondre sa doctrine avec la morale de l'intérêt, car il mesure la valeur du plaisir à la perfection de l'acte, tandis que l'utilitaire apprécie l'acte par le plaisir qui en résulte; il dit, il est vrai, que la santé, qu'un bien-être suffisant sont nécessaires au bonheur, mais il veut qu'on subordonne l'utile et l'agréable à l'honnête, et il déclare expressément que, si l'on avait à choisir entre une vie vertueuse sans plaisir et une vie de plaisir sans vertu, il faudrait préférer la vie vertueuse sans plaisir. On ne pourrait vouloir de la joie si pour l'avoir il fallait commettre une action honteuse. Il y a des choses qu'on ne doit jamais vouloir quelle que soit la nécessité qui nous presse, dût-on encourir la mort et subir les plus affreux tourments; au contraire, on placera la vertu au-dessus de tout et on abandonnera pour elle les honneurs, les richesses et tous les biens que se disputent ordinairement les hommes. La vertu a sa valeur par elle-même, elle n'est pas recherchée en vue du plaisir; mais, d'autre part, pour l'homme vraiment bon, la vertu a ses plaisirs d'une exquise douceur et mieux vaut la jouissance qu'elle donne que des siècles de langueur, un seul jour d'une belle vie que la plus longue existence consacrée à des occupations vulgaires.

Les vertus. — La vertu a son fondement dans la nature de l'homme, dans l'amour du bien, car l'âme apporte en naissant d'heureuses dispositions, mais elle a une valeur morale en tant qu'elle est l'œuvre de la liberté et de la raison, c'est une habitude acquise et durable. « Un seul acte honnête ne fait pas la vertu pas plus qu'une hirondelle ne fait le printemps ni un seul beau jour. »

Il y a deux degrés dans la vertu; la plus haute vertu, celle qui donne la plus grande félicité, est la science contemplative; l'activité la plus intense, la plus durable est celle de la pensée pure, appliquée aux vérités éternelles, le parfait intelligible recrée l'entendement pour prendre les expressions de Bossuet et le fortifie ; par elle l'homme se rapproche le plus de la divinité. Il ne faut pas écouter les conseils de ceux qui veulent qu'on ne se préoccupe que des choses humaines et périssables, parce qu'on est homme, parce qu'on est mortel ; on doit autant qu'on en est capable se rendre soi-même immortel.

Mais pour devenir ainsi presque un dieu en pensant le divin, il faut d'abord accomplir comme il convient son métier d'homme, les vertus pratiques sont la préparation nécessaire à la vertu contemplative. La raison doit pénétrer notre être tout entier, mettre dans nos sentiments et dans nos actions l'ordre, l'harmonie, la mesure. « La vertu est un milieu entre deux excès contraires. » Le courage est un milieu entre la témérité et la lâcheté ; la magnanimité entre l'insolence et la bassesse ; la libéralité entre l'avarice et la prodigalité ; en chaque cas particulier, l'homme honnête qui aime et veut le bien détermine la mesure, comme l'homme de goût en travaillant à une œuvre d'art fixe les proportions qui conviennent.

Pour que l'homme atteigne sa fin morale, il faut qu'il vive en société ; par la vie de famille et par la vie politique, il atteint à un degré de perfection supérieur à celui que comporte la vie individuelle. Les vertus sociales sont la justice et l'amitié. « Ni l'étoile du soir ni l'étoile du matin ne sont aussi belles et n'inspirent autant d'admiration que la justice. » Il faut distinguer la justice stricte qui est rigoureusement conforme à la lettre de la loi, et l'équité qui corrige, dans les cas particuliers, les défauts de la formule abstraite et ainsi empêche que le droit à ses extrêmes limites ne devienne une suprême injustice. L'amitié au sens large est le principe de toutes les affections, elle unit l'homme à ses semblables et engendre la bienveillance et la bienfaisance. Il est plus beau et meilleur de faire du bien que d'en recevoir ; l'amitié véritable repose sur la vertu et non sur l'intérêt ; un ami est un autre soi-même dans lequel on se sent vivre de telle sorte qu'on participe à sa perfection et à son bonheur.

La morale d'Aristote contient une grave erreur qu'il faut imputer à son temps, il prétend démontrer la nécessité et la légitimité de l'esclavage sous ce prétexte que le Barbare incapable de vertu et de bonheur n'est propre qu'aux occupations manuelles et doit être traité comme une machine vivante par le Grec qui seul est apte aux fonctions élevées de l'intelligence. La notion des droits de l'homme et de la fraternité humaine n'existait pas encore, elle n'apparaît dans l'histoire des théories morales qu'avec le stoïcisme.

III. Les principaux Stoïciens. — Le stoïcisme est la plus fameuse doctrine morale de l'antiquité, il a une longue histoire. L'école fondée à Athènes vers l'an 300 av. J.-C. par Zénon [1] dura pendant des

---

[1]. Zénon de Citium, ville de l'île de Chypre, avait d'abord suivi au gymnase du *Cynosarge* les leçons du philosophe *cynique* Cratès ; il enseignait sous un portique, le nom de stoïcisme vient de là, *stoa* en grec signifiant portique ; du reste, on dit parfois le Portique pour désigner l'école stoïcienne. C'est ainsi que l'*Académie* désigne l'école de Platon parce que Platon enseigna dans un gymnase et un jardin public d'Athènes appelé l'Académie ; le *Lycée* est l'école d'Aristote qui enseignait dans les galeries du gymnase de ce nom ; comme celui-ci faisait des leçons publiques en se promenant, l'usage a consacré l'expression d'école péripatéticienne, d'un verbe grec qui veut dire se promener.

siècles, et eut d'illustres représentants non seulement en Grèce, mais à Rome. Zénon mourut en 264, il eut pour successeur Cléanthe et celui-ci Chrysippe ; leurs écrits furent très nombreux, mais il ne nous en reste que des fragments ; ils prêchèrent aussi la vertu par l'exemple, et leur vie d'accord avec la sévérité de leurs principes contribua beaucoup au succès de la doctrine. « Plus tempérant que le philosophe Zénon » était à Athènes une expression proverbiale ; Cléanthe à cause de son âpreté au travail fut surnommé le second Hercule. L'existence de Chrysippe consacrée tout entière à l'étude et à l'enseignement de la sagesse fut admirable de dignité et de désintéressement ; il refusa de se rendre à la cour des Ptolémées.

Au IIe siècle, Panétius de Rhodes tint à Rome école de stoïcisme ; sur ce nouveau terrain, la doctrine porta de merveilleux fruits ; les âmes les plus élevées s'y attachèrent et elle a inspiré comme on sait de grands caractères, les Brutus, les Caton d'Utique, les Thraséas, et de grands esprits tels que Cicéron et Sénèque. Cicéron en philosophie n'est pas exclusivement disciple des Stoïciens, mais dans ses ouvrages sur la morale il leur a fait de larges emprunts, notamment dans le traité des *Devoirs*. Sénèque fut épris jusqu'à l'enthousiasme des vertus stoïques et s'en fit l'apôtre éloquent dans ses *Lettres à Lucilius*.

La dernière période du stoïcisme compte deux grands noms, l'esclave Épictète et l'empereur Marc-Aurèle. Épictète est resté le type de la résignation héroïque, les *Entretiens* et le *Manuel*, rédigés par un de ses disciples, nous montrent aussi en lui un penseur original; Marc-Aurèle est plus grand peut-être encore qu'Épictète pour avoir, malgré les tentations du pouvoir, donné sur le trône l'exemple de l'austérité des mœurs et de la bienfaisance patiente et douce. Il n'est pas un des préceptes contenus dans ses *Pensées* qu'il n'ait mis en pratique. « On ne peut lire sa vie, a dit Montesquieu, sans une espèce d'attendrissement : tel est l'effet qu'elle produit qu'on a meilleure opinion de soi-même, parce qu'on a meilleure opinion des hommes [1]. »

Pendant sa longue histoire, le stoïcisme n'est pas resté absolument identique à lui-même, et de Zénon à Épictète il s'est modifié; ainsi on trouve plus de douceur et de charité, un sentiment plus religieux chez les derniers stoïciens, plus de raideur et d'orgueil chez les premiers. Néanmoins les principes essentiels sont communs à tous et il y a une doctrine bien définie.

Conception rationnelle de l'univers. La vie conforme à la nature. — Cette doctrine est par excellence fondée sur la raison : en effet, aux yeux des Stoïciens, tout dans l'univers se fait par raison, c'est un principe raisonnable qui organise la nature et y produit l'ordre que nous admirons dans ses lois; tout est lié et enchaîné par une force intérieure à l'état de tension, agissant en vue du bien; et cette âme du monde à l'action bienfaisante et providentielle c'est Dieu même. Or l'homme présente l'image de l'univers; il y a en lui un principe d'inertie, le corps, d'où dérivent les passions : c'est la matière que l'âme

---

[1]. Le livre de Mme Jules Favre, *la Morale des Stoïciens*, contient des extraits de ces divers philosophes.

active et raisonnable, étincelle du feu divin, doit dompter, discipliner, ordonner. Par la pensée nous sommes capables de contempler et de comprendre l'harmonie de l'univers, et il dépend de nous de vouloir réaliser dans notre vie un ordre semblable ; pour cela il faut faire effort, déployer toute notre énergie et la porter au maximum de tension dont elle est capable. La vie du sage est une lutte, le travail est un bien. Il faut vivre conformément à la nature, ce sera imiter Dieu. Pour cela il faut mettre l'accord dans ses pensées et dans ses actions ; ainsi on réalisera l'ordre en soi-même et par conséquent le bien et la beauté. Non seulement l'homme vivra d'accord avec la nature universelle, mais il vivra selon sa nature propre qui est la raison.

Tout être tend à maintenir sa constitution, à persévérer dans son être, c'est le but de l'instinct dans l'animal. L'homme sera vraiment lui-même en voulant par raison l'ordre qu'il est seul capable de comprendre et que les autres êtres poursuivent d'une manière inconsciente. Par l'intention de faire le bien, par l'effort énergique pour le réaliser, l'homme est ce qu'il doit être, il atteint son bien qui est d'agir selon la raison, et il devient semblable à Dieu.

Les vrais biens et les vrais maux. — Les choses qui ne dépendent pas de nous, les richesses et la pauvreté, la santé et la maladie, les honneurs et le mépris public ne sont pas réellement des biens ou des maux, elles sont par elles-mêmes indifférentes ; les actes de volonté auxquels elles donnent lieu et qui seuls dépendent de nous, l'usage que nous faisons de l'argent, de la vigueur physique, des dignités, voilà ce qui importe. La richesse sera un avantage si elle nous fournit les moyens d'être bienfaisants ; mais si elle doit engendrer l'orgueil ou l'intempérance, il eût été préférable de ne pas l'avoir. La maladie n'est pas un bien par elle-même, elle est un objet naturel d'aversion ; supportée avec courage et résignation, elle est l'occasion du bien ; « comme la baguette de Mercure qui changeait en or tout ce qu'elle touchait, la sagesse convertit et transforme toutes choses dans l'or pur de la vertu ».

Les mots de bien et de mal doivent être réservés à la vertu et au vice ; il ne faut pas appeler la douleur un mal, un tel langage laisserait supposer qu'il peut y avoir une comparaison entre un accident de la fortune et une perversion de la volonté. L'honnête a un prix inestimable, une valeur absolue, il est en dehors et au-dessus de ce que les hommes appellent habituellement des biens. Si l'on est persuadé de cette vérité que le bien dépend de notre libre arbitre, on comprendra que ni la fortune ni les hommes ne peuvent réellement nous nuire ; aucun événement, aucune injure ne pourront nous troubler, on sera insensible aux coups du sort comme aux menaces des méchants ; on placera son bonheur en soi-même et non dans les choses extérieures, on ne s'éprendra de rien, on sera exempt de passions, seule la raison gouvernera notre vie. La raison nous apprend que rien n'arrive dans le monde que par l'ordre de Dieu, nous conformerons notre volonté à la sienne : « supporte et abstiens-toi », dit Épictète ; obéir à Dieu c'est la liberté suprême, aussi bien si nous refusions de le faire, le cours des choses n'en serait pas changé, nous serions contraints et par conséquent esclaves. Dans la liberté, dans la résignation absolue, dans une sérénité imperturbable, l'âme trouvera le bonheur qui est inséparable de la vertu [1].

L'insensibilité stoïcienne. — Voilà des principes d'une élévation sublime : on ne peut cependant les accepter sans réserve. Les Stoïciens montrent parfaitement que l'honnête est supérieur à tout autre bien, que le vice est le plus grand des maux, que la vertu dépend de nous et qu'aucun événement extérieur ne peut l'enlever au sage; mais ils ne prouvent pas que l'intention droite soit le seul bien, que la douleur ne soit pas un obstacle sinon à la vertu du moins au bonheur, qu'il dépende de nous de n'avoir aucun attachement pour rien de ce que la fortune peut nous enlever. Il n'est ni possible ni désirable de supprimer en nous toute affection; le cœur ne contribue pas moins par ses sentiments généreux à faire la grandeur de l'homme, ne constitue pas moins sa nature propre que la raison et la liberté. Quand même nous parviendrions par un détachement héroïque des biens du monde à n'être pas troublés par nos propres souffrances, si notre âme est vraiment bonne, vraiment humaine, elle restera toujours sensible aux douleurs d'autrui, elle restera vulnérable à la pitié. Il est impossible de souscrire à ces dures paroles d'Épictète :

« Si tu aimes un vase de terre, dis-toi que tu aimes un

---

[1]. « Le cheval est-il malheureux de ne pouvoir chanter? Non, mais de ne pouvoir courir... L'homme est-il malheureux de ne pouvoir étrangler des lions et faire des choses extraordinaires? Non, car il n'a pas été créé pour cela. Mais il est malheureux quand il a perdu la pudeur, la bonté, la fidélité, la justice, et que les divins caractères imprimés dans son âme sont effacés. » (ÉPICTÈTE.)

vase de terre, car s'il se casse, tu n'en seras point troublé. Si tu embrasses ton fils ou ta femme, souviens-toi que tu embrasses des êtres mortels ; et s'ils meurent, tu n'en seras point troublé. » — Quand nous voyons mourir ceux que nous aimons, quand toute communication cesse entre notre âme et leur âme, dit éloquemment M. Fouillée dans son édition du *Manuel*, comment resterions-nous impassibles devant cette brutalité de la matière à l'égard de l'esprit? Les Stoïciens ne considéraient même pas la séparation causée par la mort comme provisoire, et ils se résignaient à une séparation définitive. Au lieu de supporter ainsi et de s'abstenir, leur vrai devoir eût été de protester et de se révolter contre la fatalité de la nature... Si l'univers écrase le roseau pensant, que le roseau à son tour domine ce qui le tue en élevant l'idéal au-dessus de la réalité!

La résignation stoïcienne ; ses dangers. — La maxime « que la volonté de Dieu soit faite! » est bonne en un sens, mais on peut en faire un étrange abus. Au XVIII° siècle, un médecin anglais a condamné la vaccine sous prétexte que Jenner en supprimant une maladie imposée par les décrets de la Providence « semblait défier le ciel lui-même et jusqu'à la volonté de Dieu ». Le paratonnerre pouvait paraître également contraire aux décrets de la justice divine, et on irait jusqu'à condamner toute invention destinée à améliorer la condition des hommes ici-bas; ainsi certains philosophes de l'antiquité, tels que Diogène le Cynique, ont tourné en dérision le travail humain. Les grands Stoïciens ont évité ces conséquences de leur principe fataliste; mais enfin la doctrine de la résignation passive a ses dangers. La volonté de Dieu bien comprise est que l'homme qui a reçu de lui l'intelligence et la liberté s'en serve pour dompter les forces de la nature et conjurer les fléaux qui le menacent. S'il y a quelque grandeur dans le dédain d'un Épictète à l'égard du tyran qu'il déclare incapable de nuire au sage, il y en a bien davantage dans les vengeurs de la liberté qui combattent pour le triomphe du droit.

Les devoirs et les vertus. La solidarité humaine.
— S'ils n'ont pas été jusqu'au bout de leurs erreurs, au contraire les Stoïciens ont tiré des parties solides et vraies de leur morale théorique les applications les plus admirables. Une action est honnête lorsqu'elle convient à notre nature d'être raisonnable. Or nous devons à ce privilège de la raison de poursuivre la vérité, d'être attachés à une société régulière, de tenir à notre dignité personnelle, d'aimer l'ordre; il y a par suite quatre sources de l'honnête, ou quatre vertus fondamentales : la sagesse, la justice, le courage, et la tempérance ou bienséance. « L'honnête, dit Cicéron, consiste ou bien à appliquer sa pensée à la découverte du vrai, ou bien à contribuer au maintien de la société en rendant à chacun ce qui lui est dû, ou bien à mettre au service d'une cause juste une force d'âme invincible, ou à conserver dans ses paroles et dans ses actions cette mesure d'où résultent l'harmonie et la beauté de l'existence. » La théorie des quatre vertus se trouvait déjà chez les philosophes antérieurs, chez Socrate, chez Platon; c'est surtout au sujet de la vertu sociale que la doctrine des Stoïciens est originale et dépasse de beaucoup celle de leurs devanciers. La société telle qu'ils la conçoivent, ce n'est pas seulement la société civile, la cité grecque ou romaine, c'est la société naturelle des êtres raisonnables, c'est la cité universelle de Jupiter. Tous les

hommes participent à la raison et sont de la famille des dieux ; tous sont réunis sous la même tutelle et gouvernés par la loi divine, il existe entre eux une étroite solidarité comme entre les membres d'un même corps. Les barbares et les esclaves mêmes font partie de la République dont parle Zénon, ils sont, eux aussi, capables de vertu, ils ont des droits, la justice doit être observée à leur égard. « L'homme est chose sacrée pour l'homme. » Mais la justice est comprise dans un sens très large, elle ne consiste pas seulement à ne pas nuire à autrui, mais encore à se montrer bienfaisant pour tous. Le sage sait qu'il est né non pour lui seul mais pour le monde entier ; pénétré de l'idée que tous les hommes sont du même sang que lui, il les traitera tous comme des compatriotes, comme des frères. Bien qu'il ne soit pas troublé par les malheurs d'autrui, il aura cependant une charité active :

> Il séchera les larmes des affligés (sans y mêler les siennes) ; à l'exilé il donnera l'hospitalité, à l'indigent l'aumône, non pas cette aumône insultante avec laquelle la plupart de ceux qui veulent paraître compatissants humilient ceux qu'ils secourent, redoutant jusqu'à leur contact, mais il donnera comme un homme doit donner à un homme sur le patrimoine commun. Il rendra le fils aux larmes de sa mère, en brisant ses fers ou en le rachetant des jeux du cirque ; il ensevelira le corps même du criminel... Il rendra service parce qu'il est né pour aider ses semblables, pour ontribuer au bien public et pour en procurer une part à chacun... Quel meilleur usage peut-il faire de sa fortune et de son pouvoir que de réparer les injures du sort ? (Sénèque, *De la Clémence*, l. II.)

Des principes du stoïcisme se déduisait naturellement la condamnation de l'esclavage ; et en effet

Zénon disait : « Il y a tel esclavage qui vient de la conquête, et tel autre qui vient d'un achat ; à l'un et à l'autre correspond le droit du maître, et ce droit est mauvais. » Sénèque recommande avec éloquence aux maîtres la douceur envers les esclaves. — « Des esclaves, dites plutôt des hommes ; — des esclaves, non ; des amis d'une humble condition... Ils sont formés des mêmes éléments que vous, ils voient le même ciel, respirent le même air, comme vous ils vivent, comme vous ils meurent. — Traitez votre inférieur comme vous voudriez être traités par votre supérieur ! » La meilleure partie de l'homme échappe au maître, si le corps est dans les chaînes, l'âme peut rester libre ; mais si l'âme du maître est liée et garrottée par les passions, il est esclave. La philosophie stoïcienne prenait la défense de tous les faibles, de toutes les victimes de la violence : ses principes ne demeurèrent pas dans l'ombre de l'École, mais ils pénétrèrent dans l'opinion publique et leur influence sur les jurisconsultes romains tels que Gaius, Ulpien, Papinien est très marquée ; sans doute ils durent tenir compte de la coutume et des lois établies, et ne purent réformer toutes les injustices traditionnelles, mais du moins ils s'efforcèrent de les atténuer.

Conclusion. — Ces notions historiques sur la morale de l'honnête et du devoir sont de nature à la faire mieux comprendre et mieux aimer bien qu'elle ait reçu dans les temps modernes une forme plus achevée. Un philosophe contemporain dit fort bien : « Les anciens Grecs (nous ajouterons et les anciens Romains) fournissent dans leurs chefs-d'œuvre et dans leur histoire, une des plus belles images de l'homme même. C'est ce qui explique pourquoi l'on s'est tant obstiné à chercher en eux des modèles et des guides. Et il demeure vrai qu'en un sens très large ils sont tels, parce que tout ce qui est beau et grand est propre à inspirer de belles et grandes choses. Les copier serait puéril ou périlleux. Se mettre à leur école est toujours bon. Si on leur prend quelque chose de leur âme, on met en soi une force de plus pour faire ce métier d'homme où l'on ne saurait jamais trop exceller [1]. »

1. Ollé-Laprune, *Essai sur la morale d'Aristote*; préface.

CHAPITRE XI

LA VERTU ET LE BONHEUR
LES SANCTIONS DE LA MORALE

I. La vertu et le vice; les degrés et les formes de la vertu. — Le mérite et le démérite. — La sanction de la loi morale.
II. Rapports de la vertu et du bonheur; le souverain bien. — L'accord ou le désaccord de l'honnête et de l'utile. — Théories pessimistes sur la vie actuelle. — Le faux optimisme.
III. Les sanctions terrestres. — Sanction psychologique ou morale; la conscience. — La sympathie; l'opinion publique. — Sanction naturelle ou physique. — Sanction légale.

I. La vertu et le vice; les degrés et les formes de la vertu. — La vertu est la qualité de la personne humaine qui se conforme volontairement au devoir et accomplit le bien. On la définit souvent : l'habitude du bien. En effet on doit juger la valeur morale d'un homme non par un acte accidentel et un effort exceptionnel, mais par sa conduite ordinaire. Cependant la vertu n'est point une disposition machinale et une routine; le mot *virtus* en latin exprimait avant tout l'énergie *virile*, le courage, et nous désignons ainsi cette force d'âme développée par la pratique du bien qui permet de résister aux tentations et aux mauvais désirs. Le vice au contraire est l'habitude du mal, et par là on entend la faiblesse d'une âme qui se laisse dominer par ses passions. La vertu et le vice ont leurs degrés : la vertu parfaite serait l'état d'une âme ayant une intelligence assez éclairée pour discerner sûrement le vrai bien, un cœur assez pur pour l'aimer par-dessus tout, et une volonté assez forte pour le réaliser toujours. Le vice absolu serait l'impuissance totale de la volonté à revenir au bien et l'asservissement complet de l'âme par les passions. L'humanité flotte entre ces deux limites qui ne sont jamais atteintes, car s'il n'y a pas en ce monde d'individu impeccable, il n'y en a pas non plus, hors le cas de folie, qui soit incorrigible. La vertu prend différentes formes selon que la force d'âme est appliquée à perfectionner telle ou telle faculté, à lutter contre telle ou telle passion : ainsi l'habitude de résister à la tentation des plaisirs sensuels est la tempérance, qui elle-même prend le nom de sobriété quand la passion vaincue est la gourmandise. La volonté ferme et persévérante de rendre à chacun ce qui lui est dû est la justice, etc. : à ces vertus diverses correspondent les vices contraires. La vertu idéale embrasse toutes les vertus, car la force d'âme absolue triompherait de toutes les passions; mais dans la réalité un homme peut posséder une vertu sans avoir les autres au même degré : il a pris l'habitude de résister à certains entraînements et non à d'autres, sa volonté comporte un mélange de force et de faiblesse; il sera par exemple tout à la fois tempérant et dur aux malheureux. Par conséquent il n'est pas vrai, dans les conditions de la vie actuelle, de dire selon le paradoxe de certains stoïciens, que celui qui possède une vertu les a toutes, et que la vertu n'a pas de degrés. La vertu dont nous parlons est la vertu humaine toujours imparfaite par quelque endroit; le nom qui convient pour désigner la perfection idéale du sage tel que d'après les Stoïciens eux-mêmes il n'en fut jamais sur la terre, c'est la sainteté.

Le mérite et le démérite. — A l'idée de la vertu est étroitement unie l'idée du mérite comme à l'idée du vice celle du démérite. Le mérite est le droit naturel qu'a l'homme vertueux d'être récompensé, le démérite est pour ainsi dire le droit qu'a l'homme vicieux d'être puni [1]. Toutefois on définit encore le mérite : l'accroissement de valeur morale, et le démérite : la diminution de valeur morale, qui sont la conséquence de l'accomplissement ou de la violation du devoir [2]. Ces définitions sont conformes à l'usage, car le terme de mérite désigne dans la langue ordinaire non seulement ce qui rend digne de récompense, mais encore ce que les personnes ont de bon et d'estimable. Nous nous attachons ici au premier sens qui se distingue plus nettement de celui du mot vertu. Un des jugements primitifs de la conscience est : l'homme qui a bien agi mérite une récompense, celui qui a mal agi mérite un châtiment; c'est ce qu'on a appelé le principe du mérite et du démérite. Il y a pour nous un lien indissoluble entre l'idée de la vertu et celle du bonheur, et lorsque les faits semblent en contradiction avec ce rapport rationnel, lorsque la vertu est persécutée, lorsque le vice prospère et paraît triompher, nous nous indignons, nous crions au scandale; c'est un désordre qui nous confond, contre lequel nous protestons et qui, s'il était définitif, resterait inintelligible et nous ferait douter de la justice même et des

---

1. V. Victor Cousin, *le Vrai, le Beau et le Bien*, XIV° Leçon.
2. Bertrand, *Lexique de Philosophie*. Voir encore Janet, *la Morale*, liv. III, chap. xi.

autres vérités de la conscience. On exprime encore ce principe du mérite et du démérite en disant que la loi morale doit avoir une sanction.

La sanction de la loi morale. — Dans la langue du droit, le mot sanction a servi à désigner chez nous l'approbation solennelle donnée par le roi sous le régime constitutionnel à un projet de loi et qui en faisait une loi complète. Dans un sens large, sanctionner c'est ratifier. Mais la sanction d'une loi civile c'est aussi la peine que la loi prononce contre ceux qui la violent; et dans ce sens nous dirons d'une manière générale que la sanction est l'ensemble des peines ou des récompenses attachées à la violation ou à l'observation de la loi. Cependant la sanction morale ne doit pas être conçue sur le modèle de la sanction légale; car tandis que la peine est un moyen dont se sert le législateur humain pour obtenir l'obéissance, la loi naturelle doit être accomplie par respect pour elle-même, et son autorité est indépendante de la sanction; si même un homme ne se conformait au devoir que pour éviter le châtiment ou gagner la récompense, ses actes perdraient toute valeur morale, sa conduite extérieurement serait régulière, mais intérieurement la vertu lui ferait défaut, car la vertu est désintéressée ou elle n'est pas. En morale, la sanction est la conséquence à la loi, elle n'en est pas le but. Celui qui chercherait la récompense n'y aurait aucun droit, pour la mériter il faut qu'elle n'ait pas été le motif de l'acte. Il en est ici comme de la reconnaissance; rendez service à un homme pour l'obtenir, il ne vous la doit pas; il tiendra peut-être à s'acquitter envers vous, mais il lui sera impossible d'avoir à votre égard des sentiments de gratitude : il y aura entre vous et lui un commerce intéressé et non les rapports du bienfaiteur à l'obligé. La récompense est due à la vertu bien qu'elle n'ait pas été poursuivie, ou plutôt parce qu'elle ne l'a pas été; c'est en cela que la récompense se distingue du salaire qui n'est que la rétribution, l'équivalent en argent d'un service rendu ; elle n'est point cependant une faveur, un don gratuit, car elle a été méritée. De même le châtiment est autre chose que l'indemnité due à autrui pour le tort volontaire ou non qu'on aura causé, il n'est pas non plus simplement une souffrance comme celle que peut causer un accident, c'est une douleur méritée résultant d'une infraction au devoir. Un innocent qui marche à l'échafaud est une victime de l'erreur ou de la méchanceté des hommes comme il aurait pu l'être de la brutalité des forces aveugles de la nature, il n'a pas le sentiment d'être puni.

Le crime fait la honte et non pas l'échafaud.

Stuart Mill s'est trompé en disant : « Responsabilité signifie châtiment »; car l'idée du châtiment proprement dit ne se comprend que par la responsabilité morale.

II. Rapports de la vertu et du bonheur; le souverain bien. — La loi morale a son autorité en elle-même, abstraction faite de l'idée de sanction; mais si aucune sanction ne s'y trouvait attachée, elle serait injuste et se détruirait elle-même. « Ce serait une contradiction que l'homme fût tenu à la justice, et en même temps qu'il n'y eût pas de justice par rapport à lui... Une loi qui me commanderait de sacrifier mon bonheur d'une manière absolue, m'ordonnerait de me faire à moi-même ce qu'elle m'interdirait de faire à autrui [1]. » La plupart des moralistes ont compris le rapport étroit qui existe entre la vertu et le bonheur. Les plus austères et les plus désintéressés eux-mêmes, les Stoïciens, n'ont point séparé ces deux idées : tandis que les Épicuriens, leurs adversaires, ramenaient la vertu au bonheur, ils faisaient consister le bonheur dans la vertu; la science du bien était en même temps à leurs yeux l'art d'être heureux, car la vertu était à elle-même sa propre récompense, et le vrai sage jouissait d'une félicité inaltérable. Selon Kant, la vertu est le bien qui l'emporte sur tous les autres, elle est essentiellement désintéressée, mais le bonheur en est la conséquence; le souverain bien en définitive c'est l'union de la vertu et du bonheur, de sorte que la formule du devoir peut s'énoncer ainsi : fais ce qui peut te rendre digne d'être heureux.

L'accord ou le désaccord de l'honnête et de l'utile. Théories pessimistes sur la vie actuelle. — Idéalement la vertu et le bonheur doivent être unis; en fait, l'expérience nous montre-t-elle qu'il en soit ainsi? Nous trouvons chez les moralistes deux opinions extrêmes : « Plus je rentre en moi, plus je me consulte, dit J.-J. Rousseau, et plus je lis ces mots écrits dans mon âme : Sois juste, et tu seras heureux. Il n'en est rien pourtant, à considérer l'état présent des choses : le méchant prospère et le juste reste opprimé. » Cicéron au contraire affirme dans son traité des *Devoirs* que tout ce qui est honnête est utile en même temps, et Sénèque écrivant sur

---

[1]. P. Janet, *la Morale*, liv. III, chap. xi.

la Vie heureuse soutient que la sagesse tient lieu de tous les biens.

L'opinion qu'il y a ici-bas antagonisme entre le bien sensible et le bien moral engendre elle-même deux doctrines, dont l'une est absolument pessimiste et l'autre finalement optimiste. Regarde-t-on le triomphe du mal comme définitif, le devoir apparaît comme une illusion, la moralité comme une duperie, et l'on répète le blasphème que la tradition place dans la bouche de Brutus vaincu et désespéré : Vertu, tu n'es qu'un mot! Si, au contraire, on croit que les souffrances du juste, conditions de son mérite même, ne sont que passagères et lui créent des droits au bonheur dans une autre vie, le malheur est accepté comme une épreuve nécessaire, l'adversité est subie avec une résignation confiante, et même la douleur semble un bienfait. « La vie est éminemment bonne, a dit Jouffroy, parce qu'elle est éminemment mauvaise. » Les conséquences dernières de la théorie peuvent être dangereuses : les efforts des hommes pour améliorer leur sort ici-bas seront méprisés, et l'on n'estimera dans le travail que la peine qu'il donne et non les effets utiles qu'il produit ; loin de compatir aux misères des déshérités de ce monde, on devra les envier ; on verra dans les criminels ou les tyrans les bienfaiteurs de leurs victimes (de même que les Stoïciens disaient que le frère d'Hercule lui avait rendu service en lui imposant ses travaux) ; on ira même jusqu'à traiter durement les autres dans leur intérêt bien entendu. N'a-t-on pas fait valoir en faveur de l'esclavage cette raison qu'une compensation est réservée dans le ciel à ceux qui l'ont subi avec résignation?

Le faux optimisme. — La doctrine des Stoïciens est absolument optimiste puisqu'elle admet l'harmonie complète de la vertu et du bonheur dans cette vie même. Pour la soutenir, ils nient que la douleur soit un mal et que les biens de la fortune ou les biens du corps contribuent au bonheur. Il dépendrait de nous d'extirper de notre âme tous les désirs et par là de nous rendre invulnérables aux coups du sort. Dans l'indigence le sage est riche, dans l'esclavage il est roi, dans les supplices il est heureux et le dispute en félicité avec Jupiter. La perte des êtres les plus chers, la trahison de ses amis, la calomnie, une condamnation injuste, les plus épouvantables tourments le laissent impassible et n'ont pas de prise sur sa joie dont la source est au plus profond de lui-même; bien plus, elles l'augmentent : car en lui donnant pleinement conscience de sa force et de son empire sur lui-même elles lui font sentir plus complètement son bonheur. « Quand mon corps soutenu par une bonne conscience, dit Sénèque, serait consumé tout vivant sur le bûcher, j'aimerais cette flamme à travers laquelle ma fermeté brillerait de tout son éclat. »

Les mêmes idées se retrouvent chez Plotin, le chef de l'école néoplatonicienne d'Alexandrie (IIIe siècle après J.-C.), un mystique et un ascète, pour qui le mal n'est rien; selon lui, les plaintes et les sanglots dont le monde retentit prouvent non pas l'existence du mal mais la lâcheté humaine. « L'adversité ne diminue en rien le bonheur du sage. Si le sort de ses parents, de ses amis l'afflige, l'affliction n'atteindra pas la partie intime de son être; elle ne se fera sentir qu'à cette partie de l'âme qui est privée de raison et dont il ne partagera pas les souffrances. »

Si on oubliait les beaux côtés du stoïcisme on serait tenté de souscrire en lisant de pareilles exagérations au jugement sévère de Malebranche.

De même qu'il est ridicule de dire aux hommes de ne point sentir de douleurs lorsqu'on les frappe, ou de ne point sentir de plaisir lorsqu'ils mangent, ainsi les Stoïciens n'ont pas raison... lorsqu'ils nous prêchent de n'être point affligés de la mort d'un père, de la perte de nos biens, d'un exil, d'une prison et choses semblables, et de ne point nous réjouir dans les heureux succès de nos affaires; car nous sommes unis à notre patrie, à nos biens, à nos parents, par une union naturelle, et qui présentement ne dépend point de notre volonté... Leur orgueil leur soutient le courage, mais il n'empêche pas qu'ils ne souffrent effectivement la douleur avec inquiétude et qu'ils ne soient misérables.

Malebranche est un idéaliste pourtant et n'est pas suspect d'un trop grand attachement à la matière.

En réalité, la douleur n'est point un mal *moral*, elle n'est pas incompatible avec la vertu, mais elle est incompatible avec le bonheur, elle est un mal *sensible*, et tant que l'honnête homme sera ici-bas exposé à souffrir, l'harmonie entre la vertu et le bonheur ne sera pas réalisée. Le paradoxe stoïcien n'est pas inoffensif et comporte, lui aussi, des conséquences dangereuses.

Comment compatir aux souffrances d'autrui et vouloir leur venir en aide si l'on se persuade qu'elles ne sont point un mal, comment s'attacher à réformer les iniquités sociales si l'on estime qu'il ne dépend pas des hommes de faire obstacle à notre bonheur ? Descartes séduit par la morale stoïcienne avait pris pour règle de conduite « de tâcher toujours plutôt à se vaincre que la fortune et à changer ses désirs plutôt que l'ordre du monde »; la règle est bonne si l'on entend par là qu'il faut modérer ses désirs et montrer du courage dans l'adversité, mais il ne faudrait pas trop facilement faire de nécessité vertu au point de prendre son parti de tout, ni exagérer l'indifférence à l'égard des biens extérieurs. La maxime : « Supporte et abstiens-toi », appliquée à la rigueur serait la consécration de toute tyrannie et de toute injustice; et la croyance que tout est bien rend impossible le progrès.

En somme, malgré la part de vérité contenue dans les doctrines extrêmes que nous venons d'examiner, ni l'une ni l'autre n'est satisfaisante et chacune a ses dangers. On doit se faire une opinion qui se concilie à la fois avec l'expérience et avec les exigences de la raison. Pour cela, il faut considérer les diverses conséquences agréables ou pénibles qui résultent des actes conformes ou contraires au devoir; elles tiennent à une certaine harmonie partielle existant entre la loi morale et les lois psychologiques, physiques et sociales; on peut y voir autant de récompenses et de châtiments constituant les sanctions terrestres ou expérimentales de la loi morale.

III. Les sanctions terrestres. Sanction psychologique ou morale, la conscience. — Nous distinguerons la sanction psychologique, la sanction physique et la sanction sociale.

C'est une loi de la sensibilité que nul perfectionnement de notre être ne va sans le plaisir et la joie, nulle déchéance sans la douleur et la tristesse. La première récompense d'une bonne action c'est le sentiment même du devoir accompli qu'on appelle la satisfaction morale; l'âme alors est en paix avec elle-même, se sent dans l'ordre, éprouve une légitime fierté, et cette joie d'une douceur infinie se traduit chez l'homme de bien par la sérénité du visage, le calme et la dignité de l'attitude. Le témoignage d'une bonne conscience a une valeur inestimable, il est l'élément principal du bonheur; et dans l'adversité il tempère l'amertume des plus grandes douleurs. L'idée seule que pour obtenir certains biens on eût dû perdre l'estime de soi-même, rend leur privation facile à supporter. « Comment te plaindrais-tu, dit Épictète, de n'avoir pas la faveur des grands, de n'être pas admis à leurs festins? Tu as certainement quelque chose qui est préférable, c'est de n'avoir pas flatté celui que tu méprisais, et de n'avoir pas subi l'insolence des esclaves préposés à sa porte. »

Le premier châtiment d'une action mauvaise au contraire c'est le remords, sentiment complexe où domine la honte de l'avilissement volontaire avec le dégoût de soi-même, et dont la crainte du châtiment social ou surnaturel n'est qu'un élément accessoire. L'émotion est si forte, le trouble si grand que parfois le coupable vient se dénoncer lui-même à la justice afin de se purifier par la douleur physique et de trouver quelque calme dans l'expiation; parfois aussi il est en proie à des hallucinations terribles et sa raison finit par sombrer dans la folie. Sans parler des cas extrêmes et des derniers crimes, l'âme de l'homme vicieux, en dehors de la honte même que produit en elle la conscience de sa dégradation, est agitée, inquiète, en guerre avec elle-même, en proie aux désirs inassouvis, aux passions tyranniques et insatiables qui ne laissent jamais de repos. Le désordre intérieur s'exprime au dehors par les gestes brusques et violents, les contractions du visage, la physionomie tourmentée. Le vice en un sens est bien une maladie de l'âme, comme l'a dit Platon, et on en souffre ; souffrance méritée car la maladie ici est volontaire. Toutes les jouissances qui proviennent des autres biens, des richesses, des honneurs, des prospérités de toutes sortes sont corrompues et comme empoisonnées chez celui qui n'a pas le bien par excellence, la santé de l'âme. Socrate avait raison de répondre quand on lui demandait si le grand roi était heureux : « Je n'en sais rien, car j'ignore quel est l'état de son âme par rapport à la justice. »

Nous n'avons pas exagéré l'importance de la récompense et des peines de la conscience [1] ; cependant cette sanction a ses imperfections et est loin d'être absolument satisfaisante. Nous voyons que le bonheur n'est pas possible sans la vertu, mais non pas que la vertu suffit au bonheur. Un homme meurt dans une bataille, victime obscure du devoir ; il éprouve certes en tombant la noble joie du devoir accompli, mais il meurt un jour de défaite, et l'angoisse patriotique étreint son cœur, le souvenir des siens qu'il a abandonnés pour marcher à la frontière s'impose à lui avec la suprême inquiétude sur

---

1. Cette sanction est appelée souvent sanction individuelle par opposition aux sanctions sociales provenant de la vie en société.

leur sort, et il souffre d'autant plus cruellement qu'il est plus généreux et qu'il aime davantage; tous les raisonnements des Stoïciens ne parviendront pas à démontrer que son bonheur égale sa vertu et que son mérite n'est pas supérieur à sa destinée. D'autre part, le châtiment doit être proportionné à la faute; or, loin de croître avec le démérite, le remords s'affaiblit peu à peu en vertu des lois de l'habitude à mesure qu'on s'enfonce dans le mal, et tel criminel endurci devenu sourd à la voix de sa conscience éprouve moins de peine pour un odieux forfait qu'une âme scrupuleuse pour une faute vénielle. Enfin, à mesure qu'un homme devient meilleur, il éprouve, il est vrai, moins de difficulté à se vaincre, il goûte davantage la douceur d'une vie pure; mais aussi sa conscience devient plus délicate, plus exigeante, le regret de rester encore si loin de son idéal s'accroît et l'empêche de jouir pleinement du bien qu'il fait.

La sympathie, l'opinion publique. — L'homme est un être éminemment sociable, c'est encore une loi de la sensibilité que l'individu par la sympathie participe aux joies et aux douleurs de ses semblables; celui qui remplit ses devoirs envers sa famille, envers sa patrie, envers les hommes en général, fait des heureux autour de lui et contribue à accroître le bien de tous; le plaisir qu'on lui doit se réfléchit nécessairement sur lui-même; rien de plus doux au cœur que la vue du bonheur dont on est la cause. L'homme égoïste, intempérant, injuste, fait le malheur des siens, nuit à ceux qui ont des rapports avec lui; et tant que son cœur n'est pas encore entièrement fermé à la pitié, le spectacle des maux dont il est l'auteur ne saurait le laisser insensible. De plus les autres jugent moralement nos propres actions comme nous les jugeons nous-mêmes ; ils éprouvent à notre égard selon les cas, l'estime ou le mépris, l'horreur et l'admiration. Or nous sommes ainsi faits que la considération nous est infiniment précieuse et qu'au contraire le déshonneur nous pèse cruellement. « Quelques possessions que l'homme ait sur la terre, dit Pascal, de quelque santé et commodité essentielles qu'il jouisse, il n'est pas satisfait s'il n'est dans l'estime des hommes. »

Voilà donc encore des récompenses et des peines toutes morales, toutes spirituelles comme la satisfaction intérieure et le remords qui s'y ajoutent et en augmentent l'efficacité. Pas plus que la sanction de la conscience cependant, celle de l'opinion publique n'est infaillible et ne répond à notre sentiment de justice. En effet, les hommes se trompent souvent dans l'opinion qu'ils ont les uns des autres, soit qu'ils portent des jugements téméraires et méconnaissent le mérite, soit qu'ils rendent à l'hypocrisie les hommages dus à la vertu. L'histoire a trop souvent à réviser les arrêts des contemporains, bien des héros obscurs disparaissent sans gloire, et la foule s'obstine pendant des siècles dans son admiration pour des génies funestes qui devraient soulever son indignation. Enfin l'habitude encore émousse la douleur de la honte ; les malfaiteurs trop aisément se font un front qui ne sait plus rougir et en arrivent à braver l'opinion cyniquement, plaçant même un misérable orgueil dans l'horreur qu'ils inspirent.

Il convient d'ajouter que si la considération

publique a une haute valeur par elle-même, elle a des conséquences fort importantes encore au point de vue du bonheur. L'homme de bien peut avoir des amis, qui contribuent au charme de son existence, le méchant a des associés ou des complices, mais il ignore les bienfaits de la véritable amitié qui se fonde sur l'estime réciproque et le désintéressement. L'homme dont la réputation est intacte trouve dans la confiance qu'il inspire un appui pour réussir dans sa carrière, pour arriver aux situations les plus recherchées. Au contraire, le commerçant dont la probité est suspecte perd tout crédit, ordinairement la clientèle fuit l'avocat ou le médecin déconsidérés, le fonctionnaire perdu d'honneur a sa carrière brisée.

Sanction naturelle ou physique. — Le dérèglement de la conduite entraîne habituellement de graves conséquences au point de vue matériel, et c'est là ce qu'on appelle la sanction naturelle ou physique. L'homme qui s'adonne aux passions sensuelles compromet sa santé par ses excès; ainsi l'ivrogne s'expose aux plus cruelles maladies, à une mort prématurée ou, pis encore, à la folie la plus terrible. Même toute passion perverse est funeste à l'organisme, le jeu occasionne des maladies de cœur, l'envie ronge suivant l'expression courante, elle affecte des organes essentiels, le foie, l'estomac; une ambition démesurée, la cupidité entraînant à violer les règles de l'hygiène, amènent un épuisement rapide et une vieillesse précoce.

Lorsqu'on raconte, dit le médecin aliéniste anglais Maudsley, qu'un homme a perdu la raison ou s'est tué par excès de travail intellectuel, la vérité neuf fois sur dix sinon dix fois, est que les inquiétudes, les craintes, les déceptions, l'envie, la jalousie, les souffrances d'un amour-propre exagéré ou des chagrins analogues ont été les causes réelles de ce désastre; or ces causes ont toutes leur point de départ dans un sentiment personnel excessif. Les passions déprimantes, et les pensées du même genre qu'elles mettent et entretiennent en activité, exigent une large dépense de force nerveuse...; les nerfs font faillite [1].

La sobriété, la régularité de la vie, la paix de l'âme sont parmi les causes les plus efficaces de la santé, et la santé est le premier des biens matériels, un des éléments principaux du bonheur.

Le travail, quand la tempérance s'y joint, produit d'ordinaire l'aisance, tandis que la paresse et les vices nous exposent à la misère; or si l'on peut être fort malheureux au sein de la richesse, on ne saurait être heureux dans l'indigence, et nous avons là un nouvel exemple de cette pénalité produite par les conséquences naturelles des actes.

Toutefois si l'accord de l'honnête et de l'utile se trouve souvent réalisé par une sorte d'harmonie paraissant exister entre les lois de la nature et la loi morale, il s'en faut bien qu'il en soit toujours ainsi, et les plaintes contre l'indifférence et la dureté de la nature sembleraient justifiées en plus d'un cas. Un enfant meurt dans de cruelles souffrances et il n'a pu faire mal encore; cet homme a été accablé toute sa vie des plus pénibles infirmités malgré une conduite exemplaire, et un autre, grâce à la vigueur de sa constitution native, a pu à peu près impuné-

---

[1]. *Le crime et la folie.* (Bibliothèque scientifique internationale.)

ment braver les règles de l'hygiène comme celles de la morale. La pleurésie n'épargne pas plus le citoyen dévoué qui vient d'opérer un sauvetage qu'un malfaiteur qui a voulu mettre la rivière entre la police et lui. Joseph de Maistre a prétendu que toutes les maladies ont leur source dans quelque vice proscrit par l'évangile (il est mort d'ailleurs d'une des maladies qu'il avait désignées comme résultant des péchés les plus graves, l'apoplexie) ; c'est là une étrange théorie dont on peut rapprocher cette autre plus répandue : nul ne tombe dans la pauvreté que par sa faute. Mais une mauvaise santé, le manque de sens pratique, la malhonnêteté d'autrui, causent la ruine de plus d'un homme laborieux et honorable ; et combien au contraire peuvent s'abandonner sans danger à l'oisiveté et aux plaisirs grâce à une fortune qu'ils n'ont point gagnée ni méritée !

Sanction légale. — Les hommes en s'inspirant des idées d'utilité et de justice ont contribué eux-mêmes par les institutions sociales et les lois pénales à produire un accord partiel de la vertu et du bonheur. Ils ont établi des distinctions honorifiques, des pensions, des situations élevées pour les grands services rendus à l'État, et surtout des peines pour les actes qui menacent la sécurité publique. Les récompenses sont fort appréciées ; les châtiments sont redoutables : bien que l'on entende souvent louer ou critiquer l'adoucissement du régime des prisons, il est encore fort dur et il n'est pas douteux que le criminel frappé par les tribunaux n'ait fait au point de vue du bonheur un très mauvais calcul. Mais il convient de remarquer que la justice humaine n'est pas infaillible : malgré le progrès des institutions, il arrive encore que des intrigants obtiennent par faveur ce que le vrai mérite se voit refuser; il devient, il est vrai, de plus en plus rare que des innocents soient condamnés, et les moyens dont la police dispose pour atteindre les malfaiteurs sont de plus en plus efficaces; mais enfin il y a encore des erreurs judiciaires et des crimes impunis. Puis, tous les individus mauvais et vicieux ne tombent pas sous le coup des lois ; nous savons qu'elles n'atteignent point les intentions coupables, ni les fautes contre la morale individuelle, ni les infractions au devoir d'assistance, parfois pires que l'injustice même.

Le but des législateurs est seulement de faire respecter les droits, ils ne se proposent pas d'établir une sanction complète de la loi morale, ils ne le doivent pas et, en tout cas, ils n'y sauraient parvenir.

CHAPITRE XII

SANCTION SUPÉRIEURE. LA VIE FUTURE ET DIEU

I. Importance et insuffisance des sanctions terrestres. — Le véritable optimisme. — Le progrès; ses limites. — La vie future; les postulats de la loi morale (Kant). — Le désintéressement et la foi dans la justice divine.
II. Les preuves classiques de l'immortalité de l'âme. — Les preuves de l'existence de Dieu. — Principes de la religion naturelle.
III. La morale indépendante. — Rapports du sentiment religieux et du sentiment moral.

I. Importance et insuffisance des sanctions terrestres. — Quand on fait le bilan des biens et des maux sensibles que les actions bonnes ou mauvaises moralement attirent sur leur auteur dans la vie actuelle, on se convainc à la fois de l'efficacité et de l'insuffisance des sanctions terrestres. L'expérience montre en somme que l'honnête se concilie souvent avec l'intérêt bien entendu et que les sacrifices faits au devoir ont en ce monde même d'importantes compensations; mais visiblement aussi l'accord entre la vertu et le bonheur est incomplet, la récompense n'est pas proportionnée au mérite ni le châtiment à la faute. L'ordre l'emporte sur le désordre, mais l'ordre est imparfait. Faut-il pour cela douter de la justice et croire que les exigences de la raison n'ont pas de fondement? Non; d'une part nous en voyons assez pour affirmer que les chances d'approcher du bonheur ici-bas sont plus grandes pour l'homme de bien que pour le méchant;

et d'autre part si l'effort pour bien faire eût toujours et immédiatement procuré à son auteur des jouissances équivalentes, le désintéressement ne pouvait plus subsister et le mérite disparaissait.

Le véritable optimisme. Le progrès, ses limites. — L'expérience n'autorise point à désespérer ; rien ne nous empêche d'aller au delà de l'expérience et, sur la foi de la raison, d'affirmer qu'un jour tout sera bien. C'est là une forme supérieure de l'optimisme ; il ne nie pas le mal, mais il croit à la prépondérance du bien dans le présent et à son triomphe définitif dans l'avenir. Il y a deux manières encore de comprendre cette doctrine : les uns considèrent la réalisation du souverain bien comme possible sur cette terre dans l'avenir de l'humanité ; les autres croient que c'est dans un monde transcendant et après que l'individu a achevé son existence ici-bas qu'elle doit avoir lieu. La première de ces théories contient une part de vérité, mais elle doit être complétée par l'autre qui constitue l'optimisme le plus rationnel.

Le monde tend vers la perfection et, pour s'en convaincre, il suffit de jeter un regard sur le passé et de considérer les progrès accomplis sur la terre depuis l'origine de l'humanité, la transformation du globe par notre activité, les forces de la nature asservies, la diminution graduelle des misères et des iniquités sociales, le règne de la raison se substituant de plus en plus à celui de la violence. Il ne s'ensuit pas que fatalement l'ordre sera réalisé dans ce monde par l'action bienfaisante des lois naturelles, mais que les libres efforts de l'homme pour améliorer sa condition doivent être couronnés de succès. C'est là une conception consolante et fortifiante ; ainsi celui qui a fait du bien pendant sa vie, qui travaille à la réalisation de l'idéal peut mourir avec cette conviction qu'il a accompli une œuvre durable puisque l'humanité n'est pas condamnée à une agitation stérile, puisqu'elle est perfectible, puisque toute idée généreuse finira par se réaliser. Toutefois l'optimisme qui en resterait là risquerait d'être chimérique et incomplet : bien des douleurs pourront être épargnées aux générations à venir grâce aux progrès de l'industrie et des institutions sociales, les nobles plaisirs de l'intelligence réservés aujourd'hui à un petit nombre deviendront peut-être accessibles à tous avec la diffusion des lumières et l'accroissement des loisirs; mais en mettant les choses au mieux, de cruels malheurs subsisteront toujours pour des êtres mortels; les plus généreux souffriront encore de la perte de ceux qu'ils ont aimés, les plus satisfaits de la vie redouteront d'en être privés, et la pensée de la mort viendra gâter toute cette félicité dont cet âge d'or de l'avenir évoque dans nos esprits la séduisante image. Le souverain bien ne sera jamais réalisé sur la terre. Puis ces jouissances réservées aux générations futures feront-elles que les hommes d'aujourd'hui et d'autrefois n'ont point souffert, leurs espérances doivent-elles être trompées et leur destinée rester incomplète?

La vie future; les postulats de la loi morale (Kant). — Leibniz, Kant et les philosophes spiritualistes contemporains tels que V. Cousin ont donné une solution plus satisfaisante du problème de notre destinée. Sans négliger la considération du progrès collectif de l'humanité sur la terre, ils admettent la possibilité du progrès de l'individu après la dissolution de l'organisme grâce à l'immortalité de l'âme. La vie future doit rendre possible la réparation des injustices que laissent subsister les sanctions actuelles et permettre à l'honnête homme d'achever l'œuvre de perfectionnement interrompue par la mort. L'immortalité de l'âme, selon Kant, est un *postulat* de la loi morale : puisque c'est un devoir pour nous de travailler à la réalisation du souverain bien, *il faut croire* que le souverain bien est possible. Or ni la moralité complète ni la félicité absolue ne sont de ce monde; la perfection morale ne peut être obtenue que par un progrès indéfini de l'âme, il faut donc que la personne survive et survive indéfiniment, en d'autres termes soit immortelle. D'autre part, l'équitable répartition des biens et des maux et la récompense suprême de la vertu par le bonheur ne sauraient être assurées par le jeu de forces aveugles agissant mécaniquement dans l'univers; on doit donc croire que le monde est gouverné par une volonté souverainement puissante, souverainement sage, souverainement juste, il faut que Dieu soit; la croyance au devoir implique la croyance en Dieu; l'existence de Dieu comme l'immortalité de l'âme est un postulat de la loi morale. La morale s'achève par la religion naturelle. Nous ne pouvons établir cette vérité par l'expérience comme une loi physique, elle ne peut être prouvée à la façon des théories mathématiques par une démonstration qui fasse violence à l'esprit et ferme la bouche à tout contradicteur, mais nous voulons que Dieu soit par cela même que nous voulons le bien; la foi en Dieu est méritoire comme la vertu elle-même, et si l'on y réfléchit, c'était une condition de la moralité que des preuves semblables à celles des sciences positives ne pussent imposer aux intelligences une adhésion fatale et qu'un élan de la libre volonté dût suppléer aux lumières de la raison.

Une certaine ignorance, dit Kant, est la condition du désintéressement; la vue claire de Dieu et de l'éternité avec leur majesté redoutable aurait pour conséquence nécessaire d'entraîner par la crainte notre soumission à la loi morale et de faire dégénérer la conduite de l'homme en un pur mécanisme où, comme dans un jeu de marionnettes, tout gesticulerait bien, mais où l'on chercherait en vain la vie sur les figures.

Le désintéressement et la foi dans la justice divine. — La croyance à la sanction divine a été attaquée par des moralistes sévères comme contraire au désintéressement de la vertu; l'argumentation de Kant est une première réponse à l'objection. Il y en a une autre; l'homme de bien qui espère en Dieu, ne fait point un calcul de probabilités comme celui dont parle Pascal : pariez que Dieu est, il y a une éternité de bonheur à gagner, et pour cela, vous ne renoncez qu'à des plaisirs misérables qui ne doivent durer que quelques années. Non; il renonce aux plaisirs coupables parce qu'ils sont coupables, il s'efforce de se perfectionner, parce que c'est son devoir, et s'il croit au triomphe final de la justice et du bien, ce n'est point le fait d'une âme mercenaire. Il ne rêve pas un paradis comme celui de certaines religions inférieures, où pour prix des privations qu'il se sera imposées ici-bas il goûtera sans fin les voluptés qui lui étaient interdites, où il boira le nectar à pleines coupes comme les dieux de l'Olympe. Il espère être uni pour toujours à ceux qu'il a aimés, il compte posséder à jamais les vérités qu'il aspirait de connaître, il croit à la réalisation de l'idéal pour lequel il a lutté. L'ordre commencé en ce monde est incomplet, il s'attend à un monde meilleur où l'ordre définitif soit assuré. On a comparé le sage à un artiste occupé à façonner son âme sur un divin modèle, le chef-d'œuvre rêvé n'est jamais terminé quand la mort arrive, et les Stoïciens reconnaissaient qu'il n'y avait jamais eu de sage véritable. « Quelle femme parfaite je deviendrais, disait Mme de Sévigné, si je vivais deux cents ans ! » Les deux cents ans achevés, sa noble ambition n'eût point encore été satisfaite, car l'amour du bien tend à l'infini. Celui qui entreprend cette tâche immense tire à lui l'éternité selon la forte expression de Fichte. Les meilleurs d'entre nous sont ceux qui se rendent le mieux compte de leur imperfection, comme les plus savants sont ceux qui se plaignent le plus des bornes du savoir humain. Le vœu de trouver dans une perfection plus grande la récompense de la perfection acquise provient de la conscience d'un droit sacré et non d'un calcul égoïste, alors même que le bonheur est attaché à sa réalisation.

II. **Les preuves classiques de l'immortalité de l'âme.** — La preuve de l'immortalité de l'âme fondée sur l'idée du mérite est appelée preuve morale ; on y joint ordinairement deux autres arguments, l'un tiré de la spiritualité de l'âme, dit argument métaphysique, l'autre tiré des aspirations de notre cœur, dit argument psychologique. Puisque l'âme est distincte du corps, elle peut lui survivre ; puisqu'elle est une et simple, elle ne saurait périr par décomposition ; on est conduit ainsi à affirmer que la substance de l'âme durera éternellement. Mais ce que les hommes espèrent, c'est que la personnalité ne sera pas anéantie, c'est que l'âme gardera la conscience et le souvenir, continuera sans fin à penser, à aimer, à jouir de sa liberté. Ce vœu, cette espérance, ces aspirations vers l'infini peuvent être interprétés comme une preuve de notre immortelle destinée, autrement il y aurait une disproportion incompréhensible entre l'élan imprimé par le Créateur à notre être et les limites qui lui seraient assignées. Le principe de la raison qui conduit à juger de la destination d'un être d'après sa nature s'appelle le principe des causes finales.

Les preuves de l'existence de Dieu. Principes de la religion naturelle. — De même en dehors de la preuve de l'existence de Dieu tirée des notions morales, les philosophes ont eu recours à divers arguments pour justifier et expliquer la présence du sentiment religieux dans l'humanité. L'universalité même de la croyance à la divinité a été considérée comme une marque de sa légitimité (preuve du consentement universel). L'existence d'une religion si imparfaite soit-elle, chez les peuples les plus anciens et les plus sauvages, est au moins un signe que l'idée de Dieu est autre chose qu'une conception philosophique qu'il s'agirait d'introduire par la vertu d'un raisonnement dans des esprits ne l'ayant point encore. La théologie rationnelle ou théodicée, sans avoir recours aux livres sacrés ni aux révélations traditionnelles, sur lesquels se fondent les théologies proprement dites, se propose de donner les preuves susceptibles de convertir en conviction raisonnée la croyance spontanée du genre humain à l'existence de Dieu. Son but est, en d'autres termes, de découvrir les principes de la religion naturelle.

On a classé les arguments dans les écoles et on a distingué ainsi des preuves physiques, des preuves métaphysiques et des preuves morales. Sans entrer dans le détail, bornons-nous à rappeler les raisonnements les plus célèbres et les plus capables d'agir sur l'âme.

La preuve sensible et populaire par excellence, selon l'expression de Fénelon qui l'a éloquemment exposée, c'est la preuve physique dite des causes finales (on entend par cause finale la fin ou le but en vue duquel une chose est faite, qui est sa raison d'être et en un sens sa cause; ainsi la vision est la cause finale de l'œil, de même que l'indication de l'heure est la cause finale d'une montre). L'argument peut se résumer ainsi : Tout ce qui marque de l'ordre et des moyens propres à réaliser certains effets montre aussi une fin expresse, un dessein formé et doit avoir par conséquent une cause intelligente. Or, le monde présente une ordonnance harmonieuse et des systèmes de moyens et de fins, particulièrement chez les êtres vivants. Donc le monde doit avoir une cause intelligente, et c'est cette cause qu'on appelle Dieu. Voltaire disait :

L'univers m'embarrasse, et je ne puis songer
Que cette horloge existe et n'ait point d'horloger.

Il n'est pas dans notre plan d'entrer ici dans le détail des discussions auxquelles ce raisonnement a donné lieu depuis Socrate, chez qui on le rencontre pour la première fois, jusqu'à Kant, le critique sévère de toute application de la raison à la métaphysique. Rappelons seulement les paroles de ce dernier : « L'âme doit être arrachée à toute irrésolution sophistique comme à un songe, à la vue des merveilles de la nature et de la structure majestueuse du monde... »

L'argument devient plus saisissant encore si l'on ajoute : la nature contient des êtres raisonnables capables de poursuivre des fins et d'agir avec intention. Or « quelle plus grande absurdité, selon le mot de Montesquieu, qu'une fatalité aveugle qui aurait produit des êtres intelligents [1] ! »

L'homme, par sa raison, conçoit l'idée du parfait ou de l'infini; elle ne peut avoir été mise en lui que par l'être parfait qui l'a créé; elle est, dit Descartes, comme la marque de l'ouvrier empreinte sur son ouvrage. Telle est la principale des preuves métaphysiques; elle acquiert plus de force si l'on ajoute que l'être parfait ainsi conçu par l'esprit agit puissamment sur le cœur, et il y a bien de la profondeur dans cette exclamation d'un philosophe mystique : « Un seul soupir de l'âme vers le meilleur, le futur et le parfait est une démonstration plus que géométrique de l'existence de Dieu. »

III. La morale indépendante. — Cependant il existe une école de moralistes contemporains qui, tout en s'accordant avec les rationalistes sur la nature du devoir et du droit, se refusent à admettre la

---

1. Voltaire, qui contrairement à une opinion répandue n'était nullement athée pas plus que J.-J. Rousseau, dit de même : « Produire sans intelligence des êtres qui en ont! cela est-il concevable? » (*Dictionnaire philosophique*.)

notion de Dieu comme couronnement de la doctrine des mœurs; leur système s'appelle la *morale indépendante*. Le plus célèbre d'entre eux a été Proudhon (philosophe socialiste, m. en 1865). Ils soutiennent que la morale doit être affranchie de toute dépendance à l'égard des religions, même de la religion naturelle, et qu'il faut la constituer scientifiquement en dehors des discussions auxquelles donnent lieu les problèmes métaphysiques. Cette thèse contient une part de vérité qu'il est bon de mettre en lumière, mais ne porte pas contre la doctrine que nous avons exposée. Longtemps la morale est restée confondue avec la tradition religieuse, et la règle des mœurs ne se distinguait pas du dogme mystérieux et surnaturel. « Dans les vieilles théocraties de l'Orient, dans les civilisations brahmanique, égyptiennne, bouddhiste, la morale émane du temple; c'est du fond des sanctuaires que se promulgue la loi régulatrice des mœurs; le prêtre absorbe en lui toutes les forces intellectuelles, toutes les lumières, tous les genres d'autorité hiératique et législative [1]. » En Grèce, Socrate affranchit la morale en fondant son enseignement sur la connaissance de l'âme et les données de la conscience; comme toute science elle eut ses principes propres reconnus par la raison en vertu de leur seule évidence, et pour gouverner la vie humaine elle ne fit appel à aucune autorité étrangère. Bien plus, elle servit à juger la mythologie hellénique et condamna celles des antiques légendes concernant les dieux de l'Olympe qui étaient en

---

[1]. Caro, *Problèmes de morale sociale*, chap. I.

contradiction avec la loi naturelle. Socrate par exemple n'admettait pas que ce fût un devoir pour Agamemnon de sacrifier sa fille parce qu'un oracle le lui avait prescrit; la véritable piété consistait pour lui à ne pas admettre que les dieux pussent ordonner un tel crime et à croire au contraire que leur volonté est toujours conforme à l'idée de la justice telle que nous la trouvons en nous-mêmes. En d'autres termes, le bien moral n'est pas tel parce que Dieu le veut, mais Dieu le veut parce que c'est le bien; l'origine de l'idée de justice n'est point un décret arbitraire; le fondement du devoir n'est pas une puissance tyrannique à laquelle nous serions soumis comme des esclaves sans comprendre la raison des ordres reçus, c'est un être souverainement bon qui nous fait connaître sa volonté par la bonté même de sa loi. Aussi, à mesure que les hommes sont devenus meilleurs, ils se sont fait une plus haute idée des perfections divines; et si en étudiant l'histoire des religions on les compare entre elles, on juge qu'une religion est supérieure à une autre lorsque sa morale est plus pure.

Mais de ce que la science du devoir ne se déduit pas de la science de Dieu, il ne s'ensuit pas qu'elle n'ait avec elle aucun lien et qu'on puisse se dispenser de s'élever à la métaphysique pour compléter et consacrer les théories de la morale. Toute science repose sur des vérités que notre raison connaît mais qu'elle n'a point faites, et quand on veut se rendre compte du fondement de la certitude, on est conduit à penser à un être qui a établi les lois du monde et dont la raison est le principe de la vérité.

Rapports du sentiment religieux et du sentiment moral. — Les principes de la morale sont en nous en ce sens que c'est dans notre conscience que nous les découvrons. Mais d'où vient l'autorité que nous leur attribuons? Nous croyons que, pour réaliser l'ordre dans notre conduite, il faut en certains cas sacrifier nos désirs qui sont en nous aussi, braver les souffrances et la mort elle-même dont nous avons une horreur instinctive. N'est-ce pas parce que nous admettons qu'une loi, connue de nous mais non point faite par nous, a été assignée à notre volonté par l'auteur des choses, et que c'est à la condition de lui obéir que nous accomplirons notre destinée. Supposons que le monde soit abandonné au hasard, qu'il n'y ait dans les choses qu'un enchaînement nécessaire de phénomènes sans but, pourquoi donc nous croirions-nous obligés d'obéir à notre raison? Nous serions conduits à considérer la notion du devoir comme une illusion produite fortuitement dans un cerveau pensant et à laquelle il serait chimérique de faire le moindre sacrifice. Mais si l'on croit en Dieu, si l'on croit que le monde est gouverné par la raison, qu'une Providence veille sur nos destinées et pourvoit à ce que la justice soit réalisée, l'autorité que la loi morale exerce sur notre volonté s'explique par son origine, le devoir est conçu comme un commandement divin, notre raison apparaît comme l'interprète de la sagesse souveraine, source de toute vertu et de toute perfection. Le sentiment religieux, en s'ajoutant au sentiment moral, lui donne plus d'efficacité, et il empêche l'âme de se laisser déconcerter et décourager par le spectacle du mal en ce monde. Dans les circonstances critiques où la loi morale exige un grand sacrifice, l'homme lève naturellement les yeux vers le ciel; c'est ce qu'exprime admirablement le vers de Corneille :

Faites votre devoir, et laissez faire aux dieux!

DEUXIÈME PARTIE

MORALE PRATIQUE. APPLICATIONS

CHAPITRE XIII

DEVOIRS INDIVIDUELS. LA CONSERVATION DE SOI-MÊME LES PASSIONS

I. Les applications du devoir. Division de la morale pratique. — Distinction des devoirs; leurs rapports entre eux.
II. Les devoirs individuels; leur fondement. — Le respect de soi-même. — Division des devoirs individuels. Leur solidarité.
III. Devoirs négatifs et positifs concernant le corps. — La responsabilité dans le suicide : application des principes.
IV. Devoirs envers l'âme. — Devoirs relatifs à la sensibilité. La tempérance. — L'ascétisme; son histoire. — Critique; la part du vrai.

I. Les applications du devoir. Division de la morale pratique. — D'après les principes que nous avons établis, le devoir pour l'homme est de se perfectionner, d'atteindre le plus haut degré d'excellence dont il est capable, et nous savons que c'est en s'attachant à développer en lui les facultés propres de l'humanité, les attributs de la personne, qu'il y parviendra. Il nous reste à présent à déterminer les principales applications du devoir; nous aurons par là même à traiter la question des droits qui est inséparable de celle des devoirs sociaux. Les devoirs sont le plus souvent répartis en trois groupes d'après les diverses personnes à l'égard desquelles nous avons à les remplir, à savoir notre propre personne, la personne de nos semblables et enfin la divinité qui est conçue aussi comme une personne. De là vient la division usuelle de la morale pratique en trois parties : la morale individuelle ou personnelle, la morale sociale et la morale religieuse (il s'agit ici de la religion naturelle).

Cependant nous avons encore des rapports avec les êtres inférieurs à nous, les animaux, les plantes, les choses extérieures en général; aussi certains moralistes trouvent cette division incomplète et reconnaissent en outre une morale *réelle*, comprenant nos devoirs envers les choses. L'expression de morale réelle (*res*, chose, en latin) doit être rejetée comme ambiguë; mais il est incontestable que, en dehors de toute considération d'intérêt personnel ou social, la manière dont nous traitons les êtres inférieurs n'est point indifférente moralement; et bien que les animaux ne soient point des personnes, la cruauté à leur égard est coupable. Il y a là des devoirs que tous les philosophes admettent aujourd'hui, mais qu'on fait en général rentrer dans l'une ou l'autre des divisions consacrées.

Distinction des devoirs, leurs rapports entre eux. — La division classique a été attaquée encore comme péchant non par défaut mais par excès; elle ne serait pas irréductible. Les uns ont voulu faire rentrer tous les devoirs dans la morale sociale, d'autres dans la morale religieuse, d'autres enfin s'il me plaît, et personne n'a le droit de m'en empêcher, je suis majeur, je suis libre! En un sens cela est vrai. L'État n'a pas à intervenir, sauf le cas de folie ou de faiblesse d'esprit avérée, dans la vie privée d'un homme pour le contraindre à ménager ses forces ou ses ressources. Légalement il est dans son droit en menant une existence désordonnée; moralement, non : il fait un mauvais usage de sa liberté, il manque au devoir et devant sa conscience il est responsable.

Division des devoirs individuels. Leur solidarité. — Il existe donc vraiment des devoirs individuels. Quels sont-ils, en quoi consistent-ils? Ils dérivent de notre nature même. Or la nature humaine est double, elle comprend l'âme et le corps; aussi on distingue à juste titre les devoirs qui concernent le corps et les devoirs envers l'âme. L'âme et le corps sont étroitement unis, ces devoirs sont solidaires; qui néglige les soins envers le corps atteint indirectement les facultés spirituelles, car les maladies physiques compromettent la santé morale; et qui manque à un devoir envers l'âme, nuit souvent au corps du même coup. Les passions mauvaises telles que la jalousie ou la passion du jeu ont un retentissement funeste dans les organes; le courage au contraire est un tonique puissant par exemple dans une épidémie.

D'autre part, le corps n'étant qu'un instrument, les devoirs qui le concernent sont au fond des devoirs envers l'âme et sont subordonnés aux autres; c'est un devoir de conserver sa vie, mais c'est un devoir supérieur de ne pas commettre de bassesse, de lâcheté, et dans le cas où, pour éviter la mort, il faudrait sacrifier son honneur, on doit suivant le mot d'un ancien renoncer à la vie plutôt que de perdre ce qui en fait le prix.

III. Devoirs négatifs et positifs concernant le corps. — La loi morale est à la fois prohibitive et impérative, elle défend de faire le mal et ordonne de faire le bien ; dans le premier cas, le devoir est appelé négatif, dans le second il est positif. La distinction n'a pas une valeur absolue, car un même devoir peut se formuler d'une manière négative ou positive : « ne manque pas à ta promesse », « tiens ta promesse » ; mais elle est commode pour l'exposition ; tantôt nous sommes obligés de nous abstenir d'un acte dont l'idée se présente à nous et tantôt de l'accomplir. D'après cela, d'une part il nous est interdit d'attenter à nos jours, de mutiler notre corps, de compromettre sans nécessité notre santé ; d'autre part, il nous est prescrit de faire ce qui est utile à la conservation de notre vie, au développement des forces physiques. Le suicide est défendu, certaines mesures d'hygiène, certains exercices corporels sont commandés.

Herbert Spencer est un des philosophes qui ont insisté avec le plus d'énergie sur ce qu'il appelle la *moralité physique*. Il montre dans son livre de l'*Éducation* que les conséquences du *péché physique* sont souvent aussi funestes pour ceux qui s'en rendent coupables et pour les générations futures que celles des fautes les plus graves. Au siècle dernier, le moraliste français Volney, dans la *Loi naturelle*, se plaçait au même point de vue lorsqu'il mettait la propreté au rang des vertus, « parce qu'elle influe puissamment sur la santé du corps et sur sa conservation ».

La responsabilité dans le suicide : application

des principes. — Le suicide est manifestement un acte contraire aux principes que nous avons établis. Si le but de la vie était le plaisir, il y aurait lieu de discuter pour savoir si cet acte de désespoir est conforme ou non à l'intérêt bien entendu et s'il n'est pas le plus souvent une suprême imprudence : les épicuriens pouvaient être fondés à l'admettre au moins dans certains cas ; mais puisque nous sommes sur terre pour nous perfectionner et que la perfection n'est jamais atteinte, c'est manquer volontairement à sa destination que de se tuer, c'est se dérober au devoir, c'est, comme le disait Platon, déserter le poste où la divinité nous a placés. La plupart des hommes aiment la vie, quelques-uns souhaitent de la quitter, mais le désir ne suffit pas à justifier l'acte ; de même que l'individu le plus attaché à l'existence, doit affronter la mort, celui qui en est le plus dégoûté doit avoir le courage de vivre pour obéir à la loi morale dont le suicide empêche de remplir les obligations. Kant reproche avec raison aux stoïciens leur inconséquence lorsqu'ils soutiennent que le sage peut sortir librement de la vie comme on sort d'une chambre pleine de fumée, eux qui se disaient doués d'une force supérieure aux mobiles sensibles les plus puissants.

En se détruisant lui-même pour échapper à un état pénible, il use de sa personne comme d'un moyen qui aurait été destiné à entretenir en lui un état agréable jusqu'à la fin de la vie. Mais l'homme n'est pas une chose, c'est-à-dire un objet dont on puisse user simplement comme d'un moyen ; il faut toujours le considérer dans toutes ses actions comme une fin en soi. Je ne puis donc disposer en rien de l'homme en ma personne, le mutiler, le dégrader ou le tuer [1].

L'interdiction du suicide se déduit nécessairement de la morale du devoir. Mais il serait injuste de l'assimiler à l'assassinat et en général aux crimes contre la personne d'autrui, ou de voir en lui l'acte le plus radicalement immoral, sous prétexte que le retour au bien et le repentir sont par lui à tout jamais rendus impossibles. L'antiquité a été indulgente pour le suicide; par la suite on a dépassé la mesure en sens contraire. On a été jusqu'à édicter des peines contre le coupable : après sa mort, son cadavre était traîné dans les rues sur une claie et ses biens confisqués. De nos jours la conscience publique semble s'être arrêtée à une opinion plus équitable : le blâme qui s'attache à la mémoire du désespéré est mitigé par la pitié et ne le flétrit pas au même degré qu'un malfaiteur. Il a renoncé à faire le bien, à développer sa personnalité, mais il est moins coupable encore que celui qui vit pour le mal dans le vice et dans le crime. Certes il fait mal puisqu'il renonce à la lutte, puisqu'il prive sa famille, sa patrie, ses semblables des services qu'il devait leur rendre, puisque par la contagion de l'exemple il exerce une influence funeste sur les esprits faibles : nous n'atténuons pas sa responsabilité; mais enfin l'ivrogne qui se tue, parce qu'il n'a pas le courage de se corriger, tout en voyant l'indignité de sa conduite, est moins criminel que celui qui continue à s'avilir et à faire le malheur des siens qu'il ruine et maltraite jusqu'au moment où il meurt de la folie

---

[1]. *Métaphysique des mœurs.*

alcoolique. Le banqueroutier qui, au lieu de travailler à réparer le mal qu'il a causé, se donne la mort, ne doit pas être jugé aussi sévèrement que s'il eût vécu non pour revenir au bien mais pour faire de nouvelles dupes.

On ne doit pas se borner à dire que, dans le suicide comme dans l'assassinat, il y a homicide, meurtre d'un homme : dans le premier cas, la mort est volontaire; dans le second, il y a attentat non seulement contre la vie, mais contre la liberté. Puis il faut sortir de l'abstrait, et considérer les mobiles et les circonstances concrètes dans lesquelles l'acte coupable a lieu. Sans entrer dans le détail des raisons qui portent un homme à se tuer, elles dénotent en général une âme moins corrompue que celles qui arment le bras des malfaiteurs de profession. On aurait tort d'admirer son courage, comme on le fait parfois; pour celui qui a pris l'existence en dégoût, il n'est pas besoin d'une grande énergie pour mourir, le courage véritable alors serait précisément de vivre, et le désespoir est une défaillance, une marque de faiblesse, et relativement de lâcheté. Cependant la lâcheté alors n'a pas le caractère ignoble qui soulève notre indignation lorsque le fort exerce sa violence sur le faible ou lorsqu'un bandit frappe dans un guet-apens un malheureux sans défense.

Il est intéressant d'appliquer dans cette question les principes de la morale théorique concernant la responsabilité. Tantôt l'homme qui se tue connaît le bien, mais fait le mal; tantôt sa conscience est égarée et il obéit à une idée fausse du devoir; tantôt il a perdu la raison.

Dans le premier cas, il est coupable et son démérite est d'autant plus grand que les devoirs qui s'imposaient à lui étaient plus précis et plus importants, d'autant moindre que les maux dont il souffrait étaient plus graves et la résistance à la triste tentation plus difficile. Un père qui a recours au suicide, laissant ses enfants dans la misère quand il pouvait en luttant les faire vivre, un homme d'État qui se laisse dominer par un chagrin privé, abandonnant sa tâche quand son pays est en danger, sont particulièrement criminels. Un malheureux qui, après avoir lutté longtemps, perd courage et cherche dans la mort un refuge contre de cruelles douleurs physiques ou morales, ne mérite pas le mépris au même titre que l'individu paresseux ou blasé qui a voulu échapper au travail ou à l'ennui.

Sous l'influence de certaines croyances religieuses ou philosophiques, le suicide a été et est encore considéré comme un droit et même comme un devoir. Il est autorisé par le brahmanisme chez les Hindous pour celui qui a accompli certains devoirs, et c'est un moyen pour l'ascète purifié de s'unir à Dieu et de trouver la béatitude; des fanatiques dans certaines sectes bouddhistes offrent en masse leur vie en holocauste à la divinité. Nombre de stoïciens se sont donné la mort, convaincus de la légitimité de leur action; Zénon, parvenu à un âge avancé, étant tombé en sortant de son école, vit là un avertissement de la nature et s'étrangla, dit-on, sur-le-champ. Dans tous ces cas, l'acte est déraisonnable, jamais l'homme ne cesse d'être sujet du devoir et ne peut considérer sa tâche comme achevée; mais l'idée du mal n'existant pas, il n'y a pas eu de crime. C'est encore à un égarement de la conscience qu'il faut rapporter des suicides, tels que celui de Beaurepaire se brûlant la cervelle pour n'être pas obligé de rendre la place qu'il commandait. Mais celui qui se tue après une action déloyale ou une condamnation infamante n'est pas poussé par un sentiment légitime de l'honneur : il a voulu se soustraire au châtiment du mépris public, tandis que l'honneur véritable exigeait qu'il expiât sa faute et s'efforçât de la réparer.

Enfin beaucoup de suicides, un tiers environ suivant certaines statistiques, sont commis sous l'influence de la folie, une folie souvent héréditaire, ou du délire accidentel occasionné par un accès de fièvre; il s'agit alors d'individus irresponsables. Un moraliste contemporain dans une belle étude sur le suicide conclut ainsi : « Laissons à Dieu le soin de faire, d'une main équitable et sûre, la part du délire et celle de la liberté. Ne nous pressons pas de condamner. Gardons inflexiblement les principes; mais abstenons-nous de juger trop vite et disons comme la foule assemblée autour du cadavre de ce suicidé : Le malheureux ! [1] » S'il faut rejeter pour soi-même, quand la pensée de l'acte mauvais se présente, les excuses par lesquelles on cherche à diminuer sa propre responsabilité, car dès qu'on les discute on est en possession de sa raison, il faut faire au contraire la part la plus large aux circonstances atténuantes quand il s'agit d'autrui.

IV. Devoirs envers l'âme. — On peut diviser les devoirs envers l'âme d'après les facultés que la psy-

---

1. Caro, *Nouvelles Études morales.*

chologie distingue en elle et reconnaître des devoirs à l'égard de la sensibilité et du cœur, à l'égard de l'intelligence et enfin de la volonté. Le principe de tous ces devoirs, c'est toujours la dignité de la personne humaine. La distinction des devoirs négatifs et des devoirs positifs est commode encore ici : on ne doit pas avilir l'âme, amoindrir sa valeur; il faut, en outre, développer le mieux qu'on peut les excellentes facultés qu'elle possède. La morale commande le respect de soi-même et le perfectionnement de soi-même.

Devoirs relatifs à la sensibilité. La tempérance. — La vertu qui consiste dans l'accomplissement des devoirs concernant la sensibilité a été appelée par les anciens : la tempérance. Mais ce mot doit être pris dans un sens très large; la tempérance ainsi entendue ce n'est pas seulement l'habitude d'éviter tout excès dans la satisfaction des besoins du corps, c'est la modération dans toute espèce d'inclination individuelle, qu'il s'agisse de l'amour de la propriété, de l'ambition, de l'amour du jeu comme de la recherche des plaisirs physiques. L'homme tempérant contiendra ses désirs dans de justes limites, les empêchera de dégénérer en passions tyranniques et dégradantes, maintiendra l'équilibre et l'ordre dans son âme. La sobriété n'est qu'un cas particulier de la tempérance, l'économie bien comprise en est un autre, ou encore la modestie; l'avare et le prodigue sont intempérants chacun à leur manière.

L'ascétisme; son histoire. — La tempérance ne doit pas être confondue avec l'*ascétisme*. Cette expression désigne la vie et la doctrine des hommes qui ne se bornent pas à soumettre à la règle les penchants naturels, mais qui veulent les détruire, qui non seulement ne font pas du plaisir le bien suprême, mais le considèrent comme un mal et voient au contraire dans la douleur une chose indifférente ou même un bien. Quoique moins fréquent et moins dangereux que l'épicurisme (au sens usuel de ce mot), l'ascétisme a eu ses partisans à toutes les époques de l'histoire, et malgré son élévation morale il n'est pas non plus sans péril.

Il se rencontre dès la plus haute antiquité dans les religions de l'Inde qui comptent par centaines de millions leurs sectateurs, et il y est porté à un degré incroyable. Le fanatique bouddhiste ne se borne pas à renoncer à la vie, il se fait encore un mérite de savourer pour ainsi dire dans des tortures raffinées une longue agonie. Dans le culte plus ancien des brahmanes, les pratiques les plus dures et les plus étranges sont expressément recommandées pour consommer la perfection de l'homme qui a bien vécu.

Qu'il se roule à terre ou se tienne debout tout un jour sur la pointe des pieds... En été qu'il supporte les cinq feux, pendant la saison des pluies qu'il n'ait d'autre abri que les nuages, en hiver qu'il porte des vêtements humides, augmentant par degrés ses austérités [1].

Bien que le génie hellénique fût plus ami de la mesure, l'ascétisme a été professé et pratiqué en Grèce dans plusieurs sectes philosophiques : les Pythagoriciens s'abstiennent de manger la chair des animaux, les Cyniques vivent en mendiants et condamnent non seulement les plaisirs du corps mais

1. *Lois de Manou.* Traduction Strehly.

encore ceux que procurent la famille, la société, l'art et la science ; Diogène sans le savoir se conforme à la loi de Manou lorsqu'au plus fort de l'été il se roule dans le sable brûlant et marche pendant l'hiver nu-pieds sur la neige ou presse contre sa poitrine nue les statues glacées.

Les stoïciens, moins intempérants en général dans leurs austérités, condamnent toute affection comme une faiblesse. Les néoplatoniciens, sous l'influence des idées orientales et s'attachant à cette pensée de Platon que la vie est la méditation de la mort, s'efforcent de vivre comme de purs esprits et traitent le corps en ennemi au lieu d'y voir un instrument nécessaire ; c'est pour eux un tombeau, une prison, une *tunique* gênante (une guenille, dira le personnage de Molière).

L'esprit ascétique a dominé au moyen âge chez beaucoup de mystiques qui croyaient que mortifier le corps c'est travailler pour l'âme et se soumettaient à toute espèce de privations et de macérations ; il a produit en éducation cette discipline rude et même cruelle que Montaigne condamne avec tant de force dans les collèges de cette époque.

Dans les temps modernes, les Puritains en Angleterre ont poussé à l'extrême la rigidité des mœurs et, à l'époque de Cromwell, ils voulurent imposer à tous leur manière de vivre.

Une ordonnance, rapporte Macaulay, défendit toutes les représentations théâtrales. Les salles de spectacle devaient être démolies, les spectateurs punis d'amende, les acteurs fouettés. Le zèle des soldats était encore plus formidable que celui des magistrats. Dans chaque village où ils paraissaient, leur arrivée mettait fin aux danses, au carillon des cloches, aux jeux,... les ménétriers étaient conduits en prison.

Pascal est un des hommes qui ont poussé le plus loin les pratiques ascétiques. Il s'était imposé en entrant à Port-Royal de renoncer à tout plaisir.

Il appliqua cette maxime avec une vigilance continuelle au milieu des cruelles souffrances que la maladie lui causait, refusant à ses sens tout ce qui leur était agréable, ne repoussant rien de ce qui pouvait leur déplaire pour sa nourriture, quelque dégoût qu'il eût. Il se tenait éloigné du monde, mais s'il jugeait de son devoir d'engager une conversation avec des personnes qui venaient le consulter, il mettait alors à nu sur sa chair une ceinture de fer pleine de pointes, et lorsqu'il lui venait quelque pensée de vanité ou qu'il prenait quelque plaisir au lieu où il était, il se donnait des coups de coude pour redoubler la violence des piqûres [1].

Critique; la part du vrai. — La véritable tempérance n'est point ce fantôme à étonner les gens, comme parle Montaigne, capable de précipiter les âmes dans le mal en les décourageant du bien [2]. Ici peuvent s'appliquer les vers de Molière :

> La parfaite vertu fuit toute extrémité
> Et veut que l'on soit sage avec sobriété.

En quoi consistera dans ce cas le juste milieu? A ne pas lâcher la bride aux passions, à ne pas s'as-

---

[1]. *Vie de Pascal*, par Mme Périer.
[2]. L'adage : rien de trop, convient ici; mais il ne saurait servir de règle de morale dans tous les cas : il est inapplicable par exemple aux vertus héroïques. La vertu n'est pas la médiocrité dans la pratique du bien; et ce qui la distingue du vice ce n'est pas une différence de degré mais une différence de nature.

servir à la volupté, mais à goûter sans scrupule les plaisirs compatibles avec la dignité humaine, qui n'enlèvent pas à l'intelligence sa vigueur, et laissent la volonté maîtresse d'elle-même. La santé de l'esprit, comme celle du corps, exige à de certains moments la distraction, et il y a des joies innocentes qui contribuent à resserrer l'union entre les hommes.

Il est d'un homme sage d'user des choses de la vie,... de se réparer par une nourriture modérée et agréable, de charmer ses sens du parfum et de l'éclat verdoyant des plantes, d'orner même son vêtement, de jouir de la musique, des jeux, des spectacles et de tous les divertissements que chacun peut se donner sans dommage pour personne.

Ces paroles sont de Spinoza dont les principes métaphysiques sont fort critiquables, mais dont la vie fut un modèle de tempérance et de dignité [1].

« C'est un vice, dit saint François de Sales, que d'être si rigoureux, agreste et sauvage, qu'on ne veuille prendre pour soi ni permettre aux autres aucune sorte de récréation »; et il autorise même la danse « pour peu de temps, et non jusqu'à se lasser ou étourdir », et à condition qu'elle soit accompagnée « de modestie, de dignité et de bonne intention ».

Cependant l'ascétisme, s'il ne doit pas être pris

---

1. « C'est une chose incroyable, dit son biographe, combien Spinoza était sobre et bon ménager... Si sa manière de vivre était fort réglée, sa conversation n'était pas moins douce et paisible... Il savait se posséder dans sa colère et dans les déplaisirs qui lui survenaient. — Un de ses amis voulut un jour lui faire présent d'une somme de deux mille florins pour le mettre en état de vivre un peu plus à son aise; il s'excusa civilement sous prétexte qu'il n'avait besoin de rien. »

comme la règle habituelle des mœurs, ni être identifié avec la vertu, peut se justifier à certains points de vue et dans de certaines limites. Le mot grec *askêsis* signifie exercice, et les pratiques ascétiques ont été souvent considérées comme des exercices par lesquels l'âme se prépare à bien remplir ses devoirs et se fortifie pour la lutte contre les tentations coupables ; dans ce cas, elles seront des moyens pour se guérir du vice et constitueront une discipline exceptionnelle dans les crises morales. Ainsi l'abstinence pourra être utile en telle occasion à la santé de l'âme pourvu qu'elle n'aille pas jusqu'à compromettre la santé du corps ; ainsi une personne trop tendre aux séductions de la vie mondaine pourra se condamner quelque temps à la retraite sans que la solitude soit pour cela l'état normal de l'homme de bien. Le moyen ne doit pas être pris pour le but. Kant a donné le nom d'*ascétique* à cette partie de la morale pratique qui traite des moyens de devenir vertueux, mais il combat l'ascétisme proprement dit. « La gymnastique morale, dit-il, ne consiste que dans la victoire mesurée qu'on remporte sur ses appétits naturels pour pouvoir se maîtriser dans les circonstances périlleuses à la moralité. »

On a cru pouvoir encore justifier l'ascétisme comme un moyen d'expiation des fautes commises. Le poète latin Térence a mis en scène un vieillard qui, par remords de la sévérité excessive qu'il avait montrée à l'égard de son fils, s'imposait les plus durs travaux : tel serait le sentiment qui animerait l'ascète devenu pour lui-même son propre bourreau ; les joies illicites seraient compensées par des douleurs volontaires et la faute réparée. Mais il y a là encore un égarement de la conscience; la véritable réparation consisterait non pas à s'infliger de stériles souffrances et un lent suicide, mais à employer sa vie à une œuvre utile, si pénibles que soient les sacrifices qu'elle exige. Ce jeune homme rompt avec des habitudes désordonnées et, par repentir pour tout le mal qu'il a fait autour de lui, il s'engage, réclame un poste de danger et meurt au besoin en combattant pour la patrie et la civilisation; cette femme se met en paix avec sa conscience en se consacrant au service des malades ou des pauvres : alors encore il y a place pour la joie, et le devoir est accompli allégrement et de bonne humeur; ce n'est pas comme chez l'ascète le renoncement systématique à toute satisfaction dans la pensée que la douleur humaine est agréable à Dieu et que, pour obtenir le bonheur au ciel, il faut beaucoup souffrir ici-bas.

CHAPITRE XIV

DEVOIRS INDIVIDUELS (Suite)
L'INTELLIGENCE ET LA VOLONTÉ

I. Devoirs relatifs à l'intelligence. La sagesse ou prudence. — Les diverses opinions sur la vertu intellectuelle. — La valeur morale du savoir. — La culture esthétique. — La fausse science. Dangers de l'ignorance. — La dignité de la raison. Le devoir de s'instruire.
II. La prudence proprement dite. — « Connais-toi ! » — La sincérité vis-à-vis de soi-même.
III. Devoirs relatifs à la volonté. — Les différentes formes du courage. — Le cœur, la raison et la force d'âme.
IV. Le travail. — La dignité personnelle. — La fierté. L'orgueil. L'humilité.

I. Devoirs relatifs à l'intelligence. La sagesse ou prudence. — Bien que l'analyse distingue plusieurs facultés dans l'âme, la vie psychologique est une, les faits qui s'y produisent sont solidaires les uns des autres : aussi les devoirs relatifs à la sensibilité concernent en même temps l'intelligence ; pratiquer la tempérance, c'est empêcher que la raison soit subordonnée aux passions ; la sensualité est funeste à la pensée et produit cet état de dégradation que la langue courante appelle d'un terme aussi exact qu'énergique : l'abrutissement. Par exemple chez celui qui se donne aux excès de table, toute la vitalité de l'organisme est absorbée par la digestion comme chez certains animaux, il n'en reste plus pour le travail cérébral.

Cependant, il convient de considérer les devoirs

qui sont spécialement relatifs à l'intelligence, ce sont ceux dont la pratique engendre cette vertu appelée sagesse ou prudence que les moralistes anciens et modernes ont mise au nombre des quatre vertus fondamentales ou cardinales. Comme son véritable rôle dans la perfection de l'être humain n'a pas toujours été bien compris, quelques développements sont nécessaires.

Les diverses opinions sur la vertu intellectuelle.
— Primitivement et étymologiquement, la sagesse désigne la vertu relative à l'intelligence ; le mot par extension a servi à désigner la vertu tout entière et non plus seulement une qualité spéciale de l'âme. En effet, les moralistes ont en général vu dans la culture intellectuelle plutôt un moyen pour apprendre à faire son devoir, qu'une fin ayant sa valeur par elle-même. Socrate, en se plaçant à ce point de vue, faisait le plus grand cas de la connaissance de soi-même, mais dédaignait les sciences de la nature ; Cicéron recommande de ne pas consacrer trop de temps ni de peines aux études spéculatives, ajoutant que tout le prix de la vertu est dans l'action. Nicole, dans la *Logique de Port-Royal*, déclare n'estimer les sciences qu'autant qu'elles servent d'instruments pour former le jugement ; considérées en elles-mêmes et pour elles-mêmes, elles seraient inutiles. Malebranche regarde « l'astronomie, la chimie et presque toutes les autres sciences comme des divertissements d'un honnête homme », mais il redoute qu'elles ne dissipent l'esprit et ne lui fassent oublier la connaissance de l'âme ; Bossuet ne voit également dans les sciences profanes « qu'un divertissement de l'esprit », dont le danger est d'exciter l'orgueil.

J.-J. Rousseau va plus loin et, dans un paradoxe fameux, prétend que les sciences et les lettres sont fatales à la moralité humaine ; l'homme qui pense serait selon lui un animal dépravé, et la vie du sauvage ignorant serait préférable à la civilisation. De nos jours, Herbert Spencer soutient que l'enseignement en général et en particulier l'enseignement moral sont sans influence sur les mœurs.

La valeur morale du savoir. — C'est trop accorder à l'enseignement moral que de penser avec Socrate ou Descartes qu'il suffit de bien juger pour bien faire ; la science du devoir est une condition nécessaire, mais non pas suffisante de la moralité ; c'est trop présumer de l'instruction en général que de dire comme on l'a fait de nos jours qu'il suffit d'instruire les hommes pour les moraliser, et il était utile de combattre ces exagérations ; mais c'est tomber dans un excès contraire que de conclure à l'inutilité de l'enseignement moral, que de refuser d'admettre l'influence salutaire de la culture intellectuelle sur les mœurs, à plus forte raison que d'y voir un danger. Le savoir par lui-même a sa valeur propre, il est le bien de l'intelligence. En outre, il a une influence heureuse sur la moralité tout entière : la raison, en se perfectionnant, devient plus capable d'interpréter l'idéal et de comprendre le devoir. Les nobles travaux de l'esprit détournent d'ordinaire la pensée des intérêts mesquins, de la curiosité malveillante portée sur autrui, enfin de la poursuite des plaisirs grossiers. Sans doute la vertu ne se mesure pas à la science ; le cœur n'est pas toujours à la hauteur de l'esprit. Cependant la plupart des grands savants ont laissé d'admirables exemples de dignité et de vertu ; il suffit, pour s'en convaincre, de lire la vie de Kepler, de Galilée, de Descartes, de Spinoza, de Leibniz, de Newton, de Lavoisier, de Kant, d'Ampère, et nous ne pouvons pas citer tous les hommes illustres dont le caractère n'a pas été moins grand que le talent. Tout se tient dans le monde idéal comme dans l'univers physique, celui qui consacre son existence à découvrir l'ordre dans les choses est plus disposé à le réaliser dans sa conduite ; il y a une étroite parenté entre le vrai et le bien.

La culture esthétique. — L'union entre le bien et le beau n'est pas moins intime, peut-être même l'est-elle davantage ; c'est pourquoi, malgré les moralistes moroses qui auraient voulu bannir des sociétés la poésie et les beaux-arts, les mœurs n'ont pas moins à gagner à la culture esthétique de l'âme qu'à l'éducation scientifique ; l'une et l'autre se complètent. « L'impression du beau, dit un ancien, est comme un air pur et serein qui apporte à l'âme la santé. »

Il faut accorder à Bossuet et à Rousseau qu'il y a de mauvais romans, de mauvaises pièces de théâtre, des auteurs et des artistes dont les œuvres exercent une influence corruptrice ; mais l'abus doit-il faire condamner l'usage ? Non ; il s'agit de faire un choix parmi les livres et les spectacles. Ni Corneille, ni Racine, ni Molière n'ont trouvé grâce devant les jansénistes et devant Bossuet : cependant la lecture de leurs œuvres élève l'esprit. L'admiration que provoquent les personnages héroïques au théâtre échauffe l'âme, y fait éclore les généreuses pensées et les bonnes résolutions ; certaines scènes de comédie contiennent les leçons de morale les plus efficaces, elles aident l'homme à se connaître lui-même, et si on ne veut y voir qu'un divertissement, il n'est guère de récréation plus saine qu'une représentation de l'*Avare* ou du *Misanthrope*.

La fausse science. Dangers de l'ignorance. — Le savoir, surtout un savoir superficiel, engendre parfois la vanité ; mais on la rencontre plus souvent encore jointe à l'ignorance. Quelques-uns cherchent dans la littérature et dans l'art plutôt des émotions rares et subtiles qu'un aliment solide pour l'intelligence ; indifférents à la vérité, ils considèrent comme un jeu toute spéculation intellectuelle : ce défaut est désigné aujourd'hui sous le nom de dilettantisme ; ou encore ils dédaignent les devoirs de la vie active pour la contemplation oisive. C'est pour de tels esprits qu'il a été dit : « Malheur à la connaissance stérile qui ne se tourne point à aimer ! » Il n'en reste pas moins vrai que le devoir de l'homme est, comme l'a dit Pascal, de travailler à bien penser.

La distinction des devoirs négatifs et positifs est assez malaisée à appliquer au sujet de l'intelligence ; ne pas perfectionner son esprit, c'est le dégrader, il faut faire le bien, s'instruire pour ne pas tomber dans le mal ; le mal pour l'esprit c'est l'erreur : or l'ignorance engendre l'erreur. L'esprit qu'on ne cultive pas est comme ces champs fertiles laissés en friche où poussent les mauvaises herbes à défaut des bonnes. Rousseau vantait l'heureux état des sauvages et des paysans sans instruction ; mais là où les vérités n'ont pu s'établir, se développent les erreurs et les préjugés souvent les plus funestes. « L'âme du sauvage est tatouée d'images plus monstrueuses que celles qui recouvrent leur corps » ; et les preuves à l'appui de cette parole ne manquent pas, il suffit de rappeler leurs coutumes féroces et leurs sanglantes superstitions.

La dignité de la raison. Le devoir de s'instruire. — On peut distinguer la sagesse spéculative ou science et la sagesse pratique ou prudence proprement dite. Savoir pour savoir est un bien, savoir pour agir en est un autre. La recherche de la vérité ne doit pas être confondue avec la curiosité vulgaire et l'indiscrétion. C'est respecter en soi-même la dignité de la raison que de ne point dissiper les forces de son esprit sur des choses frivoles, des questions mesquines, des détails insignifiants. « Les aigles et les lions, dit Plutarque [1], replient leurs serres en marchant, de peur d'en émousser les pointes; les curieux doivent aussi prendre garde de ne pas user sur des objets dangereux cette ardeur de savoir et d'apprendre qui leur est naturelle. » La curiosité légitime, celle qui engendre la science, c'est le désir de découvrir la raison des choses pour les comprendre. On peut appeler avec Malebranche cette qualité la force de l'esprit; elle est inséparable de la liberté de l'esprit. « Ne rien admettre pour vrai qu'on ne l'ait reconnu évidemment être tel »; cette règle de la méthode donnée par Descartes peut être considérée aussi comme un précepte moral. Il est contraire à la dignité personnelle d'asservir sa pensée à la parole d'autrui, et par

---

[1]. L'auteur des *Vies des hommes illustres* a été aussi un moraliste délicat, donnant comme un directeur de conscience des règles toutes pratiques pour l'éducation de soi-même dans ses petits traités sur *la Curiosité*, *le Bavardage*, *l'Utilité des ennemis*, etc. Voir Gréard, *la Morale de Plutarque*.

paresse d'esprit, par insouciance, par une humilité de mauvais aloi, d'adopter des opinions toutes faites sans réfléchir, de répéter ce que les autres ont dit en se dispensant de penser par soi-même. N'est-ce pas traiter indignement la raison humaine que de suivre la routine sans examen, et se ravaler au rang de l'animal que de se faire l'esclave d'habitudes aveugles?

Le devoir de s'instruire est un devoir large en ce sens qu'on ne peut pas, dans une formule générale, lui fixer des limites précises; la règle est de perfectionner son esprit le plus possible. Tous les hommes ne sauraient s'initier à toutes les découvertes de l'astronomie, des mathématiques ou de la physique, tous ne peuvent devenir non plus des littérateurs. Vivre d'abord, philosopher ensuite, dit un ancien adage. Mais personne n'est condamné par sa situation sociale à une ignorance absolue aujourd'hui que l'instruction est donnée à tous, et il dépend de chacun, après avoir quitté l'école, de compléter plus ou moins l'enseignement reçu; plus l'individu a de loisirs, de ressources, d'aptitudes naturelles, et plus il a le devoir de s'éclairer et de cultiver son intelligence.

II. La prudence proprement dite. — Le devoir d'acquérir les connaissances nécessaires à l'exercice d'une profession, celui de former son jugement et de s'habituer à discerner le vrai du faux, rentrent plus précisément dans la prudence. Aux yeux des utilitaires, tous les devoirs se ramènent à la prudence, leur théorie est fausse; mais il est vrai que la prudence peut être considérée comme un devoir. L'homme se doit à lui-même par dignité personnelle encore de ne pas agir à l'étourdie et à la légère, de prévoir les conséquences de sa conduite, de ne prendre aucune résolution de quelque importance sans réflexion suffisante. La prudence est aussi la condition pour accomplir comme il convient nos différents devoirs. C'est une importante qualité professionnelle chez un médecin, un avocat, un notaire, un diplomate, un politique, chez tous ceux auxquels sont confiés les intérêts d'autrui, que la prudence; l'imprudence est une faute, dans certains cas même un véritable crime. Il ne suffira pas de dire pour s'excuser : je n'ai pas fait attention, ou je n'y avais pas pensé; c'est un devoir de réfléchir et de prévoir, devoir d'autant plus impérieux que les intérêts en jeu sont plus grands.

La prudence en ce qui concerne nos propres intérêts n'est pas non plus sans mérite : pourvu qu'elle ne dégénère pas en égoïsme et en lâcheté. Elle est impliquée dans le devoir de conservation personnelle, et celui-là y manque qui compromet sa santé ou expose sa vie sans qu'un devoir supérieur l'exige. Elle est nécessaire pour acquérir et pour conserver les biens extérieurs. Le commerçant ou l'industriel téméraire, le rentier même qui place ses fonds à l'aventure et sans garantie sérieuse paient cher leur imprudence et s'exposent à la ruine. L'économie qui épargne sur le superflu d'aujourd'hui pour assurer les dépenses nécessaires du lendemain est une application de la prudence. La pauvreté en elle-même n'est pas un vice, le proverbe a raison. Mais celui qui perd ses biens par sa faute est moralement responsable des conséquences de la situation à laquelle il s'est réduit. Il se met dans l'impossibilité de rendre service aux autres et même il leur devient à charge ; il s'expose par son désordre et son imprévoyance à compromettre sa dignité ou à céder aux plus dangereuses inspirations de la misère.

« **Connais-toi !** » **La sincérité vis-à-vis de soi-même.** — La connaissance de soi-même est un élément essentiel de la sagesse pratique. Au point de vue utilitaire, il importe à l'homme de se rendre compte le plus exactement possible de ses propres aptitudes afin de mesurer ses entreprises à son pouvoir. « Ne forçons point notre talent » ; mais l'excès de défiance envers soi-même d'où résulte une timidité nuisible est à éviter comme l'excès de confiance, quoiqu'il soit moins fréquent.

L'antique précepte « Connais-toi ! » a surtout une importance morale considérable, et cette sorte de prudence qui résulte d'un examen de conscience bien fait est la condition indispensable du perfectionnement de soi-même. Comment se corriger de ses vices si on ne les voit pas, à plus forte raison si on les prend pour des qualités ? Or l'homme est porté à se faire illusion sur son propre mérite, à se dissimuler ses défauts ; et bien que le mensonge implique rigoureusement un rapport entre deux personnes, l'une qui trompe et l'autre qu'on veut tromper, on peut cependant, sans contradiction, parler de mensonges internes ; nous nous mentons réellement et nous nous appliquons souvent à nous tromper nous-mêmes. La sincérité envers autrui est avant tout un devoir social bien que tout mensonge soit contraire à la dignité personnelle, la sincérité vis-à-vis de nous-mêmes est un devoir individuel, c'est la partie la plus excellente de la sagesse pratique. Les méchants qui, sur le point de commettre une infamie, s'avouent leur propre indignité et, comme le personnage de Racine, par exemple, s'excitent à perdre un infortuné pour se rendre heureux [1] sont rares et n'arrivent pas d'abord à cette impudente franchise ; dans le cas de Narcisse, ils tâchent plutôt d'excuser à leurs propres yeux leur trahison en se disant qu'ils se doivent d'abord au prince et à l'État. On veut faire taire la voix de sa conscience et conserver sa propre estime tout en faisant le mal. On donne « de favorables » noms à ses défauts : le lâche se dit qu'il est prudent, l'avare qu'il est économe, le médisant se pose en justicier, le fourbe se persuade qu'il prend légitimement des gages contre la mauvaise foi d'autrui. La passion est féconde en sophismes, et on ne manque pas d'arguments pour justifier la conduite la plus coupable : tel se croit un personnage supérieur, exceptionnel et comme tel au-dessus des obligations communes, tel autre allègue les nécessités du combat pour la vie et fait valoir pour son excuse une théorie scientifique qu'il connaît vaguement mais qu'il adopte avec ardeur en l'interprétant au gré de ses désirs.

Chacun est trop porté à se représenter les choses non telles qu'elles sont, mais telles qu'il les voudrait. On se fait une philosophie à la mesure de son caractère ; les opinions les moins vraisemblables paraissent certaines quand elles nous agréent, et nous révoquons en doute les vérités les plus manifestes quand elles nous déplaisent. Celui-ci est opti-

---

1. Et pour nous rendre heureux perdons les misérables !
(*Britannicus.*)

miste à outrance, il détourne les yeux du mal, afin de n'être troublé par aucun scrupule dans ses égoïstes jouissances, et celui-là trouve dans un pessimisme non moins excessif la raison qui le dispense de faire le bien : ne serait-ce pas folie quand le mal est nécessaire et infini que d'entreprendre d'y porter remède? On se dit d'abord à soi-même de telles choses sans conviction, et à force de les répéter on finit par les croire.

L'esprit est la dupe du cœur, selon le mot de La Rochefoucauld, mais les égarements de la pensée réagissent à leur tour sur le cœur et achèvent de le corrompre. La ferme volonté de voir clair en soi-même et d'arracher à l'intention mauvaise le masque sous lequel elle se dissimule, le respect absolu de la vérité, quelque pénible qu'elle soit et quelques sacrifices qu'elle impose, sont les premières conditions du bien. La règle suprême est d'obéir à sa conscience, mais le premier devoir est d'éclairer sa conscience et d'être sincère envers soi-même.

III. **Devoirs relatifs à la volonté.** — La vertu propre de la volonté est le courage. C'est la vertu la plus universellement appréciée, celle à laquelle s'attache le plus d'estime, tandis que son contraire, la lâcheté, est le vice le plus méprisé. La volonté est l'élément principal de la personnalité; si nous nous appartenons à nous-mêmes, si nous gouvernons notre existence, si nous sommes les causes responsables de nos actes, c'est parce que nous possédons la libre volonté. Les qualités du cœur et de l'esprit ne sont moralement méritoires qu'autant qu'elles dénotent le bon usage que nous avons fait de ces facultés, et la vertu de la volonté est le principe de toutes les autres; il faut du courage pour lutter victorieusement contre ses passions, il en faut pour donner par le travail à son intelligence tous les développements qu'elle comporte. En elle-même, la volonté est susceptible de dégradation et de perfectionnement, et rien ne saurait porter une plus profonde atteinte à notre dignité que l'affaiblissement ou l'asservissement de la volonté, ni l'élever plus haut que les progrès d'une âme de plus en plus forte et indépendante. Il y a donc des raisons profondes de tenir le courage en si haute estime; mais ces raisons ne sont, en général, que confusément aperçues, la perfection que ce mot désigne n'est pas comprise dans toute son étendue; la conception du bien de la volonté est incomplète et en partie fausse chez beaucoup d'esprits : l'analyse est nécessaire pour déterminer sur ce point important les véritables applications du devoir.

Les différentes formes du courage. — Au sens le plus étroit et le plus usuel, le courage désigne la force de la volonté qui surmonte l'horreur instinctive de la douleur et de la mort, et fait braver le danger dans une bataille, dans une émeute, dans un incendie ou toute autre occasion périlleuse. Les synonymes sont la valeur, la vaillance, la bravoure, l'intrépidité qui expriment des degrés ou des nuances du courage. On distingue à ce point de vue le courage militaire et le courage civil.

Mais là ne se borne pas l'emploi du mot courage. D'un homme qui supporte sans se plaindre la maladie ou l'adversité, qui ne se laisse pas abattre par le malheur, on dit qu'il est courageux; celui-là est courageux encore qui ne se rebute pas devant les difficultés d'une entreprise, qui se soumet à la fatigue, à un travail pénible pour arriver à son but. Il faut du courage pour reconnaître ses torts, pour braver le respect humain, pour rompre avec une habitude mauvaise, parfois même pour ne pas se donner la mort. Le courage au sens large est la force d'âme. Le courage s'appelle la patience et encore la résignation lorsque la force d'âme consiste à supporter le mal sans colère, sans désespoir, la violence est un signe de faiblesse plutôt que de force et est souvent unie à la lâcheté. La constance est plus spécialement l'énergie d'une volonté qui poursuit sans défaillance, en restant toujours d'accord avec elle-même, et malgré tous les obstacles, la réalisation d'un dessein légitime ; il ne faut attendre rien de bon de l'individu versatile et irrésolu à qui le caractère fait défaut.

Le cœur, la raison et la force d'âme. — Cependant il ne faudrait pas croire que par elle seule l'énergie de la volonté soit une vertu et constitue le courage ; elle en est la maîtresse pièce, mais pour mériter vraiment ce nom, il faut qu'elle soit accompagnée de sentiments élevés et s'exerce en harmonie avec la raison : le bien du cœur, le bien de l'esprit et le bien de la volonté sont solidaires. Le courage idéal est inséparable de la générosité et de la sagesse ; on doit toujours se rappeler l'unité de la vie morale. Etymologiquement le *cour*-age signifie l'ensemble des sentiments du cœur ; et avoir du cœur c'est non seulement avoir des sentiments généreux, mais du courage. L'enthousiasme sous toutes ses formes, l'amour de la patrie, l'amour de la liberté, l'amour de Dieu exaltent les courages. Platon faisait du courage la vertu du penchant irascible en tant qu'il est soumis à la raison. On admire, il est vrai, l'intrépidité même chez le criminel ; lâche, il est doublement méprisable : mais enfin, quoiqu'il y ait une certaine beauté dans un caractère énergique, on ne peut le considérer comme vertueux lorsqu'il se manifeste par des actes vicieux. De même si l'acte est inutile, s'il a été accompli par vanité, par gloriole ; ce n'est plus à proprement parler du courage mais de la témérité. Lorsque la fin est raisonnable et bonne, si loin que l'on pousse la fermeté devant le danger, il n'y a pas témérité ; le courage n'est pas un milieu entre la témérité et la lâcheté : il est d'une autre nature, car il est raisonnable. C'est ce qu'avaient compris les Stoïciens en le définissant : la force d'âme luttant pour la justice et pour le bien. On ne donnera pas le nom de vaillance à l'audace dans le mal, ni le nom de constance à l'obstination d'un caractère entêté qui persévère dans un projet déraisonnable. Lorsqu'une âme n'est pas dans l'ordre, l'énergie qu'elle déploie tourne à sa perte et cause sa servitude ; la liberté idéale ne saurait se trouver dans l'anarchie morale mais seulement dans l'obéissance à la loi du devoir.

IV. Le travail. — Le travail est pour l'humanité une nécessité, sans lui elle ne pourrait subsister ; mais il est aussi un devoir, sans lui elle ne saurait vivre moralement. Le travail est un devoir social ; celui-là même qui est né dans la richesse, s'il s'est abstenu de rien faire d'utile par lui-même, n'a pas rempli ses obligations envers ses semblables. Mais le travail est encore un devoir individuel ; il est la condition de notre grandeur morale. Par lui l'homme a créé la civilisation et s'est élevé si haut; par lui il s'est fait une vie plus conforme à sa dignité que l'existence misérable du sauvage. Enfin le travail est indispensable au perfectionnement de notre personnalité, grâce à lui le caractère se forme et la volonté se fortifie; dans l'inaction nos facultés s'étiolent, car une force qui n'agit pas se détruit, on perd le pouvoir de faire en ne faisant rien. L'intelligence s'engourdit ou se dissipe en rêveries stériles et en imaginations pernicieuses; la volonté n'étant pas stimulée et maintenue par les occupations régulières d'une vie laborieuse se détraque et se déprave, la passion règne en maîtresse. Le proverbe dit vrai, l'oisiveté est mère du vice.

On dit souvent que l'humanité est *condamnée* au travail, et il a été représenté comme un châtiment. C'est méconnaître son véritable rôle; il est plus juste d'y voir, en même temps que la condition des plus hautes vertus, un élément essentiel de notre bonheur. Cette thèse toutefois comporte des réserves : ce serait un paradoxe cruel de soutenir que le travail quel qu'il soit et dans toute situation est un bienfait. Il y a des besognes épuisantes et malsaines, des labeurs prolongés à l'excès dont l'esprit et le corps souffrent à la fois; le besoin oblige de pauvres gens à s'y astreindre. La raison ne voit pas en eux des coupables soumis à une expiation comme les prisonniers d'une colonie pénitentiaire, mais des malheureux dont il faut s'efforcer d'alléger le fardeau.

Le mal qui est là ne saurait être nié; il inquiète et tourmente les consciences : l'humanité a le devoir de le combattre. Les progrès accomplis dans le passé autorisent à croire qu'elle parviendra à en triompher. Si lourde qu'elle soit encore, la charge qui pèse sur le travailleur misérable est moins écrasante qu'autrefois : l'espoir que tous un jour pourront vivre avec une tâche mieux proportionnée à leurs forces n'est pas chimérique. Il ne s'agit pas de supprimer jamais l'effort et la fatigue, comme l'ont rêvé certains réformateurs de ce siècle; la chose n'est ni possible ni désirable. Ce qui rend l'homme digne de l'existence, c'est qu'il est obligé de la conquérir par une lutte de chaque jour; et il ne saurait goûter vraiment le bonheur que s'il l'a mérité. Mais il faut que le travail destiné à gagner la vie ne fasse pas une œuvre de mort; il faut qu'au lieu de déprimer l'âme et de l'asservir à la matière, il l'affranchisse.

Les philosophes pessimistes, tels que Schopenhauer, voient dans la loi du travail une loi absolument malfaisante qui condamne l'homme à souffrir sans trêve ni merci. Après les explications précédentes nous pouvons sans encourir le reproche d'un optimisme excessif contredire cette théorie. Le travail, selon le mot de Diderot, raccourcit la journée et étend la vie; il écarte l'ennui en même temps que le vice et le besoin. Le travail n'est pas un jeu, car il est un exercice réglé de l'activité en vue d'une fin utile; cependant il n'y a pas dans le chagrin de distraction plus efficace, il console ceux-là même qui ne veulent pas être consolés. Il implique d'abord une lutte contre nous-même, une contrainte volontaire pour discipliner nos facultés, et cependant on finit par l'aimer; peu à peu il devient un besoin. Il arrive souvent qu'on ne quitte pas sans regret une besogne à laquelle on ne s'était mis qu'avec peine.

Jours de travail! seuls jours où j'ai vécu!

s'écrie Alfred de Musset, qui se figurait pourtant « prendre en galère une rame à la main », quand il prenait la plume pour écrire. Combien d'hommes, après avoir soupiré après la retraite, regrettent dans le désœuvrement la vie active, les affaires! La nostalgie du travail accoutumé est un mal connu, dont parfois on meurt. Le triomphe de notre personnalité en lutte avec l'obstacle, la difficulté vaincue s'accompagne d'un sentiment d'allégresse; l'homme s'identifie en quelque sorte avec son œuvre.

Créer en dehors soi une œuvre que l'on dirige, dans laquelle on a mis son effort avec son empreinte et qui le représente d'une manière sensible, cette joie ne rachète-t-elle pas toutes les peines qu'elle a coûtées, les sueurs versées sur le sillon, les angoisses de l'artiste soucieux de la perfection, les découragements du poète, les méditations parfois si pénibles du penseur? (Caro, *le Pessimisme*.)

Il faut travailler pour vivre, il faut travailler pour vivre honnêtement, il faut travailler pour vivre heureux.

La dignité personnelle. — Les obstacles contre lesquels l'homme doit lutter pour conserver sa dignité et parvenir à la pleine possession de lui-même sont de plusieurs sortes : les uns sont tout intérieurs et consistent dans les passions; d'où le devoir de se vaincre soi-même; les autres viennent des résistances que la nature extérieure nous oppose; d'où le devoir du travail pour ne pas être opprimé et anéanti par elle; d'autres enfin résultent de nos rapports avec nos semblables. La vie sociale, en dehors des devoirs envers autrui, est l'occasion pour nous de devoirs personnels auxquels on peut plus spécialement donner le nom de devoirs de dignité. Le courage au sens précis, le courage dans la lutte contre les hommes est un de ces devoirs; mais au sens large, il est trop vague pour les exprimer tous suffisamment.

Nous avons le devoir de respecter le droit d'autrui et même d'en prendre la défense lorsqu'il est attaqué, point de moraliste digne de ce nom qui n'admettra cette vérité; mais on a méconnu parfois sous prétexte d'abnégation que c'est un devoir aussi de défendre son propre droit et de ne pas se laisser opprimer. On peut et on doit souvent renoncer à user d'un droit à l'égard d'autrui, il y a de la magnanimité à pardonner une injure; mais il y aurait lâcheté ou tout au moins oubli de sa dignité à ne pas résister à la violence et à souffrir que notre droit fût impunément foulé aux pieds. Au contraire, c'est un bel éloge à faire d'un homme que de dire : il a vaillamment combattu pour son droit, il est mort pour son droit.

L'intérêt, à défaut du devoir, excite habituellement les hommes à repousser l'injustice, et même ils se laissent plutôt entraîner par la passion de la vengeance au delà du droit de légitime défense. Cependant il arrive trop fréquemment que de lui-même, sous l'influence d'un sentiment intéressé, un homme abaisse sa dignité devant un autre homme. Ce n'est plus la lâcheté proprement dite, c'est la bassesse, la servilité. Kant, entre tous les moralistes, a flétri ce vice avec une singulière vigueur, rappelant les hommes au sentiment du véritable honneur par ces fières maximes : « Ne soyez ni parasites, ni flatteurs, ni mendiants. — Ne contractez point de dettes pour lesquelles vous n'offriez pas une entière garantie. — Ne recevez point de bienfaits dont vous puissiez vous passer. — Il est indigne d'un homme de faire des courbettes et de s'humilier devant un autre homme. Celui qui se fait ver a-t-il le droit de se plaindre ensuite qu'on l'écrase? »

La fierté. L'orgueil. L'humilité. — Les qualités opposées à la servilité et à la bassesse sont l'indépendance du caractère et la fierté. L'indépendance du caractère ne consiste pas à rejeter toute obligation sociale, à ne pas vouloir reconnaître de supérieur ou à refuser le respect aux personnes qui en sont dignes; on s'honore loin de s'avilir en se soumettant à l'autorité légitime, en rendant hommage au mérite. Ce qui répugne à une âme fière ce sont les pratiques destinées à désarmer une colère injuste ou à obtenir une faveur imméritée : le mensonge, l'hypocrisie, la flatterie, l'intrigue. Le mot fierté se prend parfois en mauvaise part, c'est que l'on confond le sentiment légitime qu'un homme a de sa dignité personnelle avec l'orgueil. Inversement on prend l'orgueil pour la fierté quand on en fait une vertu; mais, à vrai dire c'est un sentiment mauvais, né de l'opinion exagérée qu'un homme se fait de son mérite, et qui l'entraîne à vouloir abaisser les autres devant lui au lieu de l'empêcher seulement de s'abaisser devant eux. L'orgueil se concilie avec la bassesse chez l'ambitieux vulgaire qui s'humilie devant les puissants et cherche à humilier ceux qui sont au-dessous de lui. La modestie est au contraire compatible avec la fierté. L'humilité est un sentiment estimable ou non suivant la manière dont elle est comprise. Si elle provient d'une juste appréciation de notre imperfection, de nos défaillances dans l'accomplissement du devoir, elle est la condition du progrès moral et s'oppose à la présomption. Celui-là est un faux sage qui pense avoir atteint la perfection ou encore qui n'attribue qu'à son seul mérite des vertus auxquelles les circonstances, l'éducation reçue, les exemples des siens ont largement contribué. Mais si l'humilité consiste dans un mépris fanatique de la condition humaine selon l'expression de Kant, dans la croyance que nous sommes radicalement impuissants à faire quoi que ce soit de bon par nous-mêmes parce que notre nature serait foncièrement corrompue et mauvaise, alors c'est un sentiment non moins contraire à la moralité que l'orgueil et la présomption. On est en droit de se défier d'un homme qui s'admire et veut se faire admirer; mais il ne faut pas se fier non plus à celui qui s'en va disant, comme le personnage de Molière,

> Oui, mon frère, je suis un méchant, un coupable...
> Je ne saurais avoir tant de honte en partage
> Que je n'en aie encor mérité davantage.

Même quand elle n'est pas hypocrisie pure, l'humilité mal comprise risque d'être une excuse au vice, un sophisme de justification. Il ne faut point permettre à l'homme de se mépriser tout entier, a dit Bossuet; et les paroles qu'il prononçait encore contre ceux qui veulent rabaisser l'homme au rang de l'animal, peuvent également s'appliquer ici :

« Ils ressemblent à quelqu'un de grande naissance qui, ayant le courage bas, ne voudrait point se souvenir de sa dignité de peur d'être obligé à vivre dans les exercices qu'elle demande. »

CHAPITRE XV

DEVOIRS GÉNÉRAUX DE LA VIE SOCIALE
LE DROIT ET LA JUSTICE

I. La société et la moralité. — Division des devoirs sociaux.
II. La justice et la charité. — Différences et rapports des devoirs *stricts* et des devoirs *larges*.
III. La justice et le droit. Le droit naturel. — Le principe du droit. — Théories fausses. — La dignité humaine et l'égalité des personnes. — Le droit au sens large. Limites du droit. — Rapports du droit et du devoir. Les droits parfaits et les droits imparfaits.
IV. Les différents droits; les applications de la justice. — Respect de la personne dans sa vie. — Le droit de légitime défense. — La vengeance. — L'assassinat politique. — Le duel.

I. La société et la moralité. — L'homme ne peut accomplir sa destinée que dans la société, il est sociable par nature; en dehors de l'impossibilité matérielle qu'il y aurait pour lui à vivre isolé, son perfectionnement moral dépend de ses rapports avec ses semblables. Les mauvais exemples, il est vrai, sont contagieux et les moralistes tels que J.-J. Rousseau ont pu signaler les dangers que court une âme saine dans un milieu corrompu; les occasions de mal faire sont en outre plus nombreuses dans la société que dans l'état d'isolement, et la nécessité de lutter contre les méchants entraîne des actions qui paraissent incompatibles avec l'idéal de la vie humaine; mais la solidarité du bien prévaut en définitive sur la solidarité du mal, puisque la civilisation a pu naître et se développe, puisque tant de pratiques barbares ont fait place peu à peu à des mœurs plus dignes de l'homme. L'éducation de la conscience est une œuvre collective, chacun de nous aujourd'hui, grâce au milieu social dans lequel il vit, participe aux progrès sociaux accomplis par les générations précédentes; enfin les relations avec les hommes offrent aussi plus d'occasions de bien faire, elles permettent à l'âme de déployer toute l'énergie dont elle est capable et de manifester ses qualités les plus sublimes.

L'accomplissement des devoirs sociaux est inséparable des vertus individuelles elles-mêmes. L'individu le meilleur en lui-même sera aussi le meilleur pour les autres; et les mobiles d'une conduite mauvaise à l'égard d'autrui sont tous contraires à la dignité individuelle.

Division des devoirs sociaux. — Il n'en est pas moins nécessaire d'étudier à part les devoirs sociaux. La question est étendue, car ils comprennent les devoirs de tout homme envers tout homme, les devoirs envers la patrie, les devoirs envers la famille : on divise communément la morale sociale en morale sociale générale appelée parfois morale humanitaire, en morale civique et morale domestique.

Les premiers devoirs que nous avons à pratiquer étant enfants sont les devoirs de famille; la patrie nous touche de plus près que la grande société humaine; aussi les devoirs domestiques et les devoirs patriotiques ont-il été reconnus avant les devoirs généraux de l'humanité. Pour cette raison, on pourrait commencer par exposer la morale domestique. Mais d'autre part les devoirs à l'égard de la personne humaine, dans quelque individu que nous en rencontrions les caractères, se déduisent d'une manière simple des principes théoriques; ils subsistent entre membres d'une même nation et d'une même famille; la morale civique et la morale domestique ont un caractère plus complexe : aussi les obligations spéciales qu'elles renferment nous paraissent devoir être mieux comprises après l'étude des devoirs les plus généraux, et des droits essentiels à l'humanité.

II. La justice et la charité. Différences et rapports des devoirs stricts et des devoirs larges. — Étant donné ce grand principe : la personne a une valeur absolue et doit être traitée comme une fin, il s'ensuit que nous avons l'obligation de la respecter et de nous intéresser à son développement chez nos semblables comme en nous-même. De là cette double maxime : « Ne fais pas aux autres ce que tu ne voudrais pas qu'on te fît. » « Fais aux autres ce que tu voudrais qu'on te fît. » La distinction des devoirs négatifs et des devoirs positifs a bien sa place ici; il ne faut pas faire du mal et il faut faire du bien; on ne doit nuire à personne et on doit tâcher d'être utile à tous. Justice et charité, telles sont les deux vertus générales de la vie sociale; elles sont inséparables, mais elles sont distinctes pourtant et il importe de ne pas les confondre. Les devoirs de justice sont d'ordinaire appelés *stricts*, les devoirs de charité sont des devoirs *larges*. L'expression prête à l'équivoque. Un devoir large n'est pas un devoir qui ne serait pas obligatoire, il y aurait une contradiction dans les termes; tout devoir est obligatoire. Moralement nous sommes obligés de venir en aide autant que nous le pouvons à un homme attaqué par un malfaiteur ou en danger de mourir de faim ; on n'est pas innocent de sa mort si on ne le fait pas ; il y a démérite dans une pareille abstention : même la responsabilité morale encourue pour n'avoir pas fait le bien peut être plus grave que pour avoir fait le mal en d'autres circonstances. Mais le devoir de s'abstenir de faire le mal est rigoureusement déterminé, il peut s'exprimer dans une formule précise : ne tue pas, ne vole pas, ne calomnie pas. Un droit dont le respect est exigible par la contrainte répond à ce devoir chez autrui, d'où cette autre expression : devoir de droit. Le devoir de faire le bien est indéterminé ; il n'est pas le même pour tous et envers tous : il varie suivant les individus qui le font et auxquels il est fait. Fais le bien, dira-t-on, le plus possible : la formule sera la même pour tous ; il n'en reste pas moins que l'individu soumis au devoir est alors seul juge de ce qu'il peut faire ; celui qui en est l'objet ne l'est pas. Dès lors un droit exigible par la contrainte ne saurait correspondre à ce devoir. Accordez en effet à un homme la faculté d'employer la force pour être secouru dans le besoin, et il aura sur son bienfaiteur involontaire le droit d'un maître sur un esclave ; il lui arrachera les fruits de son travail, le nécessaire peut-être, il le taxera à son gré, il le soumettra aux exigences les plus arbitraires. Notre conscience nous ordonne de faire des sacrifices pour les autres, mais les autres n'ont pas le droit de nous imposer ces sacrifices.

Les devoirs de charité ne peuvent être assimilés aux devoirs de justice ; la justice ne saurait davantage être identifiée avec la charité. La maxime : « Fais le bien », ne dispense pas de cette autre : « Ne fais pas le mal. » Au premier abord, on serait tenté de croire le contraire ; il semble que si on veut le bien, à plus forte raison on ne voudra pas le mal. Aristote disait dans ce sens : « Ceux qui s'aiment n'ont pas besoin de la justice. » C'est là une erreur : si la conscience était tout à fait éclairée, il suffirait d'aimer les hommes pour ne pas leur faire de mal ; mais il n'en va pas ainsi avec notre raison imparfaite. L'intention de faire le bien, si pure qu'elle soit dans son origine, conduit facilement à l'injustice ; chacun conçoit le bien à sa manière : si l'on n'est pas retenu par le respect de la liberté d'autrui, on voudra imposer à son prochain le genre de vie que l'on a jugé le meilleur pour soi-même ; une âme religieuse, par exemple, entreprendra de forcer l'incrédule à faire son salut et le tourmentera pour son bien. Il y a plus ; si on considère un homme comme inférieur, on le contraindra, si l'on peut, à un mode d'existence dont on ne voudrait pas pour soi ; on l'empêchera de s'instruire, jugeant qu'il n'est pas assez fort pour supporter la vérité ; ainsi en faveur de l'esclavage cet argument étrange a pu se produire, qu'il était de l'intérêt même de ces pauvres nègres d'être maintenus en tutelle. Quand même l'idée que je me fais de votre bien serait vraie, je ne serais pas justifié de vous contraindre à agir comme je l'entends. Le bien accompli par contrainte n'est plus le bien, il n'a aucune valeur morale. La doctrine qui prétend n'accorder aux hommes que la liberté du bien est absurde autant que pernicieuse. Le mérite implique la liberté de faire le mal ; supprimer cette liberté, c'est du même coup supprimer la liberté du bien. L'amour pour nos semblables doit s'accompagner du respect de leur volonté, sans quoi il risque de devenir indiscret et tyrannique ; la charité n'absorbe pas la justice, elle la suppose, et personne n'est vraiment bienfaisant, si bienveillant qu'il soit, lorsqu'il n'est pas juste avant tout. Sauver quelqu'un malgré lui, dit un ancien, c'est faire la même chose que de le tuer, pensée vraie, au fond, sous sa forme paradoxale. Il est bien entendu d'ailleurs qu'il ne s'agit ni des enfants ni des fous : on ne se fera pas scrupule de retenir le bras d'un homme qui attente à ses jours, on suppose dans ce cas extrême qu'il n'a pas l'usage de sa raison. Enfin la bienfaisance doit être équitable en ce sens encore qu'il faut la proportionner aux besoins et au mérite de la personne qui en est l'objet, et tenir compte aussi des liens qui nous unissent à elle. C'est faire mal le bien que de réserver par exemple son indulgence et ses services à des étrangers, et de se refuser à aider ses proches, parce qu'on connaît mieux leurs faiblesses [1].

La justice règle la charité, mais la charité complète la justice et on pourrait dire aussi que nul n'est vraiment juste, s'il n'est en même temps bienfaisant. Celui qui se contenterait de ne pas faire le mal et de respecter la liberté d'autrui, sans jamais rien vouloir céder de son droit strict, sans jamais rendre service à personne ne mériterait pas le nom d'homme de bien. Bien plus, sans l'amour du prochain, il serait impossible d'être vraiment juste.

---

[1]. Le traité des *Devoirs* de Cicéron contient sur ce sujet des pages excellentes (liv. I, chap. XIV-XVI).

C'était une maxime chez les Romains, que le droit poussé à l'extrême limite est la suprême injustice. On l'a entendu d'abord en ce sens qu'on ne doit pas abuser de la lettre ou de l'imperfection d'une loi écrite ni tourner le code. Mais cela est vrai encore à d'autres points de vue. Quand la bonté fait défaut, l'injustice est inévitable, l'égoïste est entraîné hors des limites de son droit, il s'exagère ce qui lui est dû; il manque même de la force nécessaire pour s'abstenir de faire du mal. L'histoire des idées morales prouve que tel se croyait charitable, quand il n'était que juste; ainsi le maître qui traitait doucement ses esclaves, le grand seigneur au XVIIe siècle qui payait ses dettes au commerçant [1].

Être bienfaisant envers un homme, c'est souvent s'opposer à l'injustice d'un tiers ou la réparer; comment prétendrait-il être attaché à la justice celui qui ne fait rien pour empêcher l'injustice ou pour en adoucir les maux? La solidarité entre les deux grandes vertus sociales est étroite; de même que la charité doit être accompagnée du respect de la personne, la justice ne peut se passer de l'amour.

III. La justice et le droit. Le droit naturel. — Ces deux termes, justice et droit, sont corrélatifs. La justice est le respect du droit; pour bien comprendre la justice, il faut se rendre compte de la nature du droit, et on pourra déterminer les diffé-

---

1. C'est dans un sermon sur l'Aumône que Bourdaloue recommande de payer « de pauvres domestiques, de pauvres artisans, de pauvres commerçants », et Bossuet faisait un grand mérite à Condé d'avoir retranché sur sa dépense pour payer ses dettes.

rents devoirs de justice d'après les différents droits inhérents à la personne humaine. On donne le nom de droit naturel à la philosophie du droit; c'est une science qui a pour objet les droits naturellement inhérents à la personne humaine; le même mot désigne la science et son objet : on le distingue par cette épithète de *naturel* du droit proprement dit, ou droit positif, lequel est l'ensemble des lois promulguées qui régissent un peuple [1]. On s'est servi de l'expression de droit naturel pour désigner à la fois la philosophie du devoir et celle du droit, tel est le *Cours de droit naturel* de Jouffroy : cela s'explique par les rapports intimes qui existent entre le droit et le devoir, les principes de l'un et de l'autre étant les mêmes au fond, car la raison pour laquelle l'homme a des droits est la même que celle pour laquelle il a des devoirs, c'est qu'il est une personne, un être libre et raisonnable. Les théories concernant le devoir s'appliquent également au droit. Pour plus de précision, il est préférable de distinguer la théorie du droit naturel de la morale; elle est au droit ce que la morale est au devoir.

Le principe du droit. Théories fausses. — Les apologistes des passions, les partisans de la morale du plaisir ont ramené le droit à la force, tels les sophistes dans l'antiquité et Hobbes dans les temps modernes; c'est en somme nier le droit naturel. Dire que nous avons le droit de faire tout ce que nous avons le pouvoir de faire, c'est refuser de reconnaître chez les autres un droit qui puisse être res-

---

[1]. Droit étymologiquement signifie ce qui est en ligne droite, par suite ce qui doit servir de règle ou de mesure.

pecté ou violé par nous. La loi morale est remplacée par cette loi zoologique appelée la concurrence vitale : « les gros poissons mangent les petits, voilà le droit naturel »; c'est dire que la raison du plus fort est toujours la meilleure absolument parlant. La distinction du juste et de l'injuste disparaît, il n'y a même plus lieu de proclamer que la force prime le droit puisqu'elle est le droit lui-même.

« L'idée du droit, dit M. Fouillée, est si peu celle de la pure puissance réussissant à se réaliser qu'elle n'éclate nulle part avec plus d'énergie qu'en présence de la faiblesse. » Un homme peut avoir la force sans avoir le droit, et le droit sans avoir la force. Il arrive que la force opprime le droit; jamais elle ne le supprime.

Les théories moins brutales en apparence qui fondent le droit sur le désir et même sur le besoin ne diffèrent pas au fond de celle de Hobbes. On ne peut fixer de limite précise entre le besoin et le désir; ce que les uns considèrent comme le superflu paraît à d'autres très nécessaire. Les choses capables de satisfaire les désirs ou les besoins sont en nombre limité. Si plusieurs individus désirent le même objet, la force seule décidera.

Deux écoles principales, dont les doctrines sont d'ailleurs profondément différentes, refusent d'admettre que l'homme par nature ait des droits antérieurs et supérieurs aux lois positives. C'est d'une part l'école théocratique qui de nos jours a pris le nom d'école traditionaliste, et d'autre part l'école utilitaire. Joseph de Maistre et de Bonald, les principaux représentants de la première au commencement de ce siècle, au nom de traditions extérieures qu'ils font remonter jusqu'à Dieu, déclarent que l'individu, étant radicalement corrompu dans sa volonté et dans sa raison, n'a que des devoirs et ne saurait avoir par nature aucun droit. Dieu gouverne l'humanité qui serait incapable de se conduire elle-même et il lui donne des lois par l'intermédiaire de certains hommes qu'il a choisis pour être sur la terre ses représentants et ses ministres; ces hommes sont les rois : mais tandis que, suivant Bossuet, les rois dans les choses temporelles ne sont responsables que devant Dieu (déclaration de 1682), selon de Maistre, ils relèvent du souverain spirituel; on sait que c'est là un des points du débat entre gallicans et ultramontains. Dans tous les cas, les droits que les hommes possèdent ont leur origine dans la volonté du souverain et consistent seulement dans le pouvoir qu'il leur octroie; par suite il n'y a point de droits de l'homme, c'est-à-dire de droits communs à l'humanité tout entière; les droits varient suivant les pays et suivant les individus; et ces droits, loin d'être immuables, sont sujets à changer selon les volontés du législateur.

Il est aisé de voir que cette doctrine contraire à la dignité humaine est en opposition absolue avec les principes de la morale rationnelle; elle a été implicitement réfutée dans la première partie de cet ouvrage.

Il en est de même pour la théorie du droit dans l'école utilitaire : ses partisans nient qu'il y ait un droit naturel, primitif, appartenant à l'homme parce qu'il est homme; mais ils reconnaissent des droits aux différents hommes, droits éminemment variables dont l'origine se trouve dans les coutumes ou dans les lois écrites des peuples divers. Bentham a critiqué avec une vivacité singulière ces droits de l'homme « inaliénables et imprescriptibles » proclamés par la Révolution française; suivant lui et suivant Stuart Mill, le droit « est un pouvoir que la société est intéressée à accorder aux individus ». Mais nous savons que le juste ne se confond point avec l'intérêt général, qu'il ne dépend pas des suffrages d'une multitude ou de la volonté plus ou moins éclairée d'un législateur. Lors même que le sacrifice de quelques innocents semblerait exigé par l'intérêt d'un peuple, il ne deviendrait pas légitime pour cela. Pourquoi le plus grand nombre aurait-il le droit de l'imposer? est-ce parce que la force lui appartient? On revient à la théorie décriée des sophistes et de Hobbes; est-ce parce que l'intérêt de plusieurs est plus respectable que l'intérêt d'un seul? C'est admettre alors que les unités humaines ont toutes une égale valeur. L'égoïste conséquent doit le nier, il estimera son bonheur plus que celui de tous; l'empiriste ne peut l'admettre, car l'expérience montre partout l'inégalité, inégalité des aptitudes physiques et des facultés intellectuelles.

L'égalité des personnes. La dignité humaine. — L'idée de l'égalité des hommes est rationnelle, *a priori*; elle dérive de la conception de la personnalité humaine considérée dans son essence comme identique chez tous malgré les différences existant entre les individus dans lesquels elle est réalisée. A ce point de vue seulement, un homme en vaut un autre. C'est le grand principe de la dignité humaine posé déjà par les Stoïciens lorsqu'ils disaient : l'homme est une chose sacrée pour l'homme; principe nettement formulé par Kant quand il prescrit de traiter l'humanité dans les autres aussi bien qu'en nous-même comme une fin et non comme un moyen.

Là où la raison et la liberté font défaut il n'y a que des choses qui peuvent être traitées comme des moyens; à ce point de vue, l'animal est une chose, il n'a pas de droits. « Si l'âne, a dit Épictète, avait en partage la raison et la volonté, il se refuserait légitimement à notre empire; il serait un être semblable à nous. » Les nègres, les Peaux-Rouges, les Chinois sont nos semblables malgré la différence de la couleur et de la race parce qu'ils sont des êtres intelligents et libres, des personnes morales. Tout homme, par cela même qu'il possède ces attributs essentiels de l'humanité, a des devoirs; l'Européen le plus pénétré de l'idée de l'infériorité de certaines races, s'il se trouve en rapport avec des sauvages dans un voyage d'exploration n'hésite pas à le reconnaître. Or un être qui est sujet du devoir, qui est responsable de ses actions, capable de mérite ou de démérite a par là même une valeur inestimable qui l'élève infiniment au-dessus de la bête, du tigre ou du lion qu'on est exposé à rencontrer dans le désert. Quoique son intelligence soit encore inculte, quoiqu'il n'y ait pas en lui peut-être l'étoffe d'un savant ou d'un grand artiste, il a des droits, sa personne est inviolable et sacrée, les règles de la justice doivent être observées envers lui comme on conçoit qu'il les doit observer envers nous.

Les idées de justice et d'égalité sont inséparables, et ce n'est pas sans raison que le mot *æquum*, d'où vient celui d'équité, souvent pris pour synonyme de justice, signifiait à la fois en latin juste et égal.

Le droit au sens large. Limites du droit. — Cependant le devoir de charité ne repose-t-il pas, comme le devoir de justice, sur le principe de la dignité humaine et de l'égalité des hommes ? « Aime ton prochain comme toi-même. » « Fais à autrui ce que tu voudrais qu'on te fît. » Ces préceptes supposent l'égale valeur de tous les hommes considérés comme personnes morales. Aussi les mots justice et droit sont-ils souvent pris dans un sens large où la distinction des deux sortes de devoirs sociaux disparaît, ce qui est une source de confusion et de difficultés. On dit : les malheureux ont droit à notre pitié, à notre assistance, ils sont dignes non seulement d'être respectés dans leur liberté, mais d'être secourus; et l'homme juste, le Juste idéal est celui qui « rend à chacun ce qui lui est dû » au sens le plus étendu qu'on puisse donner à cette formule. Faut-il en conclure que le pauvre ayant droit à l'aumône est autorisé à l'exiger comme le riche est autorisé à se défendre contre le vol en vertu du droit de propriété ? La contradiction serait manifeste. Le droit de chacun s'arrête où commence celui d'autrui ; j'ai le droit d'user de ma liberté dans la mesure où je n'entrave pas l'usage de la vôtre, je ne puis avoir le droit de vous contraindre à renoncer à votre droit. Le droit d'un malheureux à la compassion de ses semblables ne lui confère donc aucun pouvoir sur eux ; c'est un caractère idéal de la personnalité qui ne saurait justifier aucun acte agressif.

Kant a donné ce critérium pour déterminer le droit dans l'action : « Est conforme au droit toute action qui permet à la liberté de chacun de s'accorder suivant une loi générale avec la liberté de tous. » Le droit est ainsi conçu comme l'accord des libertés.

Rapports du droit et du devoir. Les droits parfaits et les droits imparfaits. — Le devoir et le droit ont leur fondement l'un et l'autre dans la dignité même de la nature humaine. Le caractère éminent de la personnalité étant la liberté qui rend possible le mérite, Victor Cousin a pu dire : « Le devoir et le droit sont frères; leur mère commune est la liberté. »

A ce point de vue ils sont inséparables; tout être susceptible de devoirs a des droits, et seul l'être qui a des droits a des devoirs. J'ai l'idée de mon devoir, quand je conçois l'obligation de ne pas porter atteinte à la personne ni en moi-même ni dans les autres et de concourir au contraire à son développement; j'ai l'idée de mon droit, quand je pense que la personne humaine doit être traitée en moi par mes semblables comme j'ai le devoir de la traiter en eux. Par suite, bien que l'origine du devoir et du droit soit la même, logiquement l'idée du devoir précède; isolé je n'aurais pas l'idée de mon droit pas plus que je n'aurais à remplir de devoirs de justice et de devoirs de charité. Le droit au point de vue le plus général, c'est le caractère sacré qui fait que tout homme est digne d'être respecté et assisté par tout homme. A tout droit que je conçois en moi correspond un devoir des autres à mon égard. Mon droit c'est ce qui m'est dû, leur devoir c'est ce qu'ils me doivent, la notion de mon droit et celle des devoirs d'autrui à mon égard sont indissolublement unies quand on prend le droit dans son sens primitif, dans son sens le plus général et le plus élevé.

Mais le droit ainsi entendu se subdivise en droit au respect et droit à l'assistance. Or il y a une profonde différence entre ces deux droits ; le premier a été appelé droit *parfait* et le second droit *imparfait*. C'est au premier que convient cette définition de Mirabeau : *le droit est l'inviolabilité de la personne humaine*; ou celle de Grotius [1] : le droit est la faculté morale que la personne possède de faire ou d'avoir légitimement quelque chose. Le droit est bien un *pouvoir moral* ou idéal comme le devoir est une nécessité morale; l'efficacité réelle peut lui manquer puisqu'en fait il est souvent violé, mais la puissance matérielle est légitimement employée à le défendre. C'est à la fois le droit au respect et le droit de se faire respecter. La loi civile, au moins si elle est bien faite, garantit ce pouvoir moral et tend à lui donner l'efficacité réelle qui peut lui manquer par suite de l'impuissance physique de l'individu; elle met à son service la force publique. Je possède une maison en vertu du droit de propriété individuelle; mon voisin plus fort que moi pourrait s'en emparer malgré mon droit, les gendarmes l'en empêchent et ainsi je puis être propriétaire en droit et en fait. Or les hommes ont pris l'habitude, en parlant du droit, d'y joindre l'idée que l'emploi de la force pour le défendre est légitime; il en résulte que les uns jugeant avec raison que l'assistance ne peut être obtenue légitimement par la contrainte ont nié le droit à l'assistance, et que les autres partant de l'idée que ce droit existe, ont cru que l'emploi

---

1. Grotius, jurisconsulte hollandais (1583-1645).

de la force pour le faire valoir était justifié. Ces derniers, nous l'avons prouvé, sont dans l'erreur; quant aux premiers, comme les définitions de mots sont libres, ils peuvent restreindre l'application du mot droit aux droits parfaits à condition de reconnaître que l'assistance est due, bien qu'elle ne puisse être exigée. Dans ce sens, il est vrai de dire qu'*il est des devoirs auxquels ne correspond aucun droit*, les devoirs de bienfaisance.

Si au lieu de considérer le devoir et le droit dans deux personnes différentes on parle de leurs rapports dans une même personne, le droit est au contraire inséparable du devoir; car si j'ai réellement le devoir de faire une chose, il faut que j'aie le pouvoir de la faire; on conçoit par exemple que le père de famille ayant le devoir de protéger et d'élever ses enfants a droit à l'obéissance sans laquelle l'accomplissement du devoir serait impossible; son droit est la conséquence de la responsabilité qui lui incombe. L'enfant devenu homme est alors responsable de lui-même, par suite il a le droit de se conduire par lui-même.

IV. Les différents droits; les applications de la justice. — Le droit inhérent à la personne d'agir sans contrainte, dans les limites où elle n'enfreint aucun devoir de justice envers autrui, est appelé la liberté; ainsi entendue, la liberté n'est pas le libre arbitre, ni la liberté physique, c'est la liberté civile; car elle est un pouvoir garanti ou devant être garanti par la loi civile. Les droits dont jouissent les individus ou leurs libertés, c'est tout un. Déterminer ces droits inhérents à la personne et qui doivent être respectés chez tous et par tous, « les droits de l'homme », c'est énoncer en même temps les différents devoirs de justice.

On peut distinguer avec un moraliste contemporain [1] les libertés de l'ordre physique, c'est-à-dire la liberté individuelle ou le droit de disposer de son corps, en ayant la faculté d'aller et venir à son gré, en possédant un domicile inviolable, c'est ce que la loi anglaise désigne par deux mots latins signifiant : que tu aies ton corps, *habeas corpus* [2]; les libertés de l'ordre intellectuel et moral, par exemple la liberté de conscience, enfin celles qui participent de l'un et l'autre ordre, telles que le droit de propriété. Cette division n'a rien d'absolu, il s'agit toujours en définitive des droits de l'âme et on ne peut nuire au corps sans préjudice pour l'âme; mais tantôt la justice consiste plus spécialement à respecter l'homme dans son activité physique, tantôt à ne pas porter atteinte aux facultés morales.

Respect de la personne dans sa vie. — Le premier droit est le droit de vivre, il est la condition de tous les autres. Le précepte : tu ne tueras point, énonce le premier des devoirs de justice, l'homicide est le plus grand des crimes. Cependant le caractère sacré de la vie humaine n'a pas toujours été compris comme il l'est aujourd'hui. Que l'on songe aux coutumes féroces des hommes primitifs et de certaines tribus sauvages, au cannibalisme, aux sacrifices humains, et dans des sociétés plus civilisées même en des temps peu éloignés du nôtre, au massacre

---

1. Beaussire, *les Principes du droit.*
2. L'expression de *liberté individuelle* s'emploie encore dans un sens plus large pour désigner l'ensemble des droits de *l'individu* que *l'État* doit respecter.

impitoyable des vaincus. On sait quelle fut la passion des Romains pour les jeux sanglants du cirque où les gladiateurs étaient contraints de s'égorger par centaines pour le seul plaisir des spectateurs. Chez les Grecs du temps d'Homère, et même chez les Germains et chez les Gaulois, du temps de Grégoire de Tours (VI° siècle), le meurtrier se croyait quitte envers sa conscience comme envers les parents de la victime lorsqu'il avait payé une indemnité plus ou moins forte, et il n'en coûtait pas cher pour tuer un individu d'humble condition.

De nos jours, chez les peuples civilisés, il y a encore des explosions de barbarie dans les périodes de troubles, des traces de la sauvagerie primitive subsistent dans certaines âmes brutales et cruelles ; mais enfin les mœurs sont plus douces, l'horreur du sang versé plus grande ; la vie de tout être humain, sans distinction de personnes, celle de l'étranger à quelque race qu'il appartienne, celle de l'enfant si jeune qu'il soit, celle du fou, même du fou dangereux, est placée sous la sauvegarde des lois. Dans l'enfant qui vient de naître, que le père dans la cité antique pouvait refuser d'élever et faire périr à son gré, on respecte la personne future. Il est incapable encore d'agir librement et raisonnablement, mais « le droit a les yeux tournés vers l'avenir,... il a pour but d'assurer le développement libre de toutes les intelligences et de toutes les volontés [1] ». C'est l'être qui a été une personne et qui peut le redevenir que l'on respecte chez l'aliéné.

Le droit de légitime défense. La vengeance. —

---

1. Fouillée, *l'Idée moderne du Droit.*

La règle qui interdit de porter atteinte à la vie d'autrui comporte une exception approuvée par la conscience et consacrée par la loi; c'est le cas de légitime défense. « Personne ne doit nuire à autrui, dit Cicéron, hors le cas d'agression injuste. » Mais il ne faut pas confondre la légitime défense avec la vengeance. La vengeance, la loi du talion, « œil pour œil, dent pour dent », a un faux air de justice, il semble que le mal doive être compensé par le mal; on se croit permis à l'égard d'un autre ce qu'il s'est permis envers nous. « On ne prend pas garde que le mal qu'un autre a fait ne lui était pas permis et que sa mauvaise action est incapable d'autoriser la nôtre [1]. » Le coupable doit être poursuivi devant la justice, et c'est seulement lorsque notre sécurité exige que nous repoussions directement la violence par la violence, qu'il est permis de frapper. Pascal condamne avec raison le casuiste qui autorisait le propriétaire d'un cheval à tuer le voleur s'enfuyant avec l'animal [2]. La vie humaine ne doit être sacrifiée qu'à la dernière extrémité; mais dans ce cas, lorsque notre vie est menacée, le droit de la défendre est absolu; il faut repousser cette fausse doctrine qui, sous prétexte de charité, voudrait nous l'enlever.

On a été jusqu'à dire : « Quand même la pointe du poignard serait placée par le bandit sur votre cœur, laissez Dieu vous défendre plutôt que de donner la mort à cet

---

1. Oudot, *Conscience et science du devoir*.
2. On sait avec quelle indignation Pascal proteste dans *les Provinciales* (Lettre XIII) contre ces maximes : qu'on peut tuer un homme pour un soufflet reçu ou pour des médisances.

homme qui est en péché mortel. » — « Mais, dit Puffendorf[1], le vice triompherait hautement de la vertu, et les gens de bien se verraient exposés sans ressource à être tous les jours la proie infaillible des méchants. Une pareille maxime, bien loin de servir à l'entretien de la paix, tend manifestement à la ruine du genre humain. » C'est là une vérité évidente, mais ces sages paroles étaient bonnes à rappeler à une époque où une sentimentalité dangereuse risquerait d'encourager le crime par la mollesse de la répression.

L'assassinat politique. — Le tyrannicide, l'assassinat politique a été approuvé chez les Grecs et les Romains et par quelques casuistes ou sectaires du moyen âge et des temps modernes; dans certains cas, il a été pratiqué par des meurtriers auxquels on ne peut refuser un grand cœur tels que Brutus ou Charlotte Corday : en lui-même, il est cependant un crime. Celui qui a commis l'acte ne soulève pas nécessairement notre indignation, il peut même forcer notre estime; mais sa conscience s'est trompée, et c'est l'erreur commise, si elle est de bonne foi, qui justifie notre indulgence. L'acte est toujours mauvais; pour s'en convaincre, il suffit de remarquer que le motif qui le détermine ne peut être transformé en règle universelle : chacun, en effet, est disposé à voir un ennemi public dans un adversaire politique, cela suffirait donc pour qu'on se crût autorisé à frapper, et le meurtre deviendrait le suprême argument pour assurer le triomphe d'une opinion dans l'État. La vie des meilleurs ne serait pas plus garantie que celle des pires : Charlotte Corday a tué Marat, mais Ravaillac a tué Henri IV;

---

1. Célèbre jurisconsulte allemand du xviie siècle.

et l'on sait à quels excès les fanatiques se portent de nos jours en donnant à leur crime une raison politique. Il n'appartient pas à un homme de s'ériger à lui seul en justicier pour tout un peuple. Que l'on songe aux précautions dont les magistrats s'entourent pour juger équitablement les plus vils criminels ! Ici, toutes les règles de la justice sont renversées. Le meurtrier se fait à la fois l'accusateur, le juge et le bourreau ; il se demande à lui-même la peine ; il la prononce et il l'exécute [1]. C'en est assez pour comprendre qu'une conscience droite ne prononcera jamais cet arrêt :

Tu peux tuer cet homme avec tranquillité.

Victor Hugo à qui on a reproché ce vers ajoute aussitôt lui-même dans la pièce suivante intitulée *Non* :

Laissons le glaive à Rome et le stylet à Sparte !

et il recommande en définitive de « garder la vengeance au fourreau » et de ne pas tuer cet homme.

Le duel. — La question du duel est plus complexe. Il ne s'agit pas de savoir si on a le droit de tuer en duel son adversaire pour sauver sa propre vie, mais s'il est permis de le provoquer ou d'accepter son cartel. Un tel acte est évidemment contraire à ce principe de toute société organisée que nul ne doit se faire justice lui-même ; et l'on ne voit pas à quel titre, dans un État démocratique, le combat à l'épée ou au pistolet entre certaines personnes serait autorisé, quand la lutte au couteau ou

---

1. Voir Pascal, *Provinciales*, Lettre XIV.

à la fourche entre ouvriers ou paysans est interdite. Au point de vue moral, le désir de vengeance qui arme le bras des combattants est répréhensible. A-t-on voulu châtier une insulte? La disproportion entre l'offense souvent légère et la peine, qui peut être la mort, est inique; a-t-on obéi au point d'honneur? on a cherché dans l'opinion d'autrui une règle de conduite qui ne doit être prise que dans la conscience; le véritable honneur consiste bien plus à reconnaître ses torts ou à s'élever au-dessus de certaines injures qu'à s'exposer à tuer ou à être tué quand un devoir supérieur comme celui que crée la guerre ne l'exige pas.

Ce qui explique la persistance, dans certaines nations modernes, de cette coutume inconnue des Grecs et des Romains, d'ailleurs si courageux, c'est qu'on y voit un moyen de défendre sa dignité ou celle des siens, et qu'il est beau de mettre un bien immatériel, l'honneur et le devoir, à plus haut prix que la vie. Les moralistes sont d'accord pour réprouver le duel dans la plupart des cas : il est certain qu'un spadassin qui outrage un honnête homme et le provoque comptant sur la faiblesse de son adversaire pour s'en débarrasser sans danger est vraiment un assassin. D'ordinaire, la situation n'est pas aussi tragique et il y a beaucoup de duels de parade aux motifs frivoles, qui sont plutôt un jeu téméraire et condamnable d'ailleurs à ce titre qu'un « suicide conditionnel subordonné à un homicide manqué », comme on a défini le duel. Mais il y a des circonstances vraiment graves où des hommes qui comptent parmi les plus honnêtes et les meilleurs estiment qu'ils ont le droit de se battre parce qu'ils en ont le devoir. C'est lorsqu'ils ont été victimes d'une mortelle offense, lorsque le recours aux tribunaux leur semble insuffisant, vu l'état des mœurs et l'imperfection des lois, à réparer le tort causé à leur honneur ou plus encore à l'honneur des personnes qu'ils ont mission de protéger, celui de leur femme, de leur mère, de leur sœur, et risquerait même d'aggraver le mal : alors le duel leur apparaît comme la suprême ressource pour imposer silence aux diffamateurs. Des moralistes d'ailleurs fort austères[1], d'accord avec l'opinion commune, ont approuvé ou tout au moins excusé le duel dans ces limites restreintes.

Au moyen âge, lorsqu'il n'existait pas encore un gouvernement assez fort pour faire régner la justice dans la société, les seigneurs comme les États aujourd'hui avaient recours aux armes pour vider leurs différends, de là les guerres privées; le duel subsiste comme un vestige de ces mœurs anarchiques. Alors en recourant à la force pour obtenir justice, on pensait faire appel au *jugement de Dieu*. C'était une pure superstition; la raison du plus fort est loin d'être toujours la meilleure; la victoire n'est pas le signe du bon droit, et la prétendue réparation par les armes est souvent une aggravation de l'injustice. La coutume barbare du duel qui, dans certaines occasions exceptionnelles, peut sembler actuellement un moindre mal perdrait toute raison d'être si la société parvenait à assurer légalement à l'honneur une protection plus efficace.

---

1. Franck, *Philosophie du droit pénal*, II, 2; Ferraz, *Nos devoirs et nos droits*, II, 1; Beaussire, *Les principes du droit*, III, 4.

CHAPITRE XVI

DEVOIRS DE JUSTICE (Suite)
LA LIBERTÉ INDIVIDUELLE. LA LIBERTÉ DE CONSCIENCE. L'HONNEUR

I. Respect de la liberté d'autrui. L'esclavage. — L'aristocratie de l'intelligence et le droit. Critique d'une théorie contemporaine. — L'esclavage volontaire. — La liberté individuelle. La liberté du travail. Le servage. Les abus de pouvoir.
II. Respect des croyances et des opinions. Liberté religieuse et philosophique. — Les causes de l'intolérance. — Justice, patriotisme et tolérance. Avantages de la libre discussion.
III. L'Honneur et la réputation. — Corruption. Outrage. Calomnie et médisance. — Respect de la personne dans ses sentiments légitimes. — L'indiscrétion. La raillerie. L'orgueil.
IV. Le mensonge. Conflit de devoirs. Discussion d'un cas de conscience. — Les mensonges officieux. La flatterie. La franchise. — L'éloquence. Les sophismes. — Les fictions littéraires et le rigorisme.

I. Respect de la liberté d'autrui. L'esclavage. — Le plus grave attentat de l'homme contre l'homme après l'assassinat, c'est l'esclavage. Celui en effet qui en est victime est privé à la fois de tous ses droits; il n'a plus la liberté individuelle, il n'a ni la liberté du travail, ni le droit de disposer des fruits de son travail, ni celui de fonder une famille; il est traité comme une chose, comme un instrument animé selon l'expression d'Aristote. L'esclavage est en opposition radicale avec le principe d'après lequel la personne doit être traitée « comme une fin et non comme un moyen ».

Comment expliquer qu'il ait été aussi universellement en usage, qu'il ait duré si longtemps, qu'il subsiste encore en certaines contrées? L'égoïsme des maîtres a cru pouvoir s'autoriser d'arguments qui sont de purs sophismes. On a invoqué un prétendu droit de défense personnelle ou sociale; cette thèse se rencontre jusque dans les œuvres du jurisconsulte Grotius, Bossuet lui-même l'a adoptée avec toutes ses conséquences.

« L'origine de la servitude, dit-il, vient des lois d'une juste guerre, où le vainqueur, ayant tout droit sur le vaincu, jusqu'à pouvoir lui ôter la vie, il la lui conserve. Toutes les autres servitudes, ou par vente, ou par naissance, ou autrement, sont formées et définies sur celle-là..... Comme tout un peuple peut être vaincu jusqu'à être obligé de se rendre à discrétion, tout un peuple peut être serf, en sorte que son seigneur en puisse disposer comme de son bien, jusqu'à le donner à un autre sans demander son consentement. »

Historiquement, la conquête est en effet d'ordinaire l'origine de l'esclavage; ainsi par exemple les Spartiates ont asservi les Ilotes. Mais une agression injuste, semblable à celle de ces Arabes qui traquent les nègres comme un gibier dans l'Afrique centrale, ne saurait être la source d'un droit; d'autre part, le peuple attaqué, s'il est victorieux, n'a pas plus le droit après la lutte de se venger des prisonniers en leur infligeant une servitude perpétuelle qu'en les massacrant; comme mesure de défense, la garantie prise ainsi contre l'ennemi serait excessive : elle n'expliquerait pas, en tout cas, l'esclavage héréditaire.

Les anciens moralistes chrétiens tels que saint

Ambroise et saint Augustin ont vu dans l'esclavage une peine imposée avec justice au pécheur et même un don de Dieu, car il serait une école de patience et d'humilité. Dans *la Cité de Dieu* la distinction entre l'homme libre et l'esclave n'existera plus : mais dans les cités terrestres l'esclave devait obéir au maître; celui-ci, il faut l'ajouter, était tenu aussi par la religion à ne pas le traiter durement. On comprend comment l'odieuse institution a pu subsister jusqu'à nos jours dans des pays chrétiens, au Brésil par exemple, où elle n'a été abolie que depuis peu.

On a fait valoir encore l'infériorité naturelle de certains hommes qui seraient destinés à accomplir dans la société les travaux manuels, les besognes serviles, tandis que les autres mieux doués se livrent aux occupations libérales. Tel a été l'argument d'Aristote pour justifier l'asservissement des barbares, il a été repris contre les nègres par de modernes apologistes de l'esclavage. Montesquieu l'a réfuté avec une éloquente ironie dans un passage célèbre de l'*Esprit des Lois* [1]; l'esprit qui animait la philosophie du xviiie siècle a inspiré la Déclaration des droits de 1789, elle débute ainsi : « Les hommes naissent et demeurent libres et égaux en droits. »

L'aristocratie de l'intelligence et le droit. Critique d'une théorie contemporaine. — L'esclavage est aboli actuellement chez toutes les nations civi-

---

1. Livre XV. « On ne peut se mettre dans l'esprit que Dieu, qui est un être très sage, ait mis une âme, surtout une âme bonne, dans un corps tout noir, etc. »

lisées ; et personne n'en prend plus la défense.
Cependant, il se trouve aujourd'hui encore des
penseurs aux conceptions aristocratiques pour soutenir que la naissance confère à une élite d'hommes
supérieurs aux autres par l'intelligence des privilèges analogues à ceux que s'arrogeaient l'ancienne
noblesse sur la roture ou les citoyens de la Grèce
et de Rome sur les barbares. Ils condamnent l'esclavage tel qu'il fut pratiqué en Amérique comme
contraire à la bonté et non comme contraire au
droit ; car les nègres, race de travailleurs de la
terre, seraient faits réellement « pour servir aux
grandes choses conçues et voulues par le blanc ».
Une pareille théorie mènerait loin ; la race germanique se déclarant supérieure à la race latine s'attribuerait le droit de l'asservir ; et dans une même
race, l'individu qui se croit une intelligence
exceptionnelle estimerait qu'il est au-dessus des
règles ordinaires de la justice, et ne doit à ses semblables ou plutôt à ses inférieurs qu'une dédaigneuse pitié, le lot des natures médiocres étant
d'être heureuses par procuration dans la personne
d'un petit nombre de créatures d'élite [1]. Ces idées
sont favorablement accueillies par l'égoïsme et par
l'orgueil dont elles justifieraient toutes les prétentions ; elles ne sont point aussi nouvelles qu'il le
semble, elles sont inspirées par des sentiments analogues à ceux de l'antique brahmane qui tenait pour
évident que les chefs spirituels ayant le savoir en

---

1. On peut lire une vigoureuse réfutation de ces conceptions dangereuses dans l'*Idée moderne du Droit* de M. Fouillée, livre III, § III et IV.

partage avaient droit à vingt fois plus de bonheur que l'homme d'une autre caste.

On ne peut pas dire d'une race qu'elle n'ira pas plus loin dans la voie de la civilisation. Quels progrès n'ont pas accomplis les descendants de ces barbares où les Grecs et les Romains voyaient des êtres inférieurs ! Actuellement, les nègres affranchis occupent en Amérique de hautes positions dans les affaires, dans la magistrature, dans la politique. « Il est dans les écoles, dit M. Fouillée, de jeunes négresses qui traduisent Thucydide et Platon. » Il n'est nullement démontré que les grandes découvertes scientifiques soient interdites pour l'avenir à cette race. Quand il en serait ainsi, le génie n'est pas nécessaire pour faire d'un homme un objet de respect, il suffit qu'il soit capable de justice et de bonté.

L'esclavage volontaire. — Loin qu'il puisse être légitime d'asservir les autres, il n'est même permis à personne d'abdiquer sa propre liberté. La liberté est non seulement inviolable mais inaliénable. « Renoncer à sa liberté, dit Rousseau dans le *Contrat social*, c'est renoncer à sa qualité d'homme, aux droits de l'humanité, même à ses devoirs. » Une telle renonciation, incompatible avec la nature de l'homme, serait nulle et ne saurait servir à constituer un droit pour le maître. C'est en vertu de ces idées que le Code civil (art. 1780) n'admet pas comme valable de la part d'un domestique la location des services à vie.

La liberté individuelle. La liberté du travail. Le servage. Les abus de pouvoir. — En dehors de l'esclavage proprement dit, certaines institutions peuvent compromettre gravement la liberté individuelle et la liberté du travail. Sous l'ancien régime, la condition du serf attaché à la glèbe, taillable et corvéable à merci ressemblait fort à celle de l'esclave; les lettres de cachet, les maîtrises et les jurandes étaient en opposition avec les droits les plus sacrés des individus [1]. La Révolution a supprimé ces abus; les séquestrations arbitraires sont devenues à peu près impossibles; le travail a été affranchi des entraves qui pesaient sur lui, et chacun a le droit de choisir sa profession et de l'exercer dans les conditions compatibles avec le droit d'autrui. Les ouvriers débattent librement leur salaire avec les patrons et peuvent faire grève quand ils le croient nécessaire [2], la liberté d'association, le droit de former des syndicats professionnels est pour eux un puissant moyen de défendre leurs intérêts. Il arrive que la force publique intervient dans les grèves, mais ce n'est pas pour les empêcher, c'est pour réprimer les violences dont elles sont l'occasion et pour garantir la liberté de ceux qui veulent continuer le travail ou le reprendre. Recourir à la menace ou à la force

---

1. J. Simon, *la Liberté*. « Le roi et ses favoris et les favoris de ses favoris purent emprisonner et exiler à leur gré sans alléguer de motifs et sans encourir de responsabilité. » (T. I, 1ʳᵉ partie, chap. III.) — Sur les abus des corporations, voir encore, dans le second volume, *La liberté de l'atelier* : « L'ouvrier une fois reçu dépendait absolument des maîtres; car on n'était reçu que pour une profession et pour une ville; on n'avait ni la ressource de s'expatrier, ni celle de changer d'occupation dans les moments de chômage. »

2. Ce droit était méconnu autrefois. A la veille de la Révolution, parut une ordonnance royale prononçant l'emprisonnement et des peines corporelles contre les ouvriers coupables « d'avoir quitté leurs maîtres de concert ».

pour empêcher un homme de travailler, est aussi contraire à la justice que de vouloir l'y contraindre.

D'autre part, le patron ne doit pas abuser de sa situation à l'égard de l'ouvrier que la nécessité de gagner sa vie pourrait forcer à subir des exigences injustes, non plus que le maître à l'égard de l'apprenti [1], le supérieur à l'égard du subordonné. Trop souvent l'homme qui possède un pouvoir sur un autre tend à en abuser, se montre tyrannique, le traite en esclave autant qu'il est en lui. S'il ne tombe pas sous le coup de la loi, il n'en est pas moins coupable d'injustice et l'injustice alors se complique de lâcheté. Si les hommes que la fortune ou leur talent a placés dans une situation supérieure étaient tous vraiment pénétrés du sentiment de l'égalité humaine et du respect dû à tout homme qui gagne sa vie par un travail honorable, si humble que soit sa condition, il y aurait moins de haine dans les cœurs et moins de revendications violentes dans la société.

II. Respect des croyances et des opinions. Liberté religieuse et philosophique. — Frapper un homme, le blesser dans sa chair, lui enlever le libre usage de ses mouvements et de ses facultés physiques, c'est un crime évident; il faut comprendre aussi que l'âme a sa vie propre à laquelle il est interdit de porter atteinte, dont il n'est pas permis d'entraver le libre développement; aux droits de l'ordre intel-

---

[1]. Nos lois règlent sagement les rapports du maître et de l'apprenti. « Le maître n'emploiera l'apprenti, sauf conventions contraires, qu'aux travaux et services qui se rattachent à l'exercice de sa profession. Il ne l'emploiera jamais à ceux qui seraient insalubres ou au-dessus de ses forces, etc. » *Le droit usuel*, par Durand de Nancy.

lectuel et moral correspondent des devoirs de justice d'une nature spéciale.

Un devoir sacré et souvent méconnu, c'est de respecter la personne d'autrui dans ses croyances et ses opinions; cette forme de la justice s'appelle la tolérance. Le terme est consacré par l'usage, mais si on le prenait au sens précis il serait faible [1] pour désigner l'obligation de ne pas porter atteinte à un droit absolu; ce droit s'appelle la liberté de conscience. La liberté religieuse est prise comme synonyme de liberté de conscience, mais il faut l'entendre alors comme le droit non seulement de professer une religion, mais aussi de n'en professer aucune. C'est encore un acte de conscience de ne pas manifester la foi que l'on n'a pas. La liberté de conscience peut s'exercer en dehors de toute religion : on l'appelle alors plus spécialement la liberté philosophique. La faculté dont l'esprit doit jouir de chercher la vérité sans entraves dans tout ordre d'idées, qu'il s'agisse de religion, de science ou de politique, est bien exprimée par cette expression très générale : la liberté de penser.

On a dit : N'est-il pas aussi absurde de réclamer pour l'esprit la liberté de penser que de réclamer pour le sang la liberté de circuler dans les veines? C'est là une objection superficielle, la contrainte ne peut s'exercer directement sur l'âme, mais l'âme est intimement unie au corps, et la liberté de la parole qui exprime la pensée, de l'action qui la réalise, lui est nécessaire. Forcer un homme à réprimer la

---

1. « Ce mot me paraît en quelque sorte tyrannique, a dit Mirabeau, puisque l'autorité qui tolère pourrait ne pas tolérer. »

manifestation extérieure de ses opinions, ou à professer une croyance qu'il n'a pas, c'est porter indirectement atteinte à sa pensée même, c'est arrêter l'essor de son intelligence dont le corps est l'instrument nécessaire, c'est l'empêcher de faire ce qu'il doit et le forcer à faire ce qu'il ne doit pas faire. La persécution, il est vrai, exalte souvent la croyance au lieu de l'étouffer et l'homme peut affronter les supplices et la mort plutôt que de renier sa foi. L'intolérance alors n'est pas seulement injuste, elle est absurde car elle va contre son but ; le sang des martyrs propage la doctrine qu'on voulait extirper.

Parmi les philosophes du XVIII° siècle, c'est Voltaire surtout qui se fit l'apôtre de la tolérance, et en 1789 la Constituante proclama le principe de la liberté de conscience, que malheureusement les hommes de la Révolution n'ont pas toujours respecté : l'article 10 de la *Déclaration des droits de l'homme* porte que « nul ne doit être inquiet pour ses opinions même religieuses, pourvu que leur manifestation ne trouble pas l'ordre public établi par la loi ».

Le philosophe anglais Locke a écrit avant Voltaire un traité ou *Lettre sur la tolérance* (1689); mais il se refusait d'admettre que les athées pussent être tolérés par l'État, et Rousseau dans le *Contrat social* partageait encore son opinion. Pour Voltaire le seul cas où l'intolérance soit de droit humain, c'est lorsqu'il s'agit de réprimer les crimes inspirés par l'erreur et le fanatisme; le gouvernement ne saurait admettre l'excuse de ceux qui violent la loi civile en disant : mieux vaut obéir à Dieu qu'aux hommes [1].

1. *Traité sur la Tolérance*, dans ce petit ouvrage on peut citer ces belles paroles de la *Prière à Dieu* : « Tu ne nous as pas donné un cœur pour nous haïr et des mains pour nous

Mais cela ne constitue pas une exception au devoir de tolérance, car le droit de légitime défense existe contre l'intolérance aussi bien que contre toute autre forme de l'injustice. Le fanatique ou le sectaire lorsque son opinion lui fait commettre des actes de violence ne saurait arguer d'un droit qu'il viole dans la personne d'autrui; l'État intervient légitimement pour mettre fin au conflit entre les prétentions individuelles et assurer l'accord des libertés.

Autrefois, l'intolérance était la règle : il suffit de rappeler les bûchers de l'Inquisition, les guerres de religion, la Saint-Barthélemy, les Dragonnades et la révocation de l'édit de Nantes. Elle n'était pas seulement le fait des catholiques; dans les lieux où les protestants étaient les maîtres, ils usaient aussi de la violence pour imposer leur foi; témoin le bûcher de Michel Servet, ordonné par Calvin à Genève, et les excès des puritains en Angleterre. Les juifs eux-mêmes, en butte à la haine des chrétiens, poursuivirent avec acharnement le sage Spinoza après l'avoir excommunié, et l'un d'eux poussa le fanatisme jusqu'à tenter de l'assassiner.

Si l'on met à part quelques libres esprits, l'erreur était universelle; aussi convient-il aujourd'hui de se montrer indulgent pour les fautes passées, par quelque parti qu'elles aient été commises, tout en s'appliquant à rendre impossible leur retour.

Les causes de l'intolérance. — Quelles furent les causes de ces aberrations d'un autre âge? Il est nécessaire de les connaître pour s'en prémunir, car

égorger. — Puissent tous les hommes se souvenir qu'ils sont frères! Qu'ils aient en horreur la tyrannie exercée sur les âmes comme ils ont en exécration le brigandage qui ravit par la force le fruit du travail et de l'industrie paisible! »

si la tolérance est dans les lois, elle ne se rencontre pas encore assez dans les mœurs.

Au premier rang des motifs de l'intolérance se trouve cette conception fausse de la responsabilité d'après laquelle, dans une tribu, dans une cité, dans une nation la faute d'un seul rejaillit sur les autres et les expose au châtiment divin. Elle existe chez les sauvages, elle a existé dans les cités antiques, à Athènes par exemple; elle se retrouve à notre époque dans beaucoup d'esprits qui s'imaginent que Dieu punit sur les justes les crimes des méchants coupables d'impiété : on attribue ainsi une disette, une inondation, une peste, la perte d'une bataille à la colère du Tout-Puissant qui venge sur toute une nation les offenses faites à la religion par quelques-uns de ses membres. L'incrédulité, l'hérésie sont considérées comme dangereuses non seulement pour ceux qui ont abandonné les croyances communes, mais encore pour ceux qui tolèrent leur conduite sacrilège : on se croit donc autorisé à user de la violence afin de prévenir de si grands malheurs : la persécution paraît une mesure de salut public. Louis XIV en voulant imposer à ses sujets une religion d'État agissait comme ces républiques de l'antiquité qui forçaient leurs citoyens à figurer dans toutes les processions, à se conformer à toutes les règles du culte [1]. Une notion plus exacte de la responsabilité personnelle et de la justice divine aboutit à détruire ce préjugé séculaire.

---

1. Fustel de Coulanges. « La législation athénienne prononçait une peine contre ceux qui s'abstenaient de célébrer religieusement une fête nationale. » (*La Cité antique*, liv. III, chap. XVII.)

Les fanatiques se figurent encore être agréables à Dieu et se concilier sa faveur en augmentant le nombre de ses fidèles. Mais rien ne saurait plus déplaire à la divinité qu'un culte hypocrite inspiré par la crainte; la piété ne peut exister en dehors d'une libre adhésion de l'âme à la religion. « Si la force des lois vient de ce qu'on les craint, dit un jurisconsulte, la force d'une religion vient uniquement de ce qu'on la croit. » C'est la foi qu'il faut obtenir, et elle ne s'obtient pas par les menaces mais par la persuasion. Les prédications du missionnaire qui supporte toutes les fatigues et affronte tous les dangers pour convertir ses frères et éclairer leurs âmes sont méritoires, celui qui subit la mort pour répandre sa croyance est un héros; mais celui qui tue pour imposer la sienne est un criminel. Il y a plus, si le zélateur d'une religion emploie pour faire des prosélytes les promesses à défaut de la menace, il commet encore une faute grave envers les hommes et envers Dieu. On a horreur de cet impie qui offrait une pièce d'or à un pauvre pour le faire blasphémer; corrompre une âme pour en obtenir une apostasie ou une conversion, c'est commettre le même attentat à l'égard de la dignité humaine.

L'intolérance a pris enfin comme prétexte la charité, et on a été jusqu'à dire que c'était un égoïsme condamnable que de laisser un homme se perdre pour l'éternité afin de s'épargner le spectacle de ses souffrances passagères. Rappelons qu'on n'a pas le droit de faire du bien à un homme malgré lui; et d'ailleurs on ne sauve point l'âme en détruisant le corps : il faudrait pour mériter le pardon, si elle était en effet coupable, qu'elle se tournât librement vers le bien. Que vaut une rétractation arrachée par la crainte? Celui qui se croit autorisé à employer les remèdes violents à l'égard des autres n'admettrait pas que ceux qu'il juge dans l'erreur et qui croient cependant eux aussi posséder la vérité s'en servissent envers lui. Cependant la force peut se déplacer, le persécuté d'aujourd'hui sera le persécuteur de demain si la maxime de l'intolérance est érigée en règle universelle; c'est ainsi que les choses se sont passées dans l'histoire. Mieux instruit et plus sage l'homme doit cesser enfin de donner un prétexte à la violence de ses adversaires par ses propres violences. La charité bien comprise porte à éclairer les victimes de l'ignorance et de l'erreur en faisant appel à leur raison par la discussion, en leur faisant connaître et aimer la vérité; chacun peut vouloir s'il s'égare lui-même être détrompé ainsi.

Il faut ajouter aux mobiles de l'intolérance l'orgueil et l'intérêt personnel; ce sont ceux qui paraissent aujourd'hui les plus difficiles à combattre. Tout homme qui s'estime à l'excès, qui a de son propre esprit une opinion trop avantageuse supporte impatiemment la contradiction; la manifestation d'une doctrine contraire à la sienne lui semble une offense directe et il accuse celui qui la soutient de manquer de sens commun ou de bonne foi. Comme il est plus facile de trouver des injures que des raisons, il l'outrage et le calomnie, traitant ses idées d'absurdes ou d'immorales; et s'il en a les moyens il lui impose silence. Ainsi les idées nouvelles, dans la philosophie, dans la science, alors même que le sentiment religieux n'intervient pas pour les repousser, sont accueillies avec défiance et avec colère; on en veut à celui qui les propose de ne pas penser comme les autres, de se figurer qu'il a seul raison contre tous, et de troubler la paix des intelligences. De ces sentiments malveillants on passe aisément à la violence quand les circonstances le permettent.

Au XVIe siècle, Ramus, un précurseur de Descartes, avait soulevé l'animosité des partisans de la tradition scolastique; ils le firent d'abord condamner comme ayant agi « avec témérité, arrogance et impudence »; et ses ouvrages furent supprimés par ordonnance royale. Plus tard, comme il était rentré en grâce, et s'était fait protestant, un de ses collègues au Collège de France, profitant de l'impunité assurée à la Saint-Barthélemy aux assassinats religieux, le fit tuer par des sicaires. Au XVIIe siècle, sans parler de la condamnation de Galilée obligé de rétracter une vérité scientifique certaine, il y eut des menaces de persécutions contre ceux qui admettaient la grande découverte de la circulation du sang; et l'Université au moment où parut l'*Arrêt burlesque* de Boileau avait l'intention de présenter requête au Parlement pour empêcher qu'on n'enseignât la philosophie de Descartes. Aujourd'hui ces moyens sont heureusement hors d'usage, mais au lieu de se borner à la discussion on use volontiers d'armes perfides : les insinuations injurieuses, la raillerie, l'outrage, parfois même la dénonciation calomnieuse.

Dans l'attachement que les hommes ont pour certaines opinions, l'intérêt, sans même qu'ils s'en rendent bien compte, a souvent autant de part que l'amour de la vérité. Dès lors celui qui les attaque ou refuse de les adopter est traité en ennemi personnel; toutes les armes semblent bonnes contre lui. Par des associations d'idées qui sont loin d'être toujours d'accord avec la réalité on établit un lien entre telle doctrine religieuse ou philosophique et telle opinion politique. On traite sans ménagement les convictions les plus respectables : au lieu de rendre hommage à l'homme qui refuse de professer une foi qu'il n'a pas ou de dissimuler la foi qu'il a, ses adversaires n'admettent pas que pensant autrement qu'eux il puisse être intelligent et dévoué à son pays; ils seraient prêts, s'ils en avaient le pouvoir, à lui retirer tout moyen d'existence.

Justice, patriotisme et tolérance. Avantages de la libre discussion. — Ainsi au sein d'une nation, des hommes honnêtes qui devraient s'estimer mutuellement, qui sont prêts à mourir ensemble pour la patrie, vivent dans un état de défiance réciproque et comme sur le pied de guerre. Si le sentiment de la justice ne suffisait pas à réprimer l'irritation que nous causent les croyances contraires aux nôtres, l'intérêt supérieur de la patrie nous ferait encore un devoir d'éviter les dissensions qui l'affaiblissent. L'intolérance, l'expérience et la raison le prouvent, ne peut réaliser l'accord des intelligences; elle ne fait que creuser entre les âmes une séparation plus profonde; la tolérance produit au moins l'accord des libertés et elle rend possible la communion des cœurs.

Stuart Mill a montré avec beaucoup de force dans son livre sur *la Liberté* les avantages de la libre discussion au point de vue intellectuel. « La constante habitude de corriger et de compléter une opinion en la comparant à celles des autres... est le seul fondement stable d'une juste confiance dans cette opinion; — on croit à la théorie de Newton parce que tous les arguments contraires ont pu se produire. — Ce qu'il y a de particulièrement mal à imposer silence à l'expression d'une opinion, c'est que c'est voler l'espèce humaine, la postérité aussi bien que la génération existante, ceux qui s'écartent de cette opinion encore plus que ceux qui la soutiennent. Si cette opinion est juste, on les prive d'une chance de quitter l'erreur pour la vérité; si elle est fausse, ils perdent la perception plus claire et plus vive de la vérité produite par sa collision avec l'erreur. La seule manière de bien connaître un sujet c'est d'écouter toutes les opinions et de savoir comment il peut être envisagé par les différents genres d'esprit. »

III. L'honneur et la réputation. Corruption. Outrage. Calomnie et médisance. — L'honneur est au nombre de ces biens immatériels auxquels les hommes tiennent si fortement qu'ils sont prêts à sacrifier pour les défendre leur vie elle-même; c'est dire que le devoir de respecter la personne dans son honneur est de stricte justice. Ce devoir a plusieurs formes parce que l'honneur s'entend en plusieurs sens. L'honneur c'est d'abord la dignité personnelle; tout ce qui peut la compromettre est contraire à l'honneur : donc celui qui pousse une personne à commettre un acte qui l'avilit, qui cherche à la corrompre, attaque son honneur et c'est même là le plus grave des attentats contre l'honneur d'autrui. S'il réussit dans sa coupable entreprise, il la déshonore et la responsabilité de ce déshonneur lui appartient plus encore qu'à elle-même, car ayant provoqué la défaillance d'une volonté faible, il est la cause principale du mal. Un exemple peut servir à rendre cette vérité sensible : un homme séduit par ses promesses un employé honnête jusque-là, le corrompt à prix d'or et se fait livrer un secret important; il n'est pas seulement coupable envers la victime de l'abus de confiance, il l'est aussi envers celui qui l'a commis, il l'a perdu d'honneur; il lui a causé un tort irréparable. C'est à l'honneur ainsi compris que s'appliquent les vers de Boileau :

> Car l'honneur est une île escarpée et sans bords;
> On n'y peut plus rentrer quand on en est dehors.

On attaque encore un homme dans son honneur, bien qu'on ne porte pas atteinte réellement à sa valeur morale, lorsqu'on blesse le sentiment légitime qu'il a de sa dignité personnelle, lorsqu'on l'outrage, lorsque par des paroles et par des actes on cherche à l'abaisser à ses propres yeux. Les hommes assez forts pour s'élever par le dédain au-dessus de l'injure sont rares; on a beau avoir sa conscience pour soi, l'outrage fait d'ordinaire du mal, il est en tout cas une tentative pour en faire : c'est la violation d'un devoir de justice.

L'honneur désigne enfin la considération dont jouit un homme, la bonne réputation qu'il a auprès de ses semblables, l'estime qu'il s'est acquise dans le monde. L'honneur alors ce n'est plus la dignité personnelle en elle-même, c'est notre valeur morale en tant quelle est reconnue par autrui, la bonne réputation. Le sentiment de l'honneur se trouve être ainsi non seulement le sentiment de ce qui nous élève ou nous abaisse à nos propres yeux, mais encore le sentiment de ce qui nous élève ou nous abaisse aux yeux d'autrui, le désir de l'estime publique. Ce sentiment est puissant à ce point que tel qui n'eût pas obéi au devoir si son action avait dû rester ignorée, affronte sans hésiter la mort pour ne pas déchoir ou pour grandir dans l'opinion; et même il y a des cas où l'on sacrifie le devoir à l'honneur, où par crainte d'encourir le mépris des autres on désobéit à sa conscience pour céder au préjugé dont on a reconnu l'injustice. L'honneur véritable ordonnerait de reconnaître ses torts, on se bat par point d'honneur, par respect humain, pour ne pas paraître lâche ; et au contraire « nous serions volontiers poltrons, suivant le mot de Pascal, pour acquérir la réputation d'être vaillants ».

Puisque l'honneur est mis à si haut prix on peut mesurer toute l'étendue de l'injustice qui consiste à nuire à la personne dans sa réputation. La calomnie, la médisance elle-même sont des fautes dont il importe de comprendre toute la gravité. La médisance, il est vrai, n'est pas un mensonge, ses victimes ont en quelque façon mérité leur sort ; et certainement elle est moins odieuse que la calomnie dont il suffit de prononcer le nom pour en inspirer l'horreur, mais elle est coupable encore.

Le mal qu'on dit d'autrui ne produit que du mal.

La pensée de Boileau est vraie à tous les points de vue ; il en produit pour celui dont on parle, à qui on inflige sans mandat un châtiment souvent excessif, et pour les siens qui participent à son déshonneur ou à son ridicule ; il en produit pour ceux à qui on parle, dont on sollicite la curiosité malsaine, que l'on *scandalise* en ce sens qu'on excite chez eux la tentation d'imiter les mauvais exemples plutôt que la haine du vice ; il en produit enfin pour celui même qui parle : il est très écouté mais peu estimé ; on s'en défie, c'est une mauvaise langue, il est jaloux, envieux, indiscret, capable de trahir la confiance d'un ami pour le plaisir de dire un bon mot et de faire rire le monde. Parfois le médisant en croyant dire la vérité, colporte une calomnie; souvent il exagère le mal sans qu'il s'en rende compte, ou en tout cas comme il ne dit pas le bien qui peut-être compense largement les fautes, il est cause que le monde se forme d'une personne une opinion injuste. Indépendamment de sa valeur morale une bonne réputation a une valeur matérielle indiscutable. Elle sert à faire son chemin dans la vie; elle est indispensable dans nombre de professions qui reposent sur la confiance du public. Une calomnie ou une médisance, surtout lorsqu'elles sont répandues par la voie de la presse, peuvent causer la ruine d'un homme; la loi, protectrice des droits, les punit sous le nom de diffamation et attribue dans certains cas au plaignant des dommages-intérêts fort élevés.

La vérité n'est pas toujours bonne à dire, cela est certain; il y a des occasions cependant où c'est un droit et même un devoir de la faire connaître. L'exception tirée du cas de la légitime défense existe encore ici; on peut bien pour détruire l'effet d'une calomnie faire connaître la mauvaise foi de son auteur, raconter un acte malhonnête dont on a été victime et avertir ses amis de se mettre sur leurs gardes. Lorsque des voisins dénoncent aux magistrats les mauvais traitements infligés à un enfant par des parents dénaturés, ce ne sont pas des délateurs; ils remplissent un devoir d'assistance. Lorsqu'un honnête homme dévoile les agissements d'individus sans scrupules qui spéculent sur la crédulité publique, il met son expérience au service de pauvres gens menacés de la ruine et leur prête en quelque sorte main-forte contre l'escroquerie. L'horreur pour la médisance ne doit pas se confondre en une complaisance pour les méchants qui ressemblerait à la complicité.

Respect de la personne dans ses sentiments légitimes. — La vie propre de l'âme comprend les sentiments, les volontés, les pensées; la justice en ce qui la concerne, c'est en résumé le respect de la personne dans tous ses sentiments et ses volontés légitimes et dans son intelligence. En dehors de l'intolérance il y a bien des manières de blesser les sentiments d'autrui; en vertu du même principe la morale condamne l'indiscrétion, la raillerie, l'orgueil. Violer un secret en lisant une lettre adressée à un autre, c'est une infamie; embarrasser un homme de ses questions, se mêler par curiosité d'affaires qu'il voudrait garder pour lui seul, c'est encore une faute; trahir un secret confié à notre honneur, c'est une autre forme particulièrement grave de l'indiscrétion. La raillerie qui jette le ridicule sur une personne en faisant ressortir sa sottise, ses travers, ses infirmités physiques ou morales témoigne de la méchanceté; c'est de la part d'un homme d'esprit un abus de la force et une lâcheté analogue à celle de l'individu robuste qui maltraite un plus faible. L'arme de la raillerie maniée avec prudence peut être cependant d'un usage légitime pour repousser une attaque ou pour défendre les intérêts d'autrui; elle est une des ressources de l'éloquence.

L'orgueil est très blessant; l'admiration excessive de soi-même s'accompagne du dédain pour autrui, et produit la morgue, les paroles de mépris, l'impertinence. Selon l'observation de Kant, l'orgueilleux demande aux autres qu'ils se méprisent eux-mêmes par rapport à lui. L'ambition se joint souvent à l'orgueil; en effet celui qui s'estime à l'excès ne met pas de bornes non plus à ses désirs. Or s'il y a une ambition légitime qui pousse à mériter le pouvoir, les honneurs, la gloire, il est aussi une ambition mauvaise qui exclut tout sentiment de justice et parvient à son but par l'intrigue en foulant aux pieds tous les droits.

IV. **Le mensonge. Conflit de devoirs. Discussion d'un cas de conscience.** — Le respect de la personne dans son intelligence consiste non seulement à ne pas entraver le libre exercice de son jugement mais encore à ne pas l'induire en erreur. L'erreur est le mal de l'esprit, de même que la vérité est son bien; le mensonge doit être condamné comme nuisible à l'intelligence d'autrui : à ce titre il est une injustice par lui-même. Mais en outre il est employé comme un moyen de commettre d'autres injustices et de léser les intérêts des personnes que l'on trompe. La dissimulation, l'hypocrisie, la flatterie, autant de cas particuliers du mensonge, sont contraires à la loyauté qui doit exister dans les relations sociales; le faux témoignage peut aller jusqu'au crime. L'habitude du mensonge est universellement flétrie. Tout mensonge profitable à celui qui le fait et nuisible aux autres est toujours coupable, personne n'en doute. Mais l'obligation de n'employer la parole qu'à l'expression de la vérité n'admet-elle aucune exception? c'est là une question délicate et controversée.

Des moralistes tels que saint Augustin, Kant, Fichte [1], interdisent absolument le mensonge fût-

---

[1]. Fichte, grand moraliste allemand (1762-1814).

il désintéressé, exempt de toute pensée de nuire, alors même que le salut d'un être cher, que le salut de la patrie, que « le salut du monde » en dépendrait ; c'est la doctrine *rigoriste.* D'autres au contraire, d'accord avec l'opinion commune, font une distinction entre les mensonges illicites et les mensonges permis [1].

C'est avant tout au nom de la morale individuelle et comme contraire à la dignité personnelle que Kant combat le mensonge ; il y voit une abdication de la personnalité : « le menteur est moins un homme véritable que l'apparence trompeuse d'un homme. » Cette pensée est d'une justesse saisissante, particulièrement si on l'applique à ce mensonge vil et odieux entre tous, qu'on appelle l'hypocrisie. Faire de la parole un instrument d'erreur, c'est l'employer pour une autre fin que celle à laquelle elle est naturellement destinée ; cela est certain. D'autre part, le mensonge est ordinairement le fait d'une âme basse et sans courage [2] ; de là la gravité de cet outrage : vous en avez menti ! Cependant le vol, l'assassinat, sont des crimes sociaux, et ils ne sont pas moins contraires à la dignité individuelle ; c'est aussi comme contraire à nos devoirs envers nos semblables que le mensonge doit être avant tout considéré.

La règle : tu ne tueras point, n'est pas moins impérieuse que celle-ci : tu ne mentiras pas, et pour-

---

1. F. Bouillier, *Questions de morale pratique*, chap. v.
2. Tout homme de courage est homme de parole :
   A des vices si bas il ne peut consentir,
   Et fuit plus que la mort la honte de mentir.
   (Corneille, *le Menteur*, acte III, sc. xii.)

tant elle admet des exceptions tirées des nécessités de la défense. N'en est-il pas de même pour le devoir de respecter la vérité? Le mensonge comme la violence serait exclu d'une société idéale, mais dans la société imparfaite à laquelle nous appartenons, où existe une sorte d'état de guerre, selon l'expression d'un moraliste, n'est-il pas en de certaines circonstances autorisé comme moyen de défense, ou d'assistance? Un homme vous pose une question qu'il ne devait pas vous poser : garder le silence pour ne pas mentir serait livrer le secret que vous voulez cacher, que vous avez même le devoir de cacher; est-ce une injustice que de le tromper? Vous avez donné asile dans une période de troubles à un malheureux injustement poursuivi; vous niez qu'il soit chez vous. Fallait-il par respect pour la vérité trahir l'hospitalité[1]? Fichte dit : il fallait mourir au besoin en défendant votre hôte, mais ne pas mentir. Peut-être! si on avait eu chance de le sauver; mais c'était offrir sûrement deux victimes en pâture aux assassins; la morale ne peut cependant pas aboutir à assurer le triomphe du crime. L'ennemi demande à ce paysan quel chemin ont pris les troupes françaises; s'il donne une indication fausse la mort l'attend, et pourtant pour sauver les siens, il ment! N'est-ce pas là un mensonge héroïque? Il est impossible d'éprouver autre chose que de l'admiration pour les mensonges de ce genre quand on en rencontre des exemples dans la littéra-

---

[1]. Mme de Staël s'applaudit d'avoir pu sauver ainsi au prix de plusieurs mensonges une personne cachée chez elle pendant la Révolution.

ture et dans l'histoire. On comprend l'apostrophe de Jacobi critiquant le rigorisme de Kant : « Oui, je voudrais mentir comme mentit Desdémone mourante quand pour sauver son époux elle s'accuse de s'être frappée elle-même, mentir comme Oreste se donnant pour Pylade afin de mourir à sa place!... » Dans l'éducation on s'attache à donner à l'enfant des habitudes de sincérité, à lui inspirer l'horreur du mensonge, et on a grandement raison ; il faut lui inculquer le respect de la vérité et en l'obligeant à tout dire, on l'habitue à ne rien faire de ce qu'il aurait peur d'avouer. Mais si leur enfant s'accuse à faux d'un méfait de son âge commis par sa sœur afin d'être puni à sa place ou s'il dit s'être fait mal lui-même pour ne pas dénoncer un camarade, les parents n'en concluent pas qu'il ait l'âme basse et ils le grondent en l'embrassant. Il faut reconnaître du reste que la limite est difficile à tenir sur le terrain glissant de la casuistique ; un faux témoignage devant la justice régulière pour sauver un ami serait coupable ; car alors on risque de faire condamner un innocent ou tout au moins on compromet la sécurité sociale ; or s'il est permis de s'exposer soi-même à un danger pour rendre service à quelqu'un, on n'a jamais le droit d'y exposer les autres.

Les mensonges officieux. La flatterie. La franchise. — Il y a toute une catégorie de petits mensonges, que l'usage semble autoriser et qui sont cependant même en dehors d'un rigorisme absolu des fautes plus ou moins graves. Celui-là contracte peu à peu une habitude funeste, qui par jeu, par vanité, par envie de plaire manque sans scrupule au devoir de véracité; il est à craindre qu'ayant perdu le respect de la vérité, il ne mente aussi pour des choses plus importantes : on ne saurait se fier à lui.

Dans la fameuse scène du *Misanthrope*, si Alceste poussé à bout s'exprime avec trop peu de ménagements au sujet du sonnet d'Oronte, Philinte est excessif dans ses compliments. Supposez qu'ensuite il déclare à d'autres que les vers lui ont paru médiocres, il pourra justement être accusé de duplicité. Si les félicitations tombent de la bouche d'un personnage important, d'un grand poète, et s'adressent à un jeune homme elles risquent de l'engager dans une voie malheureuse. Le mensonge officieux devient facilement obséquieux et lorsque l'intérêt personnel est en jeu il mérite le nom de flatterie. Or le flatteur est parfois aussi nuisible que le calomniateur [1].

La franchise consiste à ne dire que ce que l'on pense; elle n'exclut pas les ménagements, les euphémismes qui témoignent les égards pour la personne sans dissimuler le fond de notre opinion. Mais il ne faudrait pas sous prétexte de franchise se croire autorisé à dire tout ce que l'on pense; ici encore toute vérité n'est pas bonne à dire. Déclarer à la vieille Émilie, comme le voulait le personnage de Molière,

> Qu'il sied mal à son âge de faire la jolie,

serait de la brutalité et non de la franchise. On n'a pas le droit d'en user avec chacun comme un père

---

1. Quelqu'un demandant un jour à Diogène quel est l'animal le plus à craindre, celui-ci répondit : parmi les animaux sauvages, le calomniateur; parmi les animaux domestiques, le flatteur.

avec ses enfants, un maître avec ses élèves ; la prétention de s'ériger sans mandat en censeur des travers ou des défauts d'autrui, dénoterait un orgueil insupportable et, généralisée, rendrait la vie sociale impossible. C'est un devoir, il est vrai, de rendre service à ses semblables, mais ce devoir est limité par celui de respecter leur dignité ; d'ailleurs la leçon indiscrète qu'ils n'ont pas demandée a plus de chances de les irriter que de les corriger.

Il peut même arriver qu'un devoir plus important et plus impérieux l'emporte sur celui de ne dire que ce que l'on pense. C'est le cas du médecin interrogé par un malade auquel la connaissance de la gravité de son affection pourrait être fatale ; c'est même le cas des parents qui dissimulent leurs inquiétudes et affectent une confiance qu'ils n'ont pas. Mais ce qui montre l'insuffisance des règles générales pour la solution de toutes les difficultés particulières, c'est que pour le médecin le devoir de dire toute la vérité peut exister en certaines circonstances : par exemple, le malade la demande sincèrement et non avec le secret désir d'être rassuré ; il en a besoin pour mettre ordre à ses affaires, ou encore pour prendre une résolution importante d'où dépendent les intérêts d'une tierce personne, parfois même d'une nation entière. Peut-être tel chef d'État à la veille de déclarer la guerre se fût-il abstenu s'il avait su être sous la menace d'une maladie qui l'empêcherait de la conduire lui-même.

L'éloquence. Les sophismes. — L'éloquence a été parfois attaquée par les moralistes comme un art trompeur et funeste qui au lieu de se borner à instruire les hommes en s'adressant à leur raison les entraîne dans l'erreur en touchant leurs passions. Cette condamnation absolue est injuste : dans toutes les questions dont traite l'orateur, le sentiment a une influence souvent très grande sur le jugement, et pour faire accepter la vérité, il est nécessaire de s'adresser à l'âme tout entière, au cœur comme à l'esprit. L'auditeur est-il prévenu en faveur de l'erreur, on persuade non seulement en donnant des preuves, mais en faisant appel aux nobles sentiments capables de détruire l'effet des passions contraires. Pour déterminer les hommes à une action difficile, instruire ne suffit pas, il faut les amener à vouloir et pour cela enflammer leurs courages. Mais l'éloquence ainsi comprise est puissante pour le mal comme pour le bien; elle a souvent servi à accréditer l'erreur et à produire les pires résolutions; c'est alors qu'elle est contraire à la justice et mérite la censure que Platon inflige aux sophistes dans le *Gorgias*.

Au sens précis du mot, le sophisme est un faux raisonnement fait avec intention de tromper; il sert à établir une confusion entre le juste et l'injuste, à faire paraître bonne une cause mauvaise et réciproquement; c'est une arme déloyale dont le véritable orateur, « l'honnête homme habile à parler », ne se sert jamais.

Lorsqu'un différend est soumis à la justice, lorsqu'une mesure est discutée dans une assemblée politique, il y a des raisons à faire valoir dans un sens comme dans l'autre. Nous sommes disposés à traiter de sophistes ceux qui soutiennent l'opinion que nous ne partageons pas; c'est là une injustice et deux orateurs également convaincus peuvent soutenir le pour et le contre. Dans un procès criminel il est nécessaire que les arguments en faveur de l'accusé soient présentés dans toute leur force, et un avocat est chargé de tirer de la cause les moyens de persuasion qu'elle comporte ; la tâche peut être remplie avec une entière bonne foi. On se gardera donc d'accepter à la légère les satires courantes contre une profession où les abus sont possibles comme dans toutes, mais qui en elle-même est essentiellement utile et honorable.

Des rigoristes ont été jusqu'à condamner les romans et les comédies à cause des fictions qui s'y trouvent. On a voulu de même proscrire les formules de politesse, et un puritain fameux du temps de Cromwell a soutenu que l'emploi du pluriel *vous* quand on s'adresse à une seule personne était contraire à la sincérité et qu'il fallait renoncer à des mots tels que *janvier* ou *mercredi* comme impliquant un idolâtre hommage à Janus et à Mercure ! C'est en s'attachant à l'esprit et non à la lettre qu'on peut arriver à résoudre équitablement les difficultés morales auxquelles donne lieu l'expression de la pensée par la parole.

CHAPITRE XVII

DEVOIRS DE JUSTICE (Fin)
LA PROPRIÉTÉ. MORALE ET ÉCONOMIE POLITIQUE

I. Respect de la personne dans ses biens. — Les différentes formes du vol.
II. Le principe de la propriété. Le droit de premier occupant. Le travail. La liberté. — Consécration de la propriété par la loi civile. — La propriété individuelle et la propriété collective. Le communisme. — La formation de la richesse. Causes de l'inégalité des fortunes.
III. Examen des objections contre la propriété foncière. Le problème social. — La transmission des biens par héritage. — Le capital. — Le prêt à intérêt. La justice commutative. — La loi de l'offre et de la demande devant la morale. L'usure. — Légitimité et difficultés de l'intervention de l'État. La gratuité de l'enseignement.
IV. La justice distributive. L'équité. — Le respect des contrats. La bonne foi. La probité professionnelle.

I. Respect de la personne dans ses biens. Les différentes formes du vol. — La personne a le droit d'être respectée dans ses biens comme en elle-même, c'est le droit de propriété; à ce droit correspond une forme particulière de la justice, la probité.

Tout attentat contre le bien d'autrui, est un vol; mais il en est de bien des sortes, depuis le vol à main armée jusqu'à l'abus de confiance ou à la banqueroute frauduleuse. L'injustice commise est plus ou moins grave, soit que l'on considère l'importance du préjudice causé à la victime ou le degré de perversité qu'elle dénote chez son auteur. Elle peut équivaloir à un assassinat dans telles circonstances où un homme est dépouillé des choses qui lui étaient indispensables pour vivre; c'est le cas du sauvage pressé par la faim, auquel un plus fort arrache la capture faite à la chasse; c'est aussi le cas du malheureux qui dans nos sociétés civilisées est réduit à la misère et poussé au suicide par la spoliation moins brutale mais tout aussi criminelle d'un dépositaire infidèle.

Le marchand qui falsifie ses denrées compromet la santé de ceux qu'il trompe; il le fait par cupidité, pour s'enrichir, et il est plus coupable que tel indigent qui poussé par la faim aura dérobé quelque chose chez lui. S'il est rare heureusement que le vol mette en danger la vie de la personne qui le subit, il est toujours un attentat contre sa liberté; il lui impose une privation et souvent produit des effets analogues à ceux de la contrainte exercée par le maître sur l'esclave. Le fruit de votre travail, de votre épargne vous est ravi; cela revient à dire que contre votre volonté vous avez travaillé et vous vous êtes privé au profit du voleur. Pour se procurer les plaisirs que vous vous refusiez à vous-même, il vous a enlevé avec votre argent la sécurité du lendemain; pour s'épargner la peine de gagner sa vie il vous force à renoncer au repos mérité, il a détruit peut-être le bonheur des êtres qui vous sont chers. Les formes barbares de l'iniquité sociale ont disparu avec nos mœurs plus douces; mais que de souffrances cachées implique la nouvelle banale d'une banqueroute frauduleuse qui a causé la ruine de plusieurs familles! Tel homme d'affaires qui, pour subvenir à son luxe, joue avec l'argent que de pauvres gens avaient économisé à force de labeurs et de privations, n'est pas moins injuste et nuisible avec ses dehors aimables et son accueil souriant que l'ancien bandit rançonnant les voyageurs sur les grands chemins.

C'en est assez pour justifier la gravité des châtiments que nos lois infligent au vol, principalement lorsqu'il est accompagné de circonstances aggravantes, telles que violences, abus de confiance, faux en écriture publique; la peine en certains cas est égale à celle qui punit le meurtre simple (travaux forcés à perpétuité).

Pour montrer à quel point le vol est une action malfaisante et injuste nous avons admis selon l'opinion commune, qui ordinairement est celle des voleurs eux-mêmes bien qu'ils n'y conforment pas leur conduite, que la propriété de certains biens matériels peut appartenir légitimement à l'homme et par conséquent constituer pour lui un droit dont le respect s'impose comme celui de la vie et de la liberté. Il faut examiner si la propriété a vraiment son principe dans le droit naturel. S'il était prouvé que la propriété, telle qu'elle est garantie par la législation de nos jours, est une usurpation, un vol fait à tous, elle perdrait son caractère inviolable, et les articles du Code qui la consacrent seraient eux-mêmes condamnés par la morale; il faudrait en poursuivre l'abrogation et mettre la loi écrite d'accord avec la conscience. L'institution de la propriété individuelle serait légale mais injuste comme l'a été l'institution de l'esclavage, et comme telle appelée à disparaître avec le progrès des mœurs. Or c'est ce que soutiennent de nos jours des philosophes ou des politiques convaincus et sincèrement dévoués à la cause de la justice, qu'on désigne habituellement du nom un peu vague de socialistes; il convient donc de discuter leur opinion au moyen d'autres arguments que celui de la coutume établie.

II. Le principe de la propriété. Le droit de premier occupant. Le travail. La liberté. — La propriété est définie par notre code « le droit de jouir et disposer des choses de la manière la plus absolue pourvu qu'on n'en fasse pas un usage prohibé par les lois ou par les règlements ». Le propriétaire d'une chose a la faculté d'en retirer toute l'utilité possible à l'exclusion de toute autre personne. Qu'une telle faculté puisse exister à l'égard de certains objets, personne ne l'a jamais nié, puisqu'elle est la condition même de la vie : il faut bien pour me nourrir que j'en use ainsi à l'égard des aliments. A ce point de vue la propriété est nécessaire et elle a son origine dans le besoin. Mais si deux ou plusieurs personnes ont besoin du même objet, aliment, vêtement, abri,... à qui doit-il appartenir? Les biens, c'est-à-dire les choses utiles à l'homme, pouvant lui servir à vivre et à bien vivre, ne sont pas tous comme l'air qu'il respire en quantité illimitée; le sauvage ne trouve pas toujours les vivres suffisants pour contenter sa faim; et, dans nos sociétés civilisées, beaucoup de ces biens que tous ou presque tous désirent sont en quantité si faible qu'un petit nombre seulement peuvent en jouir. Il est impossible que tous boivent du vin à leur soif, que tous aient des chevaux, des bijoux, de belles maisons. Pourquoi celui-ci plutôt que celui-là possèdera-t-il ces biens qui sont plus ou moins rares? En cela consiste la question du principe de la propriété.

Si on dit que les choses appartiendront au plus fort, à celui qui pourra s'en emparer, même quand elles seront aux mains d'un de ses semblables, on énonce ce qui a eu lieu trop souvent aux époques de barbarie où la force régnait en maîtresse, ce qui a lieu encore aujourd'hui dans les cas de brigandage, mais on ne peut songer à convertir ce fait en droit. Si la force, la conquête violente, était le principe de la propriété, la propriété ne serait pas un droit, puisque la faculté de jouir des choses serait perpétuellement à la merci d'une force supérieure. Si l'on place l'origine de tout droit conformément à nos principes dans le caractère inviolable de la personne humaine, il faut reconnaître que, en dehors de toute convention, l'être humain qui le premier met la main sur une des choses que la terre d'abord a offertes gratuitement à tous, a le droit d'en user pour ses besoins, de préférence à tout autre ; c'est un droit naturel, le droit de premier occupant. On a distingué ce droit de celui que donne le travail, mais on peut dire que la prise de possession qui d'ordinaire suit une recherche et ne va pas sans quelque effort est déjà un travail.

Cependant lorsque l'objet, au lieu d'être employé tel que la nature l'a produit, a été façonné, rendu utilisable par la main du possesseur, comme la branche d'arbre dont il fait un arc, lorsqu'il a reçu l'empreinte de sa pensée et de sa volonté, la propriété devient plus sacrée encore, l'instrument ainsi créé est comme une dépendance de la personne. Quand il s'agit des biens que la terre offre d'elle-même mais qui sont en quantité restreinte, la limite du droit de propriété est celle des besoins du possesseur et des besoins des êtres auxquels il veut et doit prêter assistance, sa femme, ses enfants ; on conçoit qu'il n'aurait pas le droit d'accaparer toutes les ressources alimentaires que présente le lieu où il se trouve pour le plaisir d'en exclure les hommes affamés qui surviennent après lui ; ce serait à la fois déraisonnable et injuste ! A vrai dire ces choses sont à tous plutôt qu'elles ne sont à personne, et le droit de les prendre pour soi cesse avec le besoin qu'il a permis de satisfaire. Dans ce sens, et dans ce sens seulement le besoin est la mesure du droit. Si au contraire le sauvage fabrique des armes, des instruments divers avec des objets sans valeur produits par la nature en abondance, les silex, les lianes, les branches d'arbre de la forêt immense, la mesure de sa propriété se trouve réglée naturellement selon l'étendue de son travail ; il travaille pour se procurer des jouissances à venir, mais il peut le faire alors sans nuire à personne, car les biens qu'il se procure ainsi il les crée sans préjudice pour les autres qui peuvent l'imiter et en faire autant. Nous supposons la matière première sur laquelle s'exerce son activité en quantité illimitée, suffisante pour tous, il y aurait injustice manifeste à l'empêcher d'employer ses facultés comme il l'entend et de fabriquer ces objets qu'il estime lui être utiles. Avec un instrument de labour qu'il a imaginé et qu'il s'est donné la peine de faire, il défriche un terrain couvert de mauvaises herbes ; il y sème des graines dont personne ne faisait usage, et obtient une récolte. Cet aliment nouveau est bien à lui, il le possède légitimement : son travail est le principe du droit qu'il a sur les choses qu'il a arrachées à la nature et dont il a vraiment créé l'utilité. Comment ses semblables pourraient-ils lui reprocher de leur interdire la jouissance d'un bien qui, sans lui, n'eût pas existé? La terre ne manque pas à côté; s'ils renoncent à leurs courses errantes, à leurs chasses aventureuses et s'imposent la contrainte d'un travail régulier, en se fixant au sol pour le cultiver, ils seront propriétaires eux aussi et auront conquis la sécurité du lendemain.

Ainsi le travail, conformément à la théorie de Locke [1], apparaît comme le principe de la propriété, mais il faut sous-entendre que le travail s'exerce sur une matière que personne n'occupe encore et que l'on a le droit de posséder à l'exclusion de tout autre dans la mesure où on est capable de la mettre en valeur. Il ne suffirait pas de dire en abordant sur une île déserte : cette terre est à moi, pour en exclure à jamais toute autre personne en vertu du droit de premier occupant. Qu'un naufragé survienne et il aura le droit de s'approprier le terrain que vous aurez laissé forcément en friche, et ce qu'il n'aura pas pu ou voulu cultiver lui-même deviendra la possession légitime d'un troisième survenant. Tels sont les rapports qui existent entre le principe de l'occupation première et celui du travail. On a dit encore que le principe de la propriété est la liberté; cela est vrai, car la racine de tout droit est la faculté que l'homme a de s'appartenir lui-même; c'est parce que l'homme a le droit en tant que personne morale de disposer à son gré de ses facultés et de ses organes, qu'il peut disposer aussi des produits de son activité

---

1. *Essai sur le gouvernement civil.*

physique et intellectuelle. Quand on a méconnu la liberté dans l'esclave, on n'a pu lui reconnaitre le droit de posséder; on ne peut toucher à la liberté sans que la propriété soit compromise; la réciproque est vraie aussi, et les peuples les plus libres sont ceux où la propriété est le mieux garantie.

Consécration de la propriété par la loi civile. — Il y a une théorie qui place dans une convention le principe du droit de propriété : c'est une application du système qui fait dériver de la loi civile tous les devoirs et tous les droits. Il y a des droits naturels, les droits de l'homme, parmi lesquels la Constituante a inscrit la propriété qu'elle déclare un droit inviolable et sacré. La loi détermine et sanctionne le droit de propriété mais ne le crée pas, il est antérieur aux institutions qui en consacrent l'usage; ainsi que le dit Montesquieu, « pour faire la loi qui règle la propriété il faut savoir ce que la propriété doit être ». Sans la loi qui met la force au service du droit, ce droit comme tous les autres resterait purement idéal et serait perpétuellement violé; on conçoit que de bonne heure des conventions soient intervenues à ce sujet pour empêcher l'oppression du faible par le fort, et éviter des luttes continuelles en assurant la paisible jouissance de son bien au légitime possesseur. Sans parler de nos codes, au Groënland par exemple, des conventions très précises déterminent à qui appartient le renne atteint à la fois par plusieurs chasseurs : c'est celui dont la flèche a pénétré le plus près du cœur. A l'autre extrémité du monde, chez les Hindous, dès l'époque la plus reculée, les Sages, disent les lois de Manou, « ont décidé que le champ cultivé est la propriété de celui qui le premier en a coupé le bois pour le défricher, et la gazelle celle du chasseur qui l'a blessée mortellement ». De telles lois ne sont point arbitraires ; elles supposent un principe de justice antérieur à elles, et dès lors on ne peut y voir l'origine de la propriété. Il ne suffirait pas qu'une convention nouvelle intervînt, que la majorité dans un pays décidât que la propriété est supprimée pour que l'abolition en fût légitime.

La propriété individuelle et la propriété collective. Le communisme. — A vrai dire, ceux qu'on appelle les adversaires de la propriété ne demandent pas la suppression de toute propriété. A l'exception de certains sectaires qui voudraient détruire toute organisation sociale, ils admettent que les hommes vivant dans un pays et formant une nation doivent posséder le territoire et toutes les richesses de ce pays ; mais, suivant eux, cette possession doit être collective, l'individu n'ayant droit qu'à la jouissance des produits sous des conditions déterminées.

Les communistes ou les collectivistes attaquent la propriété individuelle et veulent y substituer la propriété collective. La terre, les usines, les instruments de travail, tout le capital qui existe dans un pays, appartiendraient à la société tout entière dont les membres vivraient sur le fonds commun. On distingue d'ailleurs le communisme égalitaire et absolu, et le communisme inégalitaire ou tempéré, suivant qu'il est tenu compte ou non dans la répartition des produits de l'inégalité de la valeur productive existant entre les travailleurs. D'après Cabet, d'après Louis Blanc, chacun doit travailler suivant ses forces et recevoir suivant ses besoins. Les Saint-

Simoniens au contraire ont adopté la formule : « à chacun suivant sa capacité; à chaque capacité suivant ses œuvres ». Si l'humanité était parfaite, si chacun aimait son prochain comme lui-même, la première formule : « de chacun selon ses forces, de chacun selon ses besoins » serait l'expression de la vérité morale. La société serait comme une famille dont chaque membre use avec discrétion du bien commun et s'efforce autant qu'il peut de l'accroître, tous rivalisant d'abnégation et de dévouement. Mais il est impossible que cet état de paix idéale puisse être réalisé avec les hommes tels qu'ils sont. Si on tentait une pareille expérience, infailliblement il arriverait ceci : chacun, sauf quelques exceptions, se trouverait très peu de forces pour produire et beaucoup de besoins pour consommer. Alors le capital social, terre, usines, etc., ne produirait presque rien; on arriverait rapidement à la famine, au dénuement universel, et au lieu de la communauté des richesses on n'aurait que la communauté de la misère, ce qui amènerait l'extinction rapide des membres de l'association. Le seul moyen d'échapper à cette conséquence serait de contraindre les individus à accomplir une tâche et à se contenter d'une ration fixée par les chefs traitant despotiquement les travailleurs comme des esclaves. Même par ce procédé dégradant pour l'humanité on n'arriverait qu'à une production insuffisante, et tout perfectionnement susceptible d'améliorer la condition commune serait arrêté. Il est établi que le travail de l'esclave produit bien moins que celui de l'ouvrier libre, qu'excite non seulement la crainte de la misère mais l'espoir de l'aisance; personne enfin ne s'ingénierait à faire des découvertes si elles ne devaient rapporter à leur auteur qu'une fraction de bien-être infinitésimale.

Louis Blanc voulait substituer l'émulation, le point d'honneur du travail au mobile de l'intérêt; c'était une illusion. « Quoi, l'honneur, dit Thiers, pour deux ou trois planches de plus rabotées dans une journée, pour une pièce de fer mieux limée [1]! » L'honneur excitera le courage un jour de bataille, le dévouement à la patrie poussera à braver la mort pour la sauver; mais l'application constante à une tâche obscure, c'est avant tout par la perspective du bien-être qu'on peut l'obtenir.

Les théoriciens du communisme ont une conception beaucoup trop optimiste de l'individu primitif, beaucoup trop pessimiste de la société actuelle. La misère et le vice ne sont point, comme l'a prétendu Rousseau, un produit de la civilisation; le mal est contemporain de l'humanité; ce qui est nouveau suivant la pensée du grand historien Macaulay, c'est l'intelligence qui le découvre et la charité qui le soulage. Il ne suffirait pas de réformer les institutions sociales pour transformer soudain comme par un coup de baguette magique les mobiles intéressés, qui jouent un si grand rôle dans l'activité humaine, en esprit de sacrifice absolu. Il faut légiférer pour les hommes tels que l'expérience les montre et non tels que le rêve les imagine. L'illusion si généreuse qu'elle soit est dangereuse. Ils ne sont pas radicalement mauvais ou corrompus comme le soutient un système non moins contraire à la liberté et au droit; mais une théorie politique qui ne pourrait s'appliquer qu'à des êtres doués d'une perfection angélique est irréalisable, c'est une utopie. Toutes les tentatives qui ont été faites pour la mettre en pratique

---

1. *De la propriété*, liv. II, chap. III.

ont échoué, et dans nos sociétés terrestres [1] elles ne sauraient réussir jamais.

La formation de la richesse. Causes de l'inégalité des fortunes. — Un réformateur a prononcé cette parole restée fameuse : « la propriété c'est le vol ». Sous cette forme paradoxale il exprimait la pensée fondamentale du communisme. Un des fondateurs du système, Gracchus Babeuf écrivait [2] : « La nature a donné à chaque homme un droit égal à la jouissance de tous les biens ; nul n'a pu sans crime s'approprier exclusivement les biens de la terre et de l'industrie... Les riches qui ne veulent pas renoncer au superflu en faveur des indigents sont les ennemis du peuple. » C'est considérer la terre comme une table bien servie à laquelle tous seraient conviés, mais où chacun ne pourrait prendre plus que sa part sans frustrer les autres. Ainsi l'opulence des riches serait la cause de la misère des pauvres. Une telle conception est fausse. Ces biens auxquels on voudrait voir tout le monde participer également ne sont pas des dons de la nature ; ils ont été créés par le travail de ceux qui ont défriché la terre, domestiqué les animaux sauvages, construit les maisons, fabriqué les outils

---

1. Citons les expériences malheureuses tentées en Amérique par l'Anglais Owen et le Français Cabet. Rappelant la ruine de l'établissement du premier, Adolphe Blanqui dit dans son *Histoire de l'économie politique* : « il se trouva dans cette société régénérée des lâches, des jaloux, des fainéants, des intempérants comme dans la nôtre. »
2. Il fut envoyé à l'échafaud sous le Directoire (1797) conformément à un décret de la Convention interdisant sous peine de mort toute tentative d'établir « des lois agraires ou autres lois subversives des propriétés territoriales, commerciales ou industrielles ».

et les machines. Il est aisé de comprendre qu'un homme déployant plus d'activité et d'intelligence puisse devenir plus riche que les autres sans cependant nuire à personne, s'il est le créateur des biens dont il jouit, par exemple s'il trouve le moyen de faire pousser des arbres d'un grand rapport dans les landes dont jusqu'ici personne n'avait pu tirer parti ; s'il extrait des produits utiles de substances jetées jusque-là au rebut, comme il est arrivé pour les déchets de la houille. On pourra lui reprocher de manquer de charité s'il use en égoïste de la fortune ainsi gagnée, mais il n'a volé personne ; bien plus, même sans le vouloir il est utile à ses semblables, loin de leur nuire, car le prix des choses utiles dont il a augmenté la quantité (celui du bois, des couleurs, etc., dans nos exemples) diminue alors et elles sont accessibles à un plus grand nombre.

Il peut arriver que la richesse chez tel particulier soit due au vol, au pillage, à la conquête ; mais on peut affirmer qu'en général elle est acquise d'une autre manière. Celui-ci possède plus que celui-là parce qu'il s'est montré plus travailleur et plus capable ; ou encore parce qu'au lieu de consommer au fur et à mesure les fruits de son travail, il s'est imposé des privations et a épargné pour l'avenir. L'inégalité des qualités morales comme l'inégalité des forces intellectuelles ou physiques se trouve ainsi cause de l'inégalité des fortunes, sans que ceux qui ont moins puissent se dire lésés par ceux qui ont plus. Si on réduisait la question à ces termes, il serait relativement aisé de se mettre d'accord ; mais la difficulté véritable est de savoir s'il n'existe pas d'autres causes moins légitimes et aussi générales de l'inégale répartition des biens. Les arguments qui méritent le plus d'attention en raison des vérités qu'ils renferment sont ceux que les communistes modérés, désignés souvent sous le nom de socialistes, ont dirigés contre la propriété foncière perpétuelle, contre l'héritage et contre le prêt à intérêt.

III. Examen des objections contre la propriété foncière. Le problème social. — Le travail est le principe de la propriété pour la richesse qu'il a créée, mais il ne crée pas la matière elle-même sur laquelle il s'exerce et en particulier la terre. Nous avons supposé la terre s'étendant en quantité suffisante pour que tous aient pu imiter les premiers qui se l'approprièrent afin de la cultiver : il en fut réellement ainsi à l'origine lorsque les hommes vivaient de la chasse ou de la cueillette; ces premiers propriétaires ne nuisaient pas à leurs compagnons de la même tribu qui pouvaient revendiquer un droit commun sur un certain territoire. On a calculé que chez les peuples chasseurs il faut à une famille mille hectares pour vivre, et chez les peuples pasteurs, de cent à deux cents hectares; un chef de famille se fait-il agriculteur, il n'a plus besoin que de quarante à cinquante hectares; il abandonne donc plus à la tribu qu'il ne lui a pris [1]. La transformation de la propriété collective en propriété individuelle a eu pour résultat de rendre possible en un pays déterminé l'existence d'un nombre bien plus considérable d'êtres humains. Un terrain qui à l'état de nature suffirait à peine à faire vivre un homme misérablement, en nourrit aujourd'hui douze cents, grâce

---

1. Leroy-Beaulieu, *le Collectivisme*.

aux progrès de la civilisation que la propriété individuelle a rendus possibles. L'humanité pour vivre, croître et multiplier, a dû renoncer peu à peu à l'existence sauvage, et se fixer au sol pour l'exploiter. C'est là ce qui explique et justifie la colonisation.

Faut-il que trois cent millions de blancs, quatre cent millions de jaunes meurent de faim pour laisser quelques milliers de Sioux et de Papous, voire quelques millions de nègres jouir librement des vastes solitudes qu'ils parcourent sans les utiliser et dont ils ne cultivent que de faibles parties [1] ?

Mais un jour vient où dans un pays tel que la France tout le sol est occupé, et où nombre d'individus se trouvent dans l'impossibilité d'exercer leur droit de travailler lié à celui de vivre, sans la permission de ceux qui possèdent la matière indispensable au travail. Ceux-là ne peuvent-ils pas se dire lésés par les propriétaires et regretter le temps où la tribu avait la propriété collective de la terre pour y chasser, pour y faire paître les troupeaux, même pour y faire pousser des moissons que l'on se partageait équitablement [2] ?

---

1. Ch. Secrétan, *les Droits de l'humanité*, chap. III (1891).
2. « Dans toute la Grande-Russie (actuellement encore), dit M. de Laveleye, la terre qui n'appartient pas à la couronne ou aux seigneurs est la propriété indivise, collective de la commune... En principe chaque habitant mâle et majeur a droit à une part égale des terres dont la commune est propriétaire. Dans les temps primitifs il ne se faisait aucun partage du sol. La terre était cultivée en commun et la récolte répartie entre tous, en proportion du nombre des travailleurs de chaque famille. » Cependant sa maison et son jardin forment une propriété privée et héréditaire pour le paysan.

Des économistes répondent : celui qui n'a que ses bras à lui obtient, grâce au régime de la propriété, un salaire qui lui permet de vivre moins misérablement que le sauvage ; en cinquante ou soixante jours le dernier des ouvriers peut gagner aujourd'hui la valeur du blé nécessaire à sa subsistance pour une année. Cela est vrai ; mais sa dépendance à l'égard de ceux qui détiennent la matière première n'est-elle pas de telle nature qu'il puisse être obligé d'accepter une rémunération inférieure à celle qui reviendrait équitablement à son travail dans la production de la richesse ? Dans un pays comme l'Irlande où la terre est aux mains d'un petit nombre de propriétaires, la concurrence amène le fermier à subir des conditions qui lui donnent à peine le strict nécessaire ; il est plus facile en effet au riche de se passer d'une partie de son superflu qu'au pauvre des choses indispensables, et la fixation du salaire n'est pas le résultat d'un contrat vraiment libre où les parties traiteraient sur le pied de l'égalité. Il y a là une grave difficulté : c'est elle qui constitue par excellence le problème social. Ce serait une grande illusion de croire qu'en partageant le sol de la France entre tous les habitants on supprimerait le *paupérisme*, car en supposant que tous eussent alors la volonté d'employer l'instrument de travail mis entre leurs mains, l'agriculture dans ces conditions serait très loin de suffire à leur subsistance ; ses produits ne formeraient pas le dixième des choses nécessaires à une famille. A l'époque actuelle les terres ne constituent qu'une partie de la richesse, et non celle qui rapporte le plus à ses détenteurs. Il faut considérer enfin que la valeur des terrains est due pour une part difficile à évaluer, mais en tout cas très considérable, au travail des propriétaires successifs qui ont transformé la lande stérile, la forêt sauvage, le sol marécageux en champs fertiles.

C'est pourquoi les attaques contre la propriété ne s'arrêtent pas à la propriété foncière, mais elles sont dirigées contre toute espèce de capital. Les réformateurs ne veulent pas seulement donner gratuitement la terre à exploiter au cultivateur, mais l'usine à l'ouvrier, la mine aux mineurs. Pour y parvenir, les socialistes de l'école de Saint-Simon suppriment l'héritage. Chacun, sa vie durant, jouira des fruits de son labeur personnel et pourra accroître ses biens autant qu'il le voudra; mais, à sa mort, ils retourneront au domaine public. Ainsi l'État aura les moyens de fournir sans cesse aux générations nouvelles l'instrument de travail; chacun devra gagner sa vie par lui-même, mais il recueillera tous les produits de son industrie sans être obligé comme aujourd'hui d'en abandonner une portion considérable aux mains des oisifs pour en obtenir le droit de travailler. Nul ne vivra plus du travail d'autrui, et tous seront rémunérés en proportion des services qu'ils auront rendus à la société. Ce système a une apparence de justice : on comprend qu'il ait séduit des âmes généreuses; cependant il est incompatible encore, au moins sous cette forme absolue, avec le droit naturel, et d'autre part, l'économie politique le repousse au nom de l'intérêt général.

La transmission des biens par héritage. — L'homme qui, par son activité et son économie, a acquis des biens, en est maître comme de lui-même; il est libre d'en disposer à son gré, et au lieu de les employer seulement à la satisfaction de désirs égoïstes, il peut en user en faveur d'autrui, renoncer à une jouissance personnelle pour donner. Le pouvoir de concourir ainsi au bonheur des êtres qu'il aime est la plus haute récompense de son travail; il est intimement lié au droit de fonder une famille. Eh bien! à moins de le retirer à l'individu, on ne saurait abolir l'héritage. Le legs n'est pas autre chose qu'une donation différée. Ce qui est respectable avant tout dans l'héritage, c'est le droit du testateur; il pouvait donner de son vivant sa fortune à sa femme, à ses enfants, à un ami; il pouvait en abandonner la nue propriété se réservant la jouissance. Comment n'aurait-il pas la faculté de prendre une disposition semblable sous la réserve qu'elle n'aura d'effet qu'à sa mort? Nier le caractère transmissible de la propriété, c'est en réalité la détruire. Dans la société civile, le droit de tester comme tout autre est soumis à certaines restrictions, mais la suppression totale de l'héritage aurait pour effet de multiplier les donations entre vifs ou bien de déterminer le père, soit à cesser tout travail une fois ses besoins personnels assurés, soit à dépenser tout son gain[1]. La communauté n'aurait que rarement et dans

---

[1] Dans notre législation au delà du douzième degré, en l'absence de testament, les parents ne succèdent pas; et l'État peut être appelé, dans des conditions que le Code détermine, à recueillir la succession. Cette limite pourrait être abaissée au huitième ou au sixième degré, comme il en est question, sans que le principe de l'héritage fût compromis. Dans tous les cas l'État prélève une certaine partie de la succession sous forme de droits de transmission, et ces droits sont plus

des proportions très restreintes à profiter des dépouilles du mort; par contre, elle perdrait beaucoup à entraver le travail productif. L'intérêt du pauvre n'est pas qu'il y ait peu de richesses dans la nation : c'est au contraire qu'il y en ait beaucoup, même s'il ne participe pas directement lui-même à la possession du capital. En effet, l'ouvrier trouve d'autant mieux à gagner sa vie, que l'argent est plus abondant; chacun en général restreint ou étend ses dépenses, suivant ses ressources, et quand la gêne est partout, l'ouvrage manque. Celui-là même qui ne mène pas un train de vie en rapport avec sa fortune, s'il fait peu travailler par lui-même et pour son usage personnel, contribue par le fait seul qu'il place son argent, à l'élévation des salaires en favorisant les entreprises de l'emprunteur; en outre il stimule ainsi la production des choses utiles qui par suite diminuent de prix, à l'avantage du plus grand nombre.

Si l'abolition de l'héritage, dira-t-on, devait déterminer l'oisiveté du père, elle empêcherait au moins l'oisiveté du fils; il y aurait compensation. Mais l'on raisonne comme si tout héritier était par là même condamné à l'inaction. Les jeunes gens assez riches pour pouvoir demeurer sans rien faire, assez déraisonnables pour le vouloir, sont l'exception; d'ordinaire les biens des parents leur facilitent seulement l'accès à une carrière plus conforme à leurs goûts, ou leur donnent les moyens d'étendre leurs opéra-

---

élevés lorsque l'héritier n'est pas proche parent du mort; si ces droits dépassaient les proportions d'un impôt, ils prendraient le caractère d'une confiscation de la propriété individuelle au profit de la fortune publique.

tions dans le commerce, dans l'industrie, dans la finance. Toute mesure capable de décourager le travail et l'épargne et par suite d'entraver l'accroissement du capital dans une société est funeste au progrès; car la richesse, outre les objets de consommation et les objets de luxe, comprend des choses (usines, outils, canaux, chemins de fer, etc.) nécessaires au travailleur pour exploiter la matière de la façon la plus profitable et pour asservir les forces de la nature à l'humanité. Les économistes réservent spécialement le nom de capital à cette portion de la richesse créée qui sert à la production d'une richesse nouvelle [1].

Le prêt à intérêt. La justice commutative. — La propriété doit être permanente et transmissible et non pas seulement temporaire ou viagère; il est de son essence également d'être accumulable, c'est-à-dire de produire des revenus qui peuvent s'y ajouter et l'accroître. Mais de même que l'héritage a été attaqué, des réformateurs ont nié la légitimité du prêt à intérêt, et réclamé comme un droit pour le travailleur la gratuité du crédit; c'est particulièrement la thèse de Proudhon que l'économiste Bastiat a réfutée avec beaucoup de force [2].

La vie économique des sociétés repose sur l'échange des services. Lorsqu'un homme se trouve dans l'impossibilité de rendre un service équivalent à celui dont il a besoin, la loi morale nous oblige à l'aider sans espoir de retour : c'est là un devoir de

---

1. Voir Baudrillart, *Manuel d'Économie politique*.
2. Proudhon, 1809-1865. Bastiat, 1801-1850, est l'auteur des *Harmonies économiques*, et de divers petits écrits fort intéressants, *Capital et rente*, *Ce qu'on voit et ce qu'on ne voit pas*, etc.

charité auquel aucune loi humaine ne saurait nous contraindre. Notre droit est de ne consentir à travailler ou à nous priver de quelque chose pour autrui qu'à la condition de recevoir un dédommagement, c'est-à-dire un service que nous aurons estimé équivalent; toute mesure contrariant l'exercice de ce droit serait injuste. A l'état normal les choses se passent ainsi dans les relations sociales; un paysan demande à son voisin de l'aider à rentrer sa récolte, celui-ci y consent à condition que le premier lui rendra à son tour le même service ou bien lui donnera quelques gerbes pour sa peine. L'un n'a pas assez de blé, il s'adresse à l'autre qui en a plus qu'il ne lui en faut, et il lui propose en échange, du fourrage ou du vin. L'échange sous cette forme primitive est le troc; grâce à l'invention de la monnaie il s'est perfectionné, mais il n'a pas changé de nature. Un homme n'a pas de maison et ne possède pas les moyens d'en construire ou d'en acheter une; il me demande de lui prêter la mienne ou une partie de la mienne : j'exige en dédommagement de la gêne que je m'impose, comme prix du service que je lui rends, une somme d'argent au bout de l'année, le loyer; rien de plus juste encore. Il en est de même pour le fermage, si c'est un champ que je lui prête pour le cultiver à ma place et en récolter la moisson; il en serait de même s'il s'agissait d'un cheval, d'une voiture, d'un moulin, d'une forge et de tout objet dont je renoncerais pour un temps à tirer parti moi-même sous la condition de recevoir une part du profit qu'il peut fournir. Cet échange de services s'appelle le prêt à intérêt. Si au lieu de prêter la maison, le champ, ou la forge, je prête l'argent permettant d'acquérir ces objets, le cas reste le même encore. Quand je stipule qu'au bout d'un temps convenu l'emprunteur en me restituant la somme dont il avait momentanément besoin y joindra un surplus, l'intérêt, je reste dans mon droit : je ne commets pas un vol; le contrat est rigoureusement juste, de cette justice qu'on a appelée justice commutative ou justice d'échange; et la loi civile destinée à assurer l'exécution d'un pareil contrat est conforme au droit naturel. Ce qui étonne, c'est qu'une vérité aussi claire ait pu être méconnue, et cela non seulement de nos jours, mais pendant des siècles. Aristote faisait valoir contre la légitimité de l'intérêt qu'il est contraire à la nature, car l'argent par lui-même est stérile. Cet argument ne pouvait faire illusion qu'aux époques où les lois économiques les plus simples étaient ignorées et où la richesse mobilière n'avait pas dans la vie des nations l'importance qu'elle a prise de nos jours. Le préjugé subsista pendant tout le moyen âge et saint Thomas d'Aquin condamne comme immoral sous le nom d'usure le fait de prêter de l'argent à intérêt. Aujourd'hui, pour ne pas parler des services rendus aux personnes qu'un emprunt sauve de la misère ou de la ruine en leur permettant de faire ou de rétablir leur situation, les grandes entreprises industrielles seraient impossibles sans le crédit. Pour établir les chemins de fer, percer les canaux, exploiter les mines, il faut des mises de fonds considérables destinés à acheter les terrains et les machines, à payer le salaire des ouvriers, parfois pendant des années, avant que l'œuvre accomplie rapporte le moindre bénéfice. Si on ne donnait pas à ceux qui possèdent les capitaux un titre leur conférant le droit non seulement de se faire rembourser à une époque déterminée, mais de participer aux bénéfices de l'entreprise en touchant un revenu fixe ou variable plus ou moins fort, jamais ils ne consentiraient à risquer de perdre leur argent (comme il arrive trop souvent) ou en tout cas à se priver d'en disposer librement pendant la durée du prêt. Essayez d'établir des lois qui les y forcent, et ils dissimuleront leur avoir, ou ils cesseront de travailler et d'épargner pour acquérir : vous aurez du même coup privé l'emprunteur et le prêteur des services qu'ils se rendaient mutuellement.

La loi de l'offre et de la demande devant la morale. L'usure. — Cependant, au point de vue du droit naturel, pour que le contrat soit légitime, il faut qu'il y ait dans l'échange des services *équivalence*. Comment établir leur valeur ? Les économistes en général répondent : cela se fait tout naturellement en vertu de la loi de l'offre et de la demande. Si les capitaux sont abondants, et les emprunteurs peu nombreux, le taux de l'intérêt baisse (nous faisons abstraction ici de la sécurité du placement) ; les capitaux, au contraire, sont-ils rares et très demandés, l'intérêt monte. En outre, le bas prix auquel s'offre l'argent provoque des entreprises dont il eût fallu s'abstenir si le prêteur avait été plus exigeant : les demandes deviennent plus nombreuses, et un nivellement s'opère. La libre concurrence assure ainsi la justice du contrat.

Malgré ces considérations, notre Code interdit sous le nom d'usure le prêt de l'argent à un taux excédant l'intérêt légal fixé à 5 p. 100 en matière civile et à 6 p. 100 en matière de commerce. Beaucoup d'économistes attaquent cette loi comme contraire à la liberté des contractants et nuisible au prêteur lui-même. Il faut reconnaître cependant en se plaçant au point de vue de la morale que le prêteur qui profite de l'imprévoyance ou de la détresse d'un homme pour le faire consentir à des conditions ruineuses abuse alors du pouvoir que lui donne l'argent et réalise un bénéfice contraire à la pure justice. Que dirait-on d'un capitaine de navire qui refuserait de recueillir les passagers d'un bateau en détresse, à moins qu'ils ne lui abandonnent tous leurs biens? Malgré le consentement des victimes une telle convention serait radicalement immorale. Eh bien, des socialistes soutiennent que la loi de l'offre et de la demande, qu'ils appellent la loi d'airain, produit des effets analogues, les conventions qui fixent le salaire des ouvriers étant acceptées sous l'empire de la nécessité ; et suivant eux, l'État devrait intervenir par des dispositions législatives comme il fait pour l'usure, afin de restreindre en des bornes équitables, la part du capital dans la distribution de la richesse produite. Ils rappellent les bénéfices énormes réalisés dans certaines entreprises par les propriétaires du capital ou actionnaires et mettent en regard le faible salaire de l'ouvrier et sa condition misérable.

Légitimité et difficultés de l'intervention de l'État. La gratuité de l'enseignement. — D'après ce qui précède, de telles revendications peuvent être conformes à la justice idéale, car la répartition équitable n'est point infailliblement assurée par la loi de l'offre et de la demande. L'intervention de l'État ne serait pas nécessairement injuste, et le moraliste n'a point à la combattre au nom du droit naturel. On a vu des patrons dans des années où les bénéfices étaient exceptionnels, en distribuer une partie à leurs ouvriers en supplément du salaire, d'autres consacrer des sommes importantes à des caisses de retraite pour les vétérans du travail : il y a dans ces actes, d'ailleurs très méritoires, plutôt encore justice que charité! Mais c'est une question politique fort grave, fort difficile à résoudre, que de savoir de quelle manière et dans quelle mesure l'État peut intervenir, d'une part sans franchir les bornes de la justice, et d'autre part sans compromettre les intérêts de ceux qu'il voudrait protéger ni aggraver leurs souffrances.

Il n'est pas possible de fixer un minimum pour les salaires comme on a fixé un maximum (d'ailleurs fort discuté) pour l'intérêt; la valeur d'un même salaire varie suivant que les objets de première nécessité sont plus ou moins chers à une époque ou dans une localité. On empêcherait par là d'employer les ouvriers faibles, âgés, dont personne ne voudrait à prix égal. Il y a des moments enfin où la concurrence étrangère force les patrons à baisser les prix de certains produits, et par conséquent à baisser les salaires pour diminuer le prix de revient sous peine de ruine; et cette mesure est préférable au chômage qu'amènerait la cessation des affaires. Une légère augmentation du salaire de l'ouvrier suffit dans certains cas à retirer tout bénéfice au capitaliste, qui est ainsi amené à suspendre son entreprise.

Il serait désirable que tout travailleur honnête pût arriver à une certaine aisance et eût des loisirs lui permettant après la dure besogne matérielle, de se procurer les nobles jouissances de l'esprit ; mais avant tout, il faut qu'il y ait du pain pour tous. L'expérience a montré que, dans une société comme la nôtre, seule la propriété individuelle permanente, transmissible, accumulable, permet une production assez abondante pour qu'on n'ait plus à redouter des famines comme celles qui désolaient l'Europe autrefois. Toute mesure fixant des limites à l'exercice du droit de propriété, même si elle est juste en principe, exige du législateur la plus grande prudence. Des réformes irréfléchies, excessives, amèneraient infailliblement la ruine du pays et la misère pour tous.

Quoi que puissent dire les adversaires pessimistes de l'organisation sociale actuelle, de grands progrès dans la voie de la justice ont été accomplis depuis un siècle ; la part faite au travail dans la répartition de la richesse s'accroît sans cesse ; l'intérêt de l'argent, la rente de la terre diminuent, les salaires augmentent. L'ouvrier est en général mieux nourri, mieux vêtu, mieux logé aujourd'hui qu'il y a cinquante ans. Il a dans les associations librement formées des moyens puissants de défendre ses droits. Les sociétés de secours mutuels, les assurances contre les accidents, les caisses de retraite se multiplient et l'aident à pourvoir à la sécurité du lendemain. Néanmoins il reste certainement beaucoup à faire ; mais on peut avoir espoir et bien augurer de l'avenir par le passé. L'instruction élémentaire est gratuitement donnée à tous, l'enseignement professionnel se développe ; si on peut arriver à donner à tout enfant pauvre un apprentissage, il aura le moyen de vivre indépendant par son travail. « L'instruction est l'instrument de travail par excellence dans les sociétés modernes ; c'est le premier capital, le premier fonds social mis à la disposition des nouveaux venus [1]. » Ce capital constitue le meilleur dédommagement pour le tort que peut leur causer l'attribution totale du sol national aux propriétaires perpétuels ; c'est encore la réparation du mal que l'imperfection des lois dans le passé et les privilèges de toute nature ont causé.

En résumé, la morale et l'économie politique s'accordent pour justifier la propriété et font voir qu'elle est conforme au droit naturel et à l'intérêt bien entendu des sociétés. Les actes qui concourent à la former, le travail et l'épargne, sont éminemment favorables à la dignité des individus ; elle permet l'accomplissement des devoirs de famille, elle est la garantie de la liberté. Mais cette institution prête à des abus et à des injustices ; l'État qui la garantit a le droit de les combattre et de les réparer dans la mesure du possible ; surtout, les individus doivent se pénétrer des devoirs de large justice et de généreuse équité que la richesse engendre pour eux.

IV. La justice distributive. L'équité. — D'une manière générale la justice ordonne de respecter la personne ou les droits d'autrui. On trouve chez les jurisconsultes romains ces deux formules : « ne nuire à personne », et, « rendre à chacun ce qui lui est

---

1. Voir Fouillée, *la Propriété sociale* et *la Science sociale*. L'ouvrage de Laveleye sur *la Propriété* et celui de Secrétan sur *les Droits de l'humanité* contiennent des idées semblables.

dû ». Cette dernière formule peut elle-même s'entendre de deux manières. Il faut s'acquitter des dettes que l'on a contractées, rendre un dépôt qui vous a été confié, restituer le bien mal acquis, et dans ce cas il n'y a nulle distinction à faire entre les personnes envers qui on est obligé ; de même que lorsqu'il s'agit de ne pas attaquer leur vie, leur honneur, leur liberté. Mais il y a des cas où pour rendre à chacun le sien il faut au contraire tenir compte de l'inégalité des personnes et les traiter selon leur mérite ; c'est là ce qu'on appelle la *justice distributive* [1]. L'idée de l'égalité des hommes devant la loi est essentielle à la justice ; mais ce serait précisément une inégalité que de donner des choses égales à ceux dont le mérite est inégal. Certains ouvriers demandent qu'un même salaire soit attribué à tous, aux moins robustes comme aux travailleurs qui rendent le plus de services ; ils sont dupes d'une fausse conception de l'égalité et l'ordre de choses qu'ils voudraient instituer serait essentiellement injuste. La justice distributive établit une égalité de proportion fondée sur l'inégalité même des personnes, c'est-à-dire qu'elle proportionne le salaire, les récompenses, les honneurs, aux services rendus.

Lorsque les tribunaux, accordant ou refusant les circonstances atténuantes, condamnent les individus accusés d'un crime de même nature à des peines inégales, ils font une application de la justice distributive.

---

1. Aristote opposait la justice distributive à la justice *commutative*, c'est-à-dire à celle qui préside aux échanges, aux achats, où l'on ne tient pas compte de la qualité des personnes, mais seulement de la valeur des choses achetées ou échangées.

La reconnaissance qui rend le bien pour le bien dérive de la justice distributive; l'ingratitude qui rend le mal pour le bien en est la violation flagrante.

On emploie souvent le mot équité pour désigner la vertu qui consiste à pratiquer les devoirs de la justice distributive. Cependant, ce nom se prend encore dans une acception plus large : l'équité, c'est alors la justice naturelle par opposition à la justice légale. Ainsi, la loi, par les dispositions relatives à la *prescription*, déclare qu'au bout d'une période plus ou moins longue [1] pendant laquelle aucune réclamation régulière ne s'est produite, une créance cesse d'être exigible. La loi a été dictée par des raisons d'ordre public et d'intérêt général, par exemple, pour éviter l'abus auquel donnerait lieu la perte des créances. Mais il est clair qu'au point de vue de l'équité, le débiteur qui profite de la confiance ou de la négligence de son créancier pour ne pas s'acquitter est un malhonnête homme. Le juge est tenu d'appliquer la loi; il faut qu'il soit l'observateur scrupuleux des formes légales, car le laisser libre d'interpréter à sa manière la justice éternelle sans tenir compte du droit écrit ce serait ouvrir la porte à l'arbitraire : mais le plaideur ne doit prendre pour guide que l'équité.

Le respect des contrats. La bonne foi. — Le devoir de respecter les intérêts d'autrui renferme l'obligation de rester fidèle à la parole donnée et de ne pas manquer aux engagements pris, même

---

[1]. Par exemple : un an pour les visites d'un médecin, six mois pour les leçons d'un professeur, cinq ans pour les intérêts des sommes prêtées.

lorsque n'étant pas consignés dans une convention écrite et régulière, ils ne sont pas sanctionnés par le Code. Cette forme de la justice prend spécialement le nom de loyauté ou encore de bonne foi. La parole d'honneur est sacrée, et le devoir de la tenir existe même à l'égard de l'ennemi. On admire avec raison la conduite de Régulus qui, plutôt que de violer son serment, retourna à Carthage s'offrir au supplice. Promettre et tenir ne doivent faire qu'un. L'individu de mauvaise foi qui se soustrait à ses engagements porte la plus grave atteinte aux relations sociales. Un texte de l'ancien droit irlandais, rapporté par le jurisconsulte Sumner Maine, exprime cette vérité avec une énergie singulière : « Il est trois circonstances dans lesquelles le monde agonise : une peste, une guerre générale et la violation des contrats verbaux. »

La probité professionnelle. — Dans nos sociétés où, sous le régime de la division du travail et grâce aux facilités fournies par la monnaie, les services s'échangent perpétuellement pour des services équivalents, il existe une convention tacite, postulat indispensable de la sécurité des transactions, c'est que : quiconque exerce une profession se conformera en conscience aux obligations qui en découlent et se comportera selon l'attente légitime de ceux qui ont recours à lui. Les situations les plus humbles comme les plus élevées offrent de perpétuelles occasions de se montrer juste ou injuste envers autrui. Aussi la probité personnelle est-elle une vertu très méritoire et très importante. Les devoirs varient selon les états; mais toujours, qu'il s'agisse de la bonne foi du marchand, de l'impartialité du juge, du courage de l'officier, ou de la science du professeur, une question de probité s'y trouve impliquée. L'ouvrier à la journée qui se repose toutes les fois que l'entrepreneur ne peut le voir, le contremaître qui ne surveille pas, l'employé qui perd son temps pendant ses heures de présence, ne gagnent pas leur argent : ils le volent, comme on dit ; il en sera de même du médecin ou de l'avocat distrait pendant une consultation, du professeur qui fait sa classe avec négligence, de tous ceux qui abusent de la confiance qu'on a mise en eux et n'accomplissent pas vraiment leur tâche. D'ordinaire, plus la position est élevée et plus la faute est grave. Les conséquences du manquement aux devoirs professionnels sont dans certains cas particulièrement funestes.

L'inattention d'un pharmacien peut causer mort d'homme ; les fautes d'un architecte, d'un ingénieur dans la construction d'une maison ou d'un pont, la négligence d'un chef de gare amènent des catastrophes. La légèreté d'un diplomate, l'ignorance d'un général peuvent compromettre l'existence même de la patrie. La responsabilité commence du moment même où l'on se prépare à une profession, et les jeunes gens doivent bien se pénétrer de cette idée. Si ce médecin eût suivi plus assidûment les cours étant étudiant, tel de ses malades ne serait peut-être pas mort ; si cet officier avait mieux su sa géographie, il eût peut-être évité une défaite à l'armée. Exhortant ses élèves au travail, un professeur de droit leur disait avec raison : « Avocats, plus tard, vos plaidoyers seront des fautes ; magistrats, vos sentences seront des crimes si ce n'est pas un savoir consciencieux qui les prépare. »

CHAPITRE XVIII

LES DEVOIRS DE CHARITÉ. LA POLITESSE
LA BONTÉ ENVERS LES ANIMAUX

I. Les degrés et les formes de la charité. — Le dévouement. — La bienfaisance. — Le pardon des offenses. — L'égoïsme.
II. La doctrine de la sélection naturelle et la bienfaisance (H. Spencer). — Désaccord de la morale naturaliste : 1° avec l'honnête; 2° avec l'intérêt social. — La charité prévoyante. Enseignements de l'économie politique.
III. La politesse. Ses rapports avec la justice et la charité. — Le mépris des bienséances chez les Cyniques. La politesse dans les démocraties.
IV. Devoirs de bonté à l'égard des animaux. — La doctrine de l'automatisme des bêtes : ses conséquences. — Exagération inverse des Hindous. Les Pythagoriciens. — Nos droits sur l'animal. Schopenhauer.

I. Les degrés et les formes de la charité. — La charité est l'amour du prochain, consacré par le sentiment du devoir; c'est le dévouement à la personne d'autrui. Cependant cette vertu a plusieurs degrés et prend des formes diverses; c'est pourquoi on lui a donné différents noms. La bonté est d'une manière générale le caractère de l'homme qui ne vit pas seulement pour soi, mais qui s'intéresse au bonheur des autres comme au sien propre; dans le langage de quelques philosophes, c'est l'*altruisme* par opposition à l'égoïsme. Elle est par excellence la vertu du cœur, mais elle implique le jugement et la volonté. « Un sot, a dit La Rochefoucauld, n'a pas assez d'étoffe pour être bon. » On peut en dire autant d'une âme faible : celui qui est vraiment bon sait supporter la peine et braver le danger pour venir en aide aux êtres qu'il aime. La pitié, la compassion expriment la sympathie pour l'être souffrant et le désir de le soulager. La disposition à rendre service, l'état d'une âme exempte d'envie, qui se réjouit du succès et du bonheur des autres et se montre indulgente pour leurs faiblesses, s'appelle proprement la bienveillance. On dit qu'un homme est bienfaisant lorsqu'il déploie beaucoup de zèle pour secourir les misérables ; s'il consacre son temps, ses peines, son intelligence, sa fortune à des œuvres d'humanité, c'est un philanthrope.

Le fait de renoncer à des biens désirés pour assurer le bonheur d'autrui, c'est l'abnégation. Lorsqu'un acte inspiré par l'amour du prochain exige un grand sacrifice et particulièrement celui de la vie, c'est un acte de dévouement et d'héroïsme. Le mérite croît avec l'étendue du sacrifice et l'importance de l'action.

D'autre part, la charité s'applique à bien des objets différents. Faire la charité, dans le langage usuel, c'est faire l'aumône; mais il y a beaucoup d'autres manières de faire du bien, et celle-là même n'est ni la plus difficile, ni toujours la meilleure. Pour énumérer les devoirs de charité nous pouvons suivre le même ordre que dans l'étude des devoirs de justice; il y a autant de manières de rendre service que de nuire.

Le dévouement. — La loi morale impose l'obligation de secourir un homme en danger de mort, et de braver le péril pour l'en arracher, même lorsque notre profession ne nous en fait pas un devoir de stricte justice, qu'il soit attaqué par des malfaiteurs, ou exposé à périr dans un incendie, dans un naufrage, dans une épidémie. C'est un devoir de charité que remplissaient et que remplissent encore les hommes généreux consacrant leurs efforts à la suppression de l'esclavage.

On a rarement l'occasion d'être un héros, de se dévouer au sens absolu du mot, mais dans toutes les conditions et dans toutes les circonstances de la vie on peut donner des marques de dévouement à son prochain. Ainsi fait celui qui protège les victimes des abus de pouvoir ou de l'intolérance, celui qui prend en main la défense de l'honneur d'autrui en rétablissant la vérité contre le calomniateur. Ainsi font ceux qui organisent des ligues contre l'ignorance, qui s'attachent avec un zèle d'apôtre à répandre partout une instruction de plus en plus large, et au lieu de garder la vérité pour eux veulent qu'elle éclaire toutes les intelligences.

La bienfaisance. — Les larges aumônes sont obligatoires pour les riches, mais dans les situations les plus modestes l'assistance est pratiquée de la manière la plus efficace pour le soulagement des misères. Le paysan cultive le champ de son voisin malade, cet ouvrier recueille un orphelin, cette femme qui n'a que de faibles ressources se fait la servante des pauvres. Tous les ans, l'Académie en décernant les prix de vertu signale à notre admiration les sacrifices les plus touchants ; et combien restent ignorés ! La charité des *pauvres gens*, comme parle Victor Hugo, fait des miracles.

La pratique de l'aumône exige beaucoup de délicatesse. La charité véritable respecte la dignité de l'individu secouru, elle se cache au lieu de s'étaler, elle se dérobe aux remerciements, elle est patiente et discrète. Il y aurait moins d'ingrats s'il y avait plus d'abnégation chez le bienfaiteur. On connaît ces vers passés en proverbe :

> La façon de donner vaut mieux que ce qu'on donne;
> Tel donne à pleines mains qui n'oblige personne.

« Redoublez d'égards, dit Saint-Lambert [1], pour l'homme que vous avez obligé, et d'amour pour celui qui vous oblige. »

Le pardon des offenses. — C'est de la charité encore que dérive la vertu difficile et élevée qui consiste dans le pardon des injures. « Donner et pardonner », telle était la belle devise d'un philanthrope célèbre, l'abbé de Saint-Pierre. Chez les personnages puissants, elle s'appelle la clémence; on se rappelle le rôle attribué à Auguste par Corneille dans la pièce de *Cinna*. Le stoïcisme l'a recommandée par résignation fataliste et par dédain à l'égard du coupable [2]; le christianisme l'a prêchée au nom de l'amour; il l'a opposée à la vieille loi de haine qui voulait qu'on rendît le mal pour le mal, la loi du talion : œil pour œil, dent pour dent. La loi nouvelle ordonne de vaincre la haine par l'amour, le mal par le bien.

On peut distinguer la bonté qui s'abstient de

---

1. *Catéchisme universel* (1796). La doctrine de cet ouvrage est d'ailleurs utilitaire.
2. « Celui qui t'a pris ton bien est un scélérat, dis-tu. — Eh! que t'importe par qui celui qui te l'a donné te le redemande! » (Épictète.)

rendre le mal pour le mal et celle qui rend le bien pour le mal. Mais il faut bien comprendre la nature de cette vertu. La loi morale n'interdit pas de se défendre, n'exige pas qu'on s'expose patiemment à la violence après l'avoir déjà subie, qu'on s'abstienne de demander jamais aucune réparation devant les tribunaux pour une injure subie et un dommage causé. La charité n'est pas en contradiction avec la justice; elle empêche seulement les représailles injustes que la vengeance est trop prompte à exercer en invoquant le droit; ici encore s'applique bien le mot de Leibniz : la justice est la charité du sage. Ainsi il est mal de s'acharner sur un ennemi réduit à l'impuissance [1]; il est bien quand on a montré sa force et repoussé l'attaque de ne pas poursuivre ses avantages jusqu'au bout, d'aider le vaincu à se relever et devant les preuves d'un repentir sincère d'excuser une heure d'égarement et d'oublier l'offense. Parfois alors qu'une rigueur impitoyable eût consommé la ruine matérielle et la perte morale du coupable, le pardon qui le sauve le convertit du même coup au bien en touchant son âme. Une loi nouvelle, s'inspirant de cette pensée, la loi Bérenger, permet aux juges dans certains cas d'empêcher qu'une première condamnation ait pour un accusé des conséquences irréparables; l'humanité ici tempère la sévérité de la répression sans

---

1. Voir dans la *Légende des siècles* l'admirable récit de Victor Hugo : *Après la bataille*. Le poète représente son père s'approchant avec un soldat d'un Espagnol blessé, qui implore du secours. L'ennemi traîtreusement décharge son pistolet sur lui sans l'atteindre.

Donne-lui tout de même à boire, dit mon père!

danger pour la société si la réforme est appliquée avec discernement. Lorsqu'un homme n'est pas profondément perverti et qu'il a failli par entraînement et par faiblesse il convient de lui faciliter le retour au bien. On conçoit qu'un particulier s'abstienne, par exemple, de déférer aux tribunaux un vol domestique lorsqu'il a lieu de croire que ses reproches ont touché réellement le coupable et qu'il ne compromet pas la sécurité d'autres personnes. Pour être méritoire, il ne faut pas que la générosité soit en opposition avec la justice; et on ne doit pas confondre avec la vertu une indulgence dictée par des mobiles bas et intéressés sur lesquels on serait porté à se faire illusion. La Rochefoucauld a eu tort de soutenir que la clémence se pratique toujours, soit par vanité, soit par paresse, soit par crainte; mais on ne saurait dire qu'il n'en soit jamais ainsi.

Il est rare que nous ayons l'occasion d'aller jusqu'à la magnanimité dans le pardon, car d'ordinaire les offenses dont nous nous plaignons ne sont pas bien graves; mais il est très important de les voir telles qu'elles sont sans les grossir par l'imagination, de ne pas nourrir en soi des ressentiments hors de proportion avec la cause qui les a fait naître. Alors même que l'irritation a été légitime, la rancune est mauvaise. Nous avons tous besoin qu'on nous pardonne beaucoup, sachons beaucoup pardonner.

L'égoïsme. — On qualifie habituellement d'égoïste l'individu réfractaire aux devoirs de charité. L'égoïsme, l'amour excessif de soi-même, peut être considéré tour à tour comme la cause des plus grands crimes et l'obstacle aux plus hautes vertus. Ainsi que la générosité il a ses degrés, et tantôt il pousse à mal faire, tantôt il empêche de bien faire. Les moralistes l'ont étudié sous ses divers aspects et en ont tracé différentes peintures.

Gnathon, le personnage de La Bruyère, ne vit que pour soi, et tous les hommes ensemble sont à son égard comme s'ils n'étaient pas ; il rachèterait volontiers sa mort de l'extinction du genre humain. L'égoïste d'après Schopenhauer se fait le centre de l'univers, voit un ennemi à anéantir dans quiconque le gêne, et tuerait pour le plus mince profit, n'était la crainte des lois. L'égoïsme au sens ordinaire du mot est plutôt le défaut de bonté que la méchanceté positive. Le philosophe chinois Mencius oppose à l'homme de dévouement celui « qui s'il devait arracher un cheveu de sa tête pour procurer quelque avantage public à l'empire, ne le ferait pas ». Cette hyperbole fait bien comprendre le type. Un fabuliste a comparé au colimaçon l'égoïste qui sans ami et sans famille vit comme un étranger dans son pays et au moindre danger se retire dans sa coquille. Chez un moraliste contemporain, Vinet, se trouve le portrait de l'épicurien poli, du mondain au cœur sec, capable de donner une aumône dédaigneuse, mais non d'agir et de s'entremettre pour un malheureux. J.-J. Rousseau dans sa *Lettre à d'Alembert* a flétri avec une vigoureuse éloquence le faux optimisme des indifférents qui nient le mal pour n'avoir pas à le soulager, « de ces gens si doux, si modérés, qui trouvent toujours que tout va bien, parce qu'ils ont intérêt que rien n'aille mieux ; qui sont toujours contents de tout le monde parce qu'ils ne se soucient de personne,... qui de leur maison bien fermée, verraient voler, piller, égorger, massacrer tout le genre humain sans se plaindre, attendu que Dieu les a doués d'une douceur très méritoire à supporter les malheurs d'autrui. »

L'homme de cœur sait voir le mal et s'en indigner sans tomber dans le pessimisme et la misanthropie.

Au lieu de vouloir la paix à tout prix comme l'égoïste, il ne craint pas de troubler sa tranquillité en faisant la guerre à l'injustice même qui ne l'atteint pas. C'est pourquoi les plus grands bienfaiteurs de l'humanité ont eu tant de luttes à soutenir.

II. La doctrine de la sélection naturelle et la bienfaisance (H. Spencer). — D'ordinaire la charité emporte le respect et l'admiration de ceux mêmes qui ne la pratiquent guère, et quand on célèbre les progrès de la civilisation moderne, on y comprend les prodiges réalisés par la bienfaisance, tout autant que les merveilles de la vapeur et de l'électricité; les asiles ouverts à la vieillesse et à l'enfance, les hospices pour les malades, les infirmes et les aliénés paraissent attester la perfectibilité humaine non moins que les chemins de fer ou le télégraphe [1]; il semble que les philanthropes méritent comme les inventeurs notre reconnaissance et qu'enfin saint Vincent de Paul, l'abbé de l'Épée et tous ceux qui ont découvert et mis en pratique des moyens nouveaux de venir en aide aux déshérités de la nature et de la fortune, ont à leur manière contribué au bonheur de l'humanité aussi sûrement que James Watt, Jacquard ou Edison.

Mais voici qu'une nouvelle philosophie, hardie plus qu'engageante, vient nous dire que cette philanthropie tant vantée est dangereuse, funeste, irréligieuse même et criminelle, et que les institutions de bienfaisance sont en réalité malfaisantes. Cette

---

[1]. Maudsley, philosophe positiviste anglais, reconnaît « qu'un acte héroïque de sacrifice est quelque chose de plus civilisateur que l'envoi en quelques secondes d'une dépêche de Londres à Hong-kong ».

théorie commune à plusieurs penseurs anglais est nettement exposée dans l'*Introduction à la science sociale* de Herbert Spencer (chap. xvi). Il importe de la discuter, car les arguments sont spécieux, et il n'est pas rare aujourd'hui de les entendre alléguer par des égoïstes heureux d'invoquer l'autorité de la science pour se justifier. « C'est le combat pour la vie! » A combien de vilaines actions cette phrase devenue banale n'a-t-elle pas servi de prétexte? On sait en effet qu'un des principes du système de Darwin, c'est que la lutte que se livrent incessamment les êtres pour vivre, la *concurrence vitale*, est l'agent principal du progrès; elle produit dans la nature une *sélection*, un choix, car les êtres les plus forts, les mieux doués physiquement et intellectuellement triomphent, survivent, se reproduisent et lèguent à leurs descendants les qualités auxquelles ils ont dû la victoire et que ceux-ci développent à leur tour. Dès lors, secourir les faibles c'est aller contre les fins de la nature, certains disent de la Providence; c'est contrarier la sélection, c'est perpétuer le mal que les lois du monde laissées à elles-mêmes auraient fini par éliminer. Le devoir serait d'abandonner à la mort les individus dégénérés qui lui appartiennent.

« On a le droit de se demander si la sotte philanthropie, qui ne pense qu'à adoucir les maux du moment et persiste à ne pas voir les maux indirects, ne produit pas au total une plus grande somme de misère que l'égoïsme extrême. — Outre qu'on néglige ordinairement ce fait que la qualité d'une société baisse sous le rapport physique par la conservation artificielle de ses membres les plus faibles, on néglige tout aussi habituellement cet autre fait que la qualité d'une société baisse sous le rapport intellectuel et moral par la conservation artificielle des individus les moins capables de prendre soin d'eux-mêmes [1]. »

Désaccord de la morale naturaliste : 1° avec l'honnête ; 2° avec l'intérêt social. — Nous opposons d'abord à une telle doctrine les principes que nous avons établis et nous la combattons au nom de l'honnête. La morale ne se fonde pas sur l'histoire naturelle et nous repoussons cette interprétation nouvelle de la maxime : « suivre la nature ». La volonté humaine n'a point à chercher sa règle dans les lois qui régissent le règne animal, mais dans l'idéal, et l'idéal c'est la charité, c'est la fraternité.

La charité, dit un éloquent moraliste [2], voit autre chose dans ces corps débiles et souffrants qu'un organisme impropre à la vie. Elle y devine une intelligence capable de concevoir le nécessaire et l'infini, une sensibilité capable des plus idéales affections, une volonté que l'on peut élever par les nobles élans jusqu'à l'héroïsme... Elle n'imite pas la nature,... elle la transfigure en lui imprimant une beauté supérieure, celle que, d'abord, elle puise en elle-même, puis celle qu'elle réussit à tirer de toutes ces intelligences qui se seraient éteintes sans elle, de tous ces cœurs qui, ne se sentant pas aimés, n'auraient pas aimé.

D'autre part, il n'est pas vrai de dire que toute misère soit due à l'incapacité, à l'imprévoyance ou au vice. Combien de malheureux sont victimes, soit d'accidents impossibles à conjurer, soit de l'injustice des hommes. Souvent il arrive que l'assistance a

---

1. *Introduction à la science sociale*, p. 368 et 369 de la traduction française (Alcan).
2. Caro, *Problèmes de morale sociale*, chap. vi.

pour effet de réparer le mal produit par la méchanceté des individus et par les imperfections de la société. « S'en remettre aux lois naturelles pour prévenir et réparer l'iniquité, c'est agir comme des êtres sans intelligence et sans volonté, c'est accepter pour l'homme la fatalité qui régit les animaux [1]... »

L'utile se trouve heureusement ici d'accord avec le bien moral, et il ne serait pas moins contraire à l'intérêt bien entendu des sociétés qu'à la dignité humaine de renoncer à la bienfaisance et de proscrire le dévouement.

D'abord il est évident que les secours dans les hôpitaux en sauvant un travailleur atteint d'une maladie ou d'une blessure accidentelle, restituent à la société une force productive. La vie humaine n'a pas seulement un prix moral, elle a aussi une valeur économique; enfin l'homme ainsi guéri pourra concourir à la défense du pays. S'agit-il des enfants trouvés, les mêmes raisons à défaut d'autres suffiraient à justifier les asiles où ils sont recueillis. Parmi ces enfants élevés par charité, plus d'un est devenu un homme remarquable et a rendu au centuple à la société ce qu'elle avait fait pour lui. Faudrait-il abandonner du moins ceux qui sont débiles ou infirmes? mais les exemples ne sont pas rares des plus belles âmes se développant dans un corps difforme ou maladif; et l'on s'exposerait à rejeter dans le néant quelque intelligence supérieure, quelque génie capable de rendre à lui seul dans le combat pour la vie plus de services à son pays qu'un régiment composé d'athlètes. Supposons enfin qu'on

---

1. Fouillée, *la Propriété sociale*, liv. II, chap. I.

prenne le parti de refuser tout secours aux individus vraiment dégénérés et reconnus incurables, imagine-t-on le danger qui en résulterait pour la santé publique? L'élimination naturelle ne se fera peut-être que lentement et les maladies contagieuses auront le temps de se propager, à moins qu'on n'aille jusqu'au bout de la doctrine et que, non content de ne pas contrarier la nature, le législateur n'agisse dans le même sens en décrétant l'extermination juridique des êtres qu'elle a marqués d'une empreinte fatale. Cette conséquence que la conscience repousse avec indignation est en quelque sorte la réfutation par l'absurde de la thèse que nous examinons.

La charité prévoyante. Enseignements de l'économie politique. — Cependant parmi les critiques dirigées contre la bienfaisance telle qu'elle a été ou est encore souvent pratiquée, il en est de justes, et dont la morale doit faire son profit. On entend dire parfois que l'économie politique est une science inhumaine, dure aux pauvres et favorisant l'égoïsme; en réalité, l'égoïsme peut par un sophisme de justification tirer de ses théories des conclusions illégitimes, mais la vérité bien comprise n'est pas en opposition avec le bien moral. La science économique nous montre la solidarité qui existe entre les hommes et ce que chacun dans la société doit à tous, elle contribue à développer la bienveillance, elle nous présente des motifs puissants d'exercer la bienfaisance et n'aboutit point à la condamner; mais elle enseigne à la régler; elle apprend à faire le bien avec intelligence et par là elle rend à la morale de précieux services. L'imprévoyance dans la charité est la faute d'âmes généreuses sans doute, mais c'est une faute. Si vous aggravez la misère par les moyens que vous employez pour y porter remède, malgré vos bonnes intentions, vous n'êtes pas irresponsable du mal que vous avez fait; car c'est un devoir pour l'homme d'user de sa raison et de prévoir les conséquences de ses actes. Lorsque l'aumône est faite sans discernement, elle encourage chez le pauvre, la paresse, l'incurie et le vice. Des individus capables de subvenir à leurs besoins en travaillant exercent la mendicité comme une profession lorsqu'il leur suffit de tendre la main pour recevoir, et ils dressent parfois à ce honteux métier de malheureux enfants qu'ils exploitent et qu'ils maltraitent[1]. Contraire aux intérêts matériels de ceux qui sont secourus, la charité alors est encore plus funeste à leur dignité morale; s'habituant à compter sur autrui pour vivre et non sur eux-mêmes, ils en arrivent au dernier degré de servilité et d'abjection. En considérant ces conséquences, on approuvera la condamnation que Spencer prononce contre « le gaspillage d'argent inspiré par une fausse interprétation de la maxime suivant laquelle la charité efface une multitude de péchés ». Pour être méritoire, pour racheter nos fautes en une certaine mesure, notre charité doit être éclairée, elle doit s'inspirer du respect dû à la personnalité humaine même chez les plus misérables, elle doit les aider à accomplir leur destinée morale au lieu de les en détourner. D'ailleurs le philosophe anglais est moins sévère contre la charité privée que contre la charité publique

---

[1]. Une enquête récente faite par le conseil municipal de Paris a révélé des pratiques monstrueuses.

telle qu'elle est organisée dans son pays où la taxe des pauvres impose aux contribuables laborieux des charges très lourdes.

L'assistance doit être telle que le pauvre ne puisse spéculer sur elle pour diminuer ses efforts personnels, et lorsqu'il ne s'agit pas d'un mal sans remède, elle a atteint son but si elle a mis l'individu secouru en état de se passer d'elle; c'est ce qui arrive par exemple pour les enfants recueillis dans les orphelinats, pour les maladies passagères soignées dans les hôpitaux. Il faut que le secours n'abaisse pas celui qu'il doit relever. « La plus noble fraternité, dit M. Fouillée, est celle qui demande un léger service en échange d'un grand,... un travail si facile qu'il soit, car elle sait que le travail ennoblit tandis que l'aumône avilit [1]. »

La charité est d'autant plus méritoire qu'elle est plus éclairée, plus prudente, plus respectueuse de la dignité humaine; mais il ne faut pas que la crainte d'être dupe de fausses misères serve d'excuse à l'indifférence et à la dureté de cœur. Mieux vaut courir le risque de mal placer un bienfait que celui d'opposer à une réelle infortune un refus qui pourrait être mortel.

III. La politesse. Ses rapports avec la justice et la charité. — L'homme en dehors des grands devoirs que nous avons étudiés jusqu'ici est soumis dans ses rapports avec autrui à certaines règles de conduite d'une haute importance encore pour la vie sociale bien qu'elles puissent sembler au premier abord étrangères à la morale. Il s'agit des bienséances, des

---

[1]. *La Science sociale contemporaine.*

convenances, des devoirs de politesse dont l'observation donne lieu à ces qualités du caractère que Kant appelle bien les vertus de société et dont saint François de Sales disait qu'elles sont les petites vertus qui s'élèvent au pied de la croix. Cicéron leur a consacré d'importants développements, donnant à son fils tous les préceptes qui peuvent contribuer à former l'*honnête* homme, selon l'expression dont on désignait au xviie siècle l'homme de bonne éducation, bien élevé dans toute la force du terme, vertueux, éclairé et poli.

Les devoirs de politesse se rattachent tous, soit à la justice, soit à la charité; ce sont de menus devoirs de respect ou de bienveillance envers les personnes. Ils consistent, soit à s'abstenir de mal faire, à éviter de causer de la peine aux autres, de les gêner ou de les blesser; soit à faire du bien, en se gênant pour leur être agréable. En ce sens, Pascal disait : « Le respect est, Incommodez-vous », et on reproche à un homme sans politesse d'être sans gêne; il manque de tact, c'est-à-dire qu'il ne s'inquiète pas de l'impression pénible que ses paroles produisent, il étale son égoïsme ne cachant pas son indifférence à l'endroit des douleurs ou des joies d'autrui, il ne dissimule pas son orgueil, son dédain, son ennui, ne fait rien pour contenir sa mauvaise humeur. « L'incivilité, dit La Bruyère, n'est pas un vice, elle est l'effet de plusieurs vices : de la sotte vanité, de l'ignorance de ses devoirs, de la paresse, de la stupidité, de la distraction, du mépris des autres, de la jalousie. » Locke, dans ses *Pensées sur l'Éducation*, signale le penchant à la raillerie, l'esprit de contradiction, un caractère susceptible et ombrageux parmi les défauts contraires à la civilité.

Cependant un homme peut être foncièrement juste et capable de dévouement tout en manquant de politesse, il a des sentiments honnêtes mais non délicats, la grâce fait défaut à sa vertu, et fort de son mérite il se concède à lui-même des travers très désagréables pour ceux qui l'approchent. Évidemment il l'emporte de beaucoup sur le fourbe ou sur l'égoïste aux dehors séduisants qui s'impose de petites vertus pour faire passer de grands vices, mais il fait plus de mal qu'il ne croit. Des coups d'épingle répétés causent autant de douleur qu'une grave blessure, et des offenses dont chacune est légère finissent à la longue, si elles se multiplient journellement, par faire le malheur des êtres avec qui l'on vit. « Avec de la vertu, de la capacité et une bonne conduite, l'on peut être insupportable. »

La vraie politesse est fondée sur le respect et sur la bienveillance. « De la bonté du cœur elle est la douce image », a dit Voltaire. C'est une bienséance dans les manières et le discours qui fait que ceux avec lesquels nous nous rencontrons sont contents d'eux-mêmes et de nous; elle exprime la déférence et la sympathie. Les hommages rendus au mérite sont inspirés par l'équité, l'indulgence pour les faiblesses d'autrui est charitable. On augmente la joie d'un homme en s'y associant, en le félicitant d'un succès, d'un événement heureux; on diminue sa peine en témoignant qu'on la partage; la courtoisie, la bonne humeur, l'affabilité ont dans les relations sociales un charme qui s'explique par l'influence très réelle qu'elles exercent sur le bonheur de chacun.

La politesse ne fût-elle pas un devoir qu'il suffirait de l'intérêt bien entendu pour la recommander. Elle rehausse l'éclat du mérite et fait pardonner l'absence des grandes qualités de l'intelligence; elle est un gage de succès dans le monde. Les petits sacrifices qu'elle impose sont d'ordinaire largement compensés par les avantages qu'elle procure; « elle coûte peu et rend beaucoup », suivant la remarque de Mme de Lambert [1].

Le mépris des bienséances chez les Cyniques. — La politesse a pourtant ses détracteurs. Dans l'antiquité, les philosophes de l'école Cynique affectaient de braver les convenances, et, sous prétexte de suivre la nature, ils s'insurgeaient contre les conventions sociales; c'était confondre la grossièreté et la brutalité avec la simplicité et la franchise. Chez les meilleurs d'entre eux le mépris du sentiment public provenait plus de l'orgueil que de l'indignation contre les mœurs du temps, et ceux qui les ont imités n'ont gardé que leurs défauts sans prendre leurs vertus, de sorte que le cynisme désigne aujourd'hui l'état d'une âme deux fois méchante, et pour ses vices et pour son impudence. Si un individu peut être à la fois corrompu et poli, la rudesse d'un caractère insociable n'est pas une garantie de l'honnêteté. On peut même dire qu'en habituant de bonne heure l'enfant à se montrer extérieurement tel qu'il devrait être intérieurement, l'éducation le dispose aux vertus dont elle lui impose les dehors. Si le caractère s'exprime par la physionomie, il y

---

1. La marquise de Lambert (1647-1733) est l'auteur des *Avis d'une mère à sa fille, à son fils*, d'un petit *Traité de l'Amitié*.

a aussi une réaction du corps sur l'âme, qui fait que les bonnes manières ont une influence favorable sur le caractère. Une attitude respectueuse prédispose à la déférence, on apprend à se maîtriser en surveillant son maintien, et l'humeur s'est adoucie chez les jeunes gens bien élevés qui savent conserver une bonne grâce souriante en présence des étrangers.

La politesse dans les démocraties. — Les formules obséquieuses employées autrefois, la tyrannie des conventions mondaines, le caractère artificiel de l'étiquette, ont fait l'objet de justes critiques qui ne sauraient atteindre la véritable politesse. Celle-ci est de tous les temps, elle n'est pas le privilège des cours et des aristocraties, elle convient à toutes les conditions; les démocraties ne l'excluent nullement comme on l'a prétendu.

Sans doute certaines élégances, certains raffinements de délicatesse ne sont guère le fait des hommes qui travaillent et n'en font pas la grande affaire de leur vie, mais pourquoi les convenances dans ce qu'elles ont d'essentiel ne seraient-elles pas observées aujourd'hui comme au temps passé? Jamais on n'a mieux compris que la dignité de la personne est indépendante des distinctions sociales et de la naissance; le sentiment de l'égalité ne peut être que favorable aux mutuels égards que les hommes se doivent. Aussi la politesse apparaît-elle comme obligatoire envers tout homme, si modeste que soit sa condition; l'insolence et l'impertinence ont cessé de faire partie du bon ton, on rencontre de jour en jour moins de hauteur et de morgue chez les riches et les puissants, au moins chez ceux qui se respectent eux-mêmes.

Il ne faudrait pas croire que le degré de la civilisation se mesure à la complication des formes de la politesse. Beaucoup de sauvages sont plus méticuleux encore à cet endroit qu'on ne l'était à la cour de Louis XIV : on cite des populations (les Araucaniens, les Arabes du désert) chez qui les salutations durent de dix à quinze minutes. Si donc les témoignages de civilité sont devenus plus sobres chez nous, si la forme s'est simplifiée on ne saurait en conclure que les mœurs de la nation soient moins policées.

IV. Devoirs de bonté à l'égard des animaux. — Les développements que comporte la question de nos devoirs envers les animaux ne sont pas assez étendus pour en faire un chapitre distinct; comme nous vivons avec eux, au moins avec les animaux domestiques, dans une sorte de société, on peut faire rentrer ceux de nos devoirs qui les concernent dans les devoirs sociaux, et comme ils n'ont pas de droits, à proprement parler, ces devoirs sont des devoirs de bonté.

Actuellement les moralistes s'accordent pour reconnaître que la loi morale interdit de traiter les animaux avec cruauté et ordonne de leur épargner le plus possible la souffrance, surtout quand il s'agit des animaux domestiques les plus élevés, tels que le chien, le bœuf ou le cheval. Les raisons qu'on en donne diffèrent : l'homme, dit-on, se doit à lui-même de ne pas agir d'une manière déraisonnable et inhumaine, ou bien il doit à ses semblables de s'habituer à la pitié à l'égard de l'animal afin de ne pas devenir cruel envers eux, ou enfin les animaux sans être des personnes encore sont pourtant plus que des choses, ils sont doués de sensibilité, ils sont comme nous des créatures de Dieu, et comme tels ils ont des droits imparfaits. Quoi qu'il en soit, l'existence du devoir ici n'est pas douteuse. En France il est sanctionné dans une certaine mesure par le Code, et la France avait été précédée dans cette voie par l'Angleterre. Voici le texte de notre *loi Grammont* (1850) :

> Seront punis d'une amende de 5 à 15 francs, et pourront l'être d'un à cinq jours de prison, ceux qui auront exercé publiquement et abusivement de mauvais traitements envers les animaux domestiques. — La peine de la prison sera toujours appliquée en cas de récidive.

Nous avons la *Société protectrice des animaux*, dont le but, disent les statuts, est « d'améliorer par tous les moyens qui sont en son pouvoir le sort des animaux ». Elle décerne des récompenses aux inventeurs d'appareils propres à soulager les animaux et généralement à toute personne ayant fait preuve à un haut degré, par de bons traitements et des soins intelligents et soutenus, de compassion envers eux.

La doctrine de l'automatisme des bêtes; ses conséquences. — L'idée que l'on se fait des devoirs envers les animaux varie selon l'opinion que l'on a de leur nature. Descartes et ses disciples les considéraient comme des machines, des automates dépourvus non seulement de raison mais de sentiment, qui crient sans souffrir lorsqu'on les frappe comme peut le faire la poupée dont on presse un ressort; aussi les solitaires de Port-Royal ne se faisaient-ils aucun scrupule d'écorcher vifs et de torturer de pauvres chiens pour étudier sur eux la circulation du sang. Cette étrange et fausse doctrine n'est plus invoquée par personne pour justifier les actes de brutalité envers les bêtes.

Exagération inverse des Hindous. Les Pythagoriciens. — Au contraire, les Hindous, convaincus de la parenté universelle des êtres qui d'après leur religion participent tous à la substance divine, ont poussé à un degré incroyable le respect pour la vie animale et la compassion pour les bêtes. Les lois de Manou prescrivent à l'anachorète de filtrer avec un linge l'eau qu'il doit boire, non par principe d'hygiène comme on le fait aujourd'hui, mais « dans la crainte de faire périr les petits animaux qui pourraient s'y trouver! » L'Inde comme l'ancienne Égypte a ses animaux sacrés; le meurtre d'une vache excite plus d'horreur chez beaucoup de ses habitants que celui d'un homme; et dans leurs idées religieuses le fait de risquer sa vie pour sauver celle d'un de ces animaux rachète jusqu'au meurtre d'un brahmane. Presque partout le peuple montre de la répugnance à tuer les serpents, malgré les ravages causés par leurs morsures; on évalue à 25 000 individus par an le nombre de leurs victimes [1]. En Grèce, les Pythagoriciens comme les Hindous ont admis la métempsycose, ils ont cru que l'âme de l'homme peut émigrer après la mort, dans le corps des animaux : il paraît établi que certains d'entre eux au moins se sont abstenus de viande. Plutarque les en approuve et s'indigne dans un passage reproduit par J.-J. Rousseau [2], contre le premier « qui enfonça un fer dans

---

1. Barth, *les Religions de l'Inde.*
2. *Emile*, l. II, à la fin.

le cœur d'un être sensible et brisa de sa dent les os d'une bête expirante ».

Nos droits sur l'animal. Schopenhauer. — Une fois de plus on voit combien en toute question l'esprit humain a de la peine à garder la mesure. Dieu merci, le devoir n'exige pas que nous renoncions au régime animal comme le voudrait la secte anglaise des *végétariens*. La nourriture végétale ne suffit pas, surtout dans les pays du Nord, à entretenir l'homme dans une vigueur convenable; d'ailleurs, si on laissait les herbivores se multiplier indéfiniment, elle viendrait bientôt elle-même à manquer; en les sacrifiant à notre alimentation, nous obéissons à une impérieuse nécessité. Schopenhauer, qui est un grand admirateur de la morale brahmanique et bouddhique et qui a plaidé éloquemment la cause des bêtes, reconnaît que notre pitié ne saurait aller jusqu'à nous priver de leur chair, ni jusqu'à nous abstenir de les faire travailler; « c'est seulement quand on les surcharge d'une tâche excessive que la cruauté commence ». Mais il s'indigne contre les hommes qui ne voient dans l'animal « qu'un je ne sais quoi fait pour être disséqué vif, chassé à courre, sacrifié en des combats de taureaux, fouetté à mort au timon d'un chariot de pierres qui ne veut pas s'ébranler ».

Une ligue s'est formée contre les *vivisections*, c'est-à-dire contre les expériences physiologiques sur les animaux vivants. Elles sont indispensables au progrès de l'art de guérir, les devoirs de bonté à l'égard de l'homme passent avant ceux dont les bêtes sont l'objet. Ce qui est vrai c'est que la vivisection, celle des animaux supérieurs surtout, n'est moralement autorisée qu'en vue des découvertes à faire ; c'est qu'il ne faut pas les multiplier comme moyen d'enseignement, et qu'enfin la souffrance doit être épargnée le plus possible au sujet sacrifié.

On doit craindre de tomber dans la *sensiblerie* de certaines personnes qui semblent porter plus d'intérêt aux bêtes qu'à leurs semblables ; « un papillon souffrant *leur* fait verser des larmes », mais elles sont ménagères à l'excès de leur compassion et de leur bienfaisance envers les malheureux. Nous avons à l'égard de l'animal des devoirs certains, mais ils passent après les devoirs d'humanité.

CHAPITRE XIX

MORALE CIVIQUE.
LA PATRIE. ORGANISATION ET ROLE DE L'ÉTAT.

I. La société civile. — L'Etat et la nation. — La patrie. — Origine de l'État. Le pacte social et les causes qui l'expliquent. — Ressemblances et différences de l'organisme individuel et de l'organisme social.
II. Fondement de l'autorité publique. La souveraineté nationale. — La démocratie. — La monarchie absolue. La théorie du droit divin. — Le régime aristocratique.
III. Les lois. La Constitution. La République. — La séparation des pouvoirs. La liberté politique. — Le régime parlementaire.
IV. Les limites de la souveraineté nationale. Les droits de l'État et de l'individu. — Les attributions de l'État. L'individualisme. La doctrine autoritaire. — La protection des droits. Les mesures d'utilité publique; mission civilisatrice de l'Etat. — Liberté. Égalité. Fraternité.

I. La société civile. — L'individu ne peut trouver la sécurité nécessaire, ne peut améliorer les conditions de son existence et accomplir enfin sa destinée morale que s'il vit en société, c'est-à-dire s'il fait partie d'une de ces grandes associations régulièrement constituées, qui se partagent la surface du globe et qu'on appelle les nations ou les États. En un sens, la société c'est le genre humain tout entier ; l'homme est en état de société *naturelle* avec ses semblables et a des devoirs généraux envers tous. Mais dans un sens plus restreint et plus fort on entend par société l'État ou, selon l'expression antique, la Cité : en d'autres termes, la société civile et politique. Les rapports sociaux ainsi compris engendrent des obligations spéciales qui sont l'objet de la morale civique. Pour comprendre la nature et l'importance de ces nouveaux devoirs, il convient de se rendre compte de la constitution de l'État et de ses bienfaits.

L'État et la nation. — Un État est une association indépendante organisée pour la protection des droits et la défense des intérêts communs de ses membres. Les éléments essentiels de l'organisation sociale sont les lois et le pouvoir qui en assure l'exécution. On emploie souvent les mots peuple et nation comme synonymes d'État. Il peut arriver cependant qu'une nation, par suite de la conquête, soit partagée entre plusieurs États, par exemple la nation polonaise; que des peuples divers soient réunis sous des lois communes et sous une même autorité, c'est ce qui eut lieu dans l'Empire romain, c'est ce que l'on voit encore maintenant dans l'Empire d'Autriche. Mais primitivement le peuple, c'est l'ensemble des membres de l'association, c'est l'État concret et vivant; tandis que l'État proprement dit, c'est l'organisation sociale considérée d'une manière abstraite; et par extension le mot désigne les hommes qui personnifient l'association et la dirigent. La nation, c'est le groupe social encore considéré dans ses membres et son organisation avec une idée d'union intime et volontaire qui lui donne un caractère véritablement moral. Elle se distingue ainsi d'une agglomération d'individus soumis à une même direction qui produit seulement l'unité extérieure; elle possède l'harmonie profonde qui résulte de la communauté des aspirations et du libre accord des volontés. Aussi a-t-on pu dire : « Une nation est une âme ». (RENAN.) Ajoutons que c'est une âme qui possède un corps, le territoire national, sans lequel l'association ne pourrait vivre ni exercer son activité. Le même nom, la France, l'Angleterre, est donné au territoire ou au pays, et à l'État qui l'occupe, et on dit souvent : le pays, pour désigner la nation elle-même.

La patrie. — Pour chacun des habitants du pays, pour chaque individu faisant partie de l'État ou de la Cité, pour chaque citoyen, la nation ainsi considérée, dans son âme et dans son corps, c'est la patrie. La patrie est donc à la fois le pays où l'on a pris naissance (la terre des ancêtres, d'après l'étymologie du mot) et la société politique dont on est membre; mais l'idée de patrie n'est pas limitée à l'occupation actuelle du sol et à l'organisation présente de l'État, elle s'étend dans le passé et se prolonge dans l'avenir, elle renferme l'idée de la solidarité qui existe entre les générations qui se sont succédé ou sont appelées à se succéder sur le même sol, toujours animées d'un même esprit d'union. La patrie, pour nous Français, ce n'est pas seulement la France d'aujourd'hui, c'est la France de la Révolution, de Louis XIV et de Henri IV, c'est la France de l'avenir que nous voulons florissante et glorieuse. Dans la conscience patriotique entre avec l'idée des intérêts présents le souvenir de ce qui a été et la prévision de ce qui sera. Tout en conservant chacun notre destinée propre, nous avons le sentiment de participer aux destinées d'une personne collective qui était quand nous n'étions pas encore et qui subsistera après nous; l'existence individuelle n'est pas absorbée dans la sienne, cependant en elle et par elle nous vivons, et pour elle s'il le faut nous devons mourir. Cette terre couverte de moissons, de prairies, de forêts, sillonnée de routes et de canaux, et où s'élèvent les maisons, les usines, les monuments de l'art, par leur travail et leur industrie nos compatriotes l'ont faite ce qu'elle est; ils l'ont défendue contre les étrangers, au prix de quels efforts et de quels sacrifices! Ces institutions qui protègent nos droits, assurent notre sécurité, rendent possible notre bien-être, ils les ont élaborées, ils les ont conquises et nous les ont transmises; la langue que nous parlons, qu'il suffit d'apprendre pour posséder déjà un trésor inestimable de pensées et de connaissances, cette belle langue si claire, si favorable au développement de l'intelligence, est leur œuvre; ils nous ont laissé enfin la gloire d'un passé héroïque, qui a fait si grande la part de la France dans l'œuvre de la civilisation et porté si haut son nom dans le monde.

Ce que nos ancêtres ont fait pour nous, à notre tour nous voulons le faire pour nos descendants; nous avons hérité à la fois de leur œuvre et de leur tâche. Nous acquitterons notre dette envers le passé en travaillant pour l'avenir; le patrimoine sacré dont nous vivons doit être maintenu intact et accru perpétuellement, et en coopérant à la grandeur de la patrie immortelle nous agrandissons notre être propre et donnons à notre vie un but qui en rehausse singulièrement la dignité et l'importance.

Origine de l'État. Le pacte social et les causes qui l'expliquent. — Rationnellement l'État doit être constitué par la volonté des individus qui s'associent librement pour accomplir en commun leur destinée; en fait, actuellement, la force du lien social tient au consentement des citoyens qui acceptent la solidarité existant entre eux et veulent qu'elle continue. Mais il ne faudrait pas en conclure avec certains philosophes, tels que Hobbes et J.-J. Rousseau, qu'il y a eu au commencement de toute société civile un contrat explicite et formel entre individus qui auraient existé primitivement isolés à *l'état de nature*. Les hommes sont sociables par nature et non par accident, et l'instinct, le besoin les a poussés à s'associer avant qu'une convention expresse pût être formée et un État régulier constitué. Cependant si des individus ou des familles se sont groupés d'abord autour d'un chef en qui ils plaçaient leur confiance, formant ainsi la tribu, et lui ont accordé leur obéissance en échange de la protection qu'ils en attendaient, il y eut là une libre adhésion à des règles, à une autorité et comme une ébauche d'un pacte social. La force, la conquête a joué certainement un grand rôle dans la formation des peuples, mais elle n'a pas tout fait; et plus tard, dans une nation comme la nôtre, l'apaisement s'est produit, l'oubli des anciennes violences a eu lieu, et l'unité, imposée d'abord à une partie des éléments du groupe, a été maintenue et perpétuée par consentement mutuel, par un véritable pacte tacite incessamment renouvelé de génération en génération.

On a assimilé les sociétés humaines aux sociétés animales, et l'école historique et naturaliste, combattant la doctrine philosophique et idéaliste d'où est sortie la Déclaration des droits de l'homme, a prétendu qu'une nation est l'œuvre des lois fatales de la nature comme un animal ou une plante, qu'elle est, à proprement parler, un organisme ; l'organisme est lui-même considéré comme une société de cellules vivantes coopérant à une fin commune. La formation d'un peuple s'expliquerait par sa situation géographique, par la race à laquelle il appartient, par la langue qu'il parle, et ne serait point l'œuvre de la liberté. Les partisans les plus conséquents de cette théorie fort en honneur en Allemagne tirent de leurs principes la justification des institutions les plus oppressives et des guerres les plus injustes. C'est légitimement que les populations, enfermées entre certains fleuves et certaines montagnes, paraissant appartenir à telle race, parlant telle langue, seraient arrachées à la nation dont elles veulent faire partie et, malgré leurs protestations, annexées à un peuple dont elles refusent de partager les destinées. Si la patrie pouvait être ainsi imposée par la force, quel respect, quel amour mériterait-elle donc ? La morale devrait rayer le patriotisme du nombre des devoirs. Heureusement qu'il n'en est pas ainsi.

« Vous savez, dit éloquemment un historien contemporain, que la race ne fait pas seule la patrie ; que les hommes ne sont pas classés par la nature comme les bêtes ; qu'il est en l'âme un principe de liberté supérieur à l'ethnographie et à la géographie, que ce principe est proprement ce qu'il y a d'humain en nous, qu'il ne peut être violé sans souffrance d'humanité, et que dans cette violation est précisément l'injustice [1]. »

La situation géographique, la race, la langue, la

[1]. Lavisse, *Grandeur et Devoirs de la patrie belge*.

communauté de mœurs et de croyances religieuses ne sont pas les causes nécessaires et suffisantes de la formation d'une nation : ainsi, rien dans la configuration du territoire des Belges n'indiquait qu'il dût s'y établir un état distinct; les Suisses, pourtant si unis, parlent trois langues différentes; des populations d'origines bien diverses, n'ayant pas toutes la même religion ni les mêmes coutumes, se trouvent fondues dans la nation française et n'ont qu'une même âme quand il s'agit du salut et de la grandeur de la patrie. La volonté de vivre ensemble, voilà le véritable principe de l'unité nationale. Mais les conditions précédentes ont un rôle important cependant, elles contribuent à des degrés divers à faire comprendre que cette volonté se soit produite. Les habitants d'un pays sont en effet plus disposés à s'unir aux hommes qui occupent un territoire enfermé avec le leur dans des frontières naturelles faciles à défendre en commun, et avec lesquels ils peuvent s'entendre, parlant la même langue. On s'explique que les Italiens aient pu former un seul peuple, et on comprendrait que les Tchèques et les Hongrois cessassent de faire partie d'un même État. Plus il y a d'idées, de sentiments et d'intérêts communs, plus l'accord doit se faire aisément entre les éléments composant la société politique. Puis, à mesure que le temps s'écoule, la cohésion devient plus forte; une nation puissante et unie comme la nôtre est « l'aboutissement d'un long passé d'efforts, de sacrifices, de dévouement »; quand on a fait de grandes choses ensemble, on désire en faire encore. « On aime en proportion des sacrifices qu'on a faits, des maux qu'on a soufferts,... et parmi les souvenirs nationaux les deuils valent mieux que les triomphes; car ils imposent des devoirs; ils commandent l'effort en commun. » (RENAN.)

Ressemblances et différences de l'organisme individuel et de l'organisme social. — La comparaison de l'État avec un organisme vivant est utile à condition qu'on ne la pousse pas aussi loin que l'école naturaliste. Elle fait très bien saisir la solidarité des parties qui le constituent. Un État, bien que composé de plusieurs millions d'habitants, agit dans ses rapports extérieurs comme un seul être, soit qu'il se défende, soit qu'il attaque; et quand il est blessé dans une de ses parties toutes les autres souffrent. C'est un ensemble qui se maintient et se conserve par un incessant concours des parties diverses. La division du travail dans l'ordre économique est analogue à la division des fonctions dans l'ordre physiologique, et chez les sociétés les plus élevées de même que chez les animaux supérieurs, il y a à la fois une diversité plus grande dans les éléments et une coopération plus harmonique. Dans l'État tel qu'il doit être, chacun sera utile à tous et tous à chacun : « le laboureur sert au magistrat, le magistrat au laboureur, le guerrier au laboureur et au magistrat [1] ». Ainsi l'estomac est nécessaire aux membres et les membres à l'estomac; chaque organe est à la fois un moyen et une fin par rapport à tous les autres, et tous concourent à la même action définitive par une réaction réciproque. Enfin Herbert Spencer a montré d'une manière ingénieuse l'analogie de l'Industrie, du Gouvernement

---

1. Fouillée, *la Science sociale contemporaine*, liv. II.

et du Commerce dans un État avec les organes de la nutrition, les organes de relation et les organes de la circulation ou, en d'autres termes, avec le système alimentaire, le système directeur et le système distributeur ou circulatoire dans un être vivant.

Mais les ressemblances ne doivent pas faire méconnaître les différences profondes. Dans l'organisme individuel, les unités composantes sont soudées entre elles, dans l'organisme social elles sont plus ou moins dispersées, et nettement distinctes. Chez l'animal, la conscience est concentrée dans une partie de l'être, dans la société elle appartient à tous les éléments ; chez le premier, la coopération des parties est fatale, dans l'autre elle est volontaire. Enfin, tandis que les cellules vivantes existent pour la prospérité du corps entier, la société politique est instituée en vue du bonheur et du perfectionnement des individus ; c'est comme nécessaire à l'accomplissement de leur destinée que sa prospérité importe, et l'État n'a de droits qu'en tant qu'il représente les droits des citoyens.

II. **Fondement de l'autorité publique. La souveraineté nationale.** — L'État étant conçu comme une association d'êtres libres et égaux qui sont volontairement unis, il est évident que l'organisation politique dépend de la volonté du peuple qui doit se faire à lui-même ses propr '₁is ; en effet, c'est à ceux ₁,"i s'associent qu'il appartient de régler les conditions du contrat social. L'idée de la loi ne va pas sans celle d'une autorité qui en assure l'exécution [1], cette autorité a la même origine que la règle

---

[1]. La Justice est représentée tenant d'une main une balance où elle pèse le droit et de l'autre une épée pour le défendre.

elle-même : tous les pouvoirs émanent de la nation. Tel est le principe de la souveraineté du peuple. Mais un peuple de plusieurs millions d'hommes ne peut s'assembler dans ses comices comme cela avait lieu dans les petites républiques de l'antiquité pour délibérer sur les intérêts communs, rédiger les codes, décider de la paix et de la guerre, juger les coupables, etc.; c'est nécessairement par des mandataires qu'il exerce la souveraineté. Ces mandataires choisis par lui font les lois et disposent de la force qui en assure l'exécution, mais leur autorité n'est qu'une autorité d'emprunt, c'est l'autorité publique, elle a son fondement dans la volonté nationale. Il serait bien difficile que les mandataires fussent désignés d'un accord unanime, les individus qui composent l'État étant plus ou moins divisés d'opinions; par suite la délégation se fait à la majorité et en réalité c'est la volonté générale et non la volonté de tous qui est le fondement de l'autorité; mais cette convention est elle-même acceptée de tous comme une nécessité. En outre, les mandataires qui élaborent les lois pouvant avoir eux-mêmes des avis différents, c'est encore la majorité qui l'emporte et la volonté générale qui décide.

Le gouvernement. Les pouvoirs publics. — L'ensemble des mandataires chargés de régler l'administration civile et politique et d'administrer la chose publique, c'est-à-dire des gouvernants, s'appelle le gouvernement; souvent aussi on lui donne le même nom qu'à l'association elle-même, et on dit : l'État, pour les désigner. Les gouvernants dans un pays comme le nôtre se partagent la besogne, les uns font les lois, les autres les exécutent, d'autres sont chargés de déterminer leur application dans les cas particuliers, de juger; l'autorité publique se trouve ainsi fractionnée en pouvoirs distincts qu'on appelle les pouvoirs publics : le pouvoir législatif, le pouvoir exécutif, le pouvoir judiciaire. Ce terme de gouvernement désigne plus spécialement le pouvoir exécutif, conformément au sens où J.-J. Rousseau l'a pris.

La démocratie. — La volonté de la nation pour le choix de ses mandataires s'exprime au moyen du vote; et le *suffrage universel* est le droit de tous à prendre part au vote. L'individu en tant qu'il possède le droit d'élire des gouvernants ou d'être élu lui-même est un citoyen. Le citoyen participe donc à la fois au pouvoir et à l'obéissance; il est soumis à la loi, mais pour sa part, directement ou indirectement, il a contribué à la faire. Le citoyen se distingue ainsi du sujet qui obéit sans commander, et du maître qui commande sans obéir. Comme citoyens, tous les membres de l'État sont égaux puisqu'ils possèdent tous la même part de souveraineté et sont tous au même titre soumis à la loi. A ce point de vue, il n'y a nulle distinction entre les gouvernants et les gouvernés. Le gouvernement du peuple par le peuple dans ces conditions d'égalité s'appelle la démocratie (en grec, *dèmos* signifie peuple, et la seconde partie du mot exprime l'idée de souveraineté). Le régime démocratique est le seul compatible avec les principes du droit naturel, l'État doit être démocratique. Il l'est effectivement en France actuellement, mais il ne l'a pas toujours été, et il ne l'est pas partout encore; cela tient à ce que la théorie du contrat social idéalement vraie ne l'est pas historiquement; l'erreur et la violence ont empêché que les sociétés humaines fussent organisées conformément à la raison [1]. La Révolution française a été un admirable effort pour réformer les injustices du passé et mettre l'ordre social d'accord avec la conscience et le droit naturel.

La monarchie absolue. La théorie du droit divin. — A la doctrine de la souveraineté du peuple s'oppose la théorie aristocratique qui pose en principe l'inégalité des personnes. Les gouvernants et les gouvernés formeraient dans l'État deux classes distinctes dont l'une a le droit de commander et l'autre le devoir d'obéir, telle étant la volonté de Dieu ou encore telle étant la loi de la nature. Sur cette conception reposent les théocraties (États gouvernés par une caste sacerdotale), la monarchie de droit divin, les républiques aristocratiques. Dans l'Inde, c'était un article de foi que la divinité avait produit la caste des *brahmanes* de sa bouche et la caste des *soûdras* de son pied : il en résultait que le brahmane était, en vertu de sa naissance, « le souverain seigneur de tous les êtres » et avait droit de pro-

---

[1]. En 1620, une centaine d'émigrants anglais en route pour fonder la première colonie signèrent à bord de leur vaisseau une charte que rapporte M. Secrétan dans son livre sur les *Droits de l'Humanité*; en voici la partie essentielle : « Nous reconnaissons solennellement et mutuellement, en présence de Dieu et en présence l'un de l'autre, que, par cet acte, nous nous réunissons en un corps politique et civil pour maintenir entre nous le bon ordre et parvenir au but que nous nous proposons. Et en vertu dudit acte, nous établirons telles équitables lois,... tels officiers qu'il nous conviendra suivant que nous le jugerons opportun et utile pour le bien général de la colonie. Moyennant quoi nous promettons toute due soumission et obéissance. » On ne trouve pas de telles chartes à l'origine des grands États.

priété sur toute chose, tandis que l'unique rôle assigné au soûdra par le souverain Maître, comme il est dit dans les lois de Manou, était de servir les autres. C'est d'une superstition moins grossière, mais analogue au fond, que dérive l'idée de la monarchie de droit divin. Dieu, au lieu de gouverner le peuple par l'intermédiaire des prêtres, aurait attribué à un roi pris dans une famille prédestinée la mission de le représenter sur la terre et d'exécuter les décrets de sa Providence. Le roi a un pouvoir absolu et sans contrôle, il n'a de comptes à rendre qu'à Dieu même dont il est le ministre [1]. Louis XIV a pu dire : « L'État c'est moi ». Toute autorité émanait de lui, sa volonté faisait la loi; il se considérait comme ayant « la disposition pleine et libre » de tous les biens de ses sujets, et les propriétés privées n'étant que des concessions émanées de lui, il pouvait les restreindre sans injustice. Ceux qui se sont fait l'idée la plus haute du régime de droit divin, par exemple le duc de Bourgogne (le petit-fils de Louis XIV), considèrent que le prince est fait pour le peuple et non le peuple pour le prince. La société est alors assimilée à une grande famille où le roi joue le rôle du père ou du patriarche. « Nommer un roi Père du peuple est moins faire son éloge que l'appeler par son nom, ou faire sa définition », dit La Bruyère. C'est ainsi qu'en

---

1. Cette doctrine a été exposée par Bossuet, il va jusqu'à dire : « Les rois sont des dieux et participent en quelque façon à l'indépendance divine ». Il s'efforce toutefois de distinguer le pouvoir absolu du pouvoir arbitraire; mais un homme qui dispose d'une autorité absolue est amené à l'exercer d'une manière arbitraire, de sorte que malgré les restrictions Bossuet a écrit le code même du despotisme.

Chine, on croit que l'Empereur, le Fils du Ciel, a reçu d'en haut la mission de chérir ses sujets comme ses enfants, qu'il est à la fois « leur père et leur mère ». Rien de plus faux que cette comparaison de l'autorité monarchique et de l'autorité paternelle. Le père est chargé d'élever et de diriger ses enfants parce que, n'étant pas encore en possestion de leur raison, ils sont incapables de se conduire eux-mêmes; devenus hommes, ils s'appartiennent et fondent à leur tour une famille. Mais les sujets du prince sont majeurs, en pleine possession de leurs facultés. Dieu qui leur a donné la raison et la liberté les a faits évidemment pour se gouverner eux-mêmes, c'est leur devoir et leur droit. Nous le savons, toute interprétation de la loi divine contraire à la conscience est nécessairement fausse. La comparaison que fait encore La Bruyère du roi avec le berger qui veille sur son troupeau et le protège, bien que souvent reproduite, est encore plus insoutenable; le sophisme est apparent et grossier. Les moutons sont dénués de raison et de liberté, ils n'ont pas de droits, et, pour reprendre le langage technique, ce ne sont pas *des fins* mais des moyens; le berger qui les a protégés les tond ou les égorge. Ainsi fait, il est vrai, le monarque absolu lorsqu'il est mauvais prince, mais c'est la condamnation même du régime.

En réalité, la doctrine du droit divin ne fait que consacrer l'injustice et elle n'a servi qu'à donner à l'usurpation l'apparence du droit. L'expérience et l'histoire aussi bien que la raison la contredisent. A l'origine, les chefs ont été librement élus par leurs compagnons ou se sont emparés du pouvoir par la force. Ils ont transmis le sceptre à leurs descendants et ceux-ci oubliant l'origine de leur autorité se sont persuadé qu'ils étaient d'une essence supérieure à celle des autres hommes. « Le premier qui fut roi fut un soldat heureux », comme l'a dit Voltaire. Napoléon Ier eut la prétention de fonder une dynastie, il ne se contenta pas d'alléguer la volonté nationale, il fit intervenir la volonté divine; il s'intitule, comme les descendants des vieilles dynasties, « souverain par la grâce de Dieu ». — « Honorer et servir notre empereur, était-il dit, dans un livre qu'on faisait apprendre aux enfants par ordre sous son règne, c'est honorer et servir Dieu lui-même. » Toujours l'usurpateur a prétendu se justifier par un arrêt du ciel. « La cause victorieuse est celle qui plaît aux dieux »; c'est la conception barbare du *jugement de Dieu*. Ce qui arrive était dans les décrets du Ciel, et le succès absout le crime. Lorsque les hasards de la transmission héréditaire donnent la couronne à un prince tel que Louis XV, comment, sans outrage à la divinité, voir dans cet homme incapable et vicieux l'élu de la Providence et son représentant sur la terre?

Le régime aristocratique. — Lorsque la souveraineté est aux mains d'un seul, l'État est une monarchie absolue; lorsqu'elle est aux mains d'une classe de privilégiés, l'État est aristocratique. Il y a lieu de distinguer ici l'aristocratie de naissance et l'aristocratie de fortune.

L'erreur qui attribue à la noblesse le gouvernement à l'exclusion du peuple, comme cela avait lieu dans la république de Venise, est de même nature que celle qui l'attribue à un seul homme. Aujourd'hui encore dans la monarchie anglaise les représentants de certaines familles sont appelés directement en vertu de leur naissance à former la Chambre haute du Parlement. L'aristocratie de fortune s'appuie sur un principe qui est aussi faux ; ceux-là seuls qui ont un certain revenu, qui payent un cens déterminé, auraient le droit d'intervenir dans les affaires publiques. Pour qu'une telle prétention fût justifiée, il faudrait ou que les riches fussent seuls intéressés à la bonne administration de l'État, ou bien que la richesse leur donnât pour gouverner des lumières qui manquent aux autres. Or chacun sait qu'on peut être à la fois très riche et très sot et qu'il n'est pas rare de trouver dans un homme le talent sans la fortune. D'autre part, comment soutenir que le pauvre, qui donne son sang comme le riche pour la défense de la patrie, n'est pas intéressé à la politique ?

En faveur de toute espèce de privilège on allègue le prétexte de l'intérêt général ; l'aristocratie comme la monarchie est supposée théoriquement administrer la chose publique pour le bien du peuple. Mais, en fait, les privilégiés d'ordinaire en arrivent à se croire d'une essence supérieure, ils s'arrogent tout droit et rejettent tout devoir: ils estiment que l'humanité vit pour un petit nombre et par un petit nombre, et qu'elle jouit par procuration en leur personne des biens de ce monde. Étymologiquement, *aristocratie* signifie gouvernement des meilleurs; certes, il est à souhaiter que le pouvoir soit exercé par l'élite des citoyens constituant l'aristocratie du mérite ; mais les droits politiques sont égaux pour tous, et le moyen le moins imparfait de reconnaître les hommes les plus dignes de diriger les affaires de la communauté, c'est le libre choix que fait la nation tout entière en votant pour ses mandataires. Le suffrage universel n'est pas infaillible, loin de là, mais en même temps qu'il est le droit, il est le procédé le plus conforme à l'intérêt général ; ses erreurs deviennent moins nombreuses à mesure que le peuple est plus instruit et plus éclairé. Suivant la pensée d'un ancien, la majorité dont chaque membre pris à part n'est pas un homme remarquable, est cependant au-dessus des hommes supérieurs eux-mêmes, sinon individuellement, du moins en masse, « comme un repas à frais communs est plus splendide que le repas dont un seul fait la dépense ».

III. Les Lois. La Constitution. La République. — Les hommes auxquels la nation délègue ses pouvoirs ont pour première tâche de faire les lois et d'en assurer l'exécution ; la société n'est organisée qu'autant qu'elle a des lois. L'ensemble des lois promulguées qui régissent un peuple constitue son *droit* positif. Le droit ainsi entendu se divise en droit *public* et droit *privé*. D'une manière générale, le droit public règle les rapports des particuliers avec l'État et le droit privé règle les rapports des particuliers entre eux. Le droit constitutionnel rentre comme le droit administratif et même le droit pénal dans le droit public ; toutefois, on se sert souvent de cette expression de droit public pour désigner la Constitution, c'est-à-dire les lois qui règlent l'organisation intérieure de l'État et l'exercice des pouvoirs de la souveraineté. Le droit public qui nous régit actuellement a son fondement dans les principes de droit naturel formulés en 1789 par l'Assemblée constituante dans la célèbre *Déclaration des droits de l'homme et du citoyen*. Le suffrage *universel* n'a été substitué qu'en 1848 au suffrage *restreint* (parmi les conditions exigées de l'électeur en 1791 étaient celle de payer une contribution directe de la valeur de trois journées de travail, et celle de ne pas être serviteur à gages), mais il découlait logiquement du principe de l'égalité des droits et de celui de la souveraineté nationale. La Chambre des députés est nommée par le suffrage universel direct, le Sénat par un collège électoral formé des délégués des conseils municipaux, des députés, des conseillers généraux et des conseillers d'arrondissement; le suffrage est encore universel, mais il est alors à *deux* et *trois degrés*. Le chef du pouvoir exécutif, c'est-à-dire le président de la République, est élu par une assemblée composée des députés et des sénateurs. Il choisit les ministres, lesquels peuvent être renversés par les Chambres. Les fonctionnaires d'ordre administratif et les magistrats chargés de rendre la justice sont nommés par le Président de la République et par les ministres. Par suite, conformément à l'article 3 de la déclaration de 1789, « nul corps, nul individu n'exerce d'autorité qui n'émane expressément de la nation », et l'État mérite vraiment le nom de République, c'est la chose publique, *res publica*, la chose du peuple.

La séparation des pouvoirs. La liberté politique. — Mais alors même que les hommes qui détiennent le pouvoir sont directement ou indirectement les élus du peuple, des précautions doivent être prises pour qu'ils ne l'exercent pas d'une manière tyrannique. « C'est une expérience éternelle, dit Montesquieu, que tout homme qui a du pouvoir est disposé à en abuser ; il va jusqu'où il trouve des limites. Pour qu'on ne puisse pas abuser du pouvoir, il faut que par la disposition même des choses, le pouvoir arrête le pouvoir. » De là le grand principe de la séparation des pouvoirs inscrit dans notre droit public. L'autorité législative, l'autorité exécutive et l'autorité judiciaire ne sauraient sans danger être concentrées dans les mêmes mains. Une même assemblée pourrait faire des lois tyranniques pour les exécuter tyranniquement, et d'autre part, le juge qui posséderait la puissance exécutrice pourrait avoir, comme le dit encore Montesquieu, la force d'un oppresseur. La Chambre des députés peut renverser les ministères, mais le chef du pouvoir exécutif peut, sur l'avis conforme du sénat, la dissoudre elle-même. Les juges sont nommés par décret, mais ils sont inamovibles, c'est-à-dire qu'ils ne peuvent être arbitrairement déplacés ou destitués. Il y a donc entre les différents pouvoirs une indépendance relative qui est une garantie de liberté. Le danger que les gouvernants se servent pour leur utilité particulière de la force publique instituée pour l'avantage de tous est ainsi conjuré ou du moins grandement atténué [1]. La liberté de la presse et la liberté de réunion sont avec le droit de vote les éléments essentiels de la liberté politique. Elles assurent le contrôle continuel des actes du gouver-

---

1. L'article 12 de la Déclaration de 1789 est ainsi conçu : « La garantie des droits de l'homme et du citoyen nécessite une force publique ; elle est donc instituée pour l'avantage de tous, et non pour l'utilité particulière de ceux auxquels elle est confiée. »

nement par l'opinion, elles permettent à chacun de profiter des lumières de tous en ce qui concerne les intérêts communs. Tout citoyen a ainsi la faculté de donner son avis sur les affaires de l'État, et de faire valoir les idées utiles de manière à préparer peu à peu leur triomphe ; les réformes raisonnables qui n'étaient d'abord réclamées que par une minorité finissent par conquérir la majorité des suffrages, et les progrès nécessaires, ceux mêmes que repoussait d'abord le Pouvoir, s'accomplissent dans les institutions sous la pression de l'opinion publique.

Le régime parlementaire. — On désigne parfois en France sous le nom de Parlement les deux Chambres, le Sénat et la Chambre des députés, de même qu'en Angleterre la Chambre des lords et la Chambre des communes ; et comme elles ont dans l'État un rôle prépondérant, le régime politique dont elles font partie s'appelle le régime parlementaire. Le mot Parlement dérive de *parler* : les résolutions sous ce régime sont prises à la suite des discussions, des discours à la tribune où chaque membre de l'assemblée a le droit de parler. Mais le gouvernement en Angleterre est une monarchie parlementaire ; et ce fut également le gouvernement de la France de 1814 à 1848. Actuellement nous avons une République parlementaire ; c'est un progrès au point de vue du Droit naturel, car la République est le seul gouvernement compatible avec le principe de l'égalité tel qu'il est formulé notamment dans l'article 6 de la Déclaration de 1789 :

> Tous les citoyens étant égaux aux yeux de la loi, sont également admissibles à toutes dignités, places et em-

plois publics, selon leur capacité, et sans autre distinction que celle de leurs vertus et de leurs talents.

L'attribution de la dignité de chef de l'État à une famille régnante où elle se transmet héréditairement est un privilège ; ce privilège n'est pas seulement contraire à la justice, il est dangereux puisque l'homme appelé par le hasard de la naissance à un rôle important dans l'État peut être incapable ou criminel. Les conséquences sont plus ou moins graves selon que le pouvoir reconnu au monarque par la Constitution est plus ou moins étendu ; ce pouvoir est très restreint en Angleterre, beaucoup plus considérable en Allemagne.

Il serait mauvais encore que le chef de l'État fût nommé à vie, car ses facultés risquent de s'affaiblir avec l'âge ; d'autre part, il pourrait être tenté d'abuser d'une autorité que la nation se serait interdit de lui reprendre. Pour que la souveraineté nationale soit effective, il faut que la durée des pouvoirs de ses mandataires soit limitée ; pour que la politique du pays soit féconde, il faut que leur durée soit suffisante pour permettre quelque continuité et quelque stabilité dans le gouvernement ; les auteurs de notre Constitution ont cherché à satisfaire à cette double condition.

Le régime républicain et parlementaire est de la part de ses adversaires l'objet de critiques qui parfois peuvent sembler justifiées, mais il ne faut pas oublier qu'en politique, comme dans toutes les choses humaines, la perfection est inaccessible ; or ce régime en lui-même est le meilleur parce qu'il est le plus conforme à la raison et à la justice, parce que, tout compte fait, il présente plus d'avantages et moins d'inconvénients que les autres et parce que enfin c'est celui qui se prête le mieux aux perfectionnements.

IV. Les limites de la souveraineté nationale. Les droits de l'État et de l'individu. — Nous venons de voir que l'organisation de la société civile a été et est encore diversement comprise et réalisée ; il y a de même différentes conceptions en ce qui concerne les attributions de l'État, ses devoirs et ses droits à l'égard des citoyens. Deux théories principales sont opposées l'une à l'autre, la théorie autoritaire et la théorie libérale ; et on peut dire encore le *socialisme* et l'*individualisme*. Les uns pensent que l'État doit avoir une puissance illimitée, que l'individu n'a à son égard aucun droit ; les autres au contraire réduisent au minimum les attributions et l'autorité de l'État, pour sauvegarder la liberté des citoyens et leur assurer la jouissance la plus complète possible des droits naturels.

Lorsqu'on se représente que l'État n'est que l'ensemble des individus qui le composent et n'a pas d'existence réelle en dehors d'eux, on a de la difficulté à comprendre l'opposition qu'il peut y avoir entre l'individu et l'État, étant admis que le peuple est souverain. L'État ne peut perdre son indépendance vis-à-vis de l'étranger sans que les citoyens soient asservis par cela même ; si les citoyens sont faibles et corrompus, l'État lui-même est sans force et sans vertu ; la destinée de la société civile paraît se confondre avec celle de ses membres. En un sens cela est vrai : mais, d'autre part, l'État peut être libre, c'est-à-dire n'être soumis ni à la domination de l'étranger, ni à celle d'un tyran qui aurait substitué son bon plaisir à la volonté nationale, et cependant tel individu peut être opprimé, dépouillé de ses biens, jeté en prison injustement, persécuté pour ses croyances religieuses; il suffira pour cela que la majorité qui fait la loi et devant laquelle les gouvernants sont responsables le veuille ou y consente. Dans ce cas, dira-t-on, la majorité est coupable et avec elle les magistrats qui la représentent. D'accord; mais cela prouve que le pouvoir de l'État n'est pas sans limites, et il s'agit de savoir quels sont ses droits et dans quelle mesure l'exercice de son autorité est légitime. Le peuple est le souverain en ce sens que le gouvernement tient de lui son pouvoir, mais cela ne veut pas dire que l'usage de ce pouvoir devienne légitime par le seul fait qu'il est approuvé de la majorité. C'est là une interprétation du principe de la souveraineté nationale essentiellement contraire au droit naturel. La vérité est que l'État a le droit de faire ce qu'il a le devoir de faire, et plus on étend ses attributions plus on étend ses droits.

Les attributions de l'État. L'individualisme. La doctrine autoritaire. — La fonction essentielle de l'État, celle en vue de laquelle la société civile a été organisée avant tout, c'est le maintien de la sécurité extérieure et intérieure, en d'autres termes, la protection de ses membres contre les attaques des ennemis du dehors et les violences ou les fraudes des criminels qui sont les ennemis intérieurs. Personne ne saurait contester ces attributions sans détruire l'idée même de l'État et sans aboutir à l'anarchie, c'est-à-dire à la suppression de toute organisation sociale et de tout gouvernement. Pour cette double fin, l'État a une armée, des juges, une police. Les partisans de l'individualisme voudraient que son action se bornât à cela : assurer la garantie des droits. C'est la théorie soutenue d'une manière plus ou moins absolue par un grand nombre d'économistes français et par des philosophes tels que Kant ou Guillaume de Humboldt en Allemagne, Stuart Mill et Herbert Spencer en Angleterre. On ne saurait, disent-ils, étendre les attributions de l'État sans restreindre la liberté des individus; si on le charge par exemple d'encourager les arts ou d'assister les malheureux, il exigera des citoyens outre les sommes nécessaires pour l'entretien de l'armée ou de la police celles qui devront payer ces dépenses nouvelles, leur enlevant ainsi dans une proportion excessive la libre disposition des fruits de leur travail. L'idéal social c'est de donner aux hommes le maximum de sécurité en leur demandant le minimum de sacrifices.

Supposez que les mandataires de la nation soient chargés de pourvoir à l'entretien de chacun, d'assurer à tous le vivre, le vêtement, le couvert, les distractions, et l'État sera organisé comme un couvent où tous les intérêts ont été confiés aux chefs de la communauté, chacun accomplissant la tâche qui lui est prescrite et recevant la nourriture, les habits, le logement dont il a besoin dans des conditions réglées en dehors de sa volonté. Encore tous les moines se soumettent-ils de bon gré à la règle dans un esprit d'abnégation, ils ont tous consenti au sacrifice, leur servitude est volontaire; mais dans l'État la majorité seule accepterait volontairement un tel ordre de choses, il serait imposé à la minorité malgré elle; on ne peut quitter son pays comme on quitte une association privée où l'on est entré librement et dont les règlements ont cessé de nous convenir. L'oppression de l'individu par l'État serait donc évidente.

Cependant cette organisation qui nous semble si contraire à la liberté de l'individu, à ses aspirations, aux droits de l'humanité, a été celle de certaines républiques de l'antiquité renommées pour la liberté dont elles jouissaient; et chez les modernes des théoriciens politiques se sont égarés en les imitant, croyant ainsi assurer la liberté. Chez les anciens, à Sparte, à Athènes, à Rome, l'individu alors qu'il était souverain dans les affaires publiques était esclave dans ses rapports privés.

L'État était omnipotent et la fortune des citoyens était toujours à sa disposition, il pouvait frapper sans qu'on fût coupable et par cela seul que son intérêt paraissait en jeu : ainsi fut exilé Aristide. A Sparte, une ancienne loi ordonnait au père de faire mourir l'enfant difforme et contrefait. Il fallait se conformer à toutes les règles du culte, figurer dans toutes les processions. A Locres, la loi défendait aux hommes de boire du vin pur; à Rhodes, de se raser la barbe; la loi réglait à Sparte la coiffure des femmes. Avoir les droits politiques, voter, nommer des magistrats, pouvoir être archonte, voilà ce qu'on appelait la liberté, mais les droits de l'homme n'étaient pas garantis; la liberté civile faisait défaut [1].

Telle est la conception autoritaire de l'État dans toute son exagération; elle se retrouve chez Rous-

---

1. Nous avons résumé ici le chapitre xvii, liv. III, de *la Cité antique*, par Fustel de Coulanges.

seau, et surtout chez Mably [1]; pendant la Révolution, elle inspira certains admirateurs enthousiastes de l'antiquité, tels que Robespierre et Saint-Just qui sacrifiaient les droits de l'individu à l'omnipotence de l'État, aussi l'appelle-t-on souvent le jacobinisme ; c'est sur elle encore que s'appuient les socialistes absolus ou les communistes qui voudraient concentrer entre les mains des gouvernants toute l'industrie, tout le commerce, toute l'agriculture et leur attribuer la répartition du travail et des produits entre les individus.

Enfin il y a des hommes qui, sans adopter les idées communistes, attendent de l'État comme d'une Providence [2] tous les biens, tous les progrès, le rendent responsable des mauvaises récoltes, des crises commerciales et industrielles, de la décadence des arts, des épidémies et de tous les maux en général. Les individualistes leur reprochent de manquer d'initiative, de ne savoir pas faire usage de leur liberté, de vouloir être trop gouvernés. Cette tendance est plus particulièrement dangereuse lorsqu'elle porte à personnifier l'État dans un homme, auquel on attribue et qui s'attribue lui-même un caractère providentiel.

La protection des droits. Les mesures d'utilité

---

1. Mably, 1709-1785. Ses principaux ouvrages sont *Les droits et les devoirs du citoyen* et les *Entretiens de Phocion sur les rapports de la morale et de la politique*. Son idéal était le régime spartiate.
2. M. de Laveleye appelle les deux théories en présence : la théorie de l'État-Gendarme et la théorie de l'État-Providence. « Dans l'une, l'État se borne à garantir la sécurité ; dans l'autre, il assure à chacun le nécessaire et l'utile. » (*Le Gouvernement et la Démocratie*, p. 22.)

publique. **Mission civilisatrice de l'État.** — Entre les doctrines absolues de l'école autoritaire et de l'individualisme il y a une opinion moyenne, celle qui, en somme, explique les attributions actuelles de l'État en France. L'État a pour fonction essentielle la protection des droits de l'homme; et la liberté politique outre le prix qu'elle a par elle-même a pour but d'assurer la garantie de la liberté civile. La liberté individuelle ne doit pas être sacrifiée à la souveraineté collective, l'homme au citoyen; les droits de la personne sont inaliénables. Voilà ce qui est proclamé dans la Déclaration des droits de 1789 et les mêmes principes se retrouvent dans les Déclarations qui servent de préambule aux Constitutions de 1791, de 1793 de 1795 et de 1848. S'ils n'ont pas été reproduits en tête de la Constitution de 1875, ce n'est pas qu'on les ait abandonnés, ils sont implicitement admis. Le premier mot de la devise nationale : Liberté, doit être interprété dans ce sens. Mais l'État a pour mission en outre de venir en aide à des intérêts, il a des fonctions d'utilité publique; ces fonctions pour être moins essentielles que la protection des droits et la défense sociale, et pour être moins bien déterminées n'en ont pas moins leur raison d'être et leur légitimité. Il y a des œuvres qui intéressent la communauté tout entière et qui ne peuvent être bien accomplies que par elle; l'initiative ou le contrôle en reviennent à ses représentants : tels sont les grands travaux d'utilité publique, ceux qui concernent l'hygiène ou bien les ports, les canaux, les chemins de fer; outre que la défense nationale y est engagée, ils sont nécessaires à la prospérité du pays; tels sont encore les établissements coloniaux et toutes les mesures propres à venir en aide au commerce, à l'industrie, à l'agriculture. L'État, outre sa fonction économique, a aussi une mission civilisatrice, car il donne à tous l'instruction élémentaire, et favorise la haute culture scientifique, littéraire et artistique par les établissements d'enseignement public, par la création des laboratoires modèles, des observatoires, par l'entretien des bibliothèques, des musées, etc. Il a enfin une fonction de bienfaisance qui s'exerce de diverses manières et en particulier par des établissements d'assistance publique qui relèvent directement de lui ou encore des communes et des départements. Mais l'intervention de l'État diffère suivant qu'il protège les droits ou vient en aide aux intérêts. Dans le premier cas, il agit à la place des particuliers, ainsi il les empêche de se faire juges dans leur propre cause ; dans le second, il se borne à faciliter leurs tentatives pour s'élever à une condition meilleure. Alors, « sa règle n'est pas de *laisser faire*, comme le soutiennent les économistes absolus, mais elle n'est pas davantage de *faire* dans le sens complet du mot ; elle est, suivant une formule excellente de M. Baudrillart, d'*aider faire*[1] ».

Liberté. Égalité. Fraternité. — La devise républicaine résume admirablement le rôle de l'État et les idées essentielles qui doivent inspirer les gouvernants. Les citoyens ne sont pas les sujets d'un maître, grâce au droit de vote ils se gouvernent indirectement eux-mêmes : ils ont la liberté politique ;

---

1. Beaussire, *les Principes du droit*, liv. II, chap. I.

et les lois empêchant l'oppression du faible par le fort, garantissent la liberté civile.

On s'imagine parfois que l'homme est plus libre aux époques de barbarie que dans les sociétés organisées. C'est une erreur; lorsqu'il n'y a point ou presque point de puissance publique capable de contenir ou de réprimer les volontés individuelles, personne en réalité ne fait ce qu'il veut. La guerre entre les individus et les familles est continuelle, et le droit de chacun est perpétuellement à la merci du hasard et de la violence. En ce sens on peut dire avec Bossuet : « où tout le monde est maître, tout le monde est esclave ». Dans l'absence de gouvernement, c'est-à-dire dans l'anarchie, l'homme abandonné sans frein à tous ses caprices et à tous ses appétits posséderait l'indépendance de l'animal sauvage, mais non la jouissance de ses droits. Dans un État où la loi ne retranche à la liberté de chacun que ce qui peut nuire à celle des autres, il jouit avec sécurité de la seule liberté qui soit compatible avec sa dignité et qu'il puisse raisonnablement vouloir.

Au contraire Hobbes, le théoricien de la monarchie absolue en Angleterre, a prétendu qu'on ne pouvait obtenir la sécurité qu'en renonçant à la liberté, et il voulait que les hommes abdiquassent tous leurs droits pour se soumettre à la volonté arbitraire d'un despote. Rousseau l'a admirablement réfuté : « On dira que le despote assure à ses sujets la tranquillité civile. Soit. Mais qu'y gagnent-ils, si les guerres que son ambition leur attire, si son insatiable avidité, si les vexations de son ministère, les désolent plus que ne feraient leurs dissensions? Qu'y gagnent-ils, si cette tranquillité même est une de leurs misères? On vit tranquille aussi dans les cachots; en est-ce assez pour s'y trouver bien? Les Grecs enfermés dans l'antre du cyclope y vivaient tranquilles, en attendant que leur tour vînt d'être dévorés. » Chercher dans le despotisme un refuge contre l'anarchie, c'est prendre un remède pire que le mal. La sécurité comme la liberté ne saurait se trouver que dans l'obéissance à des lois justes.

Le mot liberté dans la devise précède celui d'égalité ; car l'égalité dans la servitude n'a aucun prix, et d'ailleurs le gouvernement d'un maître entraîne inévitablement l'inégalité, les privilèges arbitrairement conférés, le favoritisme. Depuis 1789, on a interprété d'une manière de plus en plus satisfaisante et complète le principe de l'égalité ; dans l'ordre politique, rappelons la constitution du suffrage universel ; dans le droit privé, citons entre autres exemples l'abrogation (1868) de cet article inique du Code civil d'après lequel, en cas de contestation avec ses domestiques ou ses ouvriers, le maître devait être cru sur son affirmation pour la quotité des gages, pour le payement du salaire dans l'année échue, et pour les acomptes dans l'année courante.

Fraternité ! Ce terme désigne la solidarité étroite qui unit les hommes, en général, mais plus encore les concitoyens comme des frères ; le sentiment de bienveillance auquel elle donne naissance, et le devoir social de bienfaisance qui en découle.

Une nation n'est pas seulement une association d'individus sur la défensive et retranchés derrière leurs droits, elle forme aussi une grande famille dont tous les membres doivent s'entr'aider comme des frères. Si l'État a pour premier devoir de faire régner la justice parmi les citoyens et de réprimer le mal, ce n'est pas là son seul devoir, et il doit concourir aussi à la réalisation du bien, faire œuvre de fraternité. L'individu fait la charité suivant l'inspiration de son cœur, il soulage dans la mesure de ses forces les misères qui sont à sa portée ; mais les ressources de la charité individuelle sont bornées, elle s'exerce d'une manière irrégulière, elle a ses défaillances : l'État, c'est-à-dire la nation tout entière par l'intermédiaire de ses gouvernants, devait intervenir pour prendre les mesures d'humanité qui réclament de grandes ressources et une action régulière. L'enfant abandonné ne peut périr, et cependant nul n'est tenu en particulier de le recueillir, il fallait que la nation l'adoptât. De là l'institution des hôpitaux d'enfants trouvés. Il fallait que le malade sans ressources fût soigné, que le vieillard pauvre eût un asile pour ses dernières années, de là les hôpitaux de malades, les asiles d'aliénés, les maisons de refuge pour la vieillesse. Beaucoup de ces établissements sont dus, il est vrai, à l'initiative privée, mais l'État devait suppléer par l'action collective de la société tout entière à l'insuffisance des efforts des particuliers. Si un département est soumis à une inondation, à quelque fléau qui le ruine, le gouvernement en vertu de la solidarité qui unit tous les Français lui vient en aide avec les deniers du Trésor public.

Il convient de remarquer que l'État, en agissant ainsi, n'obéit pas moins à ses intérêts les plus pressants qu'à un devoir sacré. Il en est d'une nation comme d'un grand corps dont l'existence est menacée si l'une des parties est gravement atteinte; il est nécessaire de prévenir le mal si l'on peut, et de lui porter remède quand il se produit.

CHAPITRE XX

MORALE CIVIQUE (Suite)
DEVOIRS DES GOUVERNANTS. DEVOIRS DES CITOYENS
LE DROIT DES GENS

I. Les droits des gouvernants. — Le pouvoir législatif. Devoirs et droits du législateur. — Le pouvoir exécutif. Devoirs et droits du gouvernement. — Le pouvoir judiciaire. Devoirs et droits des magistrats. — Le Jury.
II. Fondement et limites du droit de punir. — Les caractères d'une juste peine. — Légitimité de la peine de mort. Le droit de grâce.
III. Les devoirs du citoyen. — L'obéissance aux lois. — Le respect de l'autorité légitime. — L'impôt. Le budget. — Le service militaire. — Le vote. Devoirs des électeurs. — L'obligation scolaire. — Devoirs des éligibles. — Le patriotisme. — Le cosmopolitisme. Accord des devoirs patriotiques et des devoirs d'humanité.
IV. Devoirs des nations entre elles. — Le droit des gens naturel. — La guerre. Guerre défensive. Guerre d'intervention. — Le droit des gens positif pendant la guerre et pendant la paix.

I. Les droits des gouvernants. — Les droits des gouvernants sont en rapport avec leurs devoirs. Il est nécessaire qu'ils aient le pouvoir de faire ce qu'ils ont le devoir de faire. Si le gouvernement manquait de l'autorité suffisante, le désordre se mettrait partout, le pays tomberait dans l'anarchie, s'épuiserait dans les luttes sanglantes de ses propres enfants et deviendrait une proie offerte à l'étranger.

Les droits comme les devoirs des gouvernants varient suivant les fonctions de chacun : considérons successivement les différents pouvoirs publics.

Pouvoir législatif : devoirs et droits du législateur. — Le pouvoir législatif est exercé par les députés et par les sénateurs. Leurs attributions sont très étendues, car ils ne se bornent pas à faire les lois, ils établissent le budget, c'est-à-dire qu'ils fixent les dépenses de l'État et votent les impôts; enfin ils exercent un contrôle incessant sur le gouvernement. « Les traités de paix, de commerce... ne sont définitifs qu'après avoir été votés par les deux Chambres; le Président de la République ne peut déclarer la guerre sans leur assentiment préalable [1]. »

De ce que les mandataires du peuple ont le pouvoir de faire les lois, il ne s'ensuit pas qu'ils soient affranchis de toute règle en les faisant : le bon plaisir de plusieurs ne servirait pas plus que celui d'un seul à justifier les résolutions prises par une assemblée. Les législateurs ont le devoir de respecter une autorité supérieure à la leur aussi bien qu'à celle des rois, l'autorité de la raison et de la conscience. Ils doivent conformer leurs lois aux règles de la morale et ne rien édicter qui soit contraire aux droits inaliénables des personnes. Suivant la forte parole de Bossuet : il n'y a pas de droit contre le droit; c'est-à-dire que le droit positif ne doit pas être en contradiction avec le droit naturel. Faire servir la puissance publique à opprimer un ou plusieurs particuliers sous le prétexte de l'intérêt du plus grand nombre, ce serait agir en opposition absolue avec les devoirs de l'État puisqu'il est institué au contraire pour protéger de toute la force commune la personne et les biens de chacun. L'injustice légale

---

[1]. Loi constitutionnelle *sur les rapports des pouvoirs publics*, art. 8 et 9.

serait la plus odieuse et la plus dangereuse des injustices.

Chaque député, tout en prenant en main dans les circonstances spéciales les intérêts du département ou de l'arrondissement qu'il représente et dont il est le défenseur le plus compétent, doit s'inspirer des intérêts supérieurs de la nation et ne pas sacrifier le bien de tous à l'avantage momentané de quelques-uns.

Dans une assemblée politique la majorité a à se défendre contre la tentation d'abuser de la loi du nombre, et d'opprimer la minorité. Il faut que toutes les opinions se manifestent en pleine liberté, même celles qui déplaisent le plus au parti dominant. L'opposition est l'exercice d'un droit qui est la sauvegarde de la liberté.

C'est une tâche ardue que de faire des lois justes et utiles, que de réaliser dans la législation les progrès nécessaires, d'opérer sans ébranler l'État les réformes réclamées par l'opinion publique; il y faut beaucoup de lumières et de dévouement, aussi les mandataires de la nation ont-ils droit au respect de ceux qui ont mis en eux leur confiance. Ils doivent posséder pendant la durée de leur mandat l'indépendance nécessaire pour accomplir leur mission suivant leur conscience.

Le pouvoir exécutif. Devoirs et droits du gouvernement. — Le pouvoir exécutif ou le gouvernement, au sens précis du mot, a une grande responsabilité et des devoirs très graves. Il doit respecter les lois et la liberté, et ne se servir de la force qu'il détient que conformément à la Constitution. S'il s'insurgeait contre les Chambres qui contrôlent ses actes, il commettrait le crime politique qu'on appelle un coup d'État. L'homme qui accomplit un coup d'État, quel que soit le prétexte dont il colore sa trahison, est un ennemi public.

Mais le gouvernement doit maintenir intacte l'autorité que la nation lui a confiée et ne pas la laisser s'affaiblir entre ses mains, il s'en servira pour assurer l'ordre dans l'État en veillant avec énergie à l'exécution des lois, en réprimant toute tentative contre la paix intérieure.

C'est du gouvernement que dépend aussi la sécurité à l'extérieur. Il est chargé de prendre les mesures de défense nécessaires, et par la diplomatie il assure ou compromet les bonnes relations avec les pays étrangers : la paix ou la guerre ne peut être faite que sur un vote des Chambres, mais il n'en es pas moins vrai que les intérêts, la dignité et la destinée du pays sont en grande partie entre ses mains ; car il peut laisser accomplir des actes irréparables par faiblesse, ou rendre par sa témérité le recours aux armes inévitable.

Dans l'administration de la fortune publique il doit apporter non seulement la probité professionnelle mais le souci d'un « bon père de famille » pour les intérêts dont il a la charge. « Il faut épargner cinq sols aux choses non nécessaires », disait Colbert, et il était prêt à « jeter les millions » pour le salut et la grandeur de la France.

Chaque ministre nomme ou révoque tous les fonctionnaires relevant de son département : ainsi le ministre de l'intérieur, les préfets; le ministre de la guerre, les officiers; le ministre des affaires étrangères, les ambassadeurs, etc. Certaines conditions sont requises pour les différents emplois, des diplômes obtenus après examen ou après concours, des services déterminés,... mais une latitude plus ou moins grande suivant les postes est encore laissée aux ministres. Il peuvent en abuser pour placer des hommes incapables ou indignes qu'on appelle dans ce cas leurs créatures, — car ils les tirent du néant, — c'est ce qu'on appelle le *favoritisme*. La tentation en est grande, car chaque personnage au pouvoir est *sollicité* de mille façons. Il lui faut une conscience très droite et un véritable courage pour résister aux demandes de ses parents, de ses amis, des hommes dont il peut attendre à son tour des services. Mais s'il cède, il est coupable envers l'État, car il compromet les services publics en les confiant à des mains inhabiles, et envers les individus plus capables qui méritaient mieux le poste où d'autres ont été appelés par faveur.

D'une manière générale les hommes chargés du gouvernement sont soumis dans l'accomplissement de leurs devoirs professionnels aux obligations essentielles qui découlent des principes de la morale. Il n'est pas inutile de rappeler cette vérité; car parfois on a cherché à justifier des procédés injustes au nom des nécessités de la politique. Il existe même une doctrine, celle que Machiavel a exposée dans le livre *du Prince* et à laquelle son nom est resté attaché, pour soutenir que dans l'art de gouverner tous les moyens sont bons pourvu qu'ils réussissent, et que la politique est indépendante de la morale. On a dit encore qu'il y avait deux morales, l'une pour l'homme privé, l'autre pour l'homme public, et que la grande morale tue la petite, c'est-à-dire qu'un politique habile et heureux est dispensé de certains devoirs auxquels les particuliers sont tenus d'obéir. Rien de plus faux. Le devoir est universel; la morale est une.

Un homme qui est élevé au pouvoir ne change pas de conscience en même temps que de situation; la justice n'a point de ces métamorphoses : le mal est toujours le mal, le bien toujours le bien. Le parjure, la fourberie, les concussions restent des crimes même s'ils sont commis par des victorieux et des politiques doués du génie des affaires. La Convention dans sa Déclaration des droits a inscrit ceci : « les peuples libres ne reconnaissent d'autre motif de préférence dans les élections que les vertus et les talents ». Elle mettait la vertu avant le talent, et elle avait raison ; car l'intelligence sans la moralité risque de devenir un instrument de crime.

Devoirs des fonctionnaires. — Les fonctionnaires ont des devoirs et des droits plus ou moins importants, suivant le rang et le poste qu'ils occupent. (Au sens large, est fonctionnaire quiconque occupe une fonction publique ; dans un sens plus précis, on désigne surtout sous ce nom ceux qui occupent une fonction administrative.)

Ils ont envers le public des devoirs professionnels, ils peuvent causer en effet de graves préjudices à un grand nombre de personnes, s'ils considèrent leur charge comme un *bénéfice* à exploiter, plutôt que comme une fonction à remplir dans l'intérêt de tous. L'exactitude dans l'expédition des affaires, l'assiduité sont pour eux un devoir strict ; et le patriotisme leur impose le dévouement dans les circonstances exceptionnelles.

Ils ont en outre une responsabilité particulière vis-à-vis du gouvernement qui les emploie ; le public est disposé à juger sévèrement le gouvernement sur la conduite de ses agents : c'est à ceux-ci, par leur zèle et leur déférence pour les administrés, de le faire aimer.

Les fonctionnaires ont pour la plupart des supérieurs et des inférieurs, de là des devoirs spéciaux. Le mauvais fonctionnaire est servile envers ses supérieurs pour obtenir par faveur l'avancement qu'il ne mérite pas par son travail, dur et insolent envers les inférieurs. La déférence pour les chefs ne doit jamais faire oublier le respect de soi, non plus que l'autorité qu'on exerce envers les subordonnés, le respect de la personne d'autrui.

Le pouvoir judiciaire. Devoirs et droits des magistrats. — Le pouvoir judiciaire est le troisième des grands pouvoirs publics. Il est exercé par des magistrats choisis par le ministre de la justice. On distingue la magistrature debout et la magistrature assise. Dans un tribunal, le procureur de la République occupe ce qu'on appelle le *ministère public*; il se *lève* au nom du gouvernement pour requérir l'application et l'exécution des lois. La magistrature *assise* est exercée par les juges, qui, après avoir écouté les débats du procès, prononcent la sentence. Les procureurs de la République et les juges d'instruction sont chargés de diriger les poursuites contre les criminels et d'instruire les affaires. A ce titre, ils disposent du pouvoir de faire arrêter et mettre en prison les individus soupçonnés d'un crime.

On voit aisément, d'après les attributions du pouvoir judiciaire, quels sont les devoirs des magistrats qui l'occupent. Ils doivent être impartiaux; interprètes de la loi, ils doivent l'appliquer à tous sans distinction. Le progrès des mœurs et de l'organisation judiciaire rend à peu près impossible la vénalité; on ne corrompt plus les juges à prix d'argent. Mais ils ont à se défendre contre l'esprit de parti, les préférences personnelles, le désir de plaire au Gouvernement.

On connaît cette belle parole : la magistrature rend des arrêts et non pas des services. Un magistrat qui, par crainte ou par ambition, rendrait un arrêt contraire à sa conscience serait aussi coupable que s'il avait vendu la justice. Il ne doit pas plus céder à l'affection qu'il peut éprouver pour un plaideur ou pour un coupable qu'aux menaces ou aux promesses. Une sentence injuste n'a pas seulement pour effet de causer un dommage actuel aux particuliers ou à la société, elle porte la plus grave atteinte à la conscience publique. Par profession les magistrats sont tenus de donner aux autres l'exemple du respect le plus scrupuleux envers la loi.

Non seulement ils ne doivent pas être injustes sciemment et avec intention, mais ils doivent prendre toutes les précautions possibles pour ne pas l'être à leur insu. Une erreur judiciaire a les conséquences les plus graves : sans parler même des procès criminels, d'où dépend la liberté, l'honneur, la vie même des individus, en matière civile un jugement peut ruiner une famille. Le juge qui se tromperait, faute d'avoir suivi assez attentivement les débats ou d'avoir assez étudié un procès, serait responsable du mal devant sa conscience. Saint-Simon rapporte le bel exemple de scrupule professionnel donné sous Louis XIV par un membre du Parlement qui s'étant aperçu que par sa négligence dans l'étude de l'affaire il avait causé la ruine d'un plaideur l'indemnisa sur sa propre fortune au prix d'un sacrifice considérable.

Le Jury. — Le pouvoir de rendre la justice n'est pas seulement réservé à une catégorie de citoyens dont c'est la profession, mais tout homme honorable et suffisamment instruit peut être appelé une ou plusieurs fois dans sa vie à faire fonctions de juge dans les pays où comme chez nous existe l'institution du jury. Dans les affaires criminelles qui sont du ressort de la cour d'assises on adjoint aux magistrats douze jurés. Leur rôle est de décider si l'accusé est coupable ou non : ils acquittent ou condamnent et admettent, s'il y a lieu, des circonstances atténuantes; les magistrats fixent ensuite la peine conformément à la loi. Le but de cette institution est de donner à l'accusé le plus de garanties possible. Pour se prononcer sur une question de fait, des études spéciales de droit ne sont pas nécessaires, le sens commun suffit. L'obligation de faire partie du jury quand on a été désigné par le sort est un devoir social, et la loi punit d'une amende ceux qui s'y dérobent.

Les devoirs du juré sont les mêmes que ceux du juge. Il doit se défendre de toute prévention contre l'accusé en arrivant à la Cour d'assises et le considérer comme innocent jusqu'à preuves contraires; mais aussi il ne doit pas reculer devant la responsabilité qui lui incombe. Il trahirait sa mission, porterait atteinte à la justice et compromettrait les intérêts de la société, si par crainte ou par faiblesse il acquittait un coupable avéré[1]. Il a enfin à se pré-

---

[1]. Dans un procès célèbre où l'on pouvait craindre que des procédés d'intimidation eussent été employés contre le jury, le procureur général de Paris disait avec éloquence : « Les jurés sont des juges ; et les juges dans les circonstances

munir contre une fausse humanité et une pitié mal entendue aussi bien que contre un sentiment d'aveugle vengeance. Rendre à la liberté un criminel, c'est exposer à l'avenir d'innocentes victimes à tomber sous ses coups ou sous les coups de ses pareils encouragés par l'exemple de l'impunité. On voit le malheur et les larmes du coupable, on ne se représente pas les souffrances des honnêtes gens qu'une clémence déraisonnable met en péril. Le pouvoir de punir est un pouvoir redoutable, mais il ne faut pas hésiter à l'appliquer quand il y a lieu.

II. Fondement et limites du droit de punir. — Examinons quel est le fondement et quelles sont les limites du droit de punir. Il y a dans l'homme un instinct de représailles qui le pousse à rendre le mal pour le mal; ce sentiment qui nous est commun avec la brute a eu une grand part dans l'établissement des législations primitives, particulièrement dans cette loi du talion qui semble le régulariser au moyen d'une sorte de compensation : œil pour œil, dent pour dent. Il est chez beaucoup d'entre nous encore pour quelque chose dans le désir que nous éprouvons de voir un criminel puni; l'expression de vindicte publique est souvent interprétée dans le sens de vengeance publique et prête à la confusion. Mais la vengeance est condamnée par la morale et ne saurait servir à fonder un droit; la souffrance infligée pour le plaisir de faire du mal à celui qui en a fait est mauvaise; il n'est pas permis de la

présentes sont comme des soldats qui ne sauraient reculer jamais devant le devoir... et il y aura toujours des juges et des soldats, tant qu'il y aura des lois et qu'il y aura une patrie! »

prendre pour but, et le châtiment ne sera légitime que s'il est un moyen pour atteindre une fin légitime et bonne en elle-même. C'est ainsi en effet que le pouvoir exercé par la société sur certains individus s'explique et se justifie. L'État a le droit de punir parce qu'il en a le devoir : avant tout en effet il est institué pour protéger les droits de chacun contre l'injustice et contre la violence ; il doit par conséquent défendre ceux de ses membres qui sont attaqués, réprimer l'agresseur, l'empêcher de nuire dans le présent, et l'intimider pour l'avenir en intimidant en même temps par l'exemple du châtiment ceux qui seraient tentés d'imiter le crime.

Supposons que l'on supprime la sanction pénale, les lois deviennent impuissantes, ce ne sont plus que des conseils que chacun à son gré se dispensera de suivre, le lien social est rompu, l'État tombe en dissolution. La société a le devoir et par suite le droit de se conserver, elle a le devoir et le droit de protéger ses membres ; voilà le fondement véritable du droit de punir et les limites de ce droit sont les mêmes que les limites du devoir sur lequel il repose. En châtiant le coupable elle fait acte de légitime défense ; mais pas plus que l'individu elle n'a le droit de frapper un innocent par cela seul que son intérêt lui paraît en jeu. La morale repousse cette maxime funeste de l'antiquité que « le salut du peuple est la loi suprême ». Les cités grecques exilaient un homme lorsqu'elles le soupçonnaient de pouvoir les gêner un jour, même lorsqu'il devait comme Aristide son influence à ses vertus : l'ostracisme était une institution essentiellement contraire au droit naturel. Il y a plus : il ne suffit pas que la conduite d'un homme soit immorale pour être justiciable des tribunaux ; il faut qu'il ait fait de sa liberté un usage contraire à la liberté d'autrui, qu'il ait violé un droit, qu'il ait transgressé une obligation sociale déterminée. Les infractions aux devoirs individuels, aux devoirs de charité, aux devoirs religieux si coupables qu'elles soient moralement ne sauraient tomber sous le coup des lois humaines. Les législations qui poursuivaient ces fautes s'inspiraient de cette théorie erronée et dangereuse d'après laquelle Dieu aurait attribué au souverain la mission de faire expier à l'individu par le mal physique, le mal moral dont il s'est rendu coupable ou de guérir par le fer et par le feu son âme corrompue comme on guérit le corps menacé de la gangrène[1].

En droit naturel, il est légitime de prendre les mesures nécessaires pour assurer notre sécurité et faire respecter nos droits ; à l'état social il n'est permis à personne de se faire justice par soi-même, on est seulement autorisé à repousser l'attaque au moment où elle se produit, c'est l'État qui est chargé de réprimer ou de punir l'agresseur. Il a été constitué juge du délit, arbitre de la peine. Son intervention a pour effet :

1° De mettre la force au service du droit, qui sans

---

[1]. Pour Platon, l'injustice est la maladie de l'âme, et le châtiment en est le remède. La théorie de l'expiation sous sa forme la plus absolue a été exposée par Joseph de Maistre dans les *Soirées de Saint-Pétersbourg* ; suivant lui, le droit de punir est une délégation de la divinité au souverain légitime qui est chargé de faire expier leurs crimes aux coupables et de rétablir par le châtiment l'ordre du monde troublé par la faute. Il a été amené ainsi à faire l'apologie de l'Inquisition. On peut consulter la *Philosophie du droit pénal* de Franck.

cela serait le plus souvent opprimé par la force. Chacun profite ainsi de l'assistance de tous, et tout individu, si faible qu'il soit, dispose d'une puissance formidable pour défendre sa personne et ses biens.

2° De protéger les innocents contre les accusations fausses et les soupçons injustes. L'État possède des moyens d'information que n'a pas l'individu, et les formes du procès ont pour résultat de rendre les erreurs judiciaires très rares.

3° De protéger le coupable lui-même contre les violences excessives que pourrait exercer sur lui l'offensé sous le coup du ressentiment et dans l'emportement de la vengeance. Le juge, calme et sans colère, prononce la peine méritée.

Les caractères d'une juste peine. — La peine infligée par la loi pour être approuvée par la conscience doit avoir certains caractères qui lui font défaut dans les codes barbares et qu'elle présente de plus en plus chez les nations civilisées. Elle doit être méritée; c'est-à-dire qu'elle ne doit frapper que des individus responsables de leurs actes et coupables. On ne punit pas un fou, on l'enferme pour préserver la société et pour tâcher de le guérir; on ne punit pas un homme qui est la cause involontaire d'un accident grave alors qu'aucune imprudence ne peut lui être reprochée. L'application de la torture préalable aux individus soupçonnés d'un crime était une injustice monstrueuse. La peine doit être proportionnée au délit selon le grand principe défendu par Beccaria [1]; un vol ne sera pas puni

---

1. *Traité des délits et des peines.* Le philosophe italien Beccaria est un disciple de Montesquieu qui avant lui avait réclamé l'abolition de la torture.

comme un assassinat, un vol simple comme un vol avec effraction. On conçoit toute l'injustice des lois qui au siècle dernier punissaient de mort des délits tels que le vol domestique ou le braconnage. D'autre part il est équitable d'admettre en certains cas des circonstances atténuantes qui permettent d'abaisser la peine. Répressive et exemplaire elle ne doit pas dépasser les nécessités de la défense sociale. Obtenir le maximum de sécurité sociale avec le minimum de souffrance individuelle est l'idéal de la justice pénale. Les anciens législateurs semblaient jouer, comme on l'a dit, au plus méchant et au plus féroce avec les malfaiteurs; les supplices cruels qui prolongeaient l'agonie du condamné, les châtiments non moins dégradants pour ceux qui les infligeaient que pour ceux qui les subissaient ont disparu heureusement chez les nations civilisées. Le caractère de la personne humaine doit être respecté jusque chez l'individu coupable. Mais il faut que la peine soit suffisante aussi, et l'adoucissement extrême dans le régime des prisons, une atténuation excessive des châtiments aurait pour résultat d'accroître le nombre des malfaiteurs et d'attirer sur les victimes du crime des souffrances bien plus grandes que celles qu'une fausse humanité aurait épargnées aux malfaiteurs.

La peine doit avoir un caractère réparateur; cela s'entend de diverses manières. Quand un homme a commis un crime, non seulement il a nui à la victime directe mais il a porté le trouble dans la société tout entière, chacun se sent menacé; la punition est un soulagement, comme on dit, pour la conscience publique en même temps qu'elle répond à un instinct de justice, elle est une garantie de l'efficacité de la loi et un gage de sécurité. D'autre part une compensation est due à celui qui a été volé, diffamé, frappé, ou à sa famille ; et dans certains cas la loi condamne à des dommages-intérêts qui sont une réparation du tort causé. Enfin à un autre point de vue la peine aura un caractère hautement réparateur si elle corrige le criminel, si elle l'amende, le ramène au bien ; c'est un résultat difficile à obtenir, subordonné à la répression, mais qu'il est bon de chercher à atteindre. Des criminalistes préconisent l'emprisonnement cellulaire comme plus moral que la prison commune où la contagion du mal produit sur les âmes des effets si funestes.

Il est à peine besoin d'ajouter que la peine doit être personnelle puisque la responsabilité est personnelle elle-même. Pour cette raison on a fait disparaître du code la peine de la confiscation qui atteignait la femme et les enfants des condamnés. Il y a entre les membres de la même famille une solidarité naturelle, tous souffrent inévitablement de la faute d'un seul, mais la loi ne doit pas l'aggraver.

Légitimité de la peine de mort. Le droit de grâce. — Une question controversée est celle de la légitimité de la peine de mort. Beccaria la repousse ; il y a des pays où elle n'est pas appliquée, par exemple, la Belgique, la Roumanie ; chez nous elle a des adversaires, bien qu'ils soient aujourd'hui moins nombreux qu'il y a un demi-siècle. Aucun de leurs arguments ne paraît décisif. La vie humaine, disent-ils, est inviolable ; mais la liberté l'est aussi, et si l'obligation du respect pour les droits de l'homme ne comportait pas l'exception de la légitime défense, tout acte de répression deviendrait impossible. Cette peine, ajoute-t-on, est irréparable et les juges sont faillibles; mais si des innocents ont été exécutés, des innocents aussi sont morts en prison; toute peine capable de nuire à la santé et de hâter la mort devrait donc être abolie; d'ailleurs pour un honnête homme dont l'innocence serait reconnue après dix ans de travaux forcés, quelle réparation serait suffisante? Le danger pour un membre de la société d'être condamné injustement est une conséquence du droit de punir sans lequel la vie de chacun serait perpétuellement menacée. Les juges doivent s'entourer des plus grandes précautions pour éviter l'erreur. Mais si l'on va jusqu'à dire que la culpabilité est toujours douteuse il ne leur serait pas plus permis de priver l'accusé de sa liberté que de sa vie.

« La peine de mort, dit M. Beaussire, a tous les caractères d'une juste peine. Elle est la seule peine absolument répressive. Elle est la peine la plus propre à intimider sinon celui qui la subit, du moins ses émules dans le crime. Elle peut enfin, par une impression de salutaire terreur, contribuer à l'amendement, soit des malfaiteurs en général, soit du condamné lui-même, dans l'intervalle qui sépare l'exécution de la condamnation. »

Dans un ouvrage récent, un philosophe criminaliste estime que le maintien de la peine capitale pourrait permettre d'abolir les peines perpétuelles qui cessent forcément avec le temps d'être efficaces ou d'être humaines, le respect même de la dignité humaine exigerait la suppression des individus que la société ne peut plus songer à recevoir dans son sein [1].

---

[1]. Beaussire, *les Principes du droit*; Joly, *le Combat contre le crime*.

Chez nous le Président de la République est investi du droit de grâce auquel Beccaria est opposé ; il en use dans les cas où la justice semble avoir été plus loin que ne l'exige la défense sociale : exercé dans des limites restreintes et avec le sentiment du respect dû à la loi, il est une garantie nouvelle pour le condamné sans constituer un danger pour la sécurité publique.

III. Les devoirs du citoyen. — Il était nécessaire de nous rendre compte de la nature de l'État avant de traiter des devoirs civiques ; on est d'autant plus disposé à respecter les lois qu'on en comprend mieux l'équité.

La force d'un État ne dépend pas seulement de la configuration de son territoire et de la nature de ses institutions ; elle repose avant tout sur le caractère de ses citoyens. Toutes les vertus privées ou publiques concourent au salut du pays. Montesquieu a dit que la vertu est le ressort principal des États démocratiques [1] ; cela signifie que dans l'État où le citoyen a plus de droits, il a plus de devoirs aussi. La responsabilité grandit avec la liberté ; le peuple fait l'État à son image, et la patrie sera pleine de santé et de force si le caractère de ses enfants est sain et vigoureux lui-même ; mais s'il venait à se corrompre, les lois sans les mœurs resteraient impuissantes et l'État succomberait rongé au cœur. L'égoïsme sous toutes ses formes, y compris un esprit de parti étroit, est l'ennemi du patriotisme et de cet esprit public qui est le principe vital d'une

---

1. *Esprit des lois,* liv. III, chap. III. « Sous un gouvernement despotique le bras du prince toujours levé contient tout. »

nation. Toute vertu peut donc par un certain côté être considérée comme une vertu civique ; mais cette remarque faite, il y a lieu de distinguer les devoirs civiques proprement dits des autres devoirs.

Les devoirs stricts des citoyens envers l'État comprennent l'obéissance aux lois et le respect de l'autorité légitime, le payement de l'impôt, le service militaire, enfin l'obligation de voter aux élections [1].

L'obéissance aux lois. — Nous avons distingué les lois civiles et les lois politiques. Les lois civiles contiennent l'expression des devoirs de justice les plus importants; à ce titre l'obéissance aux lois se confond avec le respect de la justice elle-même.

Mais il arrive parfois qu'on s'imagine pouvoir sans injustice sortir de la légalité; dans ce cas, la loi doit encore être respectée parce qu'elle est la loi, parce qu'elle est la condition de la vie sociale et qu'on ne peut l'enfreindre sans préjudice pour l'État. Le législateur a eu ses raisons, que nous ne percevons pas toujours; et telle prescription que nous trouvons gênante a pour but l'accord des libertés, est nécessaire pour éviter un conflit entre les prétentions individuelles. Si chacun pouvait choisir parmi les lois et se soustraire à celles qui lui déplaisent pour n'accepter que celles dont il retire avantage, l'arbitraire remplacerait la règle, et la nation devien-

---

[1] Le préambule de la Constitution de l'an III comprenait à côté de la déclaration des droits du citoyen une déclaration des devoirs corrélatifs. Voici l'un des articles : « Les obligations de chacun envers la société consistent à la défendre, à la servir, à vivre soumis aux lois et à respecter ceux qui en sont les organes. »

drait la proie de l'anarchie. Celui qui commet une illégalité, si faible qu'elle soit, donne un exemple funeste, il aura des imitateurs : à la longue, les atteintes à la loi les plus légères en apparence introduisent le désordre dans l'État, « comme les petites dépenses souvent répétées dérangent les fortunes ».

Socrate a poussé jusqu'à l'héroïsme le respect pour les lois : condamné à mort légalement pour un crime imaginaire il eût pu s'enfuir de sa prison : ses amis avaient assuré l'évasion. Il refusa et donna au monde la plus admirable leçon de vertu civique : « Les lois m'ont protégé jusqu'ici, dit-il, je leur dois l'instruction que j'ai reçue, je leur dois la vie. C'est librement que je les ai acceptées, car il dépendait de moi de quitter la république si elles me déplaisaient ; en restant à Athènes, en y élevant ma famille, je me suis engagé, sinon de parole, du moins de fait, à me soumettre à leur empire. Victime de l'injustice des hommes et non des lois, j'aime mieux mourir que de rendre injustice pour injustice, mal pour mal, plutôt que de me sauver en blessant la patrie ; on n'a pas le droit de frapper sa mère pour défendre sa vie [1]. »

On doit à la Constitution le même respect qu'aux lois civiles, puisque c'est elle qui donne aux magistrats le pouvoir de les appliquer ; elle en est le fondement, et si elle venait à être détruite, le cours de la justice serait suspendu. Les luttes intestines exposent un pays aux plus grands périls, car elles le livrent épuisé et sans défense aux coups de

1. Voir Platon, *Criton*.

l'étranger. Il faut savoir faire au bien public le sacrifice de ses préférences particulières. On n'est pas forcé d'aimer la Constitution, mais on est obligé de lui obéir tant qu'elle existe, et par esprit de justice et par amour pour la patrie. Si on juge que des lois différentes seraient meilleures, on a le droit et même le devoir d'employer la persuasion pour les faire adopter. C'est par la raison, non par la violence, que la vérité doit triompher. Les institutions humaines étant toujours imparfaites par quelque endroit, il est bien de chercher à les améliorer par des moyens légaux. Mais conspirer, recourir à la force dans un pays de suffrage universel, c'est un attentat à la fois contre la liberté, contre la souveraineté nationale et contre la patrie. L'insurrection n'est excusable et légitime que dans un pays opprimé, où le peuple ne peut faire valoir ses droits par le bulletin de vote. Le progrès dans une démocratie doit s'accomplir par perfectionnement graduel, par évolution, comme on dit aujourd'hui, et non par révolution.

Le respect de l'autorité légitime. — Le régime républicain et démocratique n'entraîne point comme conséquence, ainsi que l'ont prétendu ses adversaires, le mépris de tout pouvoir. La liberté n'est pas plus, dans l'ordre politique que dans l'ordre moral, l'absence de règle; elle ne se confond pas avec le caprice et la fantaisie individuelle. Elle a au contraire pour condition la soumission volontaire à l'autorité des hommes qui ont reçu du peuple la mission d'appliquer et d'exécuter la loi. Platon dans le VIII° livre de *la République* a exposé en traits saisissants les abus de la liberté, les dangers de l'indiscipline et les maux engendrés par la licence. L'histoire prouve qu'il a raison lorsqu'il montre l'extrême servitude succédant à la liberté sans limites, et le despotisme sortant de l'anarchie. La liberté est un droit absolu en ce sens qu'elle ne doit pas être sacrifiée à la force ou à l'intérêt; mais pour l'homme vivant en société, elle ne saurait être illimitée : en effet, pour que les libertés s'accordent dans un État, il faut que chacun ne puisse faire que ce qui ne nuit pas aux droits d'autrui. L'égoïsme individuel est porté à franchir les bornes fixées par le législateur au nom de tous, le gouvernement doit avoir la force nécessaire pour le contenir. Par conséquent, le citoyen agit d'une manière injuste et met en péril la liberté, si sous prétexte d'indépendance il se montre rebelle à toute autorité; si, par défiance, par un faux sentiment d'égalité derrière lequel l'envie se dissimule, il est hostile à toute supériorité. Le pouvoir que détiennent les gouvernants vient de lui en définitive, il est déraisonnable de l'affaiblir par des attaques systématiques. En les honorant au contraire, il s'honore lui-même et rend hommage à la souveraineté du peuple. Il est juste que ceux qui ont les plus grands devoirs aient aussi les droits les plus grands. Des abus se commettent sans doute, et on fait bien de les combattre : il y a des critiques utiles et légitimes; mais il ne faut pas oublier non plus que les actes des meilleurs ministres sont souvent dénaturés et que les fautes, qu'ils commettent inévitablement puisqu'ils sont hommes, sont démesurément grossies par ceux qui s'imaginent être plus capables de remplir leurs fonctions. On se laisse facilement aveugler par la passion politique; l'expérience montre que les accusations les plus graves ne reposent souvent sur aucun fondement : il faut se défier là comme partout ailleurs des jugements téméraires.

La police a été longtemps impopulaire en France parce qu'elle était au service d'un pouvoir arbitraire et servait à l'exécution des mesures tyranniques; ce préjugé doit disparaître aujourd'hui que l'autorité est tout entière au service de la loi et de la nation. Prêter main-forte à l'exécution de la loi c'est venir au secours de la société menacée, et l'intérêt nous y convie aussi bien que le devoir.

L'impôt. — Le budget. — Parmi les lois fondamentales de l'État se trouve celle qui oblige chaque citoyen à contribuer pour sa part aux dépenses accomplies dans l'intérêt commun, à payer l'impôt. Les *services publics* exigent beaucoup d'argent. Tout le monde en profite, il est juste que tout le monde paie. L'association a sa caisse qu'on appelle le Trésor public, où chacun apporte sa contribution, qui est fixée par la loi. Les députés et les sénateurs en vertu du mandat qu'ils ont reçu des citoyens, c'est-à-dire des *contribuables*, débattent les dépenses que l'État doit faire chaque année et les impôts nécessaires pour y subvenir, ils votent le budget. Le budget est le tableau comparatif des recettes à réaliser et des dépenses à effectuer par l'État. Nous nous sommes donc engagés à payer, et nous devons faire honneur à cette dette comme à toute autre. On serait mal venu à alléguer le caractère sacré de la propriété pour se dispenser de cette obligation; la société limite ce droit comme tout autre, et c'est à cette condition seulement qu'elle peut le garantir.

Par suite les fraudes envers le Trésor public sont interdites. Certains individus s'imaginent que voler l'État ce n'est voler personne : en réalité, c'est voler tout le monde. Il faut que l'argent nécessaire se retrouve, et si vous êtes parvenu, au moyen d'une véritable escroquerie, à ne pas payer votre part, les autres paient pour vous. On ne peut s'expliquer l'illusion de certaines personnes en ce qui concerne ce genre de vol qu'en se reportant au temps où l'impôt était fixé par le pouvoir d'une manière arbitraire, réparti sans équité et dépensé sans contrôle.

Le peuple alors regardait l'impôt comme un vol qui lui était fait, et il n'avait pas entièrement tort ; aussi ne se faisait-il pas scrupule de frauder le gouvernement qui l'opprimait. Mais aujourd'hui que la nation s'administre elle-même, la part de chacun dans les contributions est proportionnée à ses ressources, il n'y a plus de privilèges comme sous l'ancien régime, et la fraude est sans excuse. Si des réformes dans l'assiette de l'impôt paraissent nécessaires on a des moyens légaux pour en poursuivre la réalisation.

Le service militaire. — Le citoyen doit le service militaire comme il doit l'impôt et pour les mêmes raisons. Ce n'est pas assez de payer de sa bourse il est nécessaire qu'il paye aussi de sa personne. L'État n'a pas seulement besoin d'argent, il a besoin de soldats ; et chacun doit contribuer pour sa part au recrutement de l'armée qui protège la patrie. Il faut donc, le moment venu, donner son temps, sa peine et même sa vie à l'État. C'est là un impôt très lourd, on l'a appelé l'impôt du sang ; mais cet impôt est indispensable, et c'est celui qu'il serait le plus honteux de ne pas payer. Il s'agit vraiment d'une dette sacrée. « Leur vie, dit J.-J. Rousseau, que les citoyens ont dévouée à l'État en est continuellement protégée ; et lorsqu'ils l'exposent pour sa défense, que font-ils alors que lui rendre ce qu'ils ont reçu de lui ? »

La guerre est une triste nécessité, mais il est impossible de prévoir quand elle cessera d'ensanglanter la terre. L'Europe, pour ne parler que d'elle, est partagée en plusieurs nations divisées d'intérêts qui se jalousent les unes les autres et sont dans une continuelle rivalité. Il y a des nations querelleuses et des peuples brigands comme il y a des individus violents et malhonnêtes dans la société. La meilleure manière pour une nation d'éviter les guerres ou du moins de les rendre plus rares c'est d'être solidement armée et toujours prête à parer aux éventualités. Le voleur hésite avant de s'attaquer au voyageur quand il le sait sur ses gardes et en état de se défendre. Voilà pourquoi il y a des armées permanentes, et pourquoi la conscription appelle chaque année un grand nombre d'hommes au régiment. Pour le métier de soldat il faut un apprentissage comme pour tout autre; il ne suffirait pas de courir à la frontière, le jour où elle serait menacée, sans avoir passé auparavant par la caserne. Tout le courage du monde serait inutile à des hommes qui n'auraient pas été habitués au maniement des armes, aux exercices en commun, à la discipline militaire, à la marche et aux fatigues des camps.

S'il y a un pays où l'on doive accepter plus volontiers cette charge que la patrie impose à ses enfants, c'est bien la France. Chez nous, en effet, c'est la nation elle-même qui, par la bouche de ses représentants, fixe la durée du service et décide de la paix ou de la guerre. Le temps des guerres entreprises sur le caprice d'un souverain et dans l'intérêt d'une dynastie est passé. D'autre part, tous les Français sont égaux devant la loi militaire comme devant les autres lois : chacun profitant des avantages de la vie sociale doit en supporter les charges.

Il ne suffit pas de se soumettre au service militaire, il faut apporter une généreuse ardeur à remplir ses devoirs de soldat. Les vertus militaires sont la discipline et le courage. Il en coûte plus peut-être de s'astreindre à l'obéissance que de supporter les fatigues ou les privations et d'affronter les dangers; mais le sacrifice de nos instincts d'indépendance est absolument nécessaire sous les drapeaux. Une armée qui discute est une armée perdue; la discipline, au contraire, plus encore que le nombre des combattants et autant que leur bravoure, assure le gain des batailles.

Le vote. — Devoirs des électeurs. — Le citoyen n'a pas seulement le droit mais le devoir de voter; c'est ce qu'on appelle proprement le *devoir civique*. Il doit prendre part au vote toutes les fois qu'une élection a lieu. La loi ne l'y force pas, il n'encourt aucune peine s'il ne se rend pas au scrutin mais il n'en commet pas moins une faute. Si la loi ne nous contraint pas à voter, ce n'est pas que l'abstention ne soit très nuisible à l'État, c'est que le vote n'a de valeur que s'il est donné librement. Celui qui ne vote pas est indigne de faire partie d'une nation libre; c'est un être qui reste mineur toute son existence subissant une tutelle comme l'enfant ou l'aliéné. L'indifférence en matière politique est à la fois coupable et dangereuse, c'est une triste parole dans la bouche d'un homme que celle-ci : « je ne m'occupe pas de politique ».

Ce n'est pas assez de dire qu'il faut voter, ajoutons que le vote doit être honnête, désintéressé, éclairé.

Par le vote chacun décide pour sa part du sort de la nation entière. L'électeur ne saurait trop se pénétrer du sentiment de sa responsabilité. On a vu malheureusement des citoyens indignes de ce nom vendre leur suffrage : c'est sacrifier l'intérêt public à l'intérêt particulier, c'est vendre la patrie elle-même pour quelques deniers. L'électeur doit résister aux tentatives de corruption comme aux menaces et ne consulter que l'intérêt général. De plus, il doit s'éclairer sur les intérêts du pays et sur le mérite des candidats. Quand il s'est formé une opinion, son devoir est de chercher à la faire partager aux autres, de leur communiquer ses raisons, de faire de la propagande pour le candidat de son choix : un homme intelligent qui s'intéresse comme il le doit aux affaires publiques dispose à vrai dire de plusieurs bulletins de vote.

L'obligation scolaire. — Ce n'est pas seulement quelques jours avant le vote qu'on peut se préparer à accomplir son devoir en conscience. Un ignorant incapable de lire les proclamations de foi et d'inscrire le nom d'un candidat sur un bulletin a bien des chances de mal voter. Dans un pays où tout le monde vote, tout le monde doit savoir lire et écrire. En dehors de l'intérêt même de l'individu, l'intérêt de l'État exige que l'enfant qui sera un jour électeur aille à l'école. L'État impose en quelque sorte le *service scolaire* comme il impose le service militaire parce que sa sécurité en dépend. Sans le service militaire il ne saurait y avoir de sécurité à l'extérieur ni d'indépendance nationale; sans le service scolaire, la sécurité intérieure est menacée et la liberté en péril. C'est là une des nombreuses raisons qui expliquent la loi sur l'instruction obligatoire. Loin d'être une atteinte à la liberté, cette loi en est la garantie.

« L'instruction obligatoire, dit M. Fouillée, est le résultat d'un contrat par lequel nous exigeons un minimum de capacité des citoyens qui par leurs votes décideront de notre destinée et de la destinée commune. » Il ne suffit pas d'apprendre à lire, écrire et compter; l'enseignement civique est indispensable. « Le suffrage universel suppose deux conditions : d'abord que la masse des citoyens aura une *connaissance* du bien général suffisante pour imprimer à la politique et aux réformes sociales une bonne direction; puis, qu'elle aura la *volonté* du bien général... Il faut que l'éducation développe les deux qualités essentielles du citoyen : sens politique et désintéressement [1]. »

Devoirs des éligibles. — Le devoir civique ne nous oblige pas seulement comme électeurs, mais comme éligibles. L'indifférence politique peut se manifester par le refus systématique d'accepter un mandat de conseiller municipal ou de député, comme par l'abstention dans le vote. D'ordinaire, à défaut du sentiment du devoir, le désir des honneurs pousse à rechercher les fonctions électives; mais il y a des cas où l'amour du repos et la crainte des responsabilités l'emportent. Un bon citoyen fera par patriotisme ce que d'autres font par ambition, et il sera prêt à occuper le poste pour lequel ses aptitudes et la confiance de ses concitoyens le désignent. On serait mal venu à se plaindre de la mauvaise gestion des affaires publiques, si par égoïsme on s'abstenait soi-même de leur consacrer une partie de son temps et de sa peine. Il y a des circonstances où les honneurs sont une lourde charge, par exemple aux époques de troubles; c'est alors surtout qu'il faut les rechercher.

1. *La Propriété sociale et la Démocratie*, liv. IV, chap. I.

Le patriotisme. — Pour accomplir comme il convient les devoirs généraux de la vie sociale, il faut, nous l'avons vu, qu'au respect du droit se joigne l'amour des hommes; c'est la condition à la fois de la justice et de la charité. De même pour accomplir les devoirs civiques, il faut qu'au respect de la loi se joigne l'amour de la patrie. D'abord, l'amour de la patrie lutte contre l'égoïsme et nous empêche de violer les lois, ensuite il nous pousse à faire plus que ce que les lois exigent strictement. Les devoirs civiques comme les devoirs sociaux peuvent se diviser en devoirs *négatifs*, pour ainsi dire, qui interdisent de faire du mal à la patrie, et en devoirs *positifs* qui ordonnent de se dévouer pour elle. On donne le nom de patriotisme et à l'amour de la patrie et au dévouement qu'il engendre.

Le patriotisme est donc à la fois un sentiment et un devoir. Il commence par être un sentiment instinctif, on aime sa patrie comme on aime sa mère; naturellement on aime son pays natal, la langue maternelle, les coutumes au milieu desquelles on est élevé; on aime l'indépendance et la liberté; le cœur bat au récit des victoires et des défaites des aïeux; on est fier des grandes choses qu'ils ont faites et on est douloureusement ému au souvenir de leurs revers; on sent qu'on fait partie d'une grande famille dont on porte le nom comme on porte le nom de ses parents, et rien de ce qui l'intéresse ne nous est étranger; nous participons à sa gloire, à ses succès, à ses malheurs.

Par mille attaches notre cœur tient à la patrie : c'est surtout quand nous sommes loin d'elle que nous sentons vivement combien elle nous est chère, et voilà pourquoi l'exil est un mal si grand, qu'on voit des hommes en mourir; c'est surtout aussi quand elle est en danger que le patriotisme, qui demeure en temps ordinaire tranquille au fond de l'âme sans que nous y songions, éclate en transports passionnés et nous enflamme d'une immense ardeur.

Alors le patriotisme devient sacrifice et dévouement. On défend la patrie attaquée comme on défendrait sa mère; tous ses enfants courent à la frontière pour la protéger, prêts à donner leur vie pour elle.

C'est ce qu'on vit en 1792, lorsque l'Europe coalisée voulut écraser chez nous la liberté naissante : le peuple se trouva debout en armes pour l'arrêter; et tel fut l'enthousiame patriotique, que la France qui semblait perdue put bientôt porter elle-même la guerre chez ses agresseurs. C'est ce qu'on vit aussi dans la dernière guerre, mais cette fois les plus admirables sacrifices ne purent préserver la France d'une cruelle blessure. Le dévouement de ses défenseurs dans une lutte inégale ne fut pourtant pas inutile, car il sauva l'honneur de la nation, l'honneur sans lequel il ne saurait y avoir pour elle ni considération dans le monde ni sécurité.

A toutes les époques et dans tous les pays le patriotisme a enfanté les plus sublimes vertus et les actions les plus héroïques. L'histoire de la Grèce et de Rome est pleine d'admirables exemples; qui ne se rappelle les noms des Léonidas, des Décius et des Philopœmen? Mais il n'est pas besoin de chercher dans l'antiquité et hors de chez nous des modèles de patriotisme, l'histoire de France nous offre presque à chaque page les plus beaux traits de dévouement. Les noms d'Eustache de Saint-Pierre, de Bayard, du chevalier d'Assas, de La Tour-d'Auvergne, de Barra et de Viala, ces enfants sublimes, et le plus glorieux de tous, celui de Jeanne d'Arc, sont dans toutes les mémoires.

C'est grâce à ces héros, c'est grâce à tous les Français qui dans le passé ont travaillé, lutté, versé leur sang pour la patrie que la France est aujourd'hui ce qu'elle est, une grande nation. Il ne faut pas se contenter de les admirer, il faut les imiter. Il n'est pas donné à tout homme d'être un héros, mais chacun peut dans la mesure de ses forces faire acte de dévouement envers son pays. Le patriotisme est de toutes les conditions et prend toutes les formes. Si l'ennemi menace la frontière, il pousse le jeune homme valide à devancer l'appel, et remet les armes à la main de celui qui a déjà payé sa dette; il donne à tous dans la mêlée le courage d'affronter la mort.

Mais la guerre, grâce à Dieu, n'est qu'une exception. Ce n'est pas tout que d'être prêt à mourir pour son pays, il faut aussi vivre pour lui. Le patriotisme a sa place encore pendant la paix et dans la vie civile, et en tout temps il commande le sacrifice; quand ce n'est pas le sacrifice de la vie, c'est le sacrifice de nos intérêts, de notre temps, ou encore de nos préférences et de nos rancunes. Par exemple, il ordonne de voter non pour l'homme qui peut nous être le plus utile ou qui a notre amitié, mais pour celui qui paraît devoir le mieux servir l'État, serait-ce notre ennemi particulier; il fait taire l'esprit de parti et nous porte à donner notre concours aux hommes que nous n'aimons pas quand les intérêts et l'honneur du pays sont en jeu. Il soutient chacun dans l'accomplissement de ses devoirs professionnels. Le savant, l'artiste, l'industriel, l'agriculteur, le commerçant contribuent tous à leur manière à la prospérité et à la grandeur de la France. L'amour-propre national les anime, les élève au-dessus d'un égoïsme mesquin, les fait rivaliser d'efforts et de sacrifices comme on le voit dans les luttes pacifiques des expositions universelles. Chaque fonctionnaire accomplit sa tâche avec plus de conscience et d'ardeur s'il est patriote : l'idée de la patrie doit toujours être présente à l'esprit des instituteurs de la jeunesse, car c'est d'eux que dépend en grande partie l'avenir de la nation. Les enfants eux-mêmes, pour qui l'heure des grands devoirs et des graves responsabilités n'a pas encore sonné, peuvent prouver leur reconnaissance pour la mère commune en apportant dans l'accomplissement de leurs devoirs d'écoliers le zèle qui doit en faire des citoyens éclairés et utiles.

Avec le patriotisme, un peuple peut à certains moments de son histoire être trahi par la fortune, mais il ne tarde pas à se relever de sa chute et à reprendre son rang dans le monde. C'est ainsi que la France, à diverses reprises, est sortie glorieuse et prospère des plus rudes épreuves grâce à l'énergie du sentiment national. Sans le patriotisme, la vie nationale est atteinte dans sa source, la décadence est certaine et la ruine est proche. On sait ce qui advint de la Grèce et de Rome quand les vertus qui les avaient élevées si haut eurent disparu.

Le cosmopolitisme. Accord des devoirs patriotiques et des devoirs d'humanité. — Pourtant le patriotisme a des adversaires : il y a des hommes égarés ou pervers qui le traitent de préjugé, qui opposent l'humanité à la patrie et disent qu'ils sont les citoyens du monde et non les citoyens d'une nation. C'est là le cosmopolitisme [1]. Ce prétexte de la fraternité universelle recouvre d'ordinaire un égoïsme profond qui cherche à se dérober aux obligations précises. Celui qui fait profession d'aimer tout le monde, en réalité n'aime personne. Sans doute, en un sens tous les hommes sont frères puisqu'ils ont une commune nature, aussi a-t-on envers tous des devoirs de justice et de charité. Si tous étaient également sages et parfaits ils devraient former une grande famille. Mais en fait, nous voyons les peuples divisés d'intérêt, en proie à des rivalités perpétuelles. Celui qui désarmerait serait dépouillé et dévoré par les autres. L'ami de l'humanité qui veut cesser d'être Français deviendrait vite Prussien s'il trouvait beaucoup d'imitateurs. Il veut se soustraire aux devoirs que lui impose la patrie française : il tomberait sous le joug d'un gouvernement étranger. A l'heure actuelle, sous prétexte d'union internationale entre les travailleurs des hommes appartenant à une nation qui a la haine de notre pays nous convient à abjurer le culte patriotique, et à effacer les frontières : s'ils parvenaient à égarer les consciences au point de faire méconnaître le devoir présent, leurs concitoyens ne manqueraient pas d'exploiter une générosité trop crédule ou la trahison d'un égoïsme criminel.

---

[1] De deux mots grecs dont le premier signifie monde et le second, citoyen.

L'appel à la fraternité des peuples ne saurait faire oublier l'injustice ; et tant que l'injustice subsiste il serait sacrilège de caresser un rêve qui à une autre époque a pu séduire de belles âmes.

Ce n'est pas seulement au nom de la France, c'est au nom de l'humanité même que nous combattons le cosmopolitisme. Un individu isolé ne peut rien pour le bonheur des peuples ; si vraiment il éprouve la généreuse passion d'améliorer le sort du genre humain, le meilleur moyen d'y travailler c'est de se consacrer de tout son cœur au service de la France ; sous son drapeau il luttera pour la civilisation et pour la justice. Car la France, malgré les erreurs et les fautes qu'elle a pu commettre, n'est pas un pays égoïste, elle a toujours pris parti pour les opprimés et servi les nobles causes.

Mais le patriotisme peut devenir une passion mauvaise et dégénérer en fanatisme, s'il exclut d'autres sentiments également légitimes. Il n'est pas nécessaire de cesser d'aimer sa famille pour être patriote ; dans l'histoire romaine, le jeune Horace tuant sa sœur au nom de la patrie, est un fanatique. On ne doit pas non plus sacrifier les devoirs d'humanité aux devoirs patriotiques ; Fabricius dénonce à Pyrrhus la proposition du médecin infidèle qui offrait aux consuls d'empoisonner leur ennemi ; de même l'homme d'État anglais Fox à qui on avait communiqué un projet d'assassinat contre Napoléon, le révéla à l'Empereur. C'est un patriotisme mal compris qui pousse un homme d'État à employer des procédés injustes pour accroître le territoire de la nation à laquelle il appartient, un général à se servir de moyens barbares ou déshonorants pour triompher de ses ennemis. « Si je savais, a dit Montesquieu, quelque chose d'utile à ma patrie et qui fût préjudiciable à l'Europe et au genre humain, je le regarderais comme un crime. »

En langage familier on appelle chauvinisme un orgueil national excessif, un patriotisme dévoyé fait de haine et de mépris pour l'étranger. Mais on ne doit pas moins se garder du défaut contraire : l'humilité nationale, le dénigrement de son propre pays et l'admiration systématique de tout ce qui se fait au dehors.

IV. Devoirs des nations entre elles. — Après nous être rendu compte des devoirs réciproques de l'individu et de l'État, ajoutons quelques remarques sur les devoirs des nations entre elles.

Les nations, en effet, peuvent être considérées comme des individus, comme des personnes morales. Pas plus que les individus, elles ne sont isolées, mais chacune vit et se développe au milieu des autres. On conçoit que la manière dont elles se traitent réciproquement n'est point indifférente; comme les personnes qui les composent, elles sont justes ou injustes, égoïstes ou généreuses.

Elles forment une société naturelle qui a ses lois idéales dérivant de la loi morale comme les devoirs et les droits des individus; l'ensemble de ces lois constitue ce qu'on appelle le droit des gens, encore appelé droit international, *gens* signifiant ici nations. Mais tandis que, dans une société régulièrement organisée, il y a des lois formant le droit positif qui garantissent les droits inhérents aux personnes, et un pouvoir capable de les faire respecter, il n'y a point de tribunaux ni d'autorité supérieure pour contraindre au respect du droit international les États qui veulent l'enfreindre. Les différentes nations sont donc à certains égards les unes par rapport aux autres, comme les hommes dans l'état de nature. Pourtant un certain nombre de ces devoirs que la conscience impose aux nations comme aux individus sont consacrés par des coutumes ou inscrits dans des conventions et des traités [1]. Aussi peut-on distinguer un droit des gens naturel et un droit des gens positif.

Le droit des gens naturel. — La morale impose aux États comme aux individus le devoir de respecter leurs semblables dans leur existence, dans leur liberté, dans leurs possessions, dans leur honneur.

Le droit d'exister se confond, pour une nation, avec le droit d'être libre ; asservir un peuple, c'est le détruire en tant que nation. Il y a des exemples d'un État supprimé par des voisins plus forts, c'est le scandale de l'histoire ; la conscience s'indigne contre cet abus de la violence. La conquête ne constitue pas un droit pour le vainqueur, et la victoire n'anéantit pas le droit du vaincu de s'appartenir à lui-même et d'obéir à un pouvoir de son choix.

Le territoire d'une nation est inviolable comme son existence et encore plus sacré qu'une propriété ordinaire ; car un individu peut subsister encore et vivre libre quand on l'a dépouillé de ses biens, mais

---

[1]. Plusieurs jurisconsultes célèbres du XVIIe et du XVIIIe siècle, Grotius, Puffendorf, Vattel, ont cherché à établir les règles du droit international, et leurs ouvrages tout théoriques ont eu une heureuse influence sur l'opinion publique et ont servi à préparer les réformes pratiques.

une nation ne peut plus exister quand le sol de la patrie est aux mains de l'étranger.

L'honneur d'une nation est étroitement uni aussi à son indépendance. L'outrage est d'ordinaire une provocation préparant les autres attentats; la calomnie, le refus de tenir compte des réclamations légitimes sont les procédés qu'emploie un peuple plus fort ou qui se croit tel pour préparer l'agression directe.

La guerre. — Guerre défensive. — Guerre d'intervention. — Le droit de légitime défense appartient aux nations comme aux individus. Mais tandis que l'individu n'est que rarement dans la nécessité d'exiger par lui-même au moyen de la force le respect de son droit et ne se fait pas justice lui-même, les États dans l'absence d'une autorité supérieure capable de sanctionner le droit des gens, sont forcés de recourir aux armes pour résister aux tentatives criminelles de leurs voisins et obtenir les réparations qui leur sont dues. Par suite, la guerre est pour les nations non seulement un droit mais un devoir.

A proprement parler, il n'y a de guerre légitime que la guerre défensive. Pourtant, on peut considérer aussi comme une guerre juste la guerre d'intervention qui a pour but d'empêcher un État faible, injustement attaqué, d'être opprimé ou écrasé par un voisin plus fort. Telle fut la guerre que soutinrent, en 1827, les grandes puissances de l'Europe contre l'empire ottoman pour la défense de la Grèce. Il existe une solidarité réelle entre les peuples modernes : « le Danemark protégé contre l'injure, a-t-on dit, c'était la France épargnée. » Mais les guerres d'intervention exigent de la part des gouvernements une extrême prudence ; nous savons aussi quelle ingratitude ont rencontrée les sacrifices de la France pour un autre peuple [1].

L'idéal serait que les nations fussent toujours prêtes à agir de concert pour faire respecter le droit des gens ; mais l'intérêt les pousse souvent à se mettre du côté du plus fort, l'envie à vouloir la ruine d'un peuple plus riche et plus glorieux, et l'égoïsme tout au moins les empêche de faire des sacrifices en faveur du bon droit. D'ailleurs le bon droit n'est pas toujours évident aux yeux de tous ; il en est des différends internationaux comme des procès entre particuliers : il y a des cas douteux où chacun croit de bonne foi avoir la justice pour soi. Dans ce cas, au lieu de recourir à la guerre, qui avec les moyens de destruction actuels est toujours désastreuse non seulement pour le vaincu, mais pour le vainqueur lui-même, les peuples, s'ils étaient sages, devraient soumettre l'objet de leur querelle à des arbitres, comme font les individus prudents qui veulent éviter les frais d'un procès. C'est ce qu'on a vu se produire plusieurs fois déjà, et des États purent éviter honorablement la guerre en faisant juger leur différend ou par un arbitre ou par un tribunal international.

Le projet de paix perpétuelle de l'abbé de Saint-Pierre (1713) est ordinairement considéré comme une utopie. Cependant il existe chez nous aujour-

---

1. Quant à l'intervention d'un peuple étranger dans une guerre civile en faveur d'un parti assez dénué de patriotisme pour demander son appui, elle est contraire au droit naturel comme attentatoire à l'indépendance des États.

d'hui une société pour l'arbitrage entre les nations; en Europe un congrès a lieu annuellement auquel prennent part des hommes appartenant aux parlements des divers pays; on y étudie les moyens d'arriver à une fédération entre tous les États du monde civilisé pour prévenir les guerres. Un tel idéal tout en étant légitime et généreux ne semble pas pouvoir être réalisé complètement, au moins de notre temps : le fût-il, qu'il ne supprimerait pas entièrement les guerres puisqu'il serait encore nécessaire en certains cas de faire exécuter par la force les décisions internationales; mais il les rendrait plus rares. Quoi qu'il en soit des espérances des amis de la paix pour l'avenir, dans l'état actuel le premier devoir et la première nécessité pour une nation comme la nôtre c'est d'imposer par sa propre force le respect aux peuples ambitieux et cupides qui regardent la guerre comme une industrie nationale, c'est d'être prête à soutenir par les armes la revendication de ses droits.

La question de la guerre, comme la plupart des questions, a donné lieu à deux théories diamétralement opposées et excessives chacune dans leur sens. Les uns condamnent absolument toute guerre au nom de la morale, les autres font l'apologie de la guerre, voient en elle une loi divine et soutiennent qu'elle est indispensable à la moralité. La secte religieuse des *quakers*, née en Angleterre à l'époque de Cromwell et dont les partisans se trouvent principalement aux États-Unis, prétend en s'appuyant sur les livres sacrés qu'en aucun cas l'homme n'a le droit de verser le sang de son semblable, même pour repousser une agression. Nous l'avons implicitement réfutée en établissant le droit de légitime défense. D'ailleurs les quakers ne se sont pas toujours dans la pratique conformés à leur principe, et Sumner Maine dans son livre sur *la*

Guerre rapporte que pendant la guerre de l'Indépendance américaine les quakers de la Pensylvanie embrassèrent chaleureusement le parti colonial.

Au contraire, selon Joseph de Maistre, l'auteur mystique et sombre des *Soirées de Saint-Pétersbourg*, la guerre est divine; c'est un fléau dont Dieu se sert pour châtier les habitants du monde. Tous en effet sont coupables : « La terre entière, continuellement imbibée de sang, n'est qu'un autel immense où tout ce qui vit doit être immolé sans fin, sans mesure, sans relâche, jusqu'à la consommation des choses, jusqu'à la mort de la mort ». Le conquérant est comme le bourreau un instrument de la justice divine ! Cette conception d'un Dieu affamé de carnage qui exige continuellement des sacrifices humains est à mettre, malgré le talent de l'écrivain, au rang des pires superstitions des peuples sauvages. Le philosophe allemand Hegel en se plaçant d'ailleurs à un point de vue différent voit aussi dans la guerre une loi divine : les races supérieures doivent supprimer les races inférieures; la force d'une nation victorieuse est la preuve de son droit; la guerre est le jugement de Dieu. C'est la négation absolue des droits de la personne humaine. Il n'existe pas de droit de conquête, et la guerre de conquête n'est qu'un acte de brigandage. Enfin on entend parfois soutenir que la guerre est une condition essentielle de la vertu humaine : « La guerre, suivant un général allemand, entretient chez les hommes tous les nobles sentiments : honneur, vertu, courage; elle empêche le monde de tomber dans la pourriture ». Mais on pourrait en dire autant de tous les fléaux, tous sont l'occasion des plus hautes vertus, des sacrifices les plus héroïques : est-ce une raison pour y voir un bien ? D'ailleurs on pourrait faire aussi un tableau des crimes auxquels donne lieu la guerre en déchaînant les passions brutales, et des vices suscités par la misère qu'elle engendre. En définitive, la guerre est un mal, la suppression des luttes sanglantes serait le signe d'un grand progrès moral dans l'espèce humaine, il est conforme à l'idéal de chercher à en diminuer le nombre; mais, dans certaines occasions, étant donnée l'imperfection des hommes, il est non seulement légitime mais obligatoire d'y recourir pour éviter un mal plus grand.

Le droit des gens positif pendant la guerre et pendant la paix. — Il faut reconnaître que depuis le moyen âge et surtout depuis un siècle des progrès importants ont été réalisés dans les relations internationales; l'esprit de justice et d'humanité a pénétré à quelque degré dans la guerre elle-même pour en atténuer l'horreur.

Longtemps la guerre fut le triomphe des passions cruelles et des instincts sanguinaires, se déchaînant dans toute leur brutalité sauvage sans frein et sans règles. Des populations entières étaient anéanties; les enfants, les vieillards étaient massacrés, les hommes valides n'étaient épargnés que pour être vendus comme esclaves. La dévastation et l'incendie désolaient tout un territoire. Chez les Romains, les généraux ennemis trahis par la fortune étaient, comme Jugurtha ou Vercingétorix, le héros gaulois, traînés derrière le char de triomphe du vainqueur, en butte à tous les outrages, et enfin livrés au supplice.

Pourtant déjà à cette époque on reconnaissait certaines règles souvent oubliées dans la pratique, mais au moins proclamées en principe. N'oublions pas que nous avons des devoirs même envers les ennemis, dit Cicéron : la guerre devait être déclarée solennellement avant d'être commencée en fait, la vie des ambassadeurs était inviolable, etc.; de nos jours ces règles ont été considérablement étendues et sont mieux observées. Le droit des neutres est reconnu, c'est-à-dire que les belligérants respectent le territoire, les biens et les vaisseaux des peuples qui n'ont pas voulu se mêler à leur querelle ; on doit épargner dans la lutte toute personne désarmée, les femmes, les enfants, les vieillards ; le pillage est remplacé par des réquisitions régulières et par des contributions de guerre; les prisonniers ont la vie sauve et sont rendus à la liberté à la fin des hostilités ; on relève les blessés sans distinction de nationalité et on les soigne également; on s'interdit de tirer sur les ambulances, sur les médecins. (Convention de Genève, 1864.)

Les nations doivent se faire, selon la pensée de Montesquieu, dans la guerre le moins de mal et dans la paix le plus de bien possible. Pendant longtemps, l'état de guerre a été l'état permanent des nations, et le même mot désignait l'étranger et l'ennemi. C'était la lutte pour l'existence dans toute son horreur, et il semblait qu'une tribu ou qu'un peuple ne pût vivre qu'au détriment des autres. Aujourd'hui, la guerre est devenue l'exception, et les hommes comprennent, d'une part, qu'il y a encore des devoirs envers ceux de leurs semblables dont la frontière les sépare, d'autre part, que les peuples ont entre eux beaucoup d'intérêts communs. L'économie politique enseigne que la prospérité matérielle d'une nation est d'autant plus grande qu'elle a plus de relations commerciales avec les autres. Les rapports internationaux deviennent chaque jour plus faciles par le percement des tunnels et des isthmes, l'établissement des chemins de fer et des télégraphes. Il y a des conventions et des traités qui règlent ces rapports, et garantissent les droits des individus séjournant à l'étranger ou dont les intérêts y sont engagés [1]. Aussi, les États se font-ils représenter les uns chez les autres par des agents diplomatiques, qui sont les ambassadeurs et les consuls. Les premiers ont pour principale mission d'entretenir les bons rapports entre les nations, ils négocient non seulement les traités d'alliance offensive et défensive, mais les traités de commerce, les conventions postales et monétaires, les conventions relatives à l'extradition des malfaiteurs qui autrefois restaient impunis, quand ils étaient parvenus à franchir la frontière. Les consuls établis dans les principales villes des pays étrangers sont particulièrement chargés des intérêts commerciaux et civils de leurs nationaux.

Non seulement la personne, mais la demeure de l'agent diplomatique est inviolable. Pour qu'il ait plus d'autorité et d'indépendance, sa maison, à laquelle est arboré le drapeau national, est considérée comme une portion du territoire de son pays, et ceux qui l'habitent ne sont pas soumis à la juridiction de l'État où elle se trouve.

Telles sont, en résumé, les principales dispositions du droit des gens positif; elles figurent parmi les conquêtes les plus bienfaisantes de la civilisation, et placent notre époque bien au-dessus non seulement de la barbarie primitive, mais même des siècles qui l'ont immédiatement précédée.

---

[1]. Autrefois l'État s'emparait des biens que laissait un étranger en mourant : c'était le *droit d'aubaine*; il a été supprimé en France depuis 1790.

CHAPITRE XXI

LA FAMILLE. LES DEVOIRS DOMESTIQUES

I. La famille est une société naturelle. — La famille et l'État. — Rapports des devoirs domestiques et des devoirs civiques. Conflit de devoirs et casuistique.
II. Division des devoirs de famille. — Le mariage. Intervention de l'État. — Devoirs des époux entre eux. — Fondement et limites de l'autorité conjugale. — Les droits de la femme.
III. Devoirs des parents envers les enfants. — Éducation physique, intellectuelle et morale. — Fondement et limites de l'autorité paternelle. Historique. — Devoirs des enfants envers les parents. — L'obéissance. Le respect. La piété filiale.
IV. Devoirs des enfants entre eux. — Devoirs de parenté. — L'esprit de famille. — L'amitié et ses devoirs.

I. **La famille est une société naturelle.** — La société humaine comprend les nations et les nations renferment elles-mêmes des sociétés plus étroites, les familles. La famille est une société naturelle; les sentiments qui s'y rapportent sont innés dans le cœur de l'homme, elle est conforme à sa nature, indispensable à sa conservation et au développement de ses facultés. A l'origine de tous les peuples civilisés, l'histoire constate l'existence de cette institution; la famille patriarcale a précédé la formation du clan, de la tribu, de la nation. On trouve, il est vrai, des hordes sauvages où la famille n'est pas organisée régulièrement, non plus que l'État; et des savants ont émis cette hypothèse que dans la période préhistorique la famille n'existait pas. Mais la condition du sauvage n'est peut-être que le résultat d'une décadence et d'une dégradation et il n'est pas prouvé qu'elle représente l'état de l'homme primitif. Quoi qu'il en soit, c'est par l'homme civilisé qu'il faut juger de la véritable nature de l'homme, et quand bien même la famille n'aurait pas toujours existé dans l'humanité, elle n'en est pas moins une société essentiellement naturelle.

La famille et l'État. — Les institutions familiales ont précédé les institutions politiques au moins dans la race aryenne [1]; mais aujourd'hui la constitution de la famille, son importance morale et sociale, la nature des devoirs et des droits auxquels elle donne lieu ne se comprennent bien qu'autant qu'on tient compte de ses rapports avec l'État.

Le droit de fonder une famille est au nombre des droits naturels, et la liberté du foyer domestique est primordiale au même titre que la liberté du travail ou le droit de propriété. La loi civile ne crée pas ce droit, elle le garantit et elle le sanctionne; si elle prétendait l'abolir elle serait injuste comme était injuste l'esclavage qui le supprimait en fait, le maître pouvant à son gré séparer l'homme de sa femme et de ses enfants. Cependant Platon dans l'antiquité voulait attribuer à l'État ce pouvoir, et sa théorie se retrouve de nos jours dans certaines sectes communistes; les enfants élevés en commun ne connaîtraient ni leur père ni leur mère, et ceux-ci n'auraient pas la faculté de s'unir librement et pour la vie. Cette conception est contraire au rôle de l'État tel que nous l'avons déterminé; par quelles raisons a-t-on cherché à la justifier? Le but aurait

---

1. Voir Fustel de Coulanges, *la Cité antique*, liv. II, chap. x.

été de fortifier l'État et d'accroître le bonheur de tous, sous le prétexte que l'amour de la famille est exclusif, qu'il détourne les citoyens de consacrer leur vie à la patrie et qu'il engendre des dissensions ; le supprimer ce serait anéantir l'égoïsme qui se dissimule dans les affections domestiques, et permettre aux sentiments de fraternité de se répandre sur tous les membres d'une famille plus grande ! Le raisonnement est analogue à celui des cosmopolites attaquant le patriotisme au nom de l'humanité, et comme lui il méconnait la nature morale de l'homme et l'expérience de l'histoire. Aristote réfutant Platon a montré que créer une seule famille sur les ruines de toutes les familles particulières ce serait détruire des affections certaines sans en créer de nouvelles ; jeter dans la mer quelques gouttes de miel pour en tempérer l'amertume. Si les enfants appartiennent à la communauté, personne ne s'attachera à eux et ils ne s'attacheront à personne. L'homme doit aimer la patrie comme une mère, ses concitoyens comme des frères, mais pour cela il faut avoir ressenti d'abord l'affection filiale et l'affection fraternelle. C'est dans la famille qu'on fait l'apprentissage des vertus civiques ; elle est une école de dévouement : les sacrifices quotidiens qu'exige la vie domestique préparent aux sacrifices de la vie sociale. La patrie est d'autant plus aimée qu'elle renferme nos plus chères affections, et on a d'autant plus de cœur à la défendre que l'on combat suivant l'expression antique pour ses pénates et pour son foyer. Les sociétés où la famille a été le plus solidement constituée ont été aussi les plus fortes, et la décadence de l'empire a suivi à Rome la perte des vertus domestiques.

Les modernes réformateurs rêvent de faire le bonheur des hommes et ils lui retirent les joies les plus pures et les plus profondes ; ils veulent accroître la prospérité sociale, et tarissant la richesse dans sa source, ils enlèvent à l'individu le stimulant le plus énergique du travail et de l'épargne, le désir de faire le bonheur des siens.

Les législateurs de 1795 dans la *Déclaration des devoirs* dont nous avons parlé plus haut ont signalé la solidarité qui existe entre les vertus domestiques et les vertus civiques. Le texte de l'article 4 est d'une belle simplicité : « Nul n'est bon citoyen, s'il n'est bon fils, bon père, bon frère, bon ami, bon époux. »

M. Janet dans son livre de *la Famille* montre que le progrès de la moralité publique dépend du progrès de la moralité domestique : « La société ne s'améliore pas sans l'individu et l'individu ne s'améliore guère tout seul... Celui qui pour lui-même est indifférent à son propre perfectionnement, cherchera peut-être à s'améliorer, comme fils, comme père, ou comme mari, et, si peu qu'il fasse, ce progrès profitera à la société. » — Le président des États-Unis Abraham Lincoln, le libérateur des Noirs, se plaisait à répéter : « J'ai voulu être un bon fils, j'ai tâché d'être pour ma mère un sujet de consolation : voilà la source de ce que j'ai pu faire de bien. » — « Celui qui aime ses enfants, dit M. Franck dans sa *Philosophie du droit civil*, et qui connaît les devoirs qu'il a à remplir envers eux, s'intéresse à la chose publique, non plus seulement pour son propre compte, mais parce qu'il la considère comme leur patrimoine, comme la source de leur sécurité, de leur honneur, de leur avenir. Autant que cela est en son pouvoir, il s'efforcera avec une égale sollicitude de leur épargner les agitations stériles de l'anarchie et les honteux stigmates du despotisme. »

Rapports des devoirs domestiques et des devoirs civiques. Conflit de devoirs et casuistique. — Il n'y a point, comme on l'a cru, antagonisme nécessaire entre les devoirs de famille et les devoirs patriotiques; mais il peut arriver qu'un conflit entre les deux sortes de devoirs se produise dans la conscience, et qu'on ait à choisir entre l'intérêt des siens et celui de l'État. Le bien général l'emporte alors sur le bien particulier. De même que nous ne devons pas chercher notre avantage personnel au détriment de notre famille, il ne nous est pas permis pour la servir de nuire à l'État. Nous devons plus, il est vrai, à un membre de notre famille, qu'au premier venu de nos concitoyens; nous devons plus évidemment aussi à notre famille qu'à une autre famille même plus nombreuse; mais les droits de la société la plus étendue sont supérieurs aux droits de la société plus restreinte qu'elle renferme. C'est là un principe que Fénelon et Montesquieu ont parfaitement mis en lumière.

« Ce serait une chose monstrueuse de se préférer à toute sa famille, sa famille à toute sa patrie... Il n'est pas permis de se conserver en ruinant sa famille, ni d'agrandir sa famille en perdant sa patrie, ni de chercher la gloire de sa patrie en violant les droits de l'humanité. » — « Un chef de famille ne doit jamais s'entêter pour la grandeur de sa maison, jusqu'à vouloir troubler la paix et la liberté publique de tout le peuple dont lui et sa famille ne sont qu'un membre [1]. »

« Si je savais quelque chose qui me fût utile et qui fût préjudiciable à ma famille, je le rejetterais de mon esprit. Si je savais quelque chose qui fût utile à ma famille et ne le fût pas à ma patrie, je chercherais à l'oublier [2]. »

1. *Essai sur le gouvernement civil*, d'après les principes de Fénelon. — *Dialogue de Socrate et d'Alcibiade* (Fénelon).
2. Montesquieu, *son Portrait par lui-même*.

Vendre un secret de la défense nationale pour procurer une fortune à sa famille est un crime si odieux que personne n'a jamais pu songer à l'excuser. Il n'est pas besoin d'insister sur la trahison infâme. Un père qui userait de son crédit dans l'État pour faire nommer son fils à une fonction importante qu'il le saurait incapable de remplir se ferait sans doute illusion sur le dévouement paternel; il commettrait cependant une faute dont les conséquences pourraient être fort graves. Le devoir d'une mère quelles que soient ses angoisses est de ne pas détourner son fils de bien servir son pays, et le devoir du fils est de partir pour la frontière quand la patrie l'appelle, quelles que soient ses inquiétudes sur le sort de ses parents qu'il abandonne.

Les anciens se sont demandé si le fils d'un père concussionnaire serait obligé moralement de le dénoncer, Cicéron ne le croit pas : « il ne peut pas être de l'intérêt de l'État, dit-il, que les liens de famille soient rompus, mieux vaut qu'il ignore ce crime que d'en acquérir la connaissance par la violation de la piété filiale. » Les cas de ce genre sont heureusement extrêmement rares et nous ne rappelons cet exemple que pour montrer la difficulté des questions auxquelles donne lieu le conflit des devoirs. La philosophie ne saurait dresser un catalogue de tous les cas de conscience et en fixer d'avance la solution. Son rôle est d'éclairer la conscience par des règles générales et de signaler les erreurs les plus funestes; elle ne dispense pas l'individu de la réflexion dans l'interprétation du devoir et lui laisse la responsabilité de ses décisions dans les circonstances douteuses. Souvent l'opposition apparente se résout en un accord réel qu'une âme vraiment honnête sait reconnaître. On peut reprocher à quelques stoïciens de s'être trop complus dans les discussions de la casuistique : l'abus en serait dangereux dans l'enseignement.

II. Division des devoirs de famille. — Envers les membres de notre famille nous avons d'abord les mêmes devoirs qu'envers tous les membres de l'humanité, et en outre des devoirs spéciaux en vertu des liens plus étroits qui nous unissent à eux, ce sont des devoirs de famille proprement dits ou devoirs domestiques. Mais les devoirs généraux de la vie sociale ont eux-mêmes un caractère plus impérieux, et il est plus coupable de les enfreindre, lorsque c'est un de nos proches qui en est l'objet. Lorsque l'assassinat est un parricide ou un fratricide, le crime est monstrueux; et les parents qui infligent systématiquement des traitements barbares à leurs enfants sont vraiment, comme on le dit, des parents dénaturés. La médisance est répréhensible, elle devient odieuse lorsqu'elle est commise envers l'un de nos proches. Il est mal de rester insensible aux souffrances d'autrui, mais le fils qui refuse de venir en aide à son père ou à sa mère commet positivement un crime : dans ce cas la distinction des devoirs de justice et des devoirs de charité disparaît; il y a alors un droit absolu à l'assistance, consacré d'ailleurs par la loi civile.

La famille, au sens précis du mot, comprend le mari, la femme et les enfants. C'est pourquoi les devoirs de famille se subdivisent d'abord de la manière suivante : devoirs des époux entre eux, devoirs des parents envers leurs enfants, devoirs des enfants envers leurs parents, devoirs des enfants entre eux.

Le mariage. Intervention de l'État. — L'acte qui fonde la famille est le mariage. En lui-même et en dehors des conventions concernant les fortunes, conventions qui ne lui sont pas essentielles et peuvent ne pas exister, le mariage est un contrat par consentement mutuel au moyen duquel l'homme et la femme s'associent pour partager les joies et les douleurs de la vie et en accomplir en commun les devoirs. Il crée des droits aux deux époux et aux enfants qui pourront naître d'eux ; ces droits comme tous les autres ont besoin d'une sanction ; la loi positive en l'instituant a déterminé les conditions sous lesquelles l'État assure sa garantie. Il est nécessaire de célébrer le mariage selon les formes prescrites pour qu'il ait ses effets civils ; la consécration donnée par le prêtre aux fidèles qui ont voulu faire bénir leur union a une valeur morale ; mais la loi ne l'exige pas, et elle ne saurait remplacer l'engagement solennel pris d'abord à la mairie devant le représentant de la société, et inscrit sur les registres de l'État civil. C'est l'Assemblée constituante qui a établi la séparation de l'acte civil et de l'acte religieux par respect pour la liberté de conscience : depuis la révocation de l'édit de Nantes le mariage n'était reconnu par la loi que s'il avait été contracté devant le prêtre de la religion d'État.

L'État a le devoir et le droit d'organiser solidement la famille, et les conditions auxquelles il soumet le mariage sont conformes à la morale et à l'intérêt social. Telles sont les conditions concernant le consentement des parents, l'âge, la parenté. L'unité est un caractère essentiel au mariage. La polygamie est contraire à la fois à la dignité des personnes, au bien des enfants, et à l'intérêt de la société; aucun peuple vraiment civilisé ne l'admet. Le mariage au point de vue moral diffère de tout autre contrat en ce qu'il ne peut être résilié à l'amiable ou annulé si les conditions convenues n'ont pas été remplies de part et d'autre, il renferme en effet la promesse de se soumettre à des devoirs communs auxquels on ne peut se soustraire à son gré. La dignité des personnes et l'intérêt des enfants exigent qu'il soit indissoluble en principe. Si les obligations qu'il crée étaient révocables par consentement mutuel, l'unité du mariage serait détruite, on se trouverait en présence d'un régime de polygamie successive. En fait, le divorce est autorisé par la loi en France et dans beaucoup de pays, mais comme un moindre mal; au point de vue du droit naturel le mariage est un contrat irrévocable, et lorsque le divorce admis d'abord par notre Code civil avait été aboli par la loi de 1816, ceux qui poursuivaient avec le plus d'ardeur son rétablissement reconnaissaient pour la plupart que le mariage ne saurait être contracté dans la pensée et dans l'espérance du divorce; l'un des chefs du saint-simonisme proclamait que l'éducation devait amener les époux à désirer au moment du mariage que leur union ne fût pas dissoute. Les circonstances peuvent rendre exceptionnellement le divorce nécessaire, mais chacun doit se marier dans la persuasion que de telles circonstances ne se présenteront pas pour lui. Dans l'ancienne Rome la facilité du divorce avait porté une atteinte funeste à la famille. Sous la Révolution, les mêmes abus se produisirent; la loi de 1884 qui l'admet de nouveau l'a soumis à des conditions plus sévères en vue d'en prévenir le retour.

Le mariage est obligatoire à la façon des devoirs larges ou indéterminés, c'est-à-dire que chacun est juge des raisons qui lui permettent de fonder ou non une famille. L'État ne peut l'imposer comme cela avait lieu dans ces cités antiques, Sparte et Athènes par exemple, où l'individu subissait l'autorité despotique de la communauté. Un tel acte perdrait sa dignité et sa sainteté s'il n'était plus libre, s'il était accompli par crainte des sanctions légales. Mais par contre, l'État ne doit pas l'entraver, et quand il exige, comme en certains pays, en dehors des conditions précédemment indiquées des garanties concernant la situation pécuniaire des époux, il outrepasse son droit et cause un mal plus grand que celui qu'il voulait prévenir.

La responsabilité morale dans l'acte du mariage dépasse de beaucoup la responsabilité légale; les obligations que le Code ne saurait imposer, la conscience les prescrit. Les devoirs de famille commencent avant la fondation de la famille elle-même; le mariage est l'acte le plus grave de l'existence; ses conséquences non seulement au point de vue du bonheur mais au point de vue du devoir ont une telle importance qu'il serait coupable de l'accomplir à la légère. Fût-il affranchi par son âge de la tutelle de ses parents, le jeune homme est dans l'obligation et le besoin de demander conseil à leur expérience, à leur sagesse affectueuse. Sans qu'il soit nécessaire d'insister, la réflexion doit porter sur la moralité, la santé, le caractère, la situation sociale et économique des époux. Les mariages qui ne sont que des mariages d'intérêt sont justement flétris par l'opinion ; épouser pour sa fortune une personne qu'on n'estime pas et qu'on ne peut aimer est une action indigne et basse ; mais d'autre part le mariage de sentiment n'exclut pas le mariage de raison ; l'égoïste ne songe qu'à soi, l'honnête homme a le souci de la famille future. Il y a dans le mariage à la fois union de sentiments, d'intérêts et de devoirs.

Devoirs des époux entre eux. — Le Code civil résume ainsi les devoirs respectifs des époux : « Les époux se doivent mutuellement fidélité, secours, assistance. » — « Le mari doit protection à sa femme, la femme obéissance à son mari. »

Il y a donc des devoirs communs aux deux époux et des devoirs particuliers à chacun d'eux. Les devoirs communs se résument en deux mots, fidélité et dévouement. Il n'y a pas à insister sur les devoirs communs qui sont parfaitement évidents. Quelques explications sont nécessaires au sujet des devoirs particuliers.

Le mari doit protection à sa femme, dit le Code ; — dans nos sociétés civilisées, il est rare que cette protection ait à s'exercer par la résistance opposée à l'insulte et à la violence. Si cela arrivait cependant, celui-là serait le dernier des lâches qui hésiterait à verser jusqu'à la dernière goutte de son sang pour la femme qui s'est mise sous sa garde. Mais la lutte pour l'existence a pris une autre forme. L'ennemi, dans nos sociétés policées, c'est la faim, c'est la misère ; l'arme pour le combattre est le travail. L'homme, d'ordinaire, est plus fort que la femme et mieux armé pour la lutte par son éducation. Il doit employer toute l'énergie possible à assurer le pain et l'aisance à son ménage. La paresse serait encore une lâcheté. Que dire des misérables qui dissipent en dépenses égoïstes le bien de leur femme et exposent leur famille à la misère et au déshonneur?

Fondement et limites de l'autorité conjugale. — Le mari est responsable du bien-être de la maison et de la fortune commune. Là est le fondement de son autorité, le devoir suppose le pouvoir. Voilà pourquoi la femme doit obéissance, voilà pourquoi elle est contrainte d'accepter les décisions que le père de famille a cru devoir prendre dans l'intérêt commun, de le suivre, par exemple, dans la résidence qu'il a choisie. Mais cette autorité ne doit pas s'appuyer sur la violence ni dégénérer en tyrannie. L'autorité du mari n'est légitime qu'autant qu'elle s'exerce par l'ascendant de la raison et au moyen de la persuasion. La vie commune n'est possible que par des concessions mutuelles, et l'homme qui, par égoïsme, par esprit de domination, s'habituerait à toujours parler en maître, non seulement serait injuste, mais corromprait dans sa source son bonheur domestique. Il ne peut y avoir de véritable affection qu'entre égaux; la subordination de la femme au mari résulte de la diversité des aptitudes et de la division nécessaire du travail, mais non d'une inégalité naturelle. La preuve, c'est que la femme a son empire à elle, où il serait aussi injuste que ridicule de lui disputer l'autorité : cet empire est le ménage. Là elle retrouve naturellement sa supériorité par ses qualités de patience, d'ordre et d'économie. Son obéissance dans les autres questions n'exclura pas la discussion, le débat en commun des intérêts de la maison; en cas de dissentiment, la prépondérance de la volonté du mari n'aura rien d'humiliant pour elle, car elle résulte de la hiérarchie inévitable dans l'association conjugale.

Les droits de la femme. — Dans notre législation qui repose sur les vrais principes du droit naturel, la femme en dehors du mariage jouit des droits civils à l'égal de l'homme. Quand elle se marie, elle renonce librement à l'exercice d'une partie de ses droits pour assurer l'unité de direction au gouvernement de la famille. Alors son incapacité légale à plaider devant les tribunaux, à faire le commerce, à accepter une succession, est la conséquence de son devoir d'obéissance; ce n'est pas une incapacité naturelle, et lorsqu'elle est régulièrement autorisée, ses actes ont la même valeur que s'ils émanaient d'une personne capable. Elle conserve toujours le droit de faire son testament à son gré [1].

L'égalité civile de l'homme et de la femme n'a pas toujours été comprise et c'est seulement depuis la Révolution que le principe en a été consacré par la loi. Dans la famille patriarcale qui est à la base des grandes sociétés civilisées, c'est l'idée de l'infériorité naturelle de la femme qui domine. La loi de Manou dit : « La femme, pendant son enfance, dépend de son père; pendant sa jeunesse, de son mari; son mari mort, de ses fils; si elle n'a pas de fils, des proches parents de son mari, ou à leur

---

[1]. On peut consulter Maublanc, *Éléments de droit usuel.*

défaut, de ceux de son père; si elle n'a pas de parents paternels, du souverain; car une femme ne doit jamais se gouverner à sa guise[1]. » Il est déclaré dans un des livres sacrés des Hébreux que la femme ne vaut que la moitié de la valeur d'un homme. Le droit primitif en Grèce et à Rome s'accorde à la considérer comme toujours mineure. Le mari, à une certaine époque, avait une telle autorité sur elle qu'il pouvait, avant de mourir, lui désigner un tuteur ou même lui choisir un second mari; une ancienne loi romaine lui permettait de la tuer pour une faute telle que celle de lui prendre les clefs de sa cave. Au moyen âge on trouve un reste de cette législation barbare dans le droit de correction manuelle pour refus d'obéissance, pour un démenti, sous la réserve cependant que la mort ou la perte d'un membre n'en résultât pas.

Dans un grand nombre de tribus sauvages, l'homme traite sa femme en esclave et la charge des plus durs travaux. Ce n'est pas là pourtant une règle générale, car il y a des populations indigènes de l'Amérique et de l'Afrique où la femme jouit d'importantes prérogatives et exerce une influence prépondérante.

« Chez les Indiens de la Colombie, c'est aux femmes qu'appartient la surveillance de la cabane et des provisions; il faut pour en user obtenir leur consentement; le mari s'établit dans la tribu de sa femme. — Dans certaines

---

[1]. Livre V, article CXLVIII. L'article 150 au contraire est vrai dans tous les temps : « La femme doit être d'une humeur égale, administrer la maison avec sagesse, prendre grand soin du ménage, et n'avoir pas la main trop large dans sa dépense. »

peuplades de l'Ouest africain, la situation du fils dépend de celle de la mère. Le mari ne dispose de l'avoir commun que de l'aveu de sa femme, et c'est elle qui la plupart du temps dirige sa volonté. La mère du chef assiste au Conseil et son approbation est nécessaire pour en ratifier les décisions. » On a appelé cet état social le *matriarcat*, par opposition à l'état patriarcal [1].

Malgré les progrès accomplis depuis 1789 dans le sens de l'égalité des droits pour la femme, de nouvelles réformes sont réclamées par divers penseurs. Les uns demandent que toutes les professions leur soient accessibles, et des changements s'accomplissent et pourront s'accomplir de ce côté: des carrières qui leur étaient fermées autrefois s'ouvrent pour elles depuis peu. Les autres voudraient que les droits donnés au mari, dans la disposition des biens de la communauté, par exemple, fussent restreints, la législation pourra encore être perfectionnée sur ce point. Il en est enfin qui réclament pour la femme l'égalité des droits politiques et l'admission dans les assemblées législatives. La reconnaissance du droit des femmes, d'après Secrétan [2], ne produirait pas un bouleversement social, elle n'en ferait entrer qu'une élite au parlement, dans les tribunaux ou ailleurs; elle favoriserait l'ordre et l'économie, elle serait un grand pas dans le sens de la pacification générale. Dès 1867 Stuart Mill avait fait dans ce sens à la Chambre des Communes une proposition qui fut repoussée, mais rallia cependant soixante-treize suffrages.

---

1. Starcke (de Copenhague), *la Famille primitive*, 1891.
2. *La Femme et le Droit*. Revue philosophique, 1885.

« Si l'on n'admet pas, dit M. Fouillée, la participation directe de la femme et des enfants au suffrage et à la puissance collective, on pourrait admettre leur représentation par le chef de famille, auquel on accorderait deux voix au lieu d'une, comme mandataire des droits et des intérêts d'une famille et non pas seulement d'un individu. — La prépondérance qui leur serait accordée ne pourrait que fortifier l'esprit de famille lui-même... La femme surtout si elle reçoit elle-même une bonne éducation civique, exerce généralement une influence modératrice [1]... »

Quoi qu'il en soit, la tendance des lois est de se mettre de plus en plus en harmonie avec le droit naturel qui reconnaît à toute personne sans distinction de sexe une dignité et une valeur égale. La femme n'est point inférieure à l'homme, ses intérêts sont tout aussi sacrés; toutefois son rôle dans la société est différent. La place de la femme n'est pas à la tête de l'État ni à la tribune des assemblées pas plus que dans les camps et à la tête des armées [2]. A l'homme dont l'organisation est plus robuste, les luttes et les fatigues de la vie publique. La souveraineté de la femme s'exerce au foyer domestique; elle surveille de près l'éducation des enfants, elle n'a pas besoin de tenir en main le bulletin de vote ni de siéger dans les conseils pour faire triompher ses idées.

« Je ne crois pas, a dit un moraliste contemporain, qu'il soit bon que les femmes se mêlent aux affaires publiques, mais je crois qu'il est bon qu'elles s'en mêlent.

1. *La Propriété sociale et la Démocratie.*
2. Parmi les erreurs échappées au génie de Platon se trouve cette idée étrangement égalitaire d'envoyer les femmes à la guerre comme les hommes.

Je ne crois pas qu'il soit bon qu'elles exercent des droits politiques, mais je pense qu'elles ont des devoirs politiques à remplir. » (Barni, *la Morale dans la Démocratie*.)

III. Devoirs des parents envers les enfants. — « Les époux, dit le Code, d'accord avec la morale, contractent ensemble, par le fait seul du mariage, l'obligation de nourrir, entretenir et élever leurs enfants. »

L'enfant en arrivant au monde est un être faible, incomplet à tous égards, incapable de se suffire à lui-même. Il est évident que c'est aux parents qui l'ont appelé à la vie de pourvoir à ses besoins. Ils en sont responsables. Il n'est que l'ébauche de la personne future; c'est à eux d'achever leur œuvre et de faire de cet être imparfait un homme dans toute la force du terme, capable de vivre par lui-même et de fonder une famille à son tour. Là est le but de l'éducation.

Éducation physique, intellectuelle et morale. — La mère d'abord nourrit l'enfant de son lait, quand elle le peut, veille sur sa santé, lui donne tous les soins qu'exige sa faiblesse. Ensuite, non seulement les parents lui doivent le pain quotidien, mais ils ont le devoir encore d'assurer le complet développement de ses forces physiques : l'éducation peut beaucoup pour la vigueur de la constitution et pour la santé. Longtemps on a fait trop bon marché de cette partie de l'éducation, aujourd'hui elle est heureusement remise en honneur; mais il ne faudrait pas non plus tomber dans un excès contraire et lui sacrifier l'éducation de l'esprit.

Selon la pensée de Platon, la gymnastique et la *musique* (dans un sens très large, tout ce que les Muses inspirent :

les arts, la poésie, la science) doivent se tempérer l'une par l'autre; car celui qui se livre tout entier à la musique risque de devenir efféminé et celui qni ne cultive que la gymnastique prend un caractère brutal et farouche. L'âme que forme cette double influence est à la fois courageuse et modérée. (*La République*, livre III.)

L'éducation intellectuelle, qu'on appelle proprement l'instruction, a un double but : 1° assurer le développement des facultés de l'esprit, mémoire, raisonnement, etc., comme la gymnastique assure le développement des forces du corps; 2° munir l'enfant des connaissances nécessaires à la vie et en particulier des connaissances professionnelles. Il faut lui mettre dans la main l'outil qui lui permettra de gagner sa vie, c'est l'héritage le plus précieux qu'on puisse lui laisser. Les parents doivent se guider dans le choix d'une profession pour l'enfant, d'une part sur leur propre situation, sur leurs ressources pécuniaires, d'autre part sur ses facultés et sur ses goûts.

Enfin il faut former le cœur de l'enfant et sa volonté; cette partie de l'éducation n'est pas la moins importante. Un enfant *mal élevé* est destiné à être à charge à lui-même et aux autres. Céder à tous ses caprices, le *gâter*, suivant l'expression consacrée et qui est très juste, c'est moins une preuve de tendresse qu'une preuve de faiblesse. « Qui aime bien châtie bien », dit un proverbe. Et il a du bon : non qu'on doive traiter l'enfant comme s'il était foncièrement mauvais et corrompu par nature; c'est là une opinion fausse à laquelle on a renoncé aujourd'hui : une sévérité excessive ne serait pas moins funeste qu'une trop grande indulgence; mais on doit l'habituer à la discipline et au travail; on doit lui montrer la vie telle qu'elle est, avec ses difficultés et ses devoirs. L'éducation morale se fait en partie par l'exemple : suivant le mot du poète latin le plus grand respect est dû à l'enfance, c'est-à-dire à son innocence. Tous les préceptes échouent pour combattre un défaut, tel que la colère, lorsque ceux qui les donnent s'y livrent sans contrainte. Aussi les parents font en sorte de mettre leurs actions d'accord avec leurs paroles, et l'on a pu dire que leur éducation morale se complète elle-même sous l'influence de l'enfant[1].

Fondement et limites de l'autorité paternelle. Historique. — Dire les devoirs des parents envers les enfants, c'est déterminer en même temps le fondement et les limites de leur autorité. Ici encore, le devoir suppose le pouvoir : il faut qu'ils aient l'autorité nécessaire pour accomplir l'œuvre dont ils sont responsables. Ils ont droit à l'obéissance des enfants, parce que sans cela l'éducation serait impossible. L'autorité du père et de la mère repose sur le devoir qu'ils ont à remplir. En cas de dissentiment, c'est la volonté du chef de la famille qui l'emporte; mais ce n'est là qu'une exception, et les parents font en sorte, d'ordinaire, que l'obéissance à l'un ne soit pas une désobéissance envers l'autre. Si le père meurt, la mère exerce seule l'autorité comme elle a seule alors la responsabilité. Telle est la vérité au point de vue du droit naturel; malgré l'expression de puissance paternelle et certaines distinctions entre les droits positifs du père et de la

---

1. Janet, *la Famille*; Legouvé, *les Pères et les Enfants*.

mère, notre loi la consacre comme le prouvent ces deux articles : « L'enfant à tout âge doit honneur et respect à ses père et mère. » « Il reste sous leur autorité jusqu'à sa majorité. »

Les limites de l'autorité des parents sont les mêmes que celles de leurs devoirs. C'est dans l'intérêt de l'enfant qu'ils l'exercent, c'est par ses droits qu'elle est limitée. L'enfant n'est pas, aux mains du père, comme une chose ou comme un esclave; c'est une personne, et il doit être traité comme tel. Le père est responsable devant sa conscience et aussi dans une certaine mesure devant la société de la manière dont il agit à son égard. Le Code garantit l'autorité paternelle en lui permettant, lorsqu'il a « des sujets de mécontentement très graves », de faire arrêter par la police et détenir dans une maison pénitentiaire l'enfant indocile. Mais d'autre part il punit comme des crimes l'abandon, la séquestration arbitraire, les traitements barbares; si le fils ou la fille, même à sa majorité, se trouve par suite d'infirmités ou de circonstances indépendantes de sa volonté, hors d'état de gagner sa vie, les parents sont tenus à la dette alimentaire. La loi de l'instruction obligatoire contraint le père de famille à donner ou faire donner l'enseignement primaire à l'enfant. Enfin le droit de garde, c'est-à-dire le droit des parents de forcer l'enfant à vivre chez eux ou dans tel autre endroit qu'ils ont choisi cesse à vingt et un ans; à ce même âge pour la jeune fille, à vingt-cinq ans pour le jeune homme, l'opposition des parents à leur mariage ne fait plus que le retarder sans le rendre impossible. Toutes ces dispositions de la loi n'ont pas pour but d'affaiblir l'autorité paternelle, mais d'en empêcher les abus. La plupart du temps, les sentiments que la nature inspire aux parents rendent ces dispositions inutiles, mais l'histoire et l'expérience prouvent qu'il était nécessaire de donner force de loi aux prescriptions de la conscience, et de suppléer par des obligations sociales aux lacunes et aux aberrations du sentiment paternel.

La puissance paternelle est considérée par nos jurisconsultes « comme le droit de gouverner la personne et les biens de l'enfant jusqu'à ce qu'il soit en âge de se gouverner lui-même », mais dans les législations anciennes elle reposait sur des principes tout autres. Dans la famille patriarcale, particulièrement à Rome, le père était à l'époque primitive le pontife et le souverain ; son autorité s'appuyait sur le droit divin et elle était absolue. Il pouvait repousser l'enfant à la naissance et refuser de l'élever, il avait sur lui le droit de vie et de mort, il pouvait disposer à son gré des fruits de son travail et le vendre ou le louer comme esclave ; tant que vivait son père, le fils même marié, même revêtu d'une magistrature publique, n'était jamais majeur, il restait soumis à la juridiction domestique. L'autorité paternelle n'était cependant pas entièrement arbitraire, car elle était limitée par les obligations mêmes de la religion d'où elle dérivait ; le chef de famille redoutait par-dessus tout que sa race s'éteignît, et qu'ainsi le culte du foyer fût interrompu et ses propres mânes privés un jour des offrandes et des honneurs sacrés. Mais la théorie qui se résume ainsi : « un tel est père d'un tel, donc il est son maître », donnait lieu à de terribles abus.

Au moyen âge les idées du droit romain bien

qu'atténuées ont subsisté en France, surtout dans les pays de droit écrit. Bossuet comparait encore la puissance des parents sur les enfants à la puissance de Dieu sur ses œuvres; et un théologien anglais de son temps allait jusqu'à dire que le père étant le propriétaire de ses enfants doit pouvoir disposer de leur vie et de leur liberté. Dans la pratique comme dans la théorie ce n'est qu'en 1789 que les droits de l'enfant ont été vraiment reconnus et respectés. Le père, au XIII° siècle, avait le droit, avant même que l'enfant fût né, de le consacrer à l'état monastique. Au XVII° et au XVIII° siècle, il pouvait encore le faire mettre en prison ou au couvent, pendant des années, au moyen d'un ordre royal ou *lettre de cachet*, que les gentilshommes obtenaient aisément. La liberté de tester était illimitée et le droit d'aînesse était généralement en usage, c'est-à-dire que le fils seul, au détriment des filles, l'aîné au détriment du cadet, héritait des titres et de la fortune de ses parents; en outre, les malheureux déshérités étaient, dans beaucoup de familles, négligés et durement traités du vivant de leurs parents. L'inégalité était au foyer domestique comme dans l'État. Aujourd'hui les parents ne peuvent déshériter complètement leurs enfants. Ils n'ont par testament la libre disposition que d'une partie de leur fortune, appelée la *quotité disponible*, de la moitié s'il n'y a qu'un enfant, du tiers s'il y en a deux, du quart s'il y en a trois ou davantage. S'ils meurent sans testament, leurs biens sont partagés également entre tous leurs enfants; il en est de même pour la partie *réservée* dans le premier cas. L'école aristocratique et quelques économistes se sont élevés contre cette disposition du Code relative aux *héritiers à réserve*. Elle présente en effet certains inconvénients ; elle peut par exemple inspirer une sécurité regrettable aux enfants des familles riches portés à la paresse. Mais les avantages l'emportent ; ainsi les descendants ne peuvent être dépouillés au bénéfice des étrangers, elle empêche le rétablissement d'un privilège injuste en faveur de l'aîné et s'accorde avec les principes du droit naturel.

La réforme répondait si bien à un besoin de la conscience qu'aujourd'hui les parents ne font guère usage de la quotité disponible que pour rétablir l'égalité entre les enfants lorsque l'un d'eux a été favorisé par un héritage venant d'un proche ou d'un ami.

La situation subordonnée des cadets dans les familles nobles sous l'ancien régime, répugne aux sentiments naturels. Fénelon écrivait à un fils aîné devenu chef de famille, de ne point gâter son jeune frère ; la recommandation était fort sage, mais on ne peut lire sans compassion les raisons dont il l'appuie : « Il faut l'accoutumer de bonne heure à se regarder comme un *pauvre petit cadet*, sans autre ressource que le mérite, le travail, la sagesse et la *patience*. »

La Révolution française a rétabli la famille sur ses véritables bases, et, en supprimant l'arbitraire, elle n'a fait que consolider l'autorité légitime du père de famille : elle l'a rendue moins redoutable, mais plus véritablement respectable. Des critiques cependant trouvent que cette autorité se relâche à l'excès ; s'il en était ainsi, la faute en serait aux mœurs et non aux lois. C'est aux parents à se faire obéir avec fermeté, à imposer sans faiblesse leur juste volonté. On peut pécher par excès d'indulgence comme par excès de rigueur, et il n'est pas moins nécessaire de lutter contre une tendresse aveugle que contre un égoïsme despotique pour accomplir son devoir. Les rapports sont, dit-on, plus affectueux dans la famille française qu'en tout autre pays; c'est un grand élément de bonheur pour tous, c'est un puissant moyen d'action sur les enfants, si l'autorité tout en se faisant le plus possible persuasive et douce n'abdique pas et sait en même temps imprimer le respect dans les jeunes âmes.

Devoirs des enfants envers les parents. — Les enfants doivent se pénétrer de l'idée de l'autorité paternelle, non pour disputer sur son étendue dont ils ne sont pas juges, mais pour donner à leurs parents une obéissance raisonnée et un respect volontaire.

Les parents ont la raison, ils ont l'expérience, ils ont la tendresse et le dévouement : que de motifs de leur obéir! Se soustraire à leur autorité, c'est sottise, car celui qui désobéit à la raison est un sot; c'est faiblesse, car la véritable force consiste à vaincre ses mauvais sentiments, sa paresse par exemple, non pas à résister à l'autorité légitime, et pour savoir commander un jour, il faut d'abord apprendre à obéir; c'est ingratitude, car c'est faire de la peine à ceux qui vous aiment, qui vous ont comblés de bienfaits et qui ne cherchent que votre bien.

Il y a des enfants raisonneurs, affectant une indépendance précoce qui sont toujours prêts à discuter les ordres qu'on leur donne comme les citoyens critiquent les actes du pouvoir dans un État libre. S'il est faux en politique de concevoir la société civile sur le type de la société domestique, il ne l'est pas moins d'assimiler la famille à la république. Le citoyen qui est un homme, participe à la fois au pouvoir et à l'obéissance; mais l'enfant n'a qu'à obéir à une autorité qui pour lui peut vraiment être appelée providentielle.

L'obéissance. Le respect. La piété filiale. — On peut distinguer trois périodes dans la vie de l'enfant. La première comprend les années où il est absolument incapable d'agir lui-même; d'instinct alors il s'abandonne aux soins tutélaires de la famille, ou s'il a déjà quelques petites révoltes, c'est sans bien savoir encore ce qu'il fait.

Puis vient ce qu'on appelle, d'un terme un peu ambitieux, l'âge de raison (sept ans, huit ans, plus ou moins, on ne peut fixer de limites précises); la raison s'éveille, la volonté commence à s'affirmer, mais aussi les passions mauvaises se font jour. C'est alors que commencent les devoirs pour l'enfant, parce qu'il est capable de les comprendre, et parce qu'il éprouve les premières tentations. Précédemment, il était innocent, incapable de bien comme de mal; le voilà responsable. Il est porté à abuser de sa liberté naissante; mais pour devenir ce qu'il croit être déjà, et voler ensuite de ses propres ailes, il a besoin d'être soutenu, conseillé, protégé contre lui-même pendant de longues années. La période qu'il traverse est décisive pour son avenir, et il ne voit clairement ni le but ni les moyens à employer pour l'atteindre; il faut qu'une raison plus mûre l'éclaire, qu'une volonté plus forte supplée aux défaillances de son caractère. Le plus bel usage qu'il puisse faire alors de sa liberté, c'est de se soumettre volontairement à la volonté de ses parents ou des maîtres qui les représentent. Peu à peu, ceux-ci sauront se relâcher de leur autorité et lui laisseront plus d'initiative; ils l'émanciperont par degrés et l'amèneront ainsi au point où il peut décidément se passer de tutelle et agir tout à fait par lui-même [1].

Alors commence la troisième période : l'enfant est devenu un homme, il a atteint l'âge de la majorité, qui, en réalité, commence plus tôt ou plus tard, mais que la loi a dû fixer d'une manière précise à vingt et un ans. Il ne doit plus rigoureusement l'obéissance, et il la doit de moins en moins à mesure que les années s'écoulent. Mais il doit toujours le respect. Ce respect se manifestera par les égards pour leur personne et la déférence pour leurs conseils. Alors même qu'il n'a plus d'ordres à recevoir, l'enfant a besoin des conseils de ses parents. Personne ne saurait lui en donner de plus éclairés et de plus désintéressés. Ne connaissent-ils pas son caractère mieux que tout autre et ne placent-il pas leur bonheur dans le sien?

Pascal avait vingt-huit ans quand il perdit son père, il était en pleine possession de son génie, et dans une lettre à sa sœur il disait : « je sais qu'il m'aurait été encore nécessaire dix ans, et utile toute ma vie. » Les devoirs envers les parents ne cessent

---

1. Fénelon recommande de faire passer l'adolescent, de la dépendance à la liberté par un changement qui soit presque imperceptible. « La liberté qu'on donne tout à coup sans mesure à une personne qui a été longtemps gênée lui donne un goût effréné d'être libre, et la jette toujours dans l'excès. » (*Lettre au duc de Chevreuse.*)

pas même à leur mort. On sait quelle importance avait le culte des morts dans la famille primitive; pour reposer aujourd'hui sur d'autres idées, il n'est pas moins sacré. « Une des plus solides et plus utiles charités envers les morts, dit encore Pascal, est de faire les choses qu'ils nous ordonneraient s'ils étaient encore au monde, et de pratiquer les saints avis qu'ils nous ont donnés... Par cette pratique nous les faisons revivre en nous en quelque sorte, puisque ce sont leurs conseils qui sont encore vivants et agissants en nous. »

L'ingratitude est chez un fils la marque d'une nature foncièrement mauvaise, d'une âme cadavéreuse pour prendre une forte expression de Rousseau. Si haute que soit la situation sociale à laquelle un homme est parvenu par ses efforts et son talent, et si humble que soit la condition de ses parents, il s'abaisse au rang des individus les plus vils s'il rougit de son origine et s'il mesure les témoignages de tendresse et de déférence à ceux qui, mettant en lui toute leur joie, tout leur orgueil, n'ont reculé devant aucun sacrifice pour l'élever au-dessus de leur propre position et lui assurer un avenir meilleur [1].

L'accomplissement des devoirs d'obéissance et de respect sera facile à l'enfant s'il a pour ses parents l'affection qu'il doit avoir. L'amour est pour lui un devoir qui résume et comprend tous les autres; cet amour, accompagné de respect et qui inspire le dévouement, s'appelle la piété filiale. Le fils pieux

---

[1]. Il y a sur ce sujet un chapitre intéressant de M. Legouvé dans son livre sur *les Pères et les Enfants au XIXe siècle*, 2e vol.

se montre reconnaissant pour tous les bienfaits qu'il a reçus; et s'il croit avoir quelque grief contre son père ou contre sa mère, il évoque le souvenir de tout ce qu'ils ont fait pour lui et subit sans murmurer un mouvement d'humeur [1]. Il refuse de voir leurs défauts pour ne penser qu'à ce qu'il leur doit; dès lors il n'est pas de sacrifices qu'il ne soit prêt à supporter pour eux.

« Honte à qui se fait le censeur rigide de quelque défaut de ses parents! Et par qui commencerons-nous à pratiquer la charité, si nous n'en avons pas pour un père, pour une mère? Exiger pour les respecter qu'ils soient des modèles accomplis de l'espèce humaine, c'est à la fois de l'orgueil et de l'injustice. » (Silvio Pellico, *Des Devoirs des hommes.*)

IV. Devoirs des enfants entre eux. — Au devoir filial se joint pour l'enfant, quand il n'est pas fils unique, le devoir fraternel. Évidemment les enfants élevés ensemble au foyer domestique ont les uns envers les autres des devoirs plus étroits qu'envers le reste des hommes, et des obligations spéciales. Les hommes, dit-on, doivent se traiter les uns les autres comme des frères, et la fraternité est l'expression des devoirs sociaux les plus élevés. Les rapports des frères et sœurs doivent donc pouvoir servir de modèle aux rapports des hommes dans la société. Ils seront non seulement parfaitement équitables mais pleins d'abnégation et de dévouement.

La nature, par les sentiments qu'elle nous inspire,

---

[1]. Xénophon nous a rapporté dans les *Entretiens mémorables* une admirable exhortation de Socrate à son fils dans ce sens, livre II, chap. II.

rend facile l'accomplissement de ces devoirs. Que de raisons les frères et sœurs n'ont-ils pas de s'aimer ? Le même sang coule dans leurs veines, ils ont grandi sous le même toit, ils ont même affection pour leurs parents, dont ils sont également aimés ; quand ils avancent en âge, ils ont mêmes souvenirs tristes ou joyeux. Mais l'affection fraternelle n'agit pas à la manière d'un instinct, ses effets ne sont pas nécessaires, elle est combattue par d'autres sentiments. Il faut vouloir aimer son frère, et, quand on l'aime, conformer sa conduite à son affection. Il n'y a d'affection sincère que celle qui se traduit par des actes de bonté.

L'expérience prouve malheureusement que, contrairement aux lois de la nature, il y a de mauvais frères, des frères ennemis. L'égoïsme prend dans la société domestique toutes les formes qu'on lui voit dans la grande société, mais là il est plus révoltant encore. On voit des petits despotes abuser de leur force pour imposer sans cesse leur volonté à ceux que la nature a faits par excellence leurs égaux ; ils seraient le fléau de la famille si les parents n'avaient pas la main assez ferme pour les mettre à la raison. Plus tard, quand chacun a grandi, a quitté la maison paternelle, a fondé lui-même une nouvelle famille, un jour vient où les querelles enfantines se changent en horribles discussions d'intérêt. Acharnés autour des dépouilles paternelles comme des oiseaux de proie, les frères ennemis donnent devant les tribunaux le scandaleux spectacle de leurs dissensions. Entre frères, non seulement les prétentions injustes sont condamnables, mais on est coupable de ne rien relâcher de son droit et d'invoquer la stricte légalité. Dans la famille surtout il ne saurait y avoir de justice sans charité. Voulez-vous remplir votre devoir fraternel, il faut traiter vos frères et sœurs comme vos parents auraient voulu vous les voir traiter. Si la sympathie fait défaut, si même vous avez reçu quelque offense, aimez votre frère en vos parents. Le devoir fraternel et le devoir filial se tiennent étroitement, et si l'on est un mauvais frère on ne saurait être un bon fils.

Il convient de remarquer que la même solidarité existe entre toutes les vertus domestiques. Un fils ingrat et un époux sans cœur devient aussi un mauvais père.

Devoirs de parenté. — La parenté s'étend au delà du cercle restreint où nous l'avons d'abord considérée. En effet le mariage produit entre les deux époux une union si intime que la famille du mari devient aussi celle de la femme, la famille de la femme celle du mari, et que les enfants ont à leur tour des liens de parenté avec les deux familles. De la sorte la famille désigne un ensemble de personnes parentes à des degrés divers. A propos des successions la loi française distingue la parenté en ligne directe comprenant les ascendants et les descendants et la parenté en ligne collatérale, c'est-à-dire celle qui existe entre les frères, l'oncle et le neveu, les cousins, et elle reconnaît ainsi douze degrés de parenté pouvant créer des droits à un héritage ; par exemple deux cousins issus de germains sont entre eux au sixième degré. Mais cette limite du douzième degré est toute conventionnelle. En réalité les limites de la famille ainsi comprise sont indistinctes et on ne peut dire exactement où elle finit. Si le fait de descendre d'un ancêtre commun constitue la parenté, l'humanité forme une grande famille, au moins pour quiconque admet que nous descendons tous d'un même couple : les partisans du transformisme y joindront même les animaux. Mais enfin entre la grande famille humaine et la petite société domestique, il existe une famille plus ou moins large dont les liens s'affaiblissent à mesure qu'ils s'étendent et que les alliances nouvelles mélangent un sang étranger à celui que l'on avait en commun.

Nous avons ainsi des devoirs de parenté qui, sans se confondre avec les précédents, se distinguent cependant des devoirs généraux d'humanité. Ces devoirs, on est porté à les oublier surtout quand les familles particulières qui rentrent dans une même famille sont éloignées les unes des autres. On oublie moins les droits résultant de la parenté, et lorsqu'il s'agit d'un héritage à recueillir, tel qui se dérobait aux obligations est le premier à faire valoir son titre de parent. Là où est le profit, là aussi doit être la charge. La loi même, qui consacre le droit de succession, exige l'accomplissement de certains de ces devoirs de famille. C'est ainsi qu'elle impose la tutelle [1], les réunions du conseil de famille pour veiller aux intérêts des enfants mineurs lorsqu'ils sont orphelins, enfin, pour les parents en ligne directe, la pension alimentaire.

C'est un devoir évident d'aimer le père et la mère de ceux auxquels nous devons l'existence; si ces

---

1. La tutelle est la charge imposée par la loi à un proche parent de veiller à l'éducation d'un orphelin, d'administrer ses biens, ou encore ceux d'un individu tombé en enfance ou en démence.

derniers meurent, c'est aux grands-parents que revient avant tous la charge de veiller sur nous. Ils ont d'ordinaire une grande affection pour leurs petits-enfants ; l'enfant doit les payer de retour et se montrer reconnaissant pour leurs bienfaits et respectueux pour leurs cheveux blancs. C'est surtout chez notre aïeul que la vieillesse est sacrée.

La parenté d'alliance et la parenté collatérale créent aussi des devoirs. Il est impossible d'admettre qu'on ne doive pas plus au grand-père de ses enfants qu'à des étrangers, et le code impose avec raison dans ce cas encore la pension alimentaire. Entre cousins les obligations deviennent moins étroites à mesure que la parenté s'éloigne et qu'on se connaît moins. On fait bien cependant au point de vue du bonheur comme du devoir de prolonger complaisamment les affections naturelles qui donnent naissance à des services réciproques et facilitent les rapports de la vie.

L'esprit de famille. — L'esprit de famille est un vif sentiment de la solidarité qui unit tous les membres d'une même famille. Celui qui le possède accomplit en conscience et de bon cœur tous les devoirs que nous venons d'énumérer. C'est un sentiment analogue à l'esprit de corps, mais d'autant plus fort que le groupe est naturel et ne résulte pas d'une convention. La solidarité entre les membres de ce groupe est telle, que rien de ce qui arrive d'heureux ou de malheureux, d'honorable ou de honteux à l'un d'eux, ne saurait être indifférent aux autres. Nous sommes fiers quand un de nos parents, un homme qui porte le même nom que nous a fait une belle action ; nous nous sentons humiliés s'il s'est conduit d'une manière indigne. Ce sentiment si vif dans les aristocraties a sa place aussi dans les démocraties bien que la valeur propre de l'individu et sa responsabilité personnelle y soient comprises d'une façon plus équitable. Puisque l'ancêtre transmet avec le sang quelque chose de ses qualités à ses descendants, puisque d'autre part l'éducation et l'exemple ont une grande influence sur la formation des caractères; c'est un avantage précieux que d'appartenir à une bonne famille et il faut voir autre chose qu'un préjugé dans les précautions prises au moment du mariage pour ne s'allier qu'à une famille honorable et sans tache. Le privilège des castes a disparu, mais il subsiste une certaine noblesse qui est de toutes les conditions. Le plus humble artisan, le plus modeste bourgeois peut être aussi fier de l'honnêteté et des vertus des siens et de l'honneur de son nom qu'un duc ou un prince. Celui qui est bien pénétré de l'idée de cette solidarité y trouve un puissant motif de pratiquer le bien et d'éviter le mal. Il tient à conserver intact le patrimoine moral qu'il a reçu de ses parents. L'esprit de famille ne nous remplit pas seulement d'une généreuse émulation à bien faire pour l'honneur du nom, il excite en nous une vive sympathie pour le succès de nos proches et nous porte à y contribuer autant qu'il est en nous.

On a fait à ce sentiment cette objection qu'il rend injuste à l'égard des autres; on dit que trop souvent des personnages arrivés à une haute situation dans l'État ont donné le scandaleux spectacle d'un favoritisme effréné pour leurs proches, et c'est ce qu'on appelle le népotisme. Nous répondrons que les sentiments les plus généreux dans leur principe peuvent engendrer des abus; l'esprit de famille ne doit pas prévaloir contre l'équité, il est subordonné au devoir plus général d'impartialité. Quand deux hommes sont en concurrence pour une place, c'est le plus digne et non le mieux apparenté qui doit l'obtenir. Mais la protection peut s'exercer sans préjudice pour autrui. Elle peut servir à écarter, au contraire, l'injustice qui menace l'un des nôtres, lui donner enfin les moyens de faire ses preuves et de mériter le poste auquel il aspire.

Il y a un excès aussi dans lequel tombent les hommes arrivés : c'est le dédain pour les parents moins favorisés du sort, c'est cette mauvaise honte qui les porte à rougir d'une humble extraction. L'esprit de famille peut dégénérer en un égoïsme à plusieurs; mais quand il fait défaut, c'est pour faire place à l'égoïsme individuel.

L'amitié, ses devoirs. — Si « un frère est un ami donné par la nature », on peut dire aussi qu'un ami est un frère que nous avons choisi. En parlant de l'affection qui unit deux enfants de familles différentes, on dit : ils s'aiment comme deux frères! A tous les âges, un ami fait en quelque sorte partie de la famille, il a sa place réservée au foyer domestique; souvent enfin il est appelé à faire partie des *conseils de famille* qui, dans la tutelle des mineurs et des interdits, nomment le tuteur et contrôlent sa gestion. C'est ici le lieu de parler des devoirs qui naissent de l'amitié.

Il ne faut pas confondre le sentiment tout désintéressé, qui seul mérite ce beau nom, avec le mobile égoïste qui rapproche souvent dans le monde de prétendus amis. D'après La Rochefoucauld, l'amitié ne serait qu'un commerce où l'égoïsme se propose toujours quelque chose à gagner. Mais l'amitié fondée sur l'intérêt n'est que le simulacre de la véritable amitié. Combien Sénèque l'avait mieux comprise lorsqu'il dit : « Quel est mon but en prenant un ami? C'est d'avoir pour qui mourir, qui suivre en exil, qui sauver au péril de mes jours! L'autre amitié n'est qu'un trafic... Ne voir que soi, ne se lier que pour soi, est un mauvais calcul, l'amitié formée par l'intérêt ne dure qu'aussi longtemps que son motif subsiste. » Sans doute l'amitié peut être utile et l'est souvent, mais cette utilité en est la conséquence, non le but. Nous n'avons de plaisir à rendre service à un ami qu'autant que nous croyons à son désintéressement, et que nous ne soupçonnons pas un calcul dans les marques d'affection qu'il nous donne. L'égoïsme met une barrière entre les âmes : « Aime, si tu veux être aimé ! »

L'amitié a un caractère éminemment moral. Les anciens la considéraient comme une vertu et tous les moralistes s'accordent à reconnaître qu'elle n'existe, à vrai dire, qu'entre gens de bien. Les méchants n'ont que des complices. Le devoir exige qu'on ne se lie qu'avec les personnes qu'on estime; et il convient de se tenir sur une prudente réserve avec celles qu'on ne connaît pas bien encore. Mais une fois que l'amitié est formée, l'indulgence pour les petits défauts, l'abandon et la confiance sont obligatoires. Il faut repousser l'avis honteux que donne un ancien auteur, d'agir toujours envers notre ami comme s'il pouvait devenir notre ennemi. « En l'amitié de quoi je parle, dit admirablement Montaigne, les âmes se joignent et confondent l'une en l'autre d'un mélange si universel qu'elles effacent et ne retrouvent plus la couture qui les a jointes. » Elle a cela d'excellent, en effet, qu'elle nous permet d'épancher, sans arrière-pensée, nos joies et nos peines, nos espérances et nos craintes dans un cœur qui sympathise avec le nôtre. On est heureux de relever dans La Rochefoucauld lui-même cette belle pensée : Il est plus honteux de se défier de ses amis que d'en être trompé.

L'amitié exclut tout sentiment de domination ou d'orgueil; quand les personnes qu'elle unit ne sont pas égales, elle les rend égales. On a plus d'une fois remarqué que les amitiés de collège sont d'ordinaire les plus solides, c'est que l'enfant est naturellement confiant, c'est qu'il se donne sans calcul, c'est qu'enfin à l'école, malgré les différences de fortune et d'intelligence qui existent entre eux, tous les camarades se traitent mutuellement sur le pied de l'égalité. Plus tard la vie mettra souvent entre leurs conditions des différences profondes, le souvenir des premières années subsistera et rapprochera les distances. Les associations amicales d'anciens élèves du même collège sont excellentes et contribuent à fortifier dans les âmes les sentiments généreux sur lesquels se fonde l'amitié, à resserrer entre les hommes élevés ensemble les liens de solidarité qu'une séparation complète pourrait briser. Il n'est pas toujours possible de rester avec son ami de collège dans une intime familiarité, mais on a toujours envers lui des devoirs plus étroits qu'envers un étranger.

Aristote qui, dans sa morale, a admirablement parlé de l'amitié, traite avec une grande délicatesse des devoirs qui subsistent lorsque l'amitié a pris fin. « Si l'un demeure enfant par la raison quand l'autre devient homme plein de force et de capacité, comment pourraient-ils rester amis puisqu'ils ne se plaisent plus aux mêmes objets, et qu'ils n'ont plus ni les mêmes joies, ni les mêmes peines? Mais il faut encore accorder quelque chose à ce passé qui a vu votre liaison, à moins toutefois que la rupture ne soit venue d'un excès d'impardonnable perversité. » On peut ajouter que même lorsqu'une rupture s'est produite, on doit du respect encore à l'ancienne amitié. Le devoir de discrétion, par exemple, subsiste toujours; ce serait une véritable trahison que d'abuser de secrets livrés antérieurement dans les moments de confiance. On ne doit pas même, quand on croit avoir des motifs de plainte légitimes, faire une guerre sans pitié ni merci, ni recourir, sous quelque prétexte que ce soit, à des procédés honteux.

CHAPITRE XXII

DEVOIRS ENVERS DIEU

I. Rapports de la conscience morale et de la conscience religieuse. La vraie piété. — Influence du sentiment religieux sur la moralité.
II. Les devoirs particuliers envers Dieu d'après la religion naturelle. — L'optimisme. La connaissance de Dieu. — Le culte intérieur et le culte extérieur. La prière.

I. Rapports de la conscience morale et de la conscience religieuse. La vraie piété. — On entend ordinairement par devoirs religieux les devoirs que les religions positives ou révélées imposent à leurs fidèles et qui varient suivant les différents cultes; ainsi les pratiques pieuses sont autres chez les Chrétiens et chez les Juifs, chez les Musulmans et chez les Bouddhistes; et parmi les Chrétiens la dévotion d'un Catholique n'est pas la même que celle d'un Protestant. Les devoirs envers Dieu ainsi compris sont du domaine de la foi. Cependant ils relèvent indirectement de la philosophie morale qui aboutit en cette matière à certaines conclusions importantes. Aucun devoir religieux ne saurait être en désaccord avec la conscience morale; par exemple nous avons vu que le suicide sacré chez les Bouddhistes est une aberration du sentiment religieux; à plus forte raison en est-il ainsi des sacrifices humains dans les religions inférieures. Les pratiques de piété telles que les offrandes, les hymnes à la louange de la divinité sont subordonnées aux autres devoirs en ce sens qu'elles ne dispensent pas de la pratique du bien telle que la raison est capable de la comprendre. « Un sacrifice est anéanti par un mensonge, était-il dit déjà dans les lois de Manou, et le mérite des pratiques austères par la vanité. » La véritable piété est inséparable des autres vertus : c'est ce que reconnait toute religion élevée en proclamant qu'aucun sacrifice ne saurait être agréable à Dieu s'il n'est offert par des mains pures, ou que nul ne peut s'approcher des autels s'il est souillé de vices et s'il n'a un repentir sincère de ses fautes. Fénelon a donné au duc de Bourgogne d'admirables conseils sur la manière de pratiquer la piété :

« Il faut aller tout droit aux devoirs essentiels de votre état,... à l'extirpation de vos principaux défauts, par amour de Dieu ; chercher au dehors le bien public, autant que vous le pourrez, et retrancher les scrupules sur des choses qui paraissent des minuties... Si vous voulez faire honneur à votre piété, vous ne sauriez être trop attentif à la rendre douce, simple, commode, sociable. » (*Correspondance*, 1708.)

La raison aussi bien que la religion fait un devoir au fidèle, à quelque église qu'il appartienne, d'honorer Dieu suivant ses croyances et de ne se laisser détourner ni par les menaces, ni par les promesses, ni par le respect humain, de pratiquer son culte ; mais en même temps il est immoral et impie de professer par intérêt ou par crainte une religion à laquelle on ne croit pas. Se servir des choses saintes pour atteindre des fins profanes c'est commettre un sacrilège. Il suit de là évidemment que l'intolérance n'est pas seulement un crime envers les hommes mais qu'elle est aussi un crime envers

Dieu, puisque lorsqu'elle triomphe d'une volonté faible elle détermine des apostasies scandaleuses. L'homme vraiment pieux doit bien plus redouter pour sa foi l'hypocrisie que l'incrédulité. « La fausse piété finit par mettre l'opinion en garde contre toute espèce de piété. Elle jette le même trouble dans la conscience que la fausse monnaie dans la circulation. Si la religion pouvait mourir, l'hypocrisie l'aurait tuée [1]. » Aussi à une époque où l'affectation de la piété était un moyen de gagner la faveur du roi, les plus grands orateurs de la chaire chrétienne, Bourdaloue, Massillon, ont condamné l'hypocrisie des faux dévots à l'égal des plus grands crimes.

Influence du sentiment religieux sur la moralité.
— La philosophie se borne-t-elle à déterminer les rapports de la conscience morale et de la conscience religieuse, ou peut-elle déduire rationnellement de ses principes des devoirs à l'égard de la divinité qui soient distincts des devoirs individuels et des devoirs sociaux? Kant le nie : suivant lui le devoir religieux consiste à reconnaître dans tous nos devoirs des ordres divins. Beaucoup de déistes [2] au contraire admettent en outre des devoirs spéciaux envers Dieu au nom de la religion naturelle.

Reconnaissons d'abord avec Kant que l'action morale est en même temps une action pieuse si elle est faite non seulement par devoir mais par respect

---

1. E. Pelletan, *les Droits de l'homme*.
2. Le déisme au sens large du mot, qui est le plus ordinaire, est la doctrine qui sans s'appuyer sur aucune révélation admet l'existence de Dieu. Quelquefois on se sert plus spécialement du mot théisme pour désigner la croyance rationnelle en un Dieu personnel dont la providence gouverne le monde.

pour la volonté de Dieu. Le sentiment religieux est un auxiliaire puissant du sentiment moral. Celui qui aime Dieu a une force particulière pour bien faire, il est comme le fils pieux qui s'abstient du mal non seulement parce que sa conscience le lui interdit mais encore parce qu'il ne veut pas désobéir à son père; voulant lui plaire il s'efforce d'imiter sa bonté, et il a un nouveau motif d'aimer les hommes. Celui qui croit en Dieu croit au triomphe final du bien, et malgré les troubles que le spectacle du mal dans le monde jette dans les âmes, malgré les scandales qui font que parfois les plus honnêtes se prennent à douter de la justice, il garde une confiance invincible dans l'avenir. Avec le sentiment religieux l'homme du devoir est optimiste, et l'espoir lui est d'un grand secours dans la lutte. Le pessimisme au contraire est irréligieux, et bien qu'il puisse se rencontrer dans de nobles âmes passionnées pour l'idéal et désolées de voir une telle disproportion entre ce qui est et ce qui devrait être, il a une influence funeste sur la moralité : la philosophie du désespoir décourage la vertu.

II. Les devoirs particuliers envers Dieu d'après la religion naturelle. — Les arguments que Kant fait valoir pour rejeter de la morale rationnelle les devoirs envers Dieu proprement dits ne semblent pas décisifs. Nous n'aurions pas de devoirs envers Dieu parce qu'il n'en a pas envers nous : il est vrai que l'expression de devoir appliquée à Dieu n'est pas bien exacte car elle implique l'idée de sentiments mauvais à combattre, mais comme le dit Montesquieu la divinité même a ses lois, et la loi divine est de récompenser le mérite et d'assurer le triomphe de la justice. « Il ne faut pas dire non plus que Dieu n'a pas besoin de nos respects, car la grandeur du bienfaiteur ne nous affranchit pas de nos obligations. Il est dans l'ordre que nous lui témoignions notre reconnaissance, quoiqu'il ne puisse rien résulter à l'égard de lui de notre reconnaissance ou de notre ingratitude [1]. »

J.-J. Rousseau formulant les principes de la religion naturelle dit que l'homme doit d'abord à Dieu un culte intérieur. « Dieu veut être adoré en esprit et en vérité : ce devoir est de toutes les religions, de tous les pays, de tous les hommes. » Et les quatrains moraux de Voltaire commencent ainsi :

> Tout annonce d'un Dieu l'éternelle existence ;
> On ne peut le comprendre, on ne peut l'ignorer ;
> La voix de l'univers annonce sa puissance,
> Et la voix de nos cœurs dit qu'il faut l'adorer [2].

L'adoration comprend le respect et l'amour.

« Si vous ne considérez que le Dieu tout-puissant, maître du ciel et de la terre, dit Victor Cousin, vous condamnez l'homme à un tremblement continuel,... c'est vers cette extrémité que penche Port-Royal. D'un autre côté, si vous ne voyez que le Dieu bon et le père indulgent, vous incli-

---

1. J. Simon, *le Devoir*.
2. *Quatrains pour tenir lieu de ceux de Pibrac*. Pibrac est un jurisconsulte du xvi° siècle. Ses quatrains moraux ont eu une grande célébrité. On les apprenait encore par cœur dans les familles du xvii° siècle comme *le vrai et simple bréviaire des honnêtes gens*. Au xviii° siècle on ne leur reprochait que leur style suranné. Voici le premier :

> Dieu tout premier, puis père et mère honore ;
> Sois juste et droit, et en toute saison,
> Des innocents prends en main la raison ;
> Car Dieu te doit là-haut juger encore.

nez à une mysticité chimérique. En substituant l'amour à la crainte, peu à peu avec la crainte on court risque de perdre le respect. »

L'optimisme. La connaissance de Dieu. — On manque particulièrement au respect dû à la divinité par le blasphème et par la violation d'un serment où on l'a prise à témoin, enfin par les reproches impies, formulés contre la Providence au moindre mal dont on souffre. « Il ne faut pas aisément se ranger parmi les mécontents dans la république où l'on vit, disait Leibniz, surtout lorsque cette république est gouvernée par le meilleur des pères. » Souvent l'homme est lui-même la cause des malheurs dont il se plaint; au lieu de se répandre en plaintes stériles, il doit s'armer de courage pour les réparer.

On aimera Dieu d'autant plus qu'on s'attachera davantage à le connaître et à comprendre la beauté de ses œuvres. Bacon a pu dire : « un peu de science éloigne de Dieu, beaucoup de science y ramène ». Herbert Spencer repousse l'accusation d'impiété adressée parfois à la science :

« Ce n'est pas la science, c'est l'indifférence pour la science qui est irréligieuse. Supposons un auteur qu'on saluerait tous les jours de louanges... Supposons que ceux qui louent sans cesse ses œuvres n'en aient jamais vu que la couverture, ne les aient jamais lues, n'aient jamais essayé de les comprendre. De quel prix peuvent être pour lui ces éloges? Que doit-il penser de leur sincérité? Et pourtant, s'il est permis de comparer les petites choses aux grandes, voilà comment se conduit l'humanité en général envers l'univers et sa cause [1]. »

1. *De l'Éducation*, chap. I.

L'ignorance engendre ces aberrations du sentiment religieux qui scandalisent la raison : la superstition est une véritable impiété. Le philosophe grec Xénophane au vi^e siècle avant notre ère s'indignait qu'Homère eût représenté Jupiter avec la forme et les vices des mortels. Attribuer à Dieu la jalousie, la partialité, la colère vindicative, c'est réellement blasphémer. Il faut voir au contraire l'accomplissement d'un devoir religieux d'un ordre très élevé dans les méditations d'un Socrate, d'un Platon et de tous les philosophes qui ont épuré la notion de l'être parfait et qui attaquant ces erreurs immorales ont proclamé sa bonté et sa justice.

Le culte intérieur et le culte extérieur. La prière. — Le sentiment d'adoration qui remplit l'âme pieuse est ce que l'on appelle le culte intérieur; il tend à s'exprimer par la parole, les attitudes du corps, les actes, et il est ainsi le principe du culte extérieur. Les différentes églises au nom de la révélation règlent le culte extérieur, mais la raison ne saurait démontrer que telle cérémonie ou telle formule sacrée convient mieux pour honorer Dieu. Il n'appartient pas à la philosophie de déterminer les rites d'un culte public; la religion naturelle laisse l'homme aux inspirations de sa conscience.

On a discuté pour savoir si la raison approuve la prière : cela dépend du sentiment qui l'inspire. Demander au Ciel le succès d'une entreprise injuste comme ces brigands superstitieux qui le supplient de leur livrer une victime, c'est l'outrager; il n'est guère moins déraisonnable de supplier la Providence de nous accorder les biens de ce monde, la fortune, les honneurs si nous ne faisons rien pour les mériter. « Aide-toi, le Ciel t'aidera » : nul ne peut espérer réussir, s'il ne se conforme aux lois invariables que Dieu a établies dans le monde. Mais nous trouvons même chez les philosophes d'admirables prières. Voici d'après Platon celle de Socrate :

« Puissant Jupiter, donne-nous les vrais biens, que nous les demandions ou que nous ne les demandions pas, et éloigne de nous les maux, quand même nous les demanderions. »

L'hymne à Jupiter du stoïcien Cléanthe peut se résumer ainsi :

« Salut à toi Jupiter, être éternellement puissant, qu'on adore sous mille noms, à toi, maître de la nature, dont la loi s'étend sur toutes choses !
C'est le devoir de tout mortel de t'adresser sa prière, car c'est toi qui nous as doués de la parole, seuls entre tous les êtres qui vivent sur la terre...
Jupiter, auteur de tous les biens, retire les hommes de leur funeste ignorance, dissipe les ténèbres de leur âme, ô notre père, et donne-leur de comprendre la pensée qui te sert à gouverner le monde avec justice. Alors, nous te rendrons en hommages le prix de tes bienfaits, car il n'est pas de plus noble prérogative que de chanter éternellement par de dignes accents la loi commune de tous les êtres. »

La prière comprise de la sorte est un acte de reconnaissance envers le Créateur pour ses bienfaits, un acte de foi dans sa justice, un élan vers la perfection. En élevant son âme à Dieu, l'homme trouve la force d'obtenir ces vrais biens dont parle Socrate, c'est-à-dire de pratiquer la vertu, et ses vœux légitimes sont exaucés.

TABLE DES MATIÈRES

PREMIÈRE PARTIE

MORALE THÉORIQUE. — PRINCIPES

Avertissement..................................... v

CHAPITRE PREMIER

Introduction. — Objet, importance et méthode de la morale.

I. Définition de la morale. — Moralistes littérateurs et moralistes philosophes. — Caractère théorique et pratique de la morale. — Division. — La morale avant les philosophes... 1
II. Importance de la science morale. — Discussion. — Insuffisance du sens commun. — La diversité des opinions en morale. — Explication. — Possibilité de la science morale. 4
III. La méthode de la morale. — Rôle de la raison ; insuffisance et nécessité de l'expérience. — Rapports de la morale et de la psychologie. — Déduction des devoirs particuliers. Dangers de l'utopie...................................... 14

CHAPITRE II

La conscience. Les faits moraux.

I. L'activité et l'ordre dans l'univers ; les lois.............. 22
II. Les faits moraux ; distinction. — La conscience psychologique et la conscience morale. — Analyse de la conscience morale : jugements et sentiments. — Sentiments à l'égard d'autrui ; le respect.................................. 24
III. Les attributions de la conscience. — Les théories sur la conscience : le sens moral. — Rapports de la conscience et de la raison.. 31
IV. L'origine des notions morales ; discussion de l'empirisme. — Influence de l'éducation sur la conscience ; innéité des

principes. — Explication évolutionniste de la conscience; discussion. — Les progrès de la conscience; l'hérédité psychologique et la solidarité morale........................ 35

CHAPITRE III

La liberté morale.

I. La question du libre arbitre. — Divers sens du mot liberté. 46
II. Le Fatalisme; ses dangers. — Le Déterminisme. — Influence des motifs et du caractère sur les résolutions. — Influence du physique sur le moral; les mouvements réflexes. — Le déterminisme matérialiste et la science............ 49
III. La volonté distincte du jugement et du désir. — Les preuves de la liberté. — Rôle de la volonté dans la formation du caractère... 61
IV. Degrés et limites de la liberté. — La liberté idéale. — Habitude et solidarité morale. — Éducation de la volonté... 65

CHAPITRE IV

La responsabilité morale.

I. Principes de la responsabilité. — Degrés de la responsabilité. La conscience ignorante. — L'intention; la bonne volonté. — La fin et les moyens. — La conscience égarée. — Les sophismes de justification; les directions d'intention... 70
II. L'irresponsabilité de l'animal; celle du fou. — Le cas de l'ivresse. — Le sommeil, le somnambulisme, la suggestion hypnotique. — L'excuse de la passion. — La responsabilité de l'enfant. — La contrainte............................ 78
III. Caractère personnel de la responsabilité. Préjugés contraires. — La solidarité dans le mal et dans le bien. — Responsabilité collective; cause principale et cause subalterne.. 86
IV. La responsabilité morale et la responsabilité légale. Distinction et rapports................................... 91

CHAPITRE V

La personnalité morale. La loi morale.
Les fins de la vie humaine.

I. La personne et la chose. — Le corps et l'âme............. 94
II. Distinction de la loi morale et des lois de la nature. — L'obligation; l'autonomie de la volonté. — Le Devoir; son

caractère absolu. — L'universalité de la loi morale; le critérium de Kant.................................... 97
III. Distinction de la loi naturelle et des lois humaines....... 103
IV. Les motifs de nos actions; les fins de la vie humaine. — Motifs égoïstes et motifs désintéressés. — Le bonheur et le bien. — Classification des doctrines morales............ 105

CHAPITRE VI

Étude critique des systèmes de morale. La morale égoïste.

I. Le plaisir et la passion. — Doctrine des sophistes sur la loi naturelle; la passion et la force. — Aristippe de Cyrène; le plaisir présent. — Ch. Fourier; l'attraction passionnelle.... 111
II. Critique de la morale du plaisir. Elle est en désaccord avec la conscience. — Elle n'est pas conforme à la nature. — Elle est contraire au bonheur comme au bien................. 115
III. L'utile et l'agréable. La morale de l'intérêt. — Épicure; sa conception du bonheur. — Règles de conduite; vertus épicuriennes. — L'égoïsme dans la doctrine de Hobbes......... 121
IV. Morale de l'intérêt général; Bentham. — L'arithmétique du plaisir. — L'utilitarisme de Stuart Mill; la qualité du plaisir.. 127

CHAPITRE VII

Examen de la morale de l'intérêt.

I. L'honnête peut-il être ramené à l'utile? — La doctrine est démentie par la conscience. — Insuffisance du principe de l'intérêt. Il est variable. — Il est obscur. — L'absence d'obligation.. 133
II. Le désintéressement de la vertu. — Inconséquence des utilitaires. L'harmonie des intérêts; optimisme excessif de Bentham. — Les conclusions de Stuart Mill dépassent l'expérience. 140
III. Dangers de la morale de l'intérêt. — Rôle de l'intérêt en morale.. 146

CHAPITRE VIII

La morale du sentiment.

I. Doctrines sentimentales. Les inspirations du cœur. — Distinction de la morale du sentiment et des autres systèmes. — La morale de la sympathie. — La pitié; le pessimisme..... 150
II. Examen et critique. — Insuffisance du sentiment comme

principe unique de la morale. — Défauts particuliers de la règle de la sympathie. — Le spectateur impartial.......... 155
III. Conséquences dangereuses de la morale du sentiment. — Le faux mysticisme. Vrai rôle du sentiment en morale..... 159

CHAPITRE IX

LA MORALE RATIONNELLE. LE DEVOIR PUR ET LE BIEN.

I. La raison et le devoir pur. — Subordination du sentiment à l'idée. — Explication des formules de Kant............... 164
I. La vraie nature de l'homme. Le Bien. — L'idéal de la vie humaine. — La personnalité et les biens impersonnels. — L'artiste, le savant, le héros......................... 168
III. Rapports entre l'idée du bien et l'idée du devoir; le bien naturel et le bien moral. — Les rapports de quantité et les rapports de perfection (Malebranche). — L'idée de fin, l'idée d'ordre et l'idée du bien (Jouffroy)...................... 173

CHAPITRE X

LA MORALE RATIONNELLE DANS L'ANTIQUITÉ.

I. L'idée du bien chez Socrate. — Platon; son idéalisme. — Conception de la vertu et du bonheur; l'imitation de Dieu.. 178
II. Aristote. La suprématie du bien dans l'univers et de la raison dans l'homme. — Le bonheur. — Les vertus....... 182
III. Les principaux Stoïciens. — Conception rationnelle de l'univers. La vie conforme à la nature. — Les vrais biens et les vrais maux. — L'insensibilité stoïcienne. — La résignation stoïcienne; ses dangers. — Les devoirs et les vertus. — La solidarité humaine. — Conclusion................... 187

CHAPITRE XI

LA VERTU ET LE BONHEUR. LES SANCTIONS DE LA MORALE.

I. La vertu et le vice; les degrés et les formes de la vertu. — Le mérite et le démérite. — La sanction de la loi morale.. 198
II. Rapports de la vertu et du bonheur; le souverain bien. — L'accord ou le désaccord de l'honnête et de l'utile. — Théories pessimistes sur la vie actuelle. — Le faux optimisme... 202
III. Les sanctions terrestres. Sanction psychologique ou morale; la conscience. — La sympathie; l'opinion publique. — Sanction naturelle ou physique. — Sanction légale..... 207

CHAPITRE XII

SANCTION SUPÉRIEURE. LA VIE FUTURE ET DIEU.

I. Importance et insuffisance des sanctions terrestres. — Le véritable optimisme. Le progrès; ses limites. — La vie future; les postulats de la loi morale (Kant). — Le désintéressement et la foi dans la justice divine.................. 216
II. Les preuves classiques de l'immortalité de l'âme. — Les preuves de l'existence de Dieu. — Principes de la religion naturelle... 221
III. La morale indépendante. — Rapports du sentiment religieux et du sentiment moral................................... 224

DEUXIÈME PARTIE

MORALE PRATIQUE. — APPLICATIONS

CHAPITRE XIII

DEVOIRS INDIVIDUELS. LA CONSERVATION DE SOI-MÊME. LES PASSIONS.

I. Les applications du devoir. Division de la morale pratique. — Distinction des devoirs; leurs rapports entre eux....... 229
II. Les devoirs individuels; leur fondement. Le respect de soi-même. — Division des devoirs individuels. Leur solidarité... 232
III. Devoirs négatifs et positifs concernant le corps. — La responsabilité dans le suicide : application des principes...... 234
IV. Devoirs envers l'âme. — Devoirs relatifs à la sensibilité. La tempérance. — L'ascétisme; son histoire. — Critique; la part du vrai.. 239

CHAPITRE XIV

DEVOIRS INDIVIDUELS (Suite). L'INTELLIGENCE ET LA VOLONTÉ.

I. Devoirs relatifs à l'intelligence. La sagesse ou prudence. — Les diverses opinions sur la vertu intellectuelle. — La valeur morale du savoir. — La culture esthétique. — La fausse science. Dangers de l'ignorance. — La dignité de la raison. Le devoir de s'instruire................................ 247

II. La prudence proprement dite. — « Connais-toi! » — La sincérité vis-à-vis de soi-même........................... 253
III. Devoirs relatifs à la volonté. — Les différentes formes du courage. — Le cœur, la raison et la force d'âme.......... 257
IV. Le travail. — La dignité personnelle. — La fierté. L'orgueil. L'humilité.. 260

CHAPITRE XV

Devoirs généraux de la vie sociale. Le droit et la justice.

I. La société et la moralité. — Division des devoirs sociaux.. 267
II. La justice et la charité. Différences et rapports des devoirs *stricts* et des devoirs *larges*........................... 269
III. La justice et le droit. Le droit naturel. — Le principe du droit. Théories fausses. — La dignité humaine et l'égalité des personnes. — Le droit au sens large. Limites du droit. — Rapports du droit et du devoir. Les droits parfaits et les droits imparfaits.. 273
IV. Les différents droits ; les applications de la justice. — Respect de la personne dans sa vie. — Le droit de légitime défense. La vengeance. — L'assassinat politique. — Le duel........ 282

CHAPITRE XVI

Devoirs de justice (*Suite*). La liberté individuelle. La liberté de conscience. L'honneur.

I. Respect de la liberté d'autrui. L'esclavage. — L'aristocratie de l'intelligence et le droit. Critique d'une théorie contemporaine. — L'esclavage volontaire. — La liberté individuelle. La liberté du travail. Le servage. Les abus du pouvoir.... 290
I. Respect des croyances et des opinions. Liberté religieuse et philosophique. — Les causes de l'intolérance. — Justice, patriotisme et tolérance. Avantages de la libre discussion... 296
III. L'honneur et la réputation. Corruption. Outrage. Calomnie et médisance. — Respect de la personne dans ses sentiments légitimes. L'indiscrétion. La raillerie. L'orgueil.......... 305
IV. Le mensonge. Conflit de devoirs. Discussion d'un cas de conscience. — Les mensonges officieux. La flatterie. La franchise. — L'éloquence. Les sophismes. — Les fictions littéraires et le rigorisme.................................. 310

CHAPITRE XVII

Devoirs de justice (*Fin*).
La propriété. Morale et économie politique.

I. Respect de la personne dans ses biens. Les différentes formes du vol.. 318
II. Le principe de la propriété. Le droit de premier occupant. Le travail. La liberté. — Consécration de la propriété par la loi civile. — La propriété individuelle et la propriété collective. Le communisme. — La formation de la richesse. Causes de l'inégalité des fortunes...................... 321
III. Examen des objections contre la propriété foncière. Le problème social. — La transmission des biens par héritage. — Le capital. — Le prêt à intérêt. La justice commutative. — La loi de l'offre et de la demande devant la morale. L'usure. — Légitimité et difficultés de l'intervention de l'État. La gratuité de l'enseignement................................... 331
IV. La justice distributive. L'équité. — Le respect des contrats. La bonne foi. La probité professionnelle............ 344

CHAPITRE XVIII

Les devoirs de charité. La politesse.
La bonté envers les animaux.

I. Les degrés et les formes de la charité. — Le dévouement. — La bienfaisance. — Le pardon des offenses............ 349
II. La doctrine de la sélection naturelle et la bienfaisance (H. Spencer). — Désaccord de la morale naturaliste : 1° avec l'honnête; 2° avec l'intérêt social. — La charité prévoyante. Enseignements de l'économie politique.................. 356
III. La politesse. Ses rapports avec la justice et la charité. — Le mépris des bienséances chez les Cyniques. — La politesse dans les démocraties................................... 362
IV. Devoirs de bonté à l'égard des animaux. — La doctrine de l'automatisme des bêtes : ses conséquences. — Exagération inverse des Hindous. Les Pythagoriciens. — Nos droits sur l'animal. Schopenhauer............................... 367

CHAPITRE XIX

Morale civique. La patrie. Organisation et rôle de l'État.

I. La société civile. — L'État et la nation. — La patrie. — Origine de l'État. Le pacte social et les causes qui l'expli-

quent. — Ressemblances et différences de l'organisme individuel et de l'organisme social.................... 372
II. Fondement de l'autorité publique. La souveraineté nationale. — Le gouvernement. Les pouvoirs publics. — La démocratie. — La monarchie absolue. La théorie du droit divin. — Le régime aristocratique......................... 380
III. Les Lois. La Constitution. La République. — La séparation des pouvoirs. La théorie. — Le régime parlementaire...... 388
IV. Les limites de la souveraineté nationale. Les droits de l'État et de l'individu. — Les attributions de l'État. L'individualisme. La doctrine autoritaire. — La protection des droits. Les mesures d'utilité publique ; mission civilisatrice de l'État. — Liberté. Égalité. Fraternité................... 393

CHAPITRE XX

Morale civique (Suite). Devoirs des gouvernants. Les devoirs des citoyens. Le droit des gens.

I. Les droits des gouvernants. — Le pouvoir législatif. Devoirs et droits du législateur. — Le pouvoir exécutif. Devoirs et droits du gouvernement. — Devoirs des fonctionnaires. — Le pouvoir judiciaire. Devoirs et droits des magistrats. — Le Jury... 402
II. Fondement et limites du droit de punir. — Les caractères d'une juste peine. — Légitimité de la peine de mort. Le droit de grâce... 412
III. Les devoirs du citoyen. — L'obéissance aux lois. — Le respect de l'autorité légitime. — L'impôt. Le budget. — Le service militaire. — Le vote. Devoirs des électeurs. — L'obligation scolaire. — Devoirs des éligibles. — Le patriotisme. — Le cosmopolitisme. Accord des devoirs patriotiques et des devoirs d'humanité................................... 419
IV. Devoirs des nations entre elles. — Le droit des gens naturel. — La guerre. Guerre défensive. Guerre d'intervention. — Le droit des gens positif pendant la guerre et pendant la paix... 436

CHAPITRE XXI

La famille. Les devoirs domestiques.

I. La famille est une société naturelle. — La famille et l'État. — Rapports des devoirs domestiques et des devoirs civiques. Conflit de devoirs et casuistique.................. 445
I. Division des devoirs de famille. — Le mariage. Intervention

de l'État. — Devoirs des époux entre eux. — Fondement et limites de l'autorité conjugale. — Les droits de la femme...   451
III. Devoirs des parents envers les enfants. — Éducation physique, intellectuelle et morale. — Fondement et limites de l'autorité paternelle. Historique. — Devoirs des enfants envers les parents. — L'obéissance. Le respect. La piété filiale........   461
IV. Devoirs des enfants entre eux. — Devoirs de parenté. — L'esprit de famille. — L'amitié et ses devoirs..............   472

CHAPITRE XXII

Devoirs envers Dieu.

I. Rapports de la conscience morale et de la conscience religieuse. La vraie piété. — Influence du sentiment religieux sur la moralité.................................   482
II. Les devoirs particuliers envers Dieu d'après la religion naturelle. — L'optimisme. La connaissance de Dieu. — Le culte intérieur et le culte extérieur. La prière......   485

Coulommiers. — Imp. Paul BRODARD.

www.ingramcontent.com/pod-product-compliance
Lightning Source LLC
Chambersburg PA
CBHW051139230426
43670CB00007B/868